走出思想的边界

knowledge-power

读行者

海洋与权力
一部新文明史

SEAPOWER
STATES

MARITIME CULTURE,
CONTINENTAL EMPIRES AND
THE CONFLICT THAT
MADE THE MODERN WORLD

［英］安德鲁·兰伯特（ANDREW LAMBERT）————著　龚昊————译

湖南文艺出版社
HUNAN LITERATURE AND ART PUBLISHING HOUSE

博集天卷
CS-BOOKY

© 2018 by Andrew Lambert
originally published by Yale University Press

© 中南博集天卷文化传媒有限公司。本书版权受法律保护。未经权利人许可，任何人不得以任何方式使用本书包括正文、插图、封面、版式等任何部分内容，违者将受到法律制裁。

版权合同登记号：18-2020-230

图书在版编目（CIP）数据

海洋与权力：一部新文明史 /（英）安德鲁·兰伯特（Andrew Lambert）著；龚昊译 . -- 长沙：湖南文艺出版社，2021.4
书名原文：Seapower States
ISBN 978-7-5726-0047-0

Ⅰ . ①海… Ⅱ . ①安…②龚… Ⅲ . ①制海权—军事史—世界Ⅳ . ①E815

中国版本图书馆 CIP 数据核字（2021）第 019832 号

HAIYANG YU QUANLI：YI BU XIN WENMING SHI

海洋与权力：一部新文明史

作　　　者：安德鲁·兰伯特（Andrew Lambert）
译　　　者：龚　昊
出 版 人：曾赛丰
责任编辑：匡杨乐
监　　制：秦　青
策划编辑：张　卉　曹　煜
文字编辑：停　云
版权支持：刘子一
营销编辑：杜　莎　杨　婷
版式设计：梁秋晨
封面设计：利　锐
出　　版：湖南文艺出版社
　　　　　（长沙市雨花区东二环一段 508 号　邮编：410014）
网　　址：www.hnwy.net
印　　刷：三河市天润建兴印务有限公司
经　　销：新华书店
开　　本：680mm×955mm　1/16
字　　数：412 千字
印　　张：24
版　　次：2021 年 4 月第 1 版
印　　次：2021 年 4 月第 1 次印刷
书　　号：ISBN 978-7-5726-0047-0
定　　价：88.00 元

若有质量问题，请致电质量监督电话：010-59096394
团购电话：010-59320018

各方赞誉

● 在本书中，兰伯特对伯罗奔尼撒战争、布匿战争、威尼斯人与荷兰的海外帝国，以及英国与欧洲的陆上霸主（包括西班牙—奥地利哈布斯堡王朝、路易十四和拿破仑时期的法国、威廉二世和希特勒时期的德国等）之间一再发生的战争做了发人深省、富有洞见的分析，完美地融入了这个宏大的主题。

——《亚洲书评》

● 本书是一系列有趣的故事，讲述了几个共同体认真思考在力量不足的情况下如何坚持自身立场，如何以与自身价值观相匹配的方式实现这一点，以及当优势已不在己方时如何通过谈判从大国地位上退下来。这些都是十分及时的思考。

——萨拉·金克尔，《泰晤士高等教育》

● 我欣赏作者的雄心和气魄，流畅的行文，大胆的见解，坚定不移的投入以及以艺术为证据的才华。

——费利佩·费尔南德斯·阿姆斯特，《文学评论》

● 本书通过一条引人入胜的地缘政治时间线呈现了"一种观念的历史，以及它跨越时间的传播"……（书中有）许多富有争议性的见解……赫尔曼·麦尔维尔把海洋称作"被水覆盖的那部分世界"，本书对长期存在于这部分世界里的机会和风险做了个绝妙的概述。

——威廉·安东尼·海，《华尔街日报》

● 令人叹服……兼具学术性与可读性。

——加里·安德森，《华盛顿时报》

- 兰伯特无疑是当今最具有洞察力的海军历史学家。他涉猎广泛，对他的主题十分敏感。然而，这是一本十分严肃的书……在未来几十年里，它将成为大学中的标准教科书……我认为这本书令人钦佩。

——杰拉德·德根，《泰晤士报》

- 这是一本富有争议性的书，而且是刻意为之的。兰伯特曾表示，他写这本书的目的是"引发争论"而非解决这个问题。部分读者也许会不同意书中的某些观点，但这本书肯定会激起他们的思考。

——约翰·比勒，《北方水手》作者

- 他的书完全符合我们所有的评判标准，即独创性，出色的研究，绝佳的文笔和出色的可读性。其他三本入围图书都是军事历史领域的优秀作品，但兰伯特这本我们认为是最好的。

——安德鲁·罗伯特教授，吉尔德·莱尔曼军事历史奖评委会主席

- 本书广泛地分析了不同的海权是如何崛起和衰落的。在简洁而自信的叙述中，兰伯特指出了不同国家之间的相似之处和一致性，认为它们做出了构建"海权"身份的选择。这是个令人印象深刻且十分重要的贡献。

——詹姆斯·戴维，《在纳尔逊将军之后：海军与拿破仑战争》作者

- 这是一部关于海权与制海权思想极好的、急需的、长视角的历史叙事。它展示了伯罗奔尼撒战争史和布匿战争史这些古典遗产是如何在500年间影响国际政治的修辞学、语法、隐喻和图像学的。这本书文笔优美，结构合理，还引发了一场关于当代国际关系中的海权与制海权的讨论，这场讨论重要且富有争议性。

——理查德·哈尔丁，《现代海军史》作者

国家是一件艺术品。

——雅各布·布克哈特（Jakob Burckhardt）

献 给 我 的 母 亲

庆祝海权的黎明：这幅米诺斯文明时期的壁画出自圣托里尼岛，它突出表现了由船只、港口和渔业所塑造的头一个海权。

伯里克利：伯罗奔尼撒战争前期雅典海权国家的领导人和理论家。修昔底德不朽的历史巨著巩固了他的声誉，该书强调了海权身份的整体性，以及民主带来的政治问题。

一艘标志性的船：雅典三列桨座战船"奥林匹娅丝"号的
复制品正在航行，在进行战略移动时，桨会被收进船内。
在战斗中，雅典军舰强调机动和撞击：它们的青铜撞锤会
击穿对手的轻质船体，使其陷入半沉的状态。战斗结束后，
被俘的敌船将被拖到岸上进行修理。

海权城市：这幅现代的复原图强调了圆形海港（连接了城
市与海洋）以及从山顶带城墙的神庙建筑群所看到的海景
对于迦太基的重要性。

1571 年的勒班陀之战，在这一刻，威尼斯实现了它的最高成就，达到了大国地位的顶峰，而就是在此时，由于和它敌对的大陆霸主奥斯曼土耳其和西班牙哈布斯堡王朝所拥有的巨大资源，威尼斯人对桨和火炮的娴熟运用变得无关紧要。尽管如此，这场战役还是作为威尼斯之伟大的标志、规模最大的桨帆船战斗和基督教胜利的象征而被人们铭记在心。

塞巴斯蒂亚诺·德尔·皮翁博为吉安·安德烈亚·多里亚创作的杰出肖像画（本图为威廉·亨利·福斯所作的复制品），多里亚是海洋国家热那亚之主，也是卡尔五世的雇佣兵领袖和海军上将，他改变了使热那亚衰弱的地方性混乱，重塑了它的经济。这幅画像捕捉到了这一人物的深度和微妙之处，画中不添加任何装饰就说明了很多问题。

阿姆斯特丹市政厅：荷兰海权国家的古典宫殿，共和国的
美德以及供养了荷兰海军的全球经济统治的堡垒。1650
年至 1672 年间，"真正自由的政权"把举国之力都集中
在海洋上，这造成了灾难性的后果。

在仅仅一代人的时间里，荷兰海权国家就被暴力推翻了，取而代之的是一个决心保卫其陆地边界的准君主政权。小威廉·范·德·维尔德为荷兰海权绘制了一曲挽歌：《科内利斯·德·特龙普的前旗舰"黄金狮子"号在阿姆斯特丹前面的 IJ 湾上》。特龙普已经不再受新政权的青睐了，他那艘著名的旧战舰正在前往拆船场的路上。

葡萄牙的堡垒，英国的航运。贝伦塔是一座到处装饰着十字架的堡垒，用来抵御穆斯林的袭击，它象征着阿维什王朝对陆地的密切关注。这幅画是英国艺术家约翰·托马斯·塞雷斯为了庆祝英国对葡萄牙经济的控制，以及里斯本在事实上成了英国海军基地而创作的。

PANORAMIC VIEW OF CRONSTADT AND ST. PETERSBURG.

SKETCHED FROM THE RISBANKSIA BATTERY.

虽然彼得大帝在滨海的圣彼得堡建造了一座新首都，并建起了一支强大的海军，但他仍然像他的祖先们那样，把焦点放在陆地上。俄罗斯对海权的回应最明确的象征是位于喀琅施塔得的要塞建筑群，这是世界上最大的海防建筑群。

如果说彼得大帝害怕大海成为包容性政治和英国舰队的载体的话，其他宗教信仰更为虔诚的俄罗斯人则担心它是与《圣经》中记载的与洪水有关的灾难性征兆——伊凡·艾瓦佐夫斯基的《九级浪》表达了这种情感。

尽管威廉三世总是在陆地上作战，喜欢冲锋陷阵更胜于海上战斗，但作为荷兰执政和英国国王，他还是会利用手中的海权阻止法国国王路易十四在欧洲大陆上建立霸权。在这一过程中，他以自己的统治把两国的海权合并起来，并监督海上霸权从阿姆斯特丹向伦敦的转移。

喀琅施塔得和贝伦塔一直以来都只起屏障的作用，与之相反，多佛的旧城堡和港口很快就成了英国扩张事业的象征，成了贸易和交流的大门。理查德·威尔森在 1747 年创作的这幅《多佛》正是约瑟夫·马洛德·威廉·透纳为这座城市创作的诸多画像的先声。

A geometrical PLAN Of His Majesty's and North ELEVATION Dock-Yard at WOOLWICH, with Part of the TOWN &c.

就像威尼斯人一样，英国人也将造船工场变成了一扇了解这个国家灵魂的窗口。伍尔维奇是五大造船厂中最小的一个，但在这里建造了许多巨大的一等舰，从"天佑亨利"号到"皇家乔治"号，它们代表着英国的力量。这种海军工业强国的形象吸引了那些很想了解海权运作机制的外国人。

作为圣遗物的主力舰：约瑟夫·马洛德·威廉·透纳为停靠在斯皮特海德的皇家海军"胜利"号所作的三联画，这艘船运载着纳尔逊子爵的遗体。对透纳来说，巨舰是英国特性的精髓，是他在木制战舰随着蒸汽机的到来而逐渐消失的时代发展出来的一种表现手法。

尽管英国不再是一个大国，但就像其他许多具有包容性的
现代自由国家一样，它还是依赖航运和全球贸易的自由流
动。以这种方式，它仍然与前几个世纪的海权身份联系在
一起。2018 年，英国历史上最大的军舰，6.5 万吨级的
航空母舰"伊丽莎白女王"号被交付给皇家海军。这艘船
预计将服役 50 年。

现代海军力量仍然专注于硬件和图像。在这张意在展示高
技术战斗力最新实例的照片中，舰载的 F-35 闪电 II 从
15000 吨的美军"朱姆沃尔特"隐形驱逐舰上空飞过。

在没有海权大国存在的情况下，自 1945 年以来，对海洋
的控制权一直掌握在美国手里，尽管它受到了苏联的挑战，
现在又面临着中国的不断崛起。未来的问题是这些大陆国
家能否共享海洋，如上图所示的联合海军演习表明合作是
可能的。

中文版序

本书的主旨是把"海权"（seapower）和"制海权"（sea power）两个词区分开来，我用前者来形容海洋在一个国家的经济、战略、文化和政治生活中所处的至高无上的地位，而后者则是由美国海军理论家阿尔弗雷德·塞耶·马汉在1890年创造的，马汉用它来描述出于战略目的对海洋的控制。马汉故意把这个词拆分成一个短语以改变它的含义。他在自己的著作中没有用过"海权"这个词，因为他知道，他的国家不是一个海权国家。美国的身份是由其巨大的规模以及国内经济资源塑造而成的。然而，在1890年，美国唯一的战略威胁来自海上，因此，美国需要一支强大的海军来威慑潜在的侵略者。在第二次世界大战中，美国有效地利用了制海权，但它没有成为一个海权国家。同样的逻辑也适用于俄罗斯和中国：它们不是海权国家，海权国家都是一些依赖海洋的弱国。但这三个国家都承认，制海权作为其国家安全的一部分，具有战略价值。虽然中国与海洋存在长期而重要的关系，但海洋从来不是中国身份的核心。在任何政治体系当中，最强大的国家总是把精力集中在陆地上，而把海洋留给相对弱小的海权国家。

需要强调的是，本书作者的视角与大多数中国读者截然不同。我父亲曾在英国皇家海军中服役。而我住在英国，它是五个海权大国中的最后一个，我花了很多时间来学习和教授这个国家的历史和战略。因此，我是以海洋和广阔的世界为中心来理解英国历史和悠久文化的。英国与非洲、美洲、亚洲和澳大拉西亚进行全球海上贸易已有500多年的历史，英国历史上的重大事件往往都在海上上演。特拉法尔加广场位于伦敦市中心，而伦敦是英国的首都、商业中心和重要港口。建造这个广场是为了纪念英国最伟大的胜利，以及它的民族英雄、海军上将纳尔逊子爵的牺牲。虽然特拉法尔加角位于西班牙南部海岸，距离英国很远，但这场战役是为了维持对海洋的控制权而打的，这是英国国家安全、权力、贸易和财富的基础。英国是欧洲西北海岸外的一小群岛屿，人口有限，以欧洲大陆的标准来看，它从来都算不上一个强国。它只能依靠海洋，因为它缺乏控制大陆所需的人力。英国自由民主的政治体系随着它与全球的往来不断加强而发展，这反映出了它对贸易的关注，以及海军力量的重要性压倒一切这一社会—经济共识的形成。英国曾经拥有的那个庞大帝国是由港口城市、贸易中心和海军基地来主宰的。

相比之下，中国历史上具有决定性意义的事件都发生在陆地上。土地和人口一直是它的首要问题：中国面临的主要威胁来自陆地，长城的建造就证明了这一点。认识到作者和读者视角的差异是至关重要的。虽然这本书是为了与你们有所不同的读者而用英式英语写成的，但我希望它也能向来自不同文化传统的读者解释我的世界观的基础。

即使是在其帝国主义的鼎盛时期，英国也像雅典、迦太基、威尼斯和荷兰共和国一样，是一个弱小的国家，依靠的是海上贸易和海军防御，而不是土地和士兵。这些国家创造了独特的"海权文化"，包括代议制的政治制度，这种制度为维持昂贵的海军力量提供了必要的长期资金，而正是海军力量确保了这些国家的独立和繁荣。它们反对波斯、罗马、西班牙、法国和德国等强大的大陆帝国想要建立普世君主国（Universal Monarchy）的野心，因为这些帝国会破坏它们的贸易和文化。雅典和迦太基被陆上帝国摧毁了，这些帝国害怕它们开明的价值观和经济上的成就。而荷兰共和国和英国则借鉴了威尼斯的历史，在从一个大国降至中等强国的过程中，回避了遭受暴力摧毁的命运，同时保留了自己独特的文化和身份。

本书提出的问题之一是，如何才能建立一种世界秩序，既尊重中国、俄罗斯和美国等"强"国的观点，也尊重那些为了维护自身安全、价值观以及独特文化和身份而联合起来的相对较"弱"的海权国家的观点，弥合两者之间的分歧。强大的国家总是懒得去考虑全球体系中不同小国的利益，这种疏忽会导致误解和敌意。相比之下，依赖全球体系的海权国家对更广泛的世界的参与度要深得多。英国历史学家更倾向于研究其他国家而不是自己的国家，这并非偶然，因为长期以来，知识一直是大规模军队所拥有的原始力量最有用的替代品。本书所描述的五个海权国家都对外部世界充满好奇。在欧洲，"历史"这个概念是在雅典发展起来的，雅典作为大国的时代所留下来的关键文本仍然是西方教育的核心：它们塑造了统治英国的人和统治海外帝国的人的思想。希罗多德（Herodotos）和修昔底德（Thucydidēs）向他们的同胞解释了两场大战的起源和意义，这些教训此后一直是西方思想的核心。威尼斯在公元1500年左右找回了这些文本并将其印刷出来，这些文本在荷兰共和国和英国被当作重要的政治智慧宝库来研究。现代国际法是在荷兰思想家的帮助下形成的，这些法律强调了他们对公海和自由进入市场的兴趣。英国经济学家倡议将自由贸易作为全球化的基础，而帝国式的陆上强国则一直利用其权力控制和封闭市场。

强国与弱国之间的最终有效关系始终取决于诚实、正直和法治等共同价值观。强大的国家应该维护这些价值观，因为弱国别无选择，历史表明，它们会反抗。荷兰共和国是因为拒绝西班牙统治者试图压制当地的政治权利和经济机会而诞生的。虽然所有西方帝国中最伟大的罗马帝国为了建立一个普世帝国，摧毁了众多弱小国家，并违背了神圣的条约，但它不能摧毁这些政权所代表的价值观。

尽管自文明诞生以来，国家之间的竞争一直是历史的一个基本要素，但大多数竞争都发生在类似的国家之间，它们所争夺的是同样的战利品。而我关注的是以不同文化、价值观和经济模式为关键因素的国家竞争。主要的大陆帝国和相对较小的海权国家之间的竞争往往趋于极端。当它们开战时，风险是很高的。罗马人非常害怕迦太基那种不同的政治模式和经济成就，以至于他们把迦太基从地球上抹去，摧毁这座城市，把它的人民贬为奴隶，烧毁他们的书籍和记录。为了防止迦太基的思想复活，罗马通过宣传，妖魔化了整个迦太基文明，及其最伟大的政治家汉尼拔·巴卡（Hannibal Barca），他曾竭力阻止罗马建立普世君主国。当英国与拿破仑的法兰西帝国作战时，通往和平之路只能建立在其中一方的完全毁灭之上。拿破仑公开宣称，他会像罗马人对迦太基所做的那样对待英国，这意味着他的帝国野心是无限的。拿破仑的帝国被泛欧联盟击败，仅存在了11年就消失在历史的长河中。而不列颠则延续了400多年，最后在没有遭受多少暴力的情况下瓦解了。

若干世纪以来，帝国衰落的过程吸引了众多历史学家。当一个大国的历史学家开始对与其相似的国家的衰落史进行研究时，我们可以肯定，它的领导人正在为自己的衰落感到焦虑。英国的历史学家在17世纪70年代研究了罗马的衰落，50年后又研究了雅典和威尼斯的衰落。美国人研究英国衰落已经有70年之久了。管理衰落是一个复杂的过程，需要灵活、让步和牺牲。有必要强调的是，衰落有两种形式，相对的和绝对的。在1914年之前，英国处于相对衰落的状态，随着德国、美国和俄国跟随英国进入工业化进程，它在全球经济活动中所占的份额和主要工业产出百分比都在下降，但是英国的经济和实力仍然有着绝对的优势，这意味着它可以在关键的经济和战略领域——航运、造船、保险和资本——以及与海军实力和军备制造相关的领域保持主导地位。英国仍然控制着全球经济体系和为商业提供动力的关键通信系统，它以只保持一支小型陆军的方式来平衡维持全世界最大海军的成本。只要各大国之间保持和平，这种相对衰落是可控的。1900年至1914年间，英国经常通过有针对性地展示海军力量来进行公开威慑，对一系列国际危机加以干预，以化解外交争端和防止战争。在这一时期，英国是唯一的全球大国，其他大国如法国、德国、奥匈帝国、俄国和美国都被限制在特定地区，缺乏全球流动性。英国的全球地位因澳大利亚、加拿大、新西兰和南非等日趋独立的移民国家的支持而大大提高，而印度则为英国提供了主要的人力和物资资源基础。正式的帝国正在向地方自治过渡，逐渐变成了一个拥有共同主权的国家联合体，通过对海军力量和全球贸易的相互依赖而联系在一起。这个过程实现了负担的分担，并反映了共同的价值观。在两次世界大战中，帝国为英国的战争努力做出了巨大贡献，而且是自愿的。现代的英联邦在很大程度上保留了这种文化联系，而英国与一些英联邦国家的关系尤其密切。许多英国人在英联邦有亲戚。我的亲戚在澳大利亚。

英国的绝对衰落始于第一次世界大战，当时的政府错误地试图表现得像一个陆上大国，动员了大量的军队，并在西欧打了一场总体战。这一努力所付出的人力和经济代价使英国欠了美国的债，而在1913年时，美国还欠着英国很大一笔债。背负着巨额债务的英国重塑了帝国，把更多的地方控制权交给了澳大利亚、加拿大、新西兰和南非，并提高了经济回报率。控制衰退的关键是现实主义：要有意愿削减政策目标以匹配有限的资源。当欧洲出现新的战略威胁，迫使英国40年间第二次把重点放在防御上时，这一进程仍未完成。阻止战争的努力失败了。第二次世界大战的经济和政治影响结束了英国的大国地位，这个破了产、精疲力竭的国家无法再维持正式的帝国，也拿不出必要的国防开支。作为替代，它把焦点转移到了国内局势上。随着大国地位的衰落，旧的社会结构被削弱，昔日的精英被迫把权力分享出来。之所以没有发生革命，是因为明智的精英们及时做出了让步。随着选举权的扩大，新选民更关心的是国内福利和经济问题，而不是国家权力和地位。1945年，英国选民用一个承诺实行免费医疗保健、福利国家和主要产业国有化的社会主义政党取代了温斯顿·丘吉尔（Winston Churchill）这位成功而富有魅力的战时领导人。与此同时，对财富的征税增加了，精英的特权减少了，自那时起，精英的地位不断受到侵蚀。英国的精英们深知，除了受控的衰落外，唯一的选择就是在帝国和英国本土四处爆发的暴力抗争。作为一个海权帝国，英国能够在不危及国家安全的情况下结束帝国。1797年，拿破仑摧毁了威尼斯城邦，而对英国和荷兰来说，对衰落过程进行管理的结果是，它们作为以海事为焦点的中等强国保存了它们独特的海洋文化和身份。英荷合作反映出了海权在欧洲背景下作为局外人的长期共同历史。而英国退欧的决定反映了一种潜在的差异感，在这种差异感中，海洋和长期抵抗大陆暴政的历史非常突出，表明这个海权国家熬过了衰落的过程。小小的岛国看待世界的方式与大陆大国是截然不同的，这种不同正是本书的中心内容。

目录 Contents

前言

PREFACE

英国皇家海军"胡德"号（HMS Hood），1919—1941，最后一个海权的标志性船舰

1851年，有位英国知识分子竭力想要解决一个自文明诞生以来就一直困扰人类的大问题——人们生活于其中的政治单元会有怎样的未来：

> 自从人类首度统治海洋以来，人们在海边的沙滩上建起的王座中有三座特别显眼，它们分别属于推罗、威尼斯和英格兰。在这三个大国里，第一个只在人们的记忆中留下了些许痕迹；第二个毁灭了；第三个继承了前两个的荣光，但如果它忘记了两位"前辈"的榜样，或许也会从它引以为豪的卓越地位上跌落下来，走向不怎么令人同情的毁灭。[1]

约翰·罗斯金（John Ruskin）明白，英国非同寻常，它是一个庞大的海洋

---

[1] John Ruskin, *The Stones of Venice*, Vol.I: The Foundations,London: Smith, Elder, 1851, p.1; A. D. Lambert, ' "Now is come a Darker Day" : Britain, Venice and the Meaning of Sea Power', in M. Taylor,ed., *The Victorian Empire and Britain's Maritime World 1837–1901*: *The Sea and Global History*, London: Palgrave Macmillan, 2013, pp. 19–42.

帝国,而非大陆强国,它也是当时世界上唯一一个这样的国家。罗斯金自命为约瑟夫·马洛德·威廉·透纳(Joseph Mallord William Turner)的拥趸——透纳这位艺术家在追寻"英国海权"身份的过程中,把"大海"的意象从平淡提升到了崇高——他追随自己的英雄来到威尼斯。在那里,在大运河边,他找到了所需要的工具,可以解答关于过去、现在和未来的难题。在某种程度上,《威尼斯之石》(*The Stones of Venice*)是威尼斯建筑的历史,它用堪比摄影的精确度捕捉并记录下了威尼斯日趋黯淡的辉煌。[1]但这本书并未止步于此。最终,正如透纳所展示的那样,这个问题仍然是个文化问题。[2]罗斯金从这座古城的结构去解读威尼斯的海洋文化。由于对英国未来的担忧日益加深,他写了一本书,把建筑当成威尼斯海权的终极表达,"在我看来,这种警告似乎是由每一股快速涌动的海浪发出的,它们就像途经此处的钟声一样,冲击着威尼斯之石……它源于对历史的忠实研究"[3]。这一形象所具有的悲怆美感,罗斯金措辞的优雅,以及包含的看似简单的信息,都在提醒一个正因万国博览会之年而沾沾自喜的国家去正视它正在走向衰落的现实。

---

[1] 关于罗斯金如何利用新技术来提高他记录和分析"石头"的能力,请参阅K. Jacobsen, J. Jacobsen, *Carrying off the Palaces: John Ruskin's Lost Daguerreotypes*, London: Quaritch, 2015.

[2] 透纳痴迷于荷兰、迦太基和威尼斯的文化意义,这源于他在法国大革命和拿破仑帝国时期的战争中塑造英国海洋身份以及在随后漫长的和平岁月中维持这种身份的压倒性冲动。见F. G. H. Bachrach, *Turner's Holland*, London: Tate Publishing, 1994.

[3] John Ruskin, *The Stones of Venice*, Vol. I, p. 2.

导言
作为文化的海权

SEA POWER AS CULTURE

汉尼拔·巴卡（Hannibal Barca）：迦太基的海权政治家

　　约翰·罗斯金把威尼斯海权的毁灭追溯到当地哥特式建筑被取代的时候，这是一种把罗马、拜占庭、阿拉伯和意大利的建筑风格与从大陆输入的帕拉弟奥式巴洛克风格混合起来形成的建筑样式，很适合用来修建与海事有关的建筑。这一选择反映了更深层次的文化潮流，在失去了自己的海上帝国之后，这种潮流引导着这个城邦将注意力集中在其他方面。他确定了在所有海权身上都会出现的主题：包容性政治、商业在公民生活中所占据的中心地位、反对普世君主国和热衷征服及统治的霸权国家。霸权的威胁来自奥斯曼土耳其、西班牙哈布斯堡王朝和罗马教会，这些威胁至今依然能够在英国读者当中引起共鸣。最重要的是，海权为贸易而战。近代，英国凭借自己的两栖部队强行打开了中华帝国的大门，就像威尼斯人利用第四次十字军东征建立了他们的海上帝国一样。不管他们个人的宗教观点如何，威尼斯的领袖们都在进行精密的"计算"，如若违背他们的信仰，国家可以获得哪些经济上的优势，因为"威尼斯的核心是战争，而不是崇拜"[1]。在一段针对他所属的时代写下的文字中，罗斯金指出，威尼斯的衰落随着贵族统治的终结而开始，由于个人信仰的丧失而加速。

在此之前两年，虽然从某种程度上来说迟了点，但"海权国家"的概念还是被加进了英语词典。乔治·格罗特（George Grote）在他的不朽著作《希腊史》（History of Greece）第五卷中使用了这个概念，当时英国正与法兰西第二共和国进行海军军备竞赛。格罗特认为，无须刻意把英国和雅典的海权联系在一起：与他同时代的人根本不会忽略这一点。正是他在这本书里首开先河使用了"seapower"和"thalassocracy"这两个术语，而格罗特是直接从古代作家那里把这些术语沿用过来的，它们被写进了《牛津英语词典》（Oxford English Dictionary）。他用它们把当代英国人的关切与作为典范的雅典国家联系起来，呼应了希罗多德认为雅典有意识地把自己变成一个"海洋强国"的观点。[2]

十年之后，瑞士历史学家雅各布·布克哈特（Jacob Burckhardt）进一步发展了罗斯金的观点，围绕着"作为一件艺术品的国家"这个命题，对文艺复兴时期的国家、文化和权力进行了权威的分析。[3]布克哈特运用"建构身份"这个概念来分析现代早期的意大利各国。他们两个人都认识到了"选择"在国家演变过程中所起的关键作用，而国家的身份易变，绝非固定的。罗斯金沉浸在维多利亚时代的英国那种充满海洋气息的文化当中，他选择关注威尼斯，而土生土长的巴塞尔人布克哈特则把目光投向了佛罗伦萨。

1890年，美国海军军官阿尔弗雷德·塞耶·马汉（Alfred Thayer Mahan）上校出版了一部划时代的著作《海权对历史的影响，1660—1783》（The Influence of Sea Power upon History 1660–1783）。在书中，他做了一种较为乏味的尝试，

---

[1] John Ruskin, *The Stones of Venice*, Vol. I: *The Foundations*, London: Smith, Elder, 1851, pp. 6 and 11.

[2] 乔治·格罗特（1794—1871），作为当时最受欢迎的历史学家之一，他把自己的创作生涯奉献给了一部12卷本的不朽巨著《希腊史》，该书出版于1846年至1856年间。G.Grote, *History of Greece*, Vol.5, London, 1849, pp.69-70.另一项对海权的研究强调了一个关键点，即海权身份不是由无可变更的"规律"，而是由作为规律代理者的人类创造的，见Frederic Lane, *Venice: A Maritime Republic*, Baltimore, MD: Johns Hopkins University Press, 1973, p.180.

[3] J. Burckhardt, *The Civilisation of Italy in the Renaissance*.这本书首次出版于1860年，很快就大受欢迎，被翻译成了多种语言。

试图对海权的构成要素进行分类。[1]与罗斯金和布克哈特不同，马汉没有触及海权之魂，他只停留在战略层面上。他把这个希腊术语拆分成一个短语——"sea power"——因为他无法援引威尼斯或英国来为他的祖国提供海权（sea power）先例。它们太小、太弱，特别是太过于海洋化，不能给一个正在崛起的大陆超级大国构建自己的身份提供参考。作为替代，马汉看中了罗马共和国的海军力量，罗马是一个大陆军事帝国，致力于统治它所在的那个半球。他提出的经典模式不是迦太基海权的崛起，而是罗马军事力量对它的毁灭。同样的，他在现代世界中为美国找到的榜样也不是英国的崛起，而是大陆强者法国没能获得粉碎其脆弱的海权对手，并在波旁王朝、共和国或拿破仑帝国的统治之下成为一个新罗马帝国所必需的海军优势。马汉希望他的同胞们理解的是，法国失败的根本原因是其糟糕的战略选择，而不是它的大陆身份，因为他认识到，美国要继承的是罗马的衣钵，而不是英国的。

虽然对想要学习战略的学生来说，马汉可能是位更好的指导者，但罗斯金对海权的处理方法比他要复杂得多，也重要得多。他以雄辩的文字创作了一部宏大的作品，对威尼斯的建筑与其海洋帝国交织在一起的历史进行了考察。罗斯金并没有把海权问题当成一个选择来处理；他将之视为威尼斯伟大时代的一种根本品质。选择是在很久以前就已经做出的。他认为推罗是这样的，他还知道维多利亚时代的英国也是这样的。[2]罗斯金把英国编进了一条"海权之链"中，通过威尼斯把英国和《旧约》里最富有的城市联系起来。[3]这种海权的传承具有显而易见的目的：衰落的前景始终困扰着维多利亚时代的英国，在这个大国里，一种担忧正在四处蔓延，人们害怕国家已经达到了荣耀的顶峰。这也是一个深受古典文化影响的社会：像罗斯金这样受过教育的人读过修昔底德的《伯罗奔尼撒战争史》（*Peloponnesian War*），他认为这本史书是部"对全世

---

[1] A.T.Mahan,*The Influence of Sea Power upon History 1660-1783*,Boston,MA:Little, Brown, 1890, chapter 1, pp.25-89,包含了马汉海权论点的核心。

[2] 罗斯金关于迦太基海权身份的讨论见他的第一部著作，*Modern Painters*,Vol.I, London: Smith, Elder, 1843. 由E. T. 库克（E. T. Cook）和亚历山大·韦德伯恩（Alexander Wedderburn）编辑（1902—1912）的罗斯金作品图书馆版将这段文字放在了第三卷。见该书第112—113页。

[3] John Ruskin, *The Stones of Venice*, Vol.II: *The Sea Stories*, London: Smith Elder, 1853, p.141; R. Hewison, *Ruskin's Venice*, New Haven, CT, and London: Yale University Press, 2000, p.38.

界都很重要的悲剧"，和乔治·格罗特的历史巨著一样。[1]置身技术快速进步和全球统治的空前盛况中，罗斯金在寻找国家的灵魂。他为自己的祖国忧虑，在他的余生中，忧虑驱使他的笔一次又一次地回到威尼斯、文化和命运的主题上来。

《威尼斯之石》激起了一股浪潮，在整个大英帝国中，无数威尼斯哥特式建筑修建起来，把由先驱者奠定的海权概念构建成英国特性的知识核心。它静静地躺在那里，直到被一位美国海军上校的直接论辩和沉闷的散文惊醒，这位上校猛然发现，他因为向英国人讲述了他们起码在三百年前就已经知道的事情而名扬天下。[2]

罗斯金和马汉都在古代历史中追寻海权的踪迹，他们的做法是正确的。古希腊的智慧成就仍然是探索作为战略、文化、身份或帝国海权之意义的基础。早在那时，这个主题就经常出现在雅典人的辩论中，这并不是因为雅典人发明了船，进行航海，组建海军或建设海洋帝国，而是因为他们对这些现象所产生的想法以及塑造了它们的历史进行分析并将之记录下来，在一个相对开放的社会里对它们的意义进行讨论，并创造了第一个海权大国。他们明白，海权文化是雅典政治、经济发展、艺术和身份的核心。最重要的是，他们意识到，成为一个海权国家比建立一支海军要复杂得多。

在这里，对"海权"这种建构出来的国家身份和"制海权"这种海军强国的战略做一下区分是很有必要的。马汉把源于希腊语thalassokratia的"seapower"一词拆分成一个短语，以增强其论点的影响力。[3]在此过程中，他改变了这个词的本来意义。迄今为止，"海权"一词指的是一个一直选择强

---

[1] John Ruskin, *Praeterita*, Oxford:Oxford University Press, 1978, p.197.罗斯金使用的是托马斯·阿诺德（Thomas Arnold）在1835年出版的版本。阿诺德在延续罗马人对迦太基和汉尼拔的控诉中所扮演的角色将会在第三章中提到。他的儿子马修（Matthew）思考了英国身份的性质和衰落的可能性；S. Collini, *Matthew Arnold*, Oxford: Oxford University Press, 1988, p.74,担心英国正在"衰退成一个更大些的荷兰"。关于维多利亚时代对古希腊的痴迷，请见R. Jenkyns, *The Victorians and Ancient Greece*, Oxford: Basil Blackwell, 1980; F. M. Turner, *The Greek Heritage in Victorian Britain*, New Haven, CT, and London: Yale University, 1981.

[2] 雷利（Walter Raleigh）和培根（Francis Bacon）有关海权的著作令马汉大为惊讶，他是在1890年出版了他的关键著作之后才看到这些书的。

[3] 马汉致罗伊·马斯顿（他的英国出版商），1897年2月19日：R. Seager, D. D. Macguire, *Letters and Papers of Alfred Thayer Mahan, 3 vols.*, Annapolis, MD: USNIP, 1975, vol. II, pp.493-494.

调海洋的国家，它通过有意识地构建海洋文化和身份来确保海洋控制带给它的经济和战略优势，以此作为一个大国发挥作用。海权是海上的帝国式大国，依靠控制海上交通来获得凝聚力、商业利益和控制力。而马汉创造的新短语则仅仅是指任何拥有足够的人力、财力和港口建设的海军国家对海洋的战略使用。这是必要的，因为马汉的目标是说服当时的美国人建立一支昂贵的海军战斗舰队，而美国自19世纪20年代以来就已经不是一个海洋国家了。在1890年，世界上只有一个海权大国，但马汉关注的是大陆军事强国法国由于其糟糕的战略和政治选择，结果未能击败英国，而不是英国这个经济和人力资源都有限的海上王国崛起为一个海权世界帝国。他劝告同胞不要重蹈法国的覆辙，也不是效仿英国。美国太大、太大陆化了，不可能成为一个海权国家。他大力主张建设一支用来控制海洋的战斗舰队，以确保美国在世界上的地位，不要再遵循美国常规的海军战略，即只把舰队用在商业袭击和海岸防御上，这样的战略从未成功阻止或击败过英国。这形成了他这本书的结构，还解释了为什么马汉以1782年作为它的结尾，因为在这个时候，法国舰队取得的胜利已经确保了美国的独立。1781年，当格拉斯伯爵（Comte de Grasse）的船只把英国军队孤立在约克镇并迫使他们投降时，英国政府接受了这个不可避免的结果。马汉想让他的美国同胞们理解拥有一支管理有方的战斗舰队对国家安危有什么样的影响。他仔细地衡量了制海权对陆地而不是海洋的影响。一旦美国采用了海军强国的战斗舰队模式，马汉就把焦点转移到其他地方去了。在随后的著作中，他强调了英国在崛起过程中拥有多么强大的海军力量，并提醒他的同胞们，霍雷肖·纳尔逊（Horatio Nelson）是堪为典范的海军领袖。

马汉认识到，英国通过战胜法国波旁王朝获得了主宰海洋的权力，而这发生在1688年"光荣革命"引进了建立海权国家所必需的政治和财政工具之后：具有包容性的政府，集中控制在中央手中的财政，通过政治谈判来决定如何征收税金，根据海军的战略优先地位持续对海军资产和基础设施投资以及优待海洋贸易。这些都是有意识的选择，刻意呼应了其他海权大国的建立过程。英国跟雅典、迦太基、威尼斯和荷兰共和国一样，通过积极构建以海洋为中心的文化身份，成了一个海权国家。这一进程是由政治选择推动的，当权者利用国家资金建设来控制海军及其所需的基地，并通过海军和陆地建筑、精心挑选的船只及其与宗教的联系，从而确保船只和建筑物传达出海权的核心信息。他们在海边建造寺庙，以此作为醒目的航海标志和导航信标，并用海权艺术装饰他们的公共空间——创造独特的文化形式来表达他们与众不同的意图。这种有意识地精心打造出来的身份传播到了政治精英和利益相关方之外的地方：它流进了大众文化、陶器、硬币、涂鸦、书籍、印刷图像和20世纪30年代的电影中。这些产出中有许多是由国家赞助、认可或以其他方式给予支持的，这强调了该计划对国家的意义。这种文化在更广泛地流入共同体之前，得到了那些以海洋为生活重心者或是喜欢开明政治者的支持。而且，它还被积极地传播出去。从古代的推罗到大英帝国，硬币在整个贸易世界中传递着海权信息，它们利用船只、神祇和权力的形象来表达对海洋的所有权。由于海权国家从本质上来说实行的都是寡头政治，所以这些选择反映的是辩论和多数人的意见。在所有海权国家里都有一个敢于直言的反对派，它强调土地、陆军和农业那不言自明的优先权。这一反对派通常是由贵族和社会精英组成的，在维持海权国家存在的政治话语中，这是一个关键部分。修昔底德就是这样一位贵族，他在阐述海权的战略影响时，也对海权的政治后果提出了重要批评。只有当政治国家做好准备来维持它的时候，"成为一个海权"的选择才有持续下去的可能。1672年，约翰·德·威特（Johan de Witt）的悲惨命运凸显了这种被构建起来的身份有多么容易被推翻。多年来，德·威特塑造和指导了一个与众不同的海权共和国，但在最后，他在海牙的大街上被那些想要恢复传统君主统治的人撕成了碎片。对五个国家如何创造出这样的身份——因为没有任何两个国家是完全相同的，即使它们拥有许多共同的核心要素——以及第六个国家的尝试为什么失败的考察证明，这个过程必须是由政治驱动的、在经济上有吸引力的和在战略上有效的。

"海权国家采用的制海权战略"，这种说法容易把这个单词和这个短语的含义搞混，但这个问题其实很容易解决。当今世界，俄罗斯、中国和美国都掌握制海权，这是任何一个拥有海岸、金钱和人力的国家都可以行使的战略选择，但这些大陆军事超级大国不是海权国家。海洋在它们的身份中充其量只是一个边缘因素。

本书通过对雅典、迦太基、威尼斯、荷兰共和国和英国这五个海权大国进行总体分析，探讨了海权文化和身份的性质和重要性。这个群体不同于俄罗斯这样的陆上大国，古代的罗得斯[1]和近代早期的热那亚这样的海洋国家，以及西班牙和葡萄牙这样的海洋帝国。这五个国家都创造了海权身份，并利用先驱者的思想和经验——它们公开承认这是它们欠下的知识债务。这个群体在促进贸易、知识和政治包容方面做得比它们的陆地同侪更多：它们塑造了足以定义当代西方世界的全球经济和自由价值观。[2]

　　大多数海权国家的目录都比这本书里列出的要长，它们使拥有强大的海军或海外帝国这两点获得了不恰当的重要性。[3]虽然从波斯到中华人民共和国的大陆大国都拥有这两样东西，但获得它们并未改变这些国家的基本文化，在几乎所有情况下，这些国家的 文化都是陆地的和军事性的，把商人和金融家排除在政治权力之外。一般来说，这些国家太大、太强，无法从海洋身份中获利。"海权身份"表示国家承认了自身相对来说是较为弱小的，因此，它通过不同的方式来寻求一种不对称的优势。以1890年到1914年间的德意志帝国为例，既存的大国即使获得了海军和殖民地，也改变不了迫使其维持庞大陆军和继续以欧洲大陆为政策导向的基本战略及文化现实。正是这种大陆逻辑推动了美索不达米亚平原上的古代王国、罗马共和国、奥斯曼土耳其帝国、西班牙帝国、波旁王朝和拿破仑时代的法国以及20世纪的大陆霸主德国和苏联的议程。也正是它决定了彼得大帝（Peter the Great）的海军革命必然会失败，以及当代的超级大国都是陆上帝国。

　　在今天，马汉所定义的制海权掌握在西方手中，这是一个由自由、民主的商业国家组成的联盟，在全球范围内进行贸易，并采取集体行动确保海洋贸易不受海盗、冲突和动荡的影响。虽然战略性的制海权要由美国来提供，但从英

---

[1]　即"罗得岛"，爱琴海东南部岛屿。——编者注

[2]　这本书不打算面面俱到。它关注的是相互联系的古代和现代欧洲世界——把它们联系起来的是一种被传播和共享的文化——以及受到欧洲思想影响的欧洲和亚洲国家。海洋国家的全球史请参见L. Paine, *The Sea and Civilisation: A Maritime History of the World*, London: Atlantic Books, 2013. 该书索引中没有包含seapower或sea power的条目。

[3]　C. G. Reynolds,'"Thalassocracy" as a Historical Force', in *History and the Sea: Essays on Maritime Strategies*, Columbia, SC: University of South Caolina Press, 1989, pp. 20-65. 就是一个很好的例子。这篇论文发表于1977年。

国和丹麦到日本和新加坡，这群二三等的强国分享海权身份。这些国家倾尽全力参与全球贸易，异乎寻常地依赖进口资源，并对其文化进行调整，使之适应海洋活动。海洋是其民族文化、经济生活和安全的中心。海权身份仍然是一个举国上下参与海洋事务的问题，是一个为那些与生俱来的——甚至可以说是关乎其存亡的——只要失去对海洋交通的控制就会受损的国家准备的定义。由于这个定义包含了神话、情感和价值观，所以无法对其进行准确的计算。[1]长期以来，海权的文化遗产一直被包裹在包括美利坚合众国在内的西方自由贸易国家的集体身份中。它受到害怕变革、包容性政治、自由市场的政权和意识形态的挑战。对过去、现在和未来的学者而言，它仍然是重要的分析资源。

本书的中心论点是，马汉创造的短语"sea power"——描述拥有海军的国家可以做出的战略选择——改变了这个词在古希腊语中原本的含义，从代表一种身份变成了代表一种战略，这削弱了我们把海权理解为文化的能力。对古希腊人来说，海权是一个以海洋为主导的国家，而不是一个拥有庞大海军的国家。希罗多德和修昔底德用"thalassokratia"来描述作为文化的海权。所有希腊国家拥有的海军加起来也没有波斯的海军多，但波斯仍然是一个陆上强国。斯巴达在伯罗奔尼撒战争中使用海军力量击败了雅典，但它永远无法成为一个海权。然而，雅典是一个海权，这种身份的深层文化含义解释了它与斯巴达发生冲突的原因，以及为什么斯巴达会和波斯结盟，并利用其胜利迫使雅典成为一个正常的大陆国家。海权文化所具有的颠覆和破坏稳定的性质，把追求平等的民粹主义政治与海上商业、帝国扩张和无尽的好奇心结合在一起，吓坏了它的许多评论者。柏拉图（Plato）对它的厌恶是显而易见的，孔子（Confucius）也是如此，虽说修昔底德对它的忧虑表现得更微妙些，但同样清晰可见。这些反应强调了横亘于政治、经济、社会和战争中的文化冲突，这种冲突把海权国家与大陆强国区分开来。

海权国家并不强大，正因为它们弱小，所以它们专注海洋，为了自己的生存和繁荣选择了一个不对称的重点。此外，海权身份完全是人为制造出来的。

---

[1] C. E. Behrman, *Victorian Myths of the Sea*, OH: Ohio University Press, 1977. 这是对海权身份建构中事实与寓言之间复杂的相互关系的经典评价。

由于任何政治组织的文化边界都是由家庭、部落、信仰、土地和财产来确定的，因此，海洋身份既不寻常又不自然。它不是在地理或环境的作用下产生的结果。海权身份的创造是经过深思熟虑的，通常是对自身弱点和脆弱性的自觉反应。虽然海权身份可以使国家成为大国，但既存的大国不会选择成为海权，哪怕海洋对其国民生计很重要也是如此。法国有大量的海军和几处海外殖民帝国，但它们从未取得与欧洲扩张和大陆军队同等重要甚至更为优先的地位。

尽管一些小型政体受其地理位置、人口和经济生活的影响，几乎是身不由己地成了海洋国家，但在这种身份中，总会有一种自觉的选择。然而，这些国家的战略和政治重要性是有限的。古代的海洋国家，那些弱小的贸易政体，利用它们临海的地理位置和航海技能来防止和改善被大陆帝国的吸收，或是让这种吸收变得不那么难以忍受。虽然米诺斯凭借它位于海岛之上的优势缔造了一个神话般的海权（thalassokratia），但海洋国家腓尼基就只能靠政治技巧和适时的让步来保身了。只有在大陆列强之间的水域里存身时，海洋国家的运作才是最有效的：在普世君主国或国家间贸易微不足道的时代，它们会变得无足轻重。

包容性政治与海权之间的协同作用至关重要。作为贸易网络的一部分，经由海洋传播的开明政治意识形态一直是海权国家武器库里最重要的一件武器。这些观念吸引着那些从事海上贸易的人，使他们意识到有必要挑战僵化的专制制度。雅典为了建立帝国而到处传播民主，这让斯巴达和波斯大为惊愕。雅典选择了海权身份之后，很快就把近似于神话的米诺斯海权奉为先驱，以免被扣上标新立异的帽子。塑造这些国家的观念从本质上来说是一样的。雅典和迦太基在腓尼基这个先驱身上学到了很多东西，而后来者则很重视雅典人的争论和迦太基身上的悲惨命运。

雅典之所以会成为一个海权，是因为它面临着来自普世君主国波斯的毁灭性打击。就是这个原因促使地米斯托克利（Themistocles）在公元前5世纪80年代对雅典进行了改造，用政治和文化手段把它统一起来，使之成为海权，有能力建立一支目标明确的海军，并最终建立一个海洋帝国来支撑其财政。这一决定之所以成为可能，是因为雅典已经经历了一场民主革命，这座城市通过合作制定决策的机制和对外行动取得的回报，把它迄今为止一直潜藏的力量释放出来了。其结果令人震惊：雅典的人口迅速膨胀，使它更加依赖遥远的黑海麦田，因此，也越来越容易受到海军封锁的威胁。雅典人通过投票做出这个与众不同的抉择，这决定了它的身份在希腊世界里会变得越来越独特，而这一身份又引发了人们对变革过程和方向的深刻思考。

公元前466年，当雅典的两栖部队在攸里梅敦河（Eurymedon river）击溃了一支庞大的波斯舰队时，他们所表现出来的技巧、侵略性以及——最重要的——传播其民主制度的野心，吓住了斯巴达人，而他们想要解放埃及的企图也令波斯大王决定支持斯巴达这个一心维持希腊现状的强国。最终，斯巴达的军队、波斯的黄金和雅典的傲慢摧毁了这个海权国家。两个获胜的大陆强国瓦解了雅典的民主制度，消灭了它的舰队，破坏了使雅典成为人工岛，并且强化了其海权身份的长墙。海权与陆权的差异所造成的威胁使罗马消灭了海权国家迦太基，因为它是一种根本不同的、具有深远威胁的文化选择。虽然在长达半个世纪的时间里，迦太基都不再是一个军事强国了，但罗马人读过柏拉图：他们知道真正的威胁来自文化。

鉴于陆地和海洋国家在这些竞争中的战略权重完全不成比例——海洋国家缺乏人口、领土和大规模的军队，更大、更强的大陆竞争对手对海洋国家的恐惧需要得到解释。答案在于文化层面。海权依赖包容性的政治制度，这主要指的是实行寡头政治的共和国，它们的开明制度挑战了君主专制政体以及与它们同时代的大陆国家中的社会精英僭主。这种具有包容性的模式至关重要，只有通过政治包容来调动所有的人力和财政资源，弱小国家才有希望与规模更大、军事更强的对手竞争。这种政治现实使帝国式的国家惊慌失措，这些国家是用军事力量、所占领的土地和所控制的人口来衡量实力的。对这些国家来说，包容性的政治，不论它是寡头共和政体还是民主政体，都是混乱和变革的可怕先兆。大陆列强的理想解决方案是建立一个普世君主国：只有一个统治者、一个国家、一种文化和一个中央集权的指令性经济。

海权国家抵制这种帝国霸权，因为除此之外，只有一个选择，那就是卑躬屈膝地屈服军事力量，眼睁睁地看着它们的经济利益和身份消亡：港口和思想将被封闭起来，不再用于交换货物和交流观念。维持海军力量——这是海权国家最主要的战略工具——所需的成本高昂，这使得公共政策的制定必须服务于资本和商业利益，而商业滋养了舰队，同时又依赖舰队的保护。这些顾虑迫使海权政治家们结为联盟，共同反对霸权国家和普世君主国及其指令性经济。一旦它们的安全得到保障，海权国家就会把海军力量的经济负担转移到海外商业帝国身上，对贸易征税，以此来资助它们的舰队。

　　海权身份有着明显的限制。那些弱小的大陆国家即使成为海权，也会受到地理条件的约束，还容易遭到陆上军队的攻击。而岛国可以有不同的选择，海洋会给它们带来安全、贸易和帝国。古代的克里特岛（Crete Island）开发了远距离的海上贸易网络，并拥有强有力的海权文化，它的商业、码头、划桨船和取之不尽的富含油脂且对增强大脑功能很有用处的海鱼都是这种文化的表现。[1]古代的海权本能地寻求一个与大陆隔绝的地理位置，因此，雅典人不禁为他们的城市位于大陆之上，并且离海有一段距离而哀叹。为了扭转这一现实，地米斯托克利建造了连接雅典和比雷埃夫斯港（Piraeus）的"长墙"——斯巴达随即对此举提出了警告，这表明整个希腊世界都理解了他的意图。虽然海权钟情岛屿，但本书力求避免粗糙的地理决定论。只有一个海权大国完全是个岛国，那就是1707年以后的不列颠王国[2]。其余的海权大国，包括威尼斯在内，都是靠着从毗连大陆领土上取得的资源来实现这一地位的。类似的，1867年到1945年间，日本帝国尽管是个岛国，并且拥有一支强大的海军，却没有成为一个海权国家。日本是个专注于征服大陆的陆军强国：海军是用来确保它与朝鲜、满洲和中国中原地区之间的军事交通的。

　　正如雅各布·布克哈特所观察到的，以批判的眼光来看，海权国家的建设是件艺术品，通过国家文化的镜头来观察能够最好地理解它。随着国家走向海洋，它们的艺术、思想和文学越来越多地承担起传播海洋形象、文字、概念和价值观的重任——这在很大程度上受到了它们与其他海权——不论是当代的，还是历史上的——不断接触的影响。然而，在身份形成过程中，凹透镜成像是一种比模拟更为有效的机制。与海权相类似的国家不会威胁到它的生存。国家身份发生如此重大的转变，更有可能是为了回应大陆霸权国家的野心所造成的

---

[1]　众所周知，Omega 3具有增强大脑功能的特性。

[2]　1707年5月1日，英格兰王国和苏格兰王国合并，组成了大不列颠王国。——译者注

生存威胁。对荷兰共和国来说，这些霸权国家，首先是西班牙哈布斯堡王朝，后来是路易十四治下的法国。作为一种被构建出来的身份，海权需要不断更新和重复：那些出于种种原因而忘记自己海洋身份的国家，会缓慢而确定无疑地失去其海洋身份。这种身份可能会在一两代人的时间里消失，必要的技能也会随之消逝。现代英国正处于这样一个失败的边缘：对大多数英国人来说，大海只不过是一个休闲的去处。然而，大陆列强难以长期保持海军力量。俄罗斯海军无休止的周期运动——产生、盛极一时、衰败和重建，这或许是世界史上唯一一个真正的循环模式——证明，任何没能成为国家身份之核心的东西都会在逆境中被牺牲掉。尽管海洋并没有给大多数俄罗斯人带来麻烦，但是弗拉基米尔·普京（Vladimir Putin）在2014年占领克里米亚的决定表明，在这两场大战中，要塞化的塞瓦斯托波尔（Sevastopol）海军基地进行的英勇防御深深地刻在了俄罗斯人的灵魂里。[1]

尽管海权在政治上包容、对外开放、充满活力，但它们很弱小。弱小迫使它们只能进行有限的战争、寻求盟友并通过谈判解决问题：它们没有能力做得更多。海洋不同于陆地，不会受到永久的控制或绝对的统治。陆上大国经常以无限的、关乎存亡的战争来解决问题——最典型的就是罗马——因为它们能够做得到。只要丧失了对海洋的控制，海权就会被击败，但想要击败陆上强国，就得在战场上战胜它们，并占据其核心领土。

现在，关于海权的起源和性质的讨论被局限在一个狭隘、循环的实用主义战略思想框架中，这个框架根据现代实践去解释古典文本。[2]举个明显的例子，马汉声称他在特奥多尔·蒙森（Theodor Mommsen，1817—1903）的《罗马史》（*History of Rome*）中发现了制海权在历史上的主要作用，这凸显了封闭精神世界所具有的危险性。蒙森生活在德国走向统一的时代，1863年到1884年间，他在普鲁士议会和后来的德意志议会中任职，是德国民族主义的代言人。蒙森对迦太基的憎恶可能受到了他强烈的反英情绪的影响。他公开主张使用暴力来扩

---

[1]　这两场大战指的是克里米亚战争和第二次世界大战，在这两次战争中塞瓦斯托波尔都经受了长时间的围攻。——译者注

[2]　C. G. Starr, *The Influence of Sea Power on Ancient History*, Oxford: Oxford University Press, 1989, P.4.

大德国的势力，并禁止罗马帝国史草稿的出版，因为它可以被解读为对威廉二世时期的德国追求普世君主国野心的批评。他所写的关于罗马共和国历史的巨著出版于19世纪50年代，他对德意志统一的拥护在这本书中有深刻的体现。他不带丝毫疑问地接受了罗马一方对第二次布匿战争的看法，尤其是罗马人对战争大前提的看法：罗马为了保护自己，不得不抵抗由狡猾、奸诈的野蛮人汉尼拔领导的侵略成性、破坏条约的迦太基。这个敌人的形象与拿破仑（Napoleon Bonaparte）以及拿破仑三世（Napoleon Ⅲ）有着明显的相似之处。

现代的学术研究推翻了蒙森的夸张描述，驳斥了激发马汉灵感的战略难题。[1]19世纪晚期的美国战略家马汉愉快地重复着德国历史学家的看法，因为他们主要关注的都是他们本国的帝国扩张大业。这两个国家都是大陆国家，都建立了一支以跨海投送军事力量为目的的海军，这使得他们对制海权的分析带有特殊的陆军性质。[2]这两个国家都不是海权国家。蒙森和马汉忽略了柏拉图、亚里士多德（Aristotle）、阿里斯托芬（Aristophanes），还有修昔底德和色诺芬（Xenophon）对海权国家本质所做的大量辩论。而且，他们两个都错了。

蒙森认为，由于迦太基缺乏海军力量，无法跨过地中海中部投送一支大军，所以汉尼拔决定通过高卢入侵意大利，他的这个看法完全是错误的。而马汉把它当成了一种思想体系的基础，这种思想体系把"海权"（sea power）等同于海军力量，而非一种文化选择。蒙森把迦太基视为与罗马势均力敌的帝国。实际上，迦太基比罗马弱得多，汉尼拔的目标是建立一个能够把罗马控制在地区体系之内的联盟；他并不想打倒这个强大的共和国，也没有计划摧毁它。他穿过高卢进军是为了招募军队和盟友，而不走海路运送军队是因为迦太基在意大利海岸没有海军基地：获取这样的基地是他对意大利发动战役的主要目标之一。

虽然罗马人摧毁了迦太基海权留下的记录，但希腊人的争论却从希腊化

---

[1]　Mahan, *The Influence of Sea Power,* pp.iv-v, 13-21. 特奥多尔·蒙森的《罗马史》是一部关于罗马共和国的三卷本研究著作，出版于1854—1856年，书中充斥着德国民族主义思想；G. P. Gooch, *History and Historians of the Nineteenth Century,* London: Longman, 1913, p.458.

[2]　军事家安托万-亨利·约米尼（Antoine-Henri Jomini）对拿破仑战争进行了分析，他的战略思想对马汉有所启发。

世界里经由罗马和拜占庭一直传到了威尼斯。在那里，活字印刷使海权成了文艺复兴时期的普遍财产。古希腊是16世纪英格兰海权智慧的源泉，受过大学教育的学者如伯利男爵（Burleigh）、弗朗西斯·沃尔辛厄姆（Francis Walsingham）、约翰·迪伊（John Dee）和理查德·哈克卢特（Richard Hakluyt）都接触过古希腊文本，他们全都拥有由威尼斯人文学者和出版商阿尔都斯·马努提乌斯（Aldus Manutius）制作的希腊文版修昔底德著作。[1]迪伊率先用它来宣扬"大英帝国"成为海权的愿景，将国家的法律、领土和经济利益与海洋身份融为一体。[2]他设定了英国海权的知识参数，鼓励别人从他的书里汲取灵感并进一步发展他的思想。都铎王朝的国王们摆脱了由神圣罗马帝国和教皇主宰的欧洲体系对英国的限制，同时推动了海权进入英国文化和战略的过程。他们把伦敦金融城（City of London）日益增长的经济实力与国家身份联系起来，在这种身份中，击败无敌舰队成了英国的"萨拉米斯之战"，这一事件证明了过去几十年来的主张和争论的正确性。在这一过程的每个阶段中，观念的形式和焦点都在改变，以适应不断发展的现实，同时保留它们不容置疑的古代权威。

这种流动性告诉我们，有必要采用一种长远的视角，以区分原本的观念和后来的粉饰。维多利亚时代对古克里特岛的典型反应并非来自对近似神话的过去的考古学见解，而是来自这个时期对大英帝国的假设。考古学家阿瑟·埃文斯（Arthur Evans）在掌握证据前很久就认为米诺斯王国是一个和平的维多利亚式海权帝国。[3]然而，在英国人把它确定为海权的同时，来自大陆国家的考古学家却对证据提出了截然不同的假设。埃文斯的许多主张都得到了现代研究的支持。

---

[1] 威尼斯学者、出版商阿尔都斯·马努提乌斯在1500年至1510年间制作了第一部希腊文版的希罗多德、修昔底德和色诺芬著作. M. Lowry,*The World of Aldus Manutius*,Oxford:Basil Blackwell,1979,pp.144,300.希罗多德和修昔底德的著作出版于1502年。都铎王朝时期的英格兰用来自西班牙和葡萄牙的航海专业知识和航海文献，以及来自低地国家的航海图和海权图像来补充这些资源。

[2] W. H. Sherman, *John Dee: The Politics of Reading and Writing in the English Renaissance*, Amherst, MA: University of Massachusetts Press, 1995, pp.126, 152–153.

[3] J. A. MacGillivray, *Minotaur: Sir Arthur Evans and the Archaeology of the Minoan Myth*, London: Jonathan Cape, 2000, p.85.

归根到底，这本书主要论述的是国家改变其文化的能力——从陆地到海洋，然后再次回到陆地，这是由政治选择而不是地理上的必然性驱动的——以及选择成为海权对少数几个成为大国的海权国家的影响。本书强调了马汉的制海权——一种可以由大陆列强掌握的战略工具——和成为海权国家的文化现实之间的根本区别。

对那些不得不与海权国家打交道的大陆军事强国来说，拥有一支专业的海军是个理所当然的选择。然而，从波斯到苏联，这种海军的目标都是摧毁海权，而不是获得它。罗马通过消灭海权和把足以摧毁其他所有选择的单一罗马文化强加于人，从而成了地中海世界的普世君主国：正如迦太基人所领略的，这是罗马人在推行和平的同时制造的"沙漠"。

罗马的行动反映了他们对非正统文化模式的极度恐惧。他们对海权的政治包容性和文化活力而不是战略力量感到震惊。罗马摧毁的是海权文化，而不是战略性制海权。是文化而不是军力导致了罗马人对迦太基的忧虑和对汉尼拔的迫害。在第二次布匿战争中的扎马战役结束之后，罗马已经没有理由再害怕汉尼拔的军事天赋了；西庇阿（Scipio）在战场上击败了他，罗马拥有了更强的军队。他们之所以把他赶出迦太基，是因为他动员人民按照民粹主义的包容性路线重建国家，这与那些控制罗马元老院且拥有土地的寡头所青睐的路线大不相同。这种恐惧一直持续到汉尼拔去世。

伯里克利（Pericles）和修昔底德在海权和有限战争之间建立了密切联系。作为商业资本主义国家，海权拥有比依赖土地的陆权更强大的财政资源，如果它们能躲在岛屿上或躲在坚不可摧的城墙后面，避免遭到没有限制的还击，它们就会比敌人更有持久力，让敌人疲惫不堪，最后就能达成妥协，实现和平，这就是海权用以替代"决战"的手段。决战是彻底打倒敌人的猛烈一击，大陆军事思想家们为了实现它而绞尽脑汁。在"葬礼演讲"中，伯里克利有效地颠覆了希腊战争的逻辑，用以水陆两栖作战、经济战和坚持为特征的海洋战略取代了重装步兵之间短暂而激烈的陆上战斗，几个世纪以来，希腊人为了解决争端一直在进行这样的战斗。伯里克利被称为"克山提波斯（Xanthippus）之子"不是没有理由的，他的父亲克山提波斯是雅典舰队的司令官，曾指挥一支两栖攻击部队在攸里梅敦河摧毁了波斯的残余舰队，打通了达达尼尔海峡[1]（Dardanelles Campaign）以获取粮食供应，并确保了雅典在爱琴海上的霸权。[2]

正如朱利安·科贝特（Julian Corbett）在1911年所证明的那样，海权依赖有限的战争和海洋战略，因为这是唯一能让它们成为大国的选择。它们通过专注海洋获得了不对称的优势，但不得不接受由此产生的限制。科贝特简洁的论述值得重复，因为它强调了海权的战略是海上的，依赖海军和陆军的联合作战。他大概想起了在斯法克特里亚（Sphacteria）的雅典人[3]，以及1759年在魁北克（Quebec）的英国人[4]：

> 鉴于人类生活在陆地上而不是海上，所以，处于战争中的各国之间的重大问题总是取决于——除极少数情况外——你的军队能对敌人的领土和国民生活做些什么，或是敌人对于你的舰队能让你的军队有做到这些事的恐惧。[5]

大陆强国的武器是大规模的军事动员，试图动用这件"武器"的海权——1689年到1713年间的荷兰共和国，以及1916年到1918年间的英国——会被它们自己的努力摧毁，哪怕是它们"赢得"了战争。只有大陆列强可以使用海军来推行以歼灭和无条件投降为目的的全面战争战略。曾被罗马采纳的这种战略模

---

[1] 达达尼尔海峡：古称赫勒斯滂，是紧扼黑海和马尔马拉海进入地中海的咽喉，也接着马尔马拉海和爱琴海。——编者注

[2] 伯里克利关于制海权的理论可能可以追溯到公元前5世纪50年代他在第一次伯罗奔尼撒战争中的经历。L. Rawlings, *The Ancient Greeks at War*, Manchester: Manchester University Press, 2007, pp.105-106; R. Meiggs, *The Athenian Empire*, Oxford: Oxford University Press, 1972, p.173, fn 3.

[3] 斯法克特里亚是希腊伯罗奔尼撒半岛西边的一座岛屿，公元前425年，雅典军队在该岛登陆，击败了岛上的斯巴达军队并迫使他们投降，俘虏了120名斯巴达军官，这些人被雅典当成人质，对斯巴达的行动造成了很大的牵制，战略主动权遂被雅典夺去。——译者注

[4] 1759年，七年战争期间，英国军队进攻法国在加拿大的殖民地，法军采取了放弃沿岸港口、坚守陆地据点的战略，结果遭到了英国舰队的两栖攻击，陷入被动。1759年9月魁北克被英军攻陷，英国获得了北美战场上的决定性胜利。1763年，法国与英国签订《巴黎条约》，放弃了它在北美的绝大部分殖民地。——译者注

[5] J. S. Corbett, *Some Principles of Maritime Strategy*, London: Longman, 1911. 科贝特的文稿，特别是第14页，阐释了像英国这样的海权大国在面对大陆军事对手时可以做出的战略选择。

式是马汉留给美国的遗产。罗马拥有战略性的制海权，但罗马和美国都不是海权国家。以塑造了海权国家建设过程的独特、偶然的决定与彼得大帝治下的俄国创建一个强大海军国家——这个过程是由一位热衷于获取大陆军事霸权的王朝独裁者推动的——的决定做对比，可以凸显这两个概念的差异。

作为博学多闻的国家，海权对先例有着深刻的认识。它们知道自己正在做的事情以前就已经有人做过了，它们把这个事实作为塑造其身份的历史过程的一部分来表达。然而，它们的敌人同样擅长利用过去。海权陷入了深刻的文化冲突中，先驱国家的思想和主张被用来解释、辩护、谴责和相互抵消。虽然没有哪两个海权国家是完全相同的，但它们的共同之处比任何差异都重要得多。它们形成了一个不同于其他国家的群体。这些模式以及思想跨越时间的传播，使得这种集体评估具有连贯性和说服力，而争论也没有结束：海权身份的关键要素作为联系和差异的重点，仍然是西方先进集体的核心。

从长时段观察最容易理解海权作为文化的重要性——海权之间的协同作用增强了从个别例子中得出的见解。此外，海权文化所积累的知识以多种形式，经由相继而起的海权传递下来，这是历史服务社会的最佳例证。海权依赖海洋活动，并采用马汉制海权的不同版本作为其战略选择。然而，这一战略也可以被主要的大陆国家使用，无须进行重大的文化变革。

在过去的一个世纪里，随着我们对世界其他地区——从红海和印度洋到东亚和波利尼西亚——的认识不断增加，以往那种以欧洲为中心的海洋史得到了补充，各地区的历史被整合到了一起。这些历史突出了具有强烈海洋身份的国家、对制海权战略的运用和航海技术的惊人发展。[1]将本书的焦点集中在欧洲经验上的决定反映了我的意图，即把本书视为对一个连贯的、相互关联的海权国家群体的集体研究，这些国家对其先驱留下的知识遗产有着敏锐且明显的认识。1900年前后，这一经验传遍了全球：中国、日本和美国的海军从本质上来说都是欧洲式的。本书所考察的每一个国家，包括沙俄在内，都以欧洲过去的历史为先例，为了成为或保持海权，从过去发生的事中吸取经验教训。最能证明这一论点的证据是，第一个海权大国古希腊发明了克里特岛米诺斯王国这个

---

[1] 佩因的《海洋与文明》一书提供了一个全面的概述。

海权，以免因成为第一个这样的国家而背上标新立异的恶名，并以此把它欠腓尼基人的巨大知识债务掩盖了起来，后来的每一个海权都是在这份遗产的基础上建立起来的。这是一种思想的历史，它的传播跨越了时间。

第一章

创造海权身份

CREATING SEAPOWER IDENTITY

亚述宫墙上的腓尼基军用桨帆船浮雕

　　海权是在早期文明的边缘而不是中心发展起来的。地处边缘的沿海共同体从陆地上获得的发展机会有限，作为对这种处境的回应，他们发展出了地中海贸易网络，为位于埃及（Egypt）、安纳托利亚（Anatolia）和美索不达米亚（Mesopotamia）等地的大型陆上帝国提供了重要的资源——木材、铜和锡。公元前1000年之后，腓尼基和希腊的海洋城市把原本位于利凡特[1]（Levantine）的贸易体系推到了爱琴海、亚得里亚海（Adriatic）和第勒尼安海（Tyrrhenian Sea），并穿过西地中海前往加的斯[2]，越过赫拉克勒斯之柱，去寻找金属矿石。当这些海上行为体开始保护和控制连接资源和市场的海上航线时，它们就为制海权战略、控制海上交通和海权身份奠定了基础。海上贸易容易受到敌对国家和海盗的攻击，这促使人们建立护卫部队，而必要的船只、水手和基础

---

[1] 利凡特：又译"黎凡特"，指地中海东部沿海地区。——编者注

[2] 加的斯：西班牙西南部港口，临大西洋加的斯湾。相传为公元前1100年腓尼基人所建，称Gadez, Gadir或Gaddir。——编者注

设施带来的长期成本又迫使海洋国家发展更具包容性的政府形式，让商人、交易者和船主分享政治权力，以换取他们的服务或财务捐助。这些海洋国家的政治结构从专制统治经由君主立宪制转向共和的寡头政治。有意识地选择这种社会—经济—战略模式的大中型国家会成为海权，这些国家以海洋作为其身份的中心，它们与那些利用舰队来实现陆地战略目标的大陆强国形成了鲜明的对比。海洋国家和城市发展出了以航海和商业为主导的独特文化。

在海上贸易规模不大的情况下，控制海上交通几乎没有任何战略价值。对那些试图拿海权和陆权战略做直接比较的人来说，未能理解这个核心现实造成了很多误解。这两个概念在起源、目的和方法上有着根本的不同。陆权可以通过"决战"和占领敌方核心领土来获得胜利，而海权只能追求有限的战果，通过让对手的经济枯竭来取胜。海权战略的重点是为了安全和经济利益而控制海洋，并不是为了虚荣而去追求海战的胜利。在势力均衡、局势稳定的时代，海权国家将这种战略活动运用于陆地大国之间的边缘水域中。

陆上帝国和海洋国家之间的协作反映了埃及和美索不达米亚的地理和文化状况。能够成为"文明摇篮"的地区有着严格的限制，它们以河流为基础，被沙漠和山脉包围，其政治中心远离海洋。国内稳定和领土扩张决定了国家在政治上是否成功。它们的地理条件产生了一种以其领土和人力为基础的例外论和优越感，这种感受使它们对调查和探索缺乏兴趣。海洋国家能获得的农业用地有限，所以必须开发海洋以从事渔业和商业活动。航海和探索精神这两种特征往往如影随形，而陆地思维则局限于平淡无奇的前景和军事解决方案之中。

如果陆地上出现了某种近似于势力均衡的状况，海洋国家就有了可以操作的政治空间。当大型陆上帝国彼此竞争时，它们会重视海上贸易，这种关心比小型航海国家对海上贸易的关切重要得多。相比之下，取得了霸权的普世君主国亚述、古巴比伦和波斯消灭了作为文化和政治势力的利凡特海权，这给身处美索不达米亚军事强国无法直接触及之处的雅典和迦太基创造了发展为真正海权的机会。奉行扩张主义的大陆军事国家害怕海权的活力和它们两者的差异，它们之间的冲突将决定古代世界的政治发展。从公元前480年希腊人在萨拉米斯战胜波斯人到公元前146年西庇阿·阿非利加努斯（Scipio Africanus）率领的罗马军队毁灭迦太基，在一系列文化冲突中，海权运用有限战争的战略——建立联盟，使对手的经济枯竭和通过谈判达成和解——挑战大陆国家的战略：无限战争、大规模军队、决战、占领敌方领土和彻底破坏。在这个过程中，海权的知识起源被建立起来，而第一批海权帝国被摧毁了。

海权是地中海贸易模式进化的直接结果。在第三个和第四个千年纪中，利凡特的油、葡萄酒和木材贸易所满足的是美索不达米亚和埃及，而不是当地相对有限的人口的需求。为了使这种贸易免遭敌对经济行为体（国家或海盗）的侵害，海上活动变得越来越军事化——使用船只作为作战平台或两栖运输工具，进行类似特洛伊战争那样的海外袭击。

第一种被交易的战略性商品是木材。埃及和美索不达米亚都需要粗大而结实的木材来建造船只和庙宇，这些木材是当地的树种无法提供的。它们不仅为了进口木材，还为了控制黎巴嫩（Lebanese）山区的雪松和盛产树脂的森林而战。最早的海上贸易路线是把黎巴嫩的木材往南运到埃及，或是向北运到比布鲁斯港（Byblos），然后越过山脉送往美索不达米亚。经济发展需要打破这些静态河流社会的文化孤立主义。长距离海上贸易的扩张使得战略金属的交易变得可能，这启动了创建地中海文明的进程，这是一个由海洋来定义的文化空间。[1]

尽管海洋对以河流为基础的伟大文明来说是微不足道的，但它们对进口资源的依赖促进了海上贸易的产生与发展。到公元前2500年，埃及人从叙利亚进口油、雪松、沥青，还有其他造船和建筑用的材料。虽然这些船只是由埃及出资建造的，而且很像是沿着尼罗河运输建筑材料的河船，但它们可能是在利凡特建造的，操纵它们的水手可能也来自那里。有图像证据表明，到公元前1800年，利凡特水手驾驶着与其非常相似的船只在底比斯（Thebes）卸货。尽管埃及人对这一发展做出了很大贡献，但他们对外面的世界并没有多少好奇心。他们把大部分的对外贸易都交给外国人处理，尽管他们在尼罗河上建起了主要的港口基础设施，却没有修建沿海港口，并让第一条苏伊士运河（Suez Canal）陷入了荒废状态。埃及吸引着贸易，但并没有在其本土形成一个航海/商业阶层，而是全靠克里特、腓尼基和希腊的商人来做买卖。到公元前525年被波斯征服

---

[1] Fernand Braudel, *The Mediterranean in the Ancient World*, London: Allen Lane, 2001, pp. 17, 73-74, 82.

时，它实行的还是以货易货。它不可避免地被拿来和另一个幅员辽阔的大河帝国——中华帝国相比较。埃及是一个由传统、连续性、祭司权力和自我满足所驱动的官僚国家。失败引发的是排外情绪，而不是反思。[1]埃及的海上活动是在非本土王朝时期达到顶峰的，这一点很重要。[2]底比斯的祭司精英们憎恨大海，反对把首都迁往尼罗河三角洲，以避免与外国商人和外国思想进行交流。[3]相比之下，海洋共同体有意识地选择向外看，从政治到战争，这种选择反映在它们文化的各个方面。

公元前2800年到前1300年之间，青铜时代的地中海贸易日益紧密地联系在一起，为海权创造了机会。公元前2000年前后，帆船取代了"独木舟"式的划桨船，这标志着地方性的奢侈品贸易变成了大宗商品的买卖。新式船舰的排水量高达500吨，从公元前13世纪起开始出现在书面记录中。它们的重要性可以从目前已知的世界上最古老的沉船来判断。在土耳其西南海岸乌鲁布伦（Uluburun）地区发现的这艘公元前14世纪的沉船，载有6吨铜锭和1吨锡，这些金属被熔炼成青铜的话，足以装备一支小型军队。[4]

古代国家的金属消耗量很大，金属被用来制造武器、高调地炫耀权势和财富或是储存起来以备将来之需。海上贸易服务于需求，这种需求是由重要金属在地中海地区的分布极不均匀导致的。[5]在北欧，金属的分布相对均匀，一般处于陆地运输范围之内，但在农业生产率和人口数量都很高的地中海地区——包括美索不达米亚和埃及——既缺乏优质的木材，也缺乏重要的金属。铜的主要来源是塞浦路斯岛（Cyprus）。[6]地中海地区几乎没有锡，锡最初是从中亚穿过美索不达米亚被运到这里的，乌加里特（Ugarit，古名，现为拉斯-沙姆拉，

[1] F. Braudel, *The Mediterranean in the Ancient World*, pp.90-91, 95-96, 121.

[2] 与中华帝国的另一个相似之处。

[3] D. Fabre, *Seafaring in Ancient Egypt*, London: Periplus, 2005, 展示了祭司阶层对海洋的极度厌恶。

[4] Cyprian Broodbank, *The Making of the Middle Sea: A History of the Mediterranean from the Beginning to the Emergence of the Classical World*, London: Thames & Hudson, 2013, pp.464, 401.

[5] Broodbank, *The Making of the Middle Sea*, p.69; Peregrine Horden, Nicholas Purcell, *The Corrupting Sea: A Study of Mediterranean History*, Oxford: Basil Blackwell, 2000, pp.347-350.

[6] Broodbank, *The Making of the Middle Sea*, p.367.

Ras Shamra）是一个重要的交易中心。后来，波希米亚（Bohemia）、布列塔尼（Brittany）和康沃尔（Cornwall）成了锡的产地，而伊比利亚（Iberia）、托斯卡纳（Tuscany）和撒丁岛（Sardinia）也有少量供应，这吸引了利凡特商人向西航行到亚得里亚海（Adriatic）、第勒尼安海（Tyrrhenian），最终到达大西洋，与把金属运往地中海的陆上路线相连。这些贸易路线不仅对古代强国至关重要，还具有深远的战略意义。金属和木材的诱惑把相继而起的美索不达米亚诸帝国吸引到了地中海沿岸，并在利凡特地区催生了从事海运承包的国家。这些承包者建立了更大的贸易网络，以确保新的矿石供应。产自北欧的锡以第勒尼安海为贸易中心，当腓尼基和希腊的商人及殖民者进入这里时，他们与伊特鲁里亚人发生了冲突，伊特鲁里亚是另一个因为金属制造而形成的文化。控制海上贸易的竞争变得激烈起来，第一次有记录的海战发生在撒丁岛附近。[1]尽管有显而易见的危险，但到这个时候，海上运输已经轻松地超过了陆地运输，使地中海成了一个由互相交织的航线组成的圈子，各地的海岸和港口都面对着它。[2]由于航线和航海技术开始将海洋缩小为一条宽阔的河流，这一持久的现实创造了另一种认知。

贸易、联系和交流的急剧增加没有得到广泛的认同。海上贸易为进步、变革和赋权的理念提供了载体，这是一种另类的文化模式，挑战了同时代陆上强国的停滞状态：哲学家和统治者都害怕"引发堕落的海洋"，它威胁到了社会秩序和政治稳定。[3]虽然船只是被派去进行贸易的，但它们运回的不仅是货物，还有人、思想和形象。这些非精英旅行者跨越了总是对所有人开放的海洋，把地中海东部和美索不达米亚平原的地区和帝国连接在一起。基于海洋文化主要是在港口城市以及与之毗邻的内陆地区传播。经由海洋，知识可以自由地相互

---

[1] Horden and Purcell, *The Corrupting Sea*, pp.348, 347–350; Barry Cunliffe, *Europe between Oceans: Themes and Variations 9000 BC–AD 1000*, New Haven, CT, and London: Yale University Press, 2008, pp.179–182; Broodbank, The Making of the Middle Sea, pp.336, 377–389, 394–395, 415.

[2] Horden and Purcell, *The Corrupting Sea*, pp. 5, 11.或者，正如马汉所观察到的："就像公路、铁路与河流竞争是徒劳无益的一样——更快的速度并不能弥补运载量的不足。"A.T.Mahan, *The Problem of Asia*, Boston, MA: Little, Brown, 1900, p.38.

[3] 该短语出自柏拉图之口。

连通，但这改变了信息，并把精英排除在外。在海洋文化眼中，生活的每个方面所具有的意义如此不同：当美索不达米亚和埃及的祭司长们为了从星象变化中找寻预兆而研究天空时，水手们却在仰望天空以开发"寻找避风港"的航海技术，并把它置于他们世界观的中心。这个过程是双向的：希腊人从埃及学到了雕刻艺术，却把一种更加人文主义的文化之生命和活力注入尼罗河上静谧的众神身上。埃及人把船的样式从尼罗河带到了腓尼基，在那里，它们被转化成适合航海的样式。我们知道，这些文化交流影响了希腊航海的发展；同样的，交流也有充分的能力为双方带来丰富的思想货物。

在古代世界的大部分地区，海洋仍然是一种威胁，而不是机遇。佩里格林·霍登（Peregrine Horden）和尼古拉斯·普赛尔（Nicholas Purcell）得出结论，尽管海上贸易在古代地中海共同体的生活中居于核心地位，但"希腊和罗马作家普遍认为，这种海上交流的影响深深地破坏了良好的社会秩序"。[1]虽说国王、祭司和静态文化的焦虑不难想象，但就连希腊人也相信，在船只和贸易出现之前有一个"黄金时代"，那时候没有金钱或令人堕落的航海。他们认为，土地和农业在道德上优于航海。罗马把这些思想传播给了早期基督徒，他们担心，对海洋有更多的了解会对他们造成"腐蚀性"影响。这种在贸易、渔业和农业之间人为制造出来的道德差异忽略了这样一个事实：地中海人民一直都是同时利用陆地和海洋来获取食物的。

忒修斯（Theseus）的线团和跟它配套的米诺陶诺斯（Minotaur），以及伊阿宋（Jason）和阿尔戈英雄（Argonauts）都反映了故事的阴暗面。[2]金属贸易是冲突的根源，而它们带来的经济影响改变了国家内部的权力平衡，降低了土地财富的政治分量，把权力交给了新来者。金属贸易的利润使海权成为一种重要的文化模式。虽然铁比铜和锡更容易获得，但是铁的普遍存在也鼓励人们更多地使用金属以及运输它们。

要运输沉重的金属矿石和钢锭就必须完善船舶的设计，这为其他不那么笨重的商品，例如甲板货提供了机会，专业承包商也应运而生。克里特岛的米诺

---

[1] Horden and Purcell, *The Corrupting Sea*, p.5.

[2] Horden and Purcell, *The Corrupting Sea*, pp.342, 438.

斯文明以及腓尼基和希腊的城市营造了推动青铜时代经济的连通性，把思想和交换手段传播开来。腓尼基人创造了一种字母书写语言来简化贸易，希腊人出于同样的目的对它进行了改造。埃及象形文字和美索不达米亚的楔形文字一直被禁锢在祭司长的仪式世界里，它们注定要被国际贸易摧毁。东亚语言中复杂的习惯用语同样不适合国际交流。货币是海上贸易的另一个成果，它也是在海洋城市里作为交换手段和海洋身份的象征被发展出来的。

尽管在文化上还有所保留，但由于海上运输比陆上运输容易得多，也便宜得多，海洋还是成了想象出来的古代地中海世界的中心。海上航线将该地区塑造成"一个由互相交织的航线组成的圈子，各地的海岸和港口都面对着它"[1]。早在海洋具备战略意义之前，这个体系就已经将经济交流与文化交融结合在了一起。

到公元前16世纪中叶，赫梯、埃及和美索不达米亚诸帝国等庞大的消费社会都从远超它们控制范围的地区进口木材和金属。乌鲁布伦沉船揭示的海洋经济把利凡特和第勒尼安海联结起来，为形成文化上与众不同的海洋国家和实施制海权战略创造了前提。贸易的规模和价值使海洋成为一个诱人的收入来源。帆船需要安全的港口，这推动了港口城市的发展。在那里，不断增加的人口为海洋商业和护卫提供了人手。[2]

贸易使地处战略要冲的海洋城市和国家——大部分是腓尼基人建立的——变得富有，使人们的习俗和信仰传播开来，并重塑了地区身份，尤其是希腊沿海定居点的身份。然而，从港口向海洋国家和潜在的海权转变需要一定程度的稳定和安全，以应对来自大陆的威胁，利凡特的沿岸城市不具备这样的条件。内部稳定对鼓励投资和维持支撑海洋商业的政治和文化变革来说至关重要。虽然青铜时代的贸易是以宫廷为中心的，但海洋社会明显要比同时代的陆地社会更具包容性，它们的贸易常常会把女性和非皇族成员牵涉进来。在这些基于贸易的政治体系中，政治权力是共享的。独立的海洋国家由"积累了与其细小规

---

[1] Horden and Purcell, *The Corrupting Sea*, p.11.《奥德赛》对这些航线做了描述。

[2] Cunliffe, *Europe between Oceans*, pp.188, 199–200.

模极不相称的大笔财富的海上贸易家族联盟"来治理。[1]来自乌加里特（拉斯-沙姆拉）的档案显示，当时在那里已经有了一个拥有真正政治力量和繁荣的海洋文化的商人阶层，但从这些档案里却找不到任何它拥有海军力量的迹象。乌加里特作为美索不达米亚与地中海世界之间的商业纽带而繁荣起来。然而，这样的城市在大型陆地国家面前毫无反抗之力。

相比之下，位于岛上的克里特作为一个海洋国家就可以逃脱征服的威胁和纳贡的要求。公元前2200年之后，当位于东地中海的海洋城市大多遭到破坏时，克里特经历了戏剧性的社会变革，在公元前1950年前后达到繁盛的顶峰，进入第一王宫时期。帆船的发展使克里特从一个孤立的经济闭塞区转变成一个从战略上来说很安全的长途贸易枢纽。位于克里特岛南海岸科墨斯（Kommos）的港口非常适合利用盛行风，使克里特商人能够进入利凡特、塞浦路斯、爱琴海和意大利水域。克里特成了"海运专用网络"的中转站，这个网络包括了在传统的财富来源基克拉泽斯群岛（Cyclades）上的殖民地，这些殖民地都有用经过切割的岩石建造的码头，以方便航运业务。克里特以羊毛、葡萄酒、油和木材为交换，进口作为主食的小麦。

克里特成了一个重要的海洋强国，拥有遍布整个地区的航运和贸易联系，但正如费尔南·布罗代尔（Fernand Braudel）观察到的，它并不是一个现代意义上的"海军"强国。它没有要与之战斗的敌对海军，也不寻求大陆政治权力。[2]但他的马汉式分析忽略了更重要的一点。米诺斯人没有必要为了制海权而战：他们在没有遇到任何抵抗的情况下就在经济和战略用途上获得了对海洋的有效控制。因此，他们不需要强大的海军力量。类似的，修昔底德把米诺斯海权当成是雅典海权的先驱，但他那个时代的海权，不论在形式上还是功能上都与米诺斯的大不相同。米诺斯"海权"——一个由许多贸易站点组成的网络——是个典型的海洋国家：弱小，但灵活，而且在经济上很有效率。克里特人不但不和那些庞大的陆上帝国竞争，还反过来依靠它们取得繁荣。

帆船的使用、孤立的地理位置和不断扩大的贸易为克里特的海权创造了条

---

[1] Broodbank, *The Making of the Middle Sea*, pp.352–357，引文位于第357页。

[2] Braudel, *The Making of the Middle Sea*, pp.381–388, 410–411.

件。米诺斯人很可能有一支海军，用以打击海盗——这是海权的传统任务——压制竞争对手、保护殖民地和索取税收。直到公元前1200年，克里特一直凭借在与埃及和腓尼基的贸易中获得的利润维持着充满活力的宫廷文化。从同时代的阿克罗蒂里（Akrotiri）遗址中发现的壁画展示了形状独特的战舰和贸易船只。[1]对资源日益增长的需求鼓励海上贸易商减少中间人、超越陆上商路、提高航行速度、降低货物成本，从而创造竞争优势。新的海上商路促进了航海知识的发展，而为了控制这些商路展开的斗争将会导致海战、制海权战略和海权国家的产生。

公元前1950年到公元前1700年间，克里特岛东部兴建了大型的地区中心。尽管这些中心在公元前1700年的地震中毁于一旦，但它们很快就被重建了。然而，重建的中心又惨遭祝融，之后，人们在克诺索斯（Knossos）重建了一座宫殿，直到公元前1050年，它还在被人们使用。这些宫殿建筑群把政治、宗教功能与贸易、制造和储藏结合在了一起。克里特文明身上有着商业/文化网络的印记，这些网络从美索不达米亚和埃及经叙利亚延伸到爱琴海。克里特的宫廷文化深受古老的陆地社会的影响。而从它这里运回去的货物中，有一部分是观念和手工艺品。

克里特和乌加里特的成功表明，虽然陆上强国可以控制土地，但它们不能控制海洋或控制输送关键资源的海洋城市。[2]海洋国家用贸易和贡品换来了相对的独立。然而，一切都取决于良好的贸易状况。事实证明，克里特人与埃及喜克索斯王朝[3]的贸易为期不长，这一王朝以尼罗河三角洲上的阿瓦利斯（Avaris）为根据地，阿瓦利斯是那个时代的巨型商业都市。底比斯的埃及精英们毁灭了喜克索斯王朝，破坏了他们的首都和他们与地中海的贸易联系，再次把权力移回国家的中部，恢复了古老的内向型文化模式。这些变化对经济造成的影响或许可以解释为什么克里特社会在公元前1500年左右就不再以海洋为基

---

[1] Cunliffe, *Europe between Oceans*, pp.187-196.

[2] Broodbank, *The Making of the Middle Sea*, pp.381-388, 410-411.

[3] 喜克索斯王朝是来自西亚的移民在埃及建立的王朝，这些移民统称为喜克索斯人，喜克索斯在古埃及语里意为"异国的统治者"。他们占领了尼罗河三角洲东部和中埃及，建立了第十五、十六王朝（约前1674年—前1567年），后来被上埃及的第十七王朝赶出了埃及。——译者注

础，而被希腊迈锡尼文明的大陆意图所支配。位于大陆的乌加里特则在这一时期被摧毁了。

米诺斯海权在一个把各主要国家和获利丰厚的中间商联系在一起的开放式贸易网络中兴起，也在这个网络中衰落。[1]这个网络以海洋为基础，以船只为动力：它对从事海运的克里特和腓尼基造成的影响远远超过它对位于该体系东部和南部边缘的大型内陆河流帝国所造成的影响。海权可能会在地震和海啸中幸存下来，但它经受不住地区贸易体系崩溃的打击。没有贸易，海权就无足轻重了。

克里特人的遗产在希腊人中间流传了下来，这是一种对古老航海文化的民间记忆，荷马（Homer）曾在他的故事里提到过它，希腊语中也有许多克里特词汇，比如塔拉萨（thalassa）[2]，还有小麦、橄榄、葡萄和无花果的名字。当希腊人创造出下一个海权的时候，他们的知识分子利用了这些记忆。到公元前14世纪，东地中海把青铜时代的三大帝国——埃及、美索不达米亚和安纳托利亚的赫梯——联系在了一起。这三大帝国都依靠利凡特和米诺斯城市来进行贸易，交易品有雪松、船只、地方手工制品、锡、塞浦路斯的铜和进口奢侈品——其中包括深受埃及艺术家喜爱的阿富汗青金石。贸易和制造业的这种合作反映了埃及财富的吸引力。沿海城市靠着满足位于内陆和以陆地为中心的大国的需求繁荣起来。利凡特的城市可能已经臣服于赫梯或埃及统治者了——这两者的势力范围一北一南——但在一个多极世界里，它们仍然是具有相对独立性的行为体。[3]

这个体系在公元前1300年到公元前800年崩溃了。大规模的人口流动摧毁了赫梯帝国，严重损害了埃及的元气，还使整个地区的精英社会瓦解了。然而，海上贸易仍在继续，许多位于利凡特的贸易中心幸存下来了。盛产铜矿石的塞浦路斯遭到了破坏，但迅速恢复过来，并在接下来的三百年里成了海上贸易的中心："积极进取的商业企业家精神"与"日益成熟的远洋航行技艺"相结

---

[1] Braudel, *The Mediterranean in the Ancient World*. pp.149-150.

[2] 这个词在希腊语中是"海"的意思，也是希腊神话中海洋女神的名字。——译者注

[3] Glenn Markoe, *The Phoenicians*, London: British Museum Press, 2000, pp.15-21.

合，在公元前13世纪把塞浦路斯的货物带到了撒丁岛，在那里，人们用金属来交换它们。[1]

贸易得以延续是因为水手们发展出了利用海风、洋流和天体运动的能力，他们还留下了如何躲避登陆危险的经验，其中包括与人类打交道可能给他们带来的各种风险——从被课税到遭到奴役，不一而足。海上航线降低了贸易成本，增强了地中海沿岸商人反对垄断贸易的浪潮。塞浦路斯处于这些行动的中心。通过铜的贸易，塞浦路斯人率先打开了通往西方的航线。新的贸易体系之所以成功，是因为它比旧的宫廷体系更灵活，这强调了开放的政治结构对经济发展的重要性。

贸易和文化构成的这种极具侵略性的混合物使陆地社会大为惊恐。埃及人将入侵的"海上民族"妖魔化为文明的敌人，这是一个典型的例子，反映了大陆对所有来自海洋的事物具有的持久厌恶，这个隐喻吸引了那些觉得自己更"文明"的人。将"海上民族"确定为一个特定的种族群体表明静态社会无法理解那些靠海为生的人，以及现代学者希望为青铜时代找到一个恰当的启示录式结局的愿望。当时有许多人来往于海上，他们没有共同的文化，也不属于同一个种族，他们的共同点只有一个，就是想要通过海洋来实现他们的经济目标——从掠夺到定居，各自不同。他们冲垮了那种受限于宫廷的海洋贸易经济模式和它在其中运作的静态社会。这个过程的焦点可以从塞浦路斯的青铜神像和忧心忡忡的埃及祭司在寺庙墙壁上画下的"海上民族"之间惊人的相似性中推断出来。埃及人对这些不属于任何国家的旅行者很头痛，他们没有可以回去的家，也不服管教，很难向他们征税，更别说他们还带来了分享政治权力的危险观念。当大多数文化都把海洋视为危险和堕落的源头时，指责"海上民族"破坏了文明并不是件困难的事情。埃及人的著作——它们与修士们对维京人活动的记述有着引人注目的相似之处——可能对柏拉图的观点造成了影响。

陆地上的城市和国家被静态的、单一的政治和社会制度所束缚，当它们失去对金属供应的控制时，就没有多少价值了。新式商人之所以能获得成功，是因为他们追求的是利润，而不是土地和权力的象征，而且他们还发展出了一种

---

[1] Broodbank, *The Making of the Middle Sea*, p.450.

使其能够为了共同的经济目的而合作的政治结构。冶铁技术的传播——这在很大程度上是靠船舶来进行的——也有助于结束宫廷对贸易的垄断。海上民族通过出海和一起工作，摆脱了王室的控制，旧日的停滞状态被他们冲垮了，如果有必要的话，他们甚至会诉诸暴力。

在利凡特沿海、塞浦路斯和克里特，产生了一种新型国家，它把商人国王和商业冒险家结合起来，使当地的生产和海上贸易融为一体。这些国家多半都只比最小的"城市"大一点，但却拥有令人惊叹的财富。腓尼基人的港口——它们似乎与海上民族有密切的联系——就是其中的典型："它们由分散于各处的商人共同体拼凑而成，是海上贸易而非领土确定了它们的范围。"[1]这种非同寻常的腓尼基共同体从公元前1500年前后一直存在到了马其顿人征服该地区并将之希腊化时。埃及的衰弱和经济停滞以及赫梯帝国于公元前1140年左右崩溃，使地区经济陷入低迷，而它们迅速从这种低迷中复苏过来。当爱琴海地区以宫廷为基础的经济体系崩溃时，它们被新的政治组织所取代，这些新生组织简直就是大获成功的腓尼基海洋国家的复制品。

按照费尔南·布罗代尔的决定论式观点，腓尼基是"迫于环境而成了一个海权"。腓尼基城市出现在一个沿海的狭长地带中，这里散布着许多有用的港口，其中有些是天然的，但人造的越来越多，这个地带没有几处地方超过7英里[2]宽，大部分地区背靠着遍布森林的山脉和陡峭的山谷，因此，腓尼基城市几乎不可能成为重要的陆上强国。相反，它们彼此保持独立，并且日益海洋化。约翰·罗斯金在《圣经》中读到的推罗城是一个岛屿，有一个天然港口，后来又另外建了一个人造的避风港作为辅助，它还拥有一处淡水泉眼。这是海权的理想处所，只要它能控制海面，输入粮食，它就是安全的。[3]

腓尼基城市在公元前12世纪成为连接东西方的主要贸易中心。当埃及重振雄风，再度开始进行贸易时，位于腓尼基城市群最南端的推罗变成了最重要的城市。它开辟了通往爱琴海以及经以色列和红海通往东非的长途贸易。推罗紧

---

[1] Markoe, *The Phoenicians*, p.11.

[2] 英里：英制长度单位，1英里＝1609.344米。——编者注

[3] Braudel, *The Mediterranean in the Ancient World*. pp.208-209.

紧地跟随地区势力消长的步伐，一旦埃及恢复过来并洗劫了耶路撒冷，它就马上和以色列断绝了关系。作为一个从事海洋贸易的国家，推罗人自己的利益是最优先的，他们有一个优秀的情报网络来帮他们做决定。[1]

当人们最大限度地利用他们拥有的土地，努力开发更先进的农业方法时，腓尼基人靠贸易和工业养活了自己。制造业为开往外国的船只提供了货物和交易品。推罗的染料和染色布料享誉整个古代世界，他们的金属、象牙、宝石、陶器和玻璃制品也很有名。推罗人开创了夜间远洋航行的先河，就连居住于内陆的以色列人也认为这一成就值得被记录下来。[2]

爆炸性的经济发展使人们的政治野心膨胀起来。公元前1000年前后，与以往的贸易国家相比，腓尼基城市，尤其是推罗，"开始对地区贸易采取一种更为霸道的，有时甚至是将之看作自己领地的态度，由此，它们在国外的政治行动更加明显地被经济逻辑所支配"。这些海权帝国的雏形使用岛屿和港口作为贸易站点和航线站点，控制海上通道和贸易而不是领土。腓尼基人在塞浦路斯、西班牙南部的加的斯和撒丁岛建立殖民定居点以获取金属供应，其中加的斯盛产银和锡。公元前8世纪，为了给前往那里的船只提供补给，他们建立了迦太基。[3]后来的海权帝国也同样利用了这些岛屿，这并非巧合。[4]

铁的广泛使用结束了青铜商人的垄断优势，而且，公元前1000年左右，亚述军队来到了利凡特海岸，要求这一地区对帝国纳贡称臣，腓尼基海权摇摇欲坠。埃及对此做出了回应：公元前10世纪，一个新的利比亚王朝把首都迁回尼罗河三角洲上的塔尼斯（Tanis），抬高征服海洋的神赛特（Seth）的地位，并从爱琴海地区招募雇佣兵。亚述和埃及这两个超级大国的航运都要依靠利凡特和希腊。[5]

公元前9世纪，腓尼基人吞并了塞浦路斯，以控制铜贸易和塞浦路斯人在第勒尼安海的商路，北欧的锡就是通过这些商路进入地中海地区的。塞浦路斯和

---

[1] Markoe, *The Phoenicians*, pp.22-37,威尼斯人、荷兰人和英国人也是如此。

[2] Ezekiel 27.

[3] Braudel, *The Mediterranean in the Ancient World*. pp.214-215.

[4] 推罗、雅典、威尼斯和英国都利用了塞浦路斯和克里特。

[5] Broodbank, *The Making of the Middle Sea*, pp.494-503.

希腊之间也有贸易。一拨又一拨的战士、商人和工匠在遥远的地方定居以获得金属和进行贸易。[1]他们的行囊里装着独特的海权文化，以船舶为标志，商业为表达，实行多元化政治。公元前7世纪，当亚述征服利凡特和埃及，建立普世君主国时，海权的吸引力变得明显起来。一个拥有庞大军队的消费国家亚述通过征服埃及，迫使推罗顺服于它，在这个地区，埃及是最后一个有实力抗衡美索不达米亚帝国的国家。这迫使腓尼基城市为亚述服务，被整合到它那追求更多贡赋的战争机器里，它利用他们的技术建造舰队并提供战争物资。[2]为了满足这些贡赋要求，腓尼基城市扩大了国际贸易和国内制造业，而军事化的陆上帝国统治、战争、攻城和不断增加的贡赋支付量都推动了位于迦太基的推罗定居点成为一个独立的国家。

公元前800年前后，腓尼基人开始在地中海西部殖民，定居点位于西班牙临大西洋的海岸上，越过了赫拉克勒斯之柱，它的名字是加的斯。加的斯是一个岛屿，距离当地的主要港口塔特索斯（Tartessos，古名为韦尔瓦，Huelva）有6英里，腓尼基人选择这样一个与陆地分离的位置定居，可以避免当地人觉得他们对土地怀有野心，也便于防守。[3]它成了里奥廷托（Rio Tinto）地区的金属出口和大西洋锡贸易的中心。以拥有良港的岛屿为定居点，表明定居者把海洋当作他们的生活重心。腓尼基人用制成品和奢侈品，如葡萄酒和精致的陶器来交换当地的矿石和金属。塞浦路斯、克里特和拉科尼亚（Laconia）是他们早期的贸易伙伴，腓尼基人从这些地方获取铜和铁，荷马在史诗中屡次提及腓尼基人的航海可能就是因为这个。撒丁岛和西西里也跟这个体系有关。腓尼基人的殖民活动相对较为灵活：他们想要的是贸易，而不是领土。

腓尼基与加的斯地区的商业联系似乎在公元前573年巴比伦洗劫推罗之后就衰退了，但是迦太基人在公元前3世纪使这种联系复苏了。地中海西部的其他腓尼基人定居点也落到了迦太基人手里，其中包括伊维萨岛（Ibiza）以及位于撒丁岛、西西里和最西边的沿海城镇，比如在葡萄牙和摩洛哥临大西洋的海岸上

---

[1]　Cunliffe, *Europe between Oceans*, pp. 236-253.

[2]　Markoe, *the Phoenicians*, p.98.

[3]　Cunliffe, *Europe between Oceans*, pp.289-291.

的居民点。[1]这些偏远的居民点重视航海和商业知识，把它们保存了下来，而推罗和迦太基都遭到了残酷的破坏，它们的书面记录是写在容易损坏的材料上的，再加上人们对历史上的"失败者"缺乏兴趣，结果，关于它们几乎没有多少证据幸存下来。由于与母城距离太远，腓尼基殖民地迅速发展出了独特的经济和政治观念。

腓尼基和希腊的海洋国家被证明是活跃的殖民者。他们寻找岛屿或孤立的地点，以获取金属、农地或航海用的战略基地：这些基地有助于确定势力范围，还能为用来控制海上交通的战舰提供支援。[2]殖民地和其母邦之间的文化联系非常紧密。到公元前7世纪末，腓尼基人和希腊人之间的贸易已经垮掉了。围绕贸易和资源展开的冲突可能是公元前6世纪末腓尼基世界普遍遭遇危机的结果，巴里·坎利夫（Barry Cunliffe）把这场危机与青铜时代的结束联系在一起，当时以控制青铜为基础的社会被控制农产品剩余额的社会所取代。其原因可能包括铁的广泛供应和人口的显著增加，[3]这些发展使陆上大国能够发动大规模战争。

希腊人的挑战迫使腓尼基人与地区内的盟友合作。公元前600年，腓西亚的希腊人在伊特鲁里亚经济区的马萨利亚（Massilia[4]）建立了殖民地，把腓尼基人从阿尔卑斯山那边的市场中赶走，控制了西地中海的大部分海岸。60年后，由于波斯占领了他们的祖国，更多逃离家园的腓西亚人接管了阿拉利亚（Alalia，现代的阿莱利亚，Aleria）的国际贸易中心，这侵犯了伊特鲁里亚和迦太基的利益，并在公元前535年左右在撒丁岛附近引发了一场重要的海战。这场战斗可能造成了马萨利亚商人在几年后被赶出加的斯的后果。最终，腓尼基人的势力范围包括了北非、西西里岛西部、撒丁岛南部以及加的斯以西的海域，而希腊人则控制着爱琴海、亚得里亚海和意大利南部：第勒尼安海被一分

---

[1] Markoe, *the Phoenicians*, pp.182–188. 到公元前650年，推罗人已经在和摩洛哥靠大西洋一侧的埃苏拉港做交易了。

[2] Cunliffe, *Europe between Oceans*, p.285.

[3] Cunliffe, *Europe between Oceans*, pp.298–299.

[4] 古希腊殖民城邦，今法国马赛。——编者注

为二。[1]制海权战略控制着进入关键市场的机会，划定了"势力范围"，因为海权会为了维护由贸易而非领土界定的专属利益范围而战。

迦太基的制海权让希腊商人无法接近西班牙南部大西洋沿岸的丰富矿藏。对希腊人来说，"赫拉克勒斯之柱"就是世界的尽头，因为加的斯的迦太基战舰阻断了通往更远的海洋的通道。[2]对海军力量的战略运用表明，到公元前6世纪或前5世纪时，迦太基人已经发展出一种与地米斯托克利在公元前5世纪80年代提出的海权概念相类似的概念了。虽然腓尼基人的思想影响到了希腊海洋文化的各个方面，但他们看待海权的方式基本上还是海洋/经济的，而希腊人在这方面的想法则总是包含着强烈的军事因素。在腓尼基人那里基本上找不到尚武文化的踪影，正是这种文化使得希腊政治变得好斗、分裂和傲慢。这种军事化的傲慢是希腊对海权之发展做出的主要贡献，鼓励它们为了贸易和独立而战。

作为人口有限的海洋国家，腓尼基城市在利用海上交通、金钱和结盟来比拼经济承受力的有限战争中是有效的，但事实证明，它们完全无法应付埃及、亚述、古巴比伦、波斯以及最终的马其顿王国的大规模军事力量。腓尼基城镇、城市和贸易站点惊人地相似：

> 它们都是紧凑的、地理位置十分明确的定居点，位于海岸边或附近，处于方便航行、容易防守的位置，很少有例外。离岸的小岛、半岛和岬角是最受欢迎的地方。作为贸易场所，它们几乎都位于有遮蔽的锚地（天然的海湾或港口、潟湖或河口）附近。[3]

这些海权定居点主要由商业区、市场、仓库和港口组成。工业加工，包括气味难闻的染布，是在繁荣的居住区以外的地方进行的。这些城市一开始就有一个天然港口，而像推罗和西顿（Sidon）这种较大的遗址则还有另一个设计先

---

[1] Cunliffe, *Europe between Oceans*, pp.270-298; Horden, and Purcell, *The Corrupting Sea*, Map p.127.

[2] Rhys Carpenter, *Beyond the Pillars of Hercules: The Classical World Seen through the Eyes of its Discoverers*, London: Tandem Books, 1963, pp.143-144.

[3] Markoe, *the Phoenicians*, pp.87, 68.

进的人造港口，这个港口是用经过切割的岩石或直接凿开坚硬的岩石建造的。这些港口里都有海军基地，它们位于令人印象深刻的城市防御工事内，由狭窄的、有围墙的入口保卫着，战舰和海军基地控制着贸易路线。

在公元前1000年到公元前800年间，腓尼基的"商业、海运、中间商社会"通过向私营贸易征税变得富有起来。然而，他们的集体身份是由他人建构的，就连"腓尼基"这个词也是希腊人发明的。他们脆弱的纸莎、纸草记录大部分都消失了，腓尼基人的历史落到了他们那缺乏雅量的希腊竞争对手、以色列邻居以及被布匿战争重创的罗马人手里。[1]结果，证据的缺失掩盖了腓尼基人在创造海权上的功绩，关于他们的先驱作用和精湛技艺，留存下来的记录很少。

幸运的是，有种极为重要的文物——腓尼基钱币，揭示了他们的自我形象。从公元前5世纪开始，钱币被广泛使用，它为出口商品提供了一种方便的支付方式，而且也是展示战略和文化力量的一种工具。许多钱币上有战舰的图案；西顿的钱币上有大海和城市的图案，而在城墙前面就有一艘战舰。马头鱼尾兽（hippocampus），或者说海马，强调了陆地和海洋之间的联系，而把雅典的猫头鹰和埃及的连枷、曲柄权杖结合在一起的推罗货币反映了一种把新旧事物联系起来的文化：用希腊货币的重量标准来铸造钱币促进了商业的发展。[2]

充满活力的海上贸易与包容性政治的发展之间的重要联系无论怎样强调都不为过。腓尼基城市的政治结构反映了商业/海洋的目的。它们的国王可能掌握着政治上的主动权，在宗教上也有一定的重要性，但他们通过元老院和公民大会与商业精英分享权力。让富有的商人拥有选举权，这把政策与经济利益捆绑在了一起，确保国王不会忘记海洋压倒一切的重要性，并为那些拥有船只的人发声，正是这些船只使得腓尼基城市变得重要。这些小城市的人民需要成为政治现实主义者：不论是直接的还是间接的，他们大部分时间都是作为大国的附庸生活着的，必须通过及时的让步、提供支持和缴纳贡赋来确保自己的经济利益。

随着航海距离越来越长，商人们需要资金来为投资和进款之间的那段时间

---

[1]　Broodbank, *The Making of the Middle Sea*, p.484.

[2]　Markoe, *the Phoenicians*, pp.199-201, 164.

提供保障。银行业由此而生，随之而来的还有一个把贸易与投资联系在一起的金融"城市"。海上贸易的急剧增长可以通过高效的港口基础设施的发展来衡量。公元前1500年之前，帆船已经可以停靠在码头上，不再需要依靠驳船来装卸货物。随着交易量的增加，比布鲁斯（Byblos）等较小的港口被西顿和推罗等大型的、拥有多个港口的城市所取代。到公元前1000年，利凡特和地中海东部有了许多专门建造的码头，用来进行矿石、金属、木材和石料的大宗贸易。人们建造了人工港口，挖掘运河以便在它们之间运送货物，或是把货物运往市场。[1]经济回报清楚地证明这种做法是合理的。在潮差较小的地区，依靠简单的设备就可以随时装卸货物。推罗人在城市北边建造了一个6公顷大的人工港口，通过运河把它与岛屿南部的天然港口以及主要的市场区域连接起来。

位处岛上使推罗成了那个时代最宏伟的城市，凭借阿拉伯半岛和西班牙之间充满活力的贸易往来，它的财富惊人的丰厚。孤立的位置、身份和海权之间明显的协同作用被记录在以色列人的著作中，他们对邻居的繁荣大感惊奇。这座人口密集、高楼耸立的城市用航标和一位合适的新神麦勒卡特（Melquart）——他是循环复苏的丰产之神，也是海洋和海外冒险之神——取代了防御性的城墙。他的神庙成了为之提供资助的海上商人的导航灯塔。这座神庙有两根用黄金和翡翠做的柱子，地中海人关于它们的传言在加的斯的麦勒卡特神庙里都能听到，而在塔特索斯的神庙里则有它们的青铜复制品。[2]这两根柱子就像"赫拉克勒斯之柱"一样留存在人们的记忆里，赫拉克勒斯正是希腊版本的麦勒卡特。使用宗教建筑来实现这些平淡无奇的贸易功能强调了海洋在腓尼基文化中的中心地位。这些发展反映了这一地区虽然处于外部大国的控制之下，但仍保有相对的自由，这种自由使推罗得以吞并西顿，并与以色列进行粮食贸易，以便把劳动力集中在经济作物上。虽然这种"海上帝国"的模式会在军事大国重返该地区时被摧毁，但它是"一种战略出现的预兆，之后，地中海

[1] Broodbank, *The Making of the Middle Sea*, pp.357, 445, 485–486.

[2] John Naish, *Seamarks: Their History and Development*, London: Stanford Maritime, 1985, pp.15–24.

地区的海洋城市将会胸怀更大的抱负来采取这种战略"[1]。推罗的政策选择与后来那些海权的政策选择之间的相似之处反映了经久不变的经济和战略现实。

腓尼基海权的工具是双列桨座战船（bireme），这是一种空间紧凑，但坚固的船，非常适合装载货物或与其他划桨船作战。相比之下，腓尼基军队除了防御城市之外并没有多大用处。它们的大部分军队是由盟国的军队和雇佣军组成，而本国人则组成了一支小小的"神圣部队"，负责执行仪式和维护国内治安。在面对美索不达米亚帝国主义者派来的大军和攻城器械时，这些城市毫无办法。腓尼基人自命不凡，但他们这个弱点实在致命。这表明了迦太基在试图成为一个大国的过程中偏离腓尼基模式有多远。迦太基的毁灭带来了一个重要的教训：海权只有作为联盟的一员时才有可能击败大陆霸主。

公元前800年到公元前500年间，地中海变成了一个单一的经济体系。公元前8世纪中叶有一个比较寒冷、湿润的时期，这提高了农业产量，使人口激增，有可能让爱琴海地区的人口翻一番。随后粮食产量的下降促使人们转向海外市场，对那些依赖进口粮食的人来说，海上航线和殖民地变得越来越重要了，对希腊雇佣军的需求可能也相应增加了。

公元前8世纪，当亚述人控制了利凡特海岸时，推罗即使位于岛上也无济于事。这座城市巧妙地遵照条件顺服于帝国。为了向亚述缴纳作为贡品的银，推罗人把他们的贸易圈扩展到了地中海对面，推动货物、人口和思想跨越遥远的距离向外传播。贸易并不局限于地中海地区：在远至英格兰的范围内，北欧的产品和金属矿石被用来交换地中海货物。[2]这些贸易中有许多是围绕撒丁岛展开的，在战略性的制海权产生的过程中，这座岛是一个焦点。腓尼基人经常利用外交关系来积极地寻求新市场。贸易和不断扩张的城市把铁器时代的地中海连为一体，为罗马的统治创造了先决条件。[3]

腓尼基海洋国家在地区处于相对平衡的时期繁荣起来，通过让两个或更多的大国相互竞争来保持独立。然而，当普世的军事—官僚国家亚述在公元前8世

---

[1] Broodbank, *The Making of the Middle Sea*, p.488; Horden and Purcell, *The Corrupting Sea*, pp.115–122.

[2] Broodbank, *The Making of the Middle Sea*, pp.492, 496.

[3] Broodbank, *The Making of the Middle Sea*, p.505; Horden and Purcell, *The Corrupting Sea*, p.116.

纪中叶征服利凡特时，好日子就到头了。推罗虽然得以幸存，但其他的腓尼基城市都被征服了。另一个大国埃及在一个世纪之后被征服，消除了地区平衡的最后残余。亚述人在富丽堂皇的官殿建筑群的墙上庆祝他们的胜利，在那里，利凡特的城市和船只与其他被奴役的人民挤在一起，出现在征服者的艺术作品之中。在亚述的统治下，贸易衰退了，被征服的土地由外国官员统治，人民被迫迁徙，对贡品的索取与日俱增，再加上"区域经济的强化和重组"，创造了一种"指令性经济"，这是大陆帝国的正常模式。[1]在多极的国家体系中，商人可以设法减轻税收或破坏税收对他们的影响。正如弗雷德里克·莱恩（Frederic Lane）所观察到的，"一位国王消灭了他的商人，就会削弱他与其他国王竞争的能力"。多极国家体系所带来的经济机会能让更多的财富留在个人手中，而个人往往会利用这些财富来进行创新。[2]普世君主们没有这样的自律。

亚述需要的金属越来越多，并推动了地方经济专门从事布料、染料、象牙和其他奢侈品的生产，以服务于帝国的目的。推罗在公元前730年进贡了4500千克黄金，这或许就是长途贸易剧增和公元前701年推罗人发动起义的原因。许多推罗人跟随他们的国王流亡到了塞浦路斯。一同起义的其他城市则被重建为亚述的领地：西顿被重新命名，变成了一个有用的经济工具，用来控制推罗，此时，推罗在内陆地区的领土已经被剥夺了。[3]然而，亚述的军事力量被限制在坚实的陆地（terra firma）上。辛那赫里布国王（King Senna cherib）在尼尼微（Nineveh）的宫墙上设置的浮雕显示，推罗的舰队在公元前702年从他的军队手里逃脱了，而他并没有追击它们的力量。[4]

推罗人的起义为希腊商人创造了一个经济机会，他们的城市仍然处在美索不达米亚大国无法企及之处。希腊人对腓尼基人的模仿结合了钦佩和怀疑。腓尼基人的饮食和酒文化还有字母语言对希腊的影响意味着密切的接触和自觉的

[1] Broodbank, *The Making of the Middle Sea*, pp.508–509.

[2] F. C. Lane, *Profits from Power: Readings in Protection Rent and Violence-Controlling Enterprises*, Albany, NY: State University of New York Press, 1979, pp.3, 10.

[3] 几个世纪之后，罗马开发了提洛岛，以相同的方式控制罗得斯。

[4] Herman T. Wallinga, 'The Ancestry of the Trireme', in J. Morison, *The Age of the Galley: Mediterranean Oared Vessels since Pre-Classical Times*, London: Conway Press, 1995, pp.36–48. reproduced at p.43. 浮雕图像展示了装有撞锤和没有撞锤的五十桨帆船。

借用。从伊比利亚到阿提卡，有充分的证据表明腓尼基人的文化和身份被广泛地模仿了。确实，海权的历史就是部无穷无尽的、知识上的模仿史。海权国家通过殖民来进行扩张，从而增加了这些观念的影响范围和分量。为了控制贸易路线而占据的具有战略意义的岛屿和河口，是随着人们获得当地身份而放弃国王统治制度的首批地点之一。在这些地方，由于害怕来自外国商人的竞争，中间阶层很快就对"他者"进行诋毁和定型。腓尼基人擅长欺诈和贪得无厌的名声就是希腊人编造出来的。[1]这些观念在不断扩张的商业城镇中迅速传播，这些城镇是公元前7、前6世纪所形成的新兴文明的中心。海上贸易通过迫使各国确立核心价值观，并通过法律维持这些价值观来让各国文明化。随着社会变得稳定以及民众得以分享政治权力，其军事力量从混乱变得有序，从战士和海盗演变为公民军队和常设海军，服务于国家利益，而不是精英统治者。

亚述帝国灭亡之后，短命的新巴比伦王国获得了利凡特的统治权。新巴比伦王国吞灭了它的前辈，破坏了腓尼基城市，在公元前587年洗劫了耶路撒冷并掳走了那里的人民，还围困推罗13年，最后在公元前572年占领了它。推罗的最后一位国王在囚禁中死去。西顿屈服于这场风暴，因而得以幸存，成了利凡特沿海的主要城市——在征服者的浪潮退去之后很久，它仍然保持这个地位。新巴比伦王国的专制主义、残酷的资源榨取以及对包括基于海洋的共和制寡头政治在内的其他文化模式的毁灭，都是普世君主国的典型特征。腓尼基在美索不达米亚帝国主义者的野心和不加思索的残暴之下失去了它历史悠久的海上支配权，他们为了追求中央集权而摧毁了海上贸易。西普里安·布鲁德班克（Cyprian Broodbank）指出："对某些高度大陆化、以冲积平原为中心的帝国而言，来自海洋领域的混乱所造成的威胁超过了其经济吸引力和利益。"[2]然而，巴比伦无法压制海上活动，它继续运作，造福其他海洋强国。

在地中海经济急剧扩张之际，为创造海洋经济做了大量工作的腓尼基人却再也无法从中获利了。腓尼基人的生意越来越多地落到"自由的"希腊人和迦太基人手里，与老对手腓尼基人相比，他们拥有明显的经济优势。当波斯在公

---

[1]　Broodbank, *The Making of the Middle Sea*, pp.525-535.

[2]　Broodbank, *The Making of the Middle Sea*, p.537.

元前539年征服巴比伦时，西顿仍然是腓尼基最主要的贸易城市和海军总部。波斯让沿海的贸易城市别无选择，只能服从、纳贡和服务于它：对叛乱的惩罚是死亡、破坏和更高的税收。相比之下，小亚细亚的吕底亚王国通过鼓励商业和适度征收贡品而兴盛起来。[1]克罗索斯（Croesus）的智慧强调了海洋国家和大陆军事帝国的区别。

在一个多极时代里，凭借联盟、金钱和外交手段，推罗和后来的迦太基免于遭受更强大的国家的沉重打击，以准独立的经济海洋行为体的身份繁荣起来。就算出现了军事超级大国也不是一场灾难，只要存在至少两个这样的国家，其势力相互牵制，就能给海上强国留下可以操作的空间。但它们无法与建立了霸权的超级大国竞争。当亚历山大大帝（Alexander the Great）摧毁推罗，罗马把迦太基夷为平地时，他们存心要消灭的，正是"海权"这个概念。

美索不达米亚的普世君主国消灭了只有在势力均衡时才能存在的腓尼基海洋国家，并促进了真正的海权的产生。随着优势的天平向更大的港口和贸易共同体倾斜——这些港口和贸易共同体可以为商业提供保护，并为海上基础设施、码头和港口的建设提供资金，以促进贸易——它们出现在快速扩张的城市中，这些城市成了地区经济生活的中心。这些城市还建造了大型的寺庙，它们可以充当导航灯塔。寺庙跟灯塔使用的是相同的工具、技术和材料，这表明经济和文化所关注的问题之间有着重要的协同作用。这两者的资金来源都是税收，或是富裕公民祈祷时的供奉。迦太基是当时地中海地区最大的城市，它靠贸易收入迅速发展起来，意大利中部和爱琴海的城市也是如此。

这些变化与海洋城市政治结构的转变有关，这一转变始于迦太基，时间为公元前650年左右。这个过程使商人获得了特权，同时增强了中间阶层在希腊海洋世界里的政治作用。现在海洋城市的统治者——国王、僭主或寡头，做什么都必须取得被统治者的同意。与同时期的大陆军事强国不同，迦太基由一个元老院和两名每年通过选举产生的执政官——也称苏菲特（suffetes）——统治，他们都来自精英阶层。[2]执政官"从土地、船只和贸易的结合中获得权力，通

---

[1] Broodbank, *The Making of the Middle Sea*, pp.536-537.

[2] Broodbank, *The Making of the Middle Sea*, pp.520-521. 僭主是寡头，他们为了保住自己的政治权力而削弱其同侪的权力。苏菲特经常被称为"国王"，但这是一种不合宜的称呼。

过与祭司的关系得到认可"。为了巩固新生国家，祭司们尊奉了一位新神：巴力·哈蒙（Baal Hammon），用他取代了实行王制的推罗所崇拜的神麦勒卡特。[1]

公元前566年，雅典设立了泛雅典娜节（Panathenaica），这是一个具有包容性的国家宗教节日，把昂贵的仪式与大规模分发肉食结合在了一起，肉食对大多数雅典人来说是种奢侈品。这可能是对腓尼基的发展所做的一种有意识的仿效，也可能是海洋国家的政治、字母文字、商业和银行业的协同作用在希腊引发了与腓尼基相似的现象。正如柏拉图所观察到的，严格来说，这些观念是通过海上贸易传播的。为了资助和保护海上贸易，海洋国家实行了寡头政治甚至是民主制。当雅典的寡头把较低阶层带进大众参与的民主制度里，以约束其他寡头时，他们创造出了一种公民生活概念，这种概念强调辩论、权力分享和进步。梭伦（Solon）把精英责任变成了公民义务，尽管这个促进社会平等的过程进展得很缓慢。

为了获得经过扩大的全体公民的同意，新式的政治领袖会向他们展示政府的慷慨大方和恢宏气度——开展与来自本地区以外的观念和方法有关的文化活动。萨摩斯岛（Samos）的波利克拉特斯（Polycrates）雇用了美索不达米亚的科学家和天文学家，建造了一座图书馆，组建了一支配有船坞的战舰舰队，以加强他的合法性。[2]后世的希腊作家断定他把萨摩斯变成了海权。希腊人和腓尼基人都以埃及模式为基础，建造了巨大的寺庙和纪念性雕像，以显示他们的力量和身份。

这些发展反映了海上贸易的迅速扩大，运输成本的下降创造了一个泛地中海市场，将贸易集中到越来越大的地区中心。到公元前6世纪晚期，爱琴海成了一个主要的贸易产生地，成了"新利凡特，一个独立的、活跃的海上贸易中心的集合体，在东方那庞大、集中的消费者世界和分散在罗盘其他方向上的不断扩展的资源和市场马赛克之间起着接口作用"[3]。亚述人在征服利凡特以后，

---

[1] Broodbank, *The Making of the Middle Sea*, pp.542—543.

[2] David Blackman, Boris Rankov, *Shipsheds of the Ancient Mediterranean*, London: Cambridge University Press, 2013; 关于萨摩斯岛请见第210—213页。

[3] Broodbank, *The Making of the Middle Sea*, p.547.

迦太基开始向一个独立国家演变，尽管它与利凡特还有文化上的联系。巴比伦对利凡特的征服完成了这个过程，它彻底地破坏了腓尼基人的交易体系。迦太基从腓尼基商人和水手的大量外流中获得了很多好处，为了控制伊比利亚的贸易，它封锁了西部海洋。这些野心体现在罗马与迦太基的各种条约中，它通过专业的海军部队和由国家控制的港口来实现这些野心。在选择独立的同时，迦太基也选择成为一个海权。

腓尼基的毁灭还给希腊水手创造了机会来利用其遭到打击的前辈的知识和方法。可以在雅典文学中找寻这一过程的踪迹，在这些作品中，大海开始占据中心地位，一些作家开始质疑汗流浃背的桨手和贸易在公民生活中所处的不起眼地位。萨拉米斯战役之后，雅典人选择以西顿战舰作为胜利仪式上的祭品，这是对腓尼基人高超的航海技能以及他们在创造海权文化中所起的关键作用献上的敬意。最终，希腊共同体为使他们得以繁荣昌盛的独立而战——这就是他们所珍视的自由。他们为之战斗的观念和使用的许多工具——从三列桨座战船到字母文字——都带着更古老的文明印记。雅典海权深深地扎根在一个更古老的文化之中。

公元前的贸易网络变得越来越高效，城邦的自我意识也越来越清楚。旧日把商业和肆意的暴力糅合在一起的贸易混战被"分割更明确的势力范围"所取代；希腊人和迦太基人划定了各自的专属海域，分别守护着它们。随着贸易的扩展和船只的增大，权力从一个城市转移到另一个城市：早期的希腊商业领袖科林斯（Corinth）和埃伊纳（Aegina）让位给了雅典，雅典有更好的港口，其位置正好适合连通东方的贸易网络，而且它还拥有极为重要的白银矿藏。为了方便操作，贸易会在货物上岸时，也就是在港口和市场里被收税，这使大型贸易城市变得异常富有，特别是那些作为转口港的贸易城市。雅典创造了外邦人这种身份，以容纳涌入的富有商人，同时又承认本邦身份的重要性。大多数城市更喜欢独立的港口，以便把市民跟贸易中心的不稳定性和文化多样性隔离开来。罗马的港口奥斯提亚（Ostia）和波图斯（Portas）都与城墙相隔甚远。

公元前5世纪中叶，为了争夺贸易路线和经济区的专属控制权，专门用于战斗的舰艇——三列桨座战船和昂贵的常备海军出现了。在三列桨座战船时代，海军力量的成本迫使海洋国家去开发新的资源。到此时为止，私人拥有的多用途五十桨帆船（penteconter）——有两排桨，使用了多达50名桨手的船只——对贸易和战争来说已经足够了。但跟三列桨座战船相比，它们就不足道了，三列桨座战船是专门用来作战的舰艇，可以用它装备撞锤发动强有力的撞击，其上层甲板还能装载重装步兵，用来进行接舷战或两栖作战。三列桨座战船有三列坐成阶梯状、相互联系的桨手，船桨有170只，其配置以战斗为目的，能够通过撞击和使敌船丧失行动能力来解决对手。可以用一支三列桨座战船舰队来控制海洋，这依赖的是航海技术而不是士兵。赫尔曼·沃林加（Herman Wallinga）把这一技术突破归功于西顿和迦太基，时间大约在公元前540年，此时距它们在第勒尼安海被腓西亚希腊人打败还没有多久。这种昂贵的新设计迫使各国建立自己的舰队，而不再依靠私人拥有的船只，并使海军力量集中到"几个特别富裕的城市"手里。[1]为了保护它们的投资，这些城市里建起了大型的船坞建筑群，可以把三列桨座战船拖到岸上晾干并进行改装。海权带来的经济利益证明国防支出的那些令人咋舌的增长是物有所值的：商人被吸引到了那些在保卫、税收和政治参与之间达到最佳平衡的城市里。边远地区作为供应中心、市场和殖民地，逐渐融入了新的地中海世界。到公元前500年，地中海已经有效地融为了一体，有着共享的贸易，以及共同的交换手段——还有日益标准化的战争方法。商业在主导着推动这种协同作用的文化交流。充满活力的城市和国家为了繁荣而时刻盯着大海；它们需要海军力量来获得必要的控制，在这个过程中，它们成了海洋国家。

随着海战规模不断扩大，海洋国家、小型港口城市或岛屿的战略潜能被海权，也就是有意识地选择海洋的更大、人口更多的国家压倒了。虽然雅典可能是从腓尼基和它附近的埃伊纳（Aegina）那里获得海洋国家知识模式的，但它拥有白银、繁荣的出口和对黑海地区粮食供应的控制，正是这些使它有能力成为一个海权。

另一个古代海权迦太基"坚定地面向海洋，在很大程度上忽视了背后的大陆，还认为与其所处位置的海洋逻辑相比，它在北非的存在只是次要的东

---

[1] Broodbank, *The Making of the Middle Sea*, p.561.

西"[1]。它对当地共同体几乎没有多少影响，直到公元前7世纪和前6世纪，它的母邦推罗和西顿被奴役，迦太基变成一个独立的贸易中心时，这种情况才发生了变化，不断增长的食品需求迫使这座城市向陆地扩展。迦太基在一个更良好的环境中发展了腓尼基的海权模式。刚开始时，它从撒丁岛和西西里获取木材和食物，用先进的腓尼基农业方法开发当地资源。当地人被同化了。更为关键的是，迦太基控制着获取利润丰厚的西班牙金属的贸易路线，它会为了保护它们而战。

迦太基与其他任何一个大国都相隔甚远，不需要拥有强大的陆军，而在作为其根源的腓尼基文化中，也没有任何东西能够帮助它应对大陆军队那野蛮的重装步兵。由于不需要花费多少成本就能保证陆地安全，迦太基成了地中海最大的城市，在巴比伦征服腓尼基和埃及之后，海洋的经济中心向西转移到了这里。到公元前5世纪，迦太基已经变成了"一个巨大的城邦，在海上非常强大，它靠着用奴隶划桨的桨帆船从遥远的港口索取贡品（他们也加强了对内陆领土的征收），但它后来所表现出来的那种明显的陆地军国主义——基本上是靠雇佣军——从某种程度上来说，是对外国侵略的一种回应，首先打过来的就是全副武装的、执行探查任务的希腊人"。[2]迦太基的经济在公元前5世纪实现了货币化，这主要是为了招募雇佣兵来对付西西里岛上的希腊人。

随着地中海成为一个封闭的政治体系，争夺资源的斗争不断加剧，实力最强的国家都在寻求成为帝国，它们对海军的运用使得暴力水平逐步升级。[3]虽然许多国家拥有数目可观的海军，但它们大多不是海权。公元前5世纪，雅典凭借它丰富的银矿资源、激增的人口和使其公民成为在社会上广受尊重的重装步兵的尚武文化建立了一个帝国。在公元前508年至前507年的民主改革之后，这些资产就被精英领导者所用，他们还利用了中间阶层的政治影响力。政治参与的增长反映在公民生活的其他领域——艺术、戏剧和商业中。

作为第一个超级大国，波斯使希腊半岛面临着与亚述统治时期的腓尼基城

---

[1] Broodbank, *The Making of the Middle Sea*, p.569.

[2] Broodbank, *The Making of the Middle Sea*, p.581.

[3] Cunliffe, *Europe between Oceans*, pp.317-318.

市相似的处境，"虽说它周围的海洋空间更广阔，有更多的回旋余地"。波斯统治的人口比整个地中海海域的人口还多，而且它还控制着地中海海岸的将近四分之一，塞浦路斯、安纳托利亚（Anatolia）、利凡特和埃及都是它的领土。服务于它的附庸舰队——它们拥有一流的三列桨座战船——使希腊和迦太基舰队相形见绌，它似乎是决心要超越之前的美索不达米亚帝国的领土界限。利凡特和爱奥尼亚（Ionian）的卫星国把雅典的陶器和阿哥斯的紫色布料卖到了遥远的苏萨（Susa），从中获取了丰厚的利润，作为回报，它们要为波斯提供海军力量。这些城市都是承包海军业务的附庸国。波斯不是一个海权，对海洋没有概念，也没有比"投送陆军部队"更进一步的海洋战略眼光。[1]

极为关注贸易的雅典支持爱奥尼亚的希腊人起义反抗波斯的统治，这激怒了大流士国王（Darius the Great）。公元前494年，一支庞大的波斯/腓尼基舰队在拉德之战中击溃了起义军，使希腊本土暴露在危险之中。仅仅14年之后，希腊就凭借决心、战术洞察力和尚武精神在萨拉米斯重创了波斯舰队，扭转了普世君主国的潮流，并宣告海权作为一种文化和战略的基本要素登上历史舞台。

作为对独特环境的独特社会—政治回应，海权于公元前2000年到公元前500年之间出现在地中海东部。海洋城市的形成是为了满足内陆大国——埃及、安纳托利亚和美索不达米亚的资源需求。海船把木材和金属运送到越来越远的地方。最大的海洋城市，位于岛上的推罗，依靠海洋来保障安全和获取财富。到公元前1000年，为了获取稀缺金属，这些网络向西扩展，抵达了西西里、撒丁岛和大西洋沿岸。这些贸易使控制海洋变得有价值，并促进了贸易商和供应商之间的文化交流。贸易需要一定程度的安全保障，以免遭到敌对国家或海盗的掠夺，这成了海洋国家的核心任务，也是它们与陆地国家之间的关键区别。商人改变了地中海的面貌，他们从沿海或靠近海岸的城市着手去做，起主导作用的就是人工的港口设施和市场。为了获取保障海上安全的资金，人们建立了海洋帝国，以控制贸易并对它们征税。[2]海洋成为受控制的空间并通过立法确定

[1] Broodbank, *The Making of the Middle Sea*, pp.583-584.

[2] Broodbank, *The Making of the Middle Sea*, p.603, 607.

国家对海洋的专属控制，这把掠夺者变成了海盗，处理这种威胁使海洋国家获得了内部的政治合法性。只有把国家重建为一个有权征税、包容性越来越强的政治组织，才能取得维持专业常备海军所需的资金。用来对付海盗的保安部队也可以用来阻止敌对国家利用重要航线。实现这一转变的工具是三列桨座战船，它是能够代表古代海权的标志性主题。相比之下，专制的大陆帝国通常不重视海盗引发的经济问题，它们的海军是用来镇压海权国家并投送其陆军力量的。

虽然有许多城市和国家在海上很活跃，但如果不能维持对海洋的控制，那么统治海洋就只有有限的战略意义。青铜时代的大国，在同一块土地上运转的大陆帝国，通过争夺关键的陆地交通枢纽来解决它们之间的分歧。没有哪个重要的国家会把制海权当成严肃的战略选择，除非它们被广阔的水域隔开，而海军能够控制这些水域，阻止经济活动和通过海路运送军队。因此，海权身份只适用于小而弱的国家，这些国家可以通过聚焦海洋来获得不对称的优势。

随着贸易的扩大，海洋国家的政治也发生了变化。青铜时代的宫廷文化被不那么正式的结构所取代，而具有"强烈商业兴趣"的精英团体主导着这个新结构。[1]贸易摆脱了城市和国家的控制，但它们不得不为了争夺一个不受约束的离岸世界的税收份额而竞争。海洋文化影响到了陆上强国，此前一直安常守故的大陆国家埃及曾几次把首都北移到尼罗河三角洲上。当亚历山大大帝在海边营造一座新都城时，他强调了埃及迟迟未能融入广阔地中海世界这一点。阿拉伯人征服埃及之后，将它的首都重新搬回开罗，这标志着它的另一个重大文化转变——从地中海国家到中东国家。充满活力的海洋文化催生了字母文字，并把这一地区的语言减少为希腊语、布匿语、阿拉米语和拉丁语四种。

在公元前5世纪，随着迦太基和雅典建立海权帝国，"极好地适应并成功地利用了地中海的特性和节奏"，制海权成了一种重要的战略力量。[2]两者都利用了内部机会和外部机会的特定组合，然而，它们那受人爱戴的政府和令人羡慕财富也引起了陆上强国的恐惧和嫉妒。最终，从公元前480年的萨拉米斯之战

---

[1] Broodbank, *The Making of the Middle Sea*, p.603.

[2] Broodbank, *The Making of the Middle Sea*, p.606.

到公元前146年迦太基的灭亡，一系列的冲突使地中海变成了一个单一的政治和经济单元，它通过海上贸易连为一体，但全部处于罗马大陆帝国主义的控制之下，罗马剪除了所有的对手——不论是海洋上的还是陆地上的。

以海洋为基础的文化和代议制政府形式克服了更大、人口更多的、以河流为基础的神权政体——它们总是经历洪水和丰收的周期变化——的反对，这是因为它们提供了希望，最重要的是提供了进步——知识和物质的进步。人们在港口城市过上了新的生活。希腊人开始主宰文化层面，通过字母语言、海上贸易和战争的胜利传播他们饱含活力和包容性的思想，影响了西方大国罗马和迦太基的发展。希腊人能做到这一点，关键在于建立公民政治权威，以及在抵抗波斯人将其单一文化强加于希腊的企图时形成共享的"希腊"概念。从根本上来说，海权是对在一个不稳定的世界中扩展海上贸易体系这个挑战的回应，巨大的、静态的大陆/军事文化一有什么奇思妙想，这个世界就会动荡不安。

萨拉米斯之战把海权变成了一股政治力量。在一条把一个岛屿和大陆分开、靠近港口和贸易城市的狭窄水道中，一群暴躁易怒、被分散的政治结构和由来已久的竞争搞得四分五裂的城邦集中了它们所有的资源，以此来捍卫一种思想。它们的敌人在数量上占据了绝对优势，而且它们的领导者雅典已经目睹了自己的城市沦为废墟。拯救它们的是一种共享的对希腊身份的认同感，这种认同感主要是在希腊半岛以外的地方产生，它来自许多城市的男子共同参与的海洋事业。为了应对这个想象出来的家园所面临的生存威胁，希腊人准备——哪怕只是暂时的——联合起来对付共同的敌人。这种"暂时性"是海洋文化的产物，该文化强调个体、竞争和多样性。具有讽刺意味的是，当三列桨座战船撞在一起时，使希腊人占据优势的战斗方法——全副武装的重装步兵，正是他们特有的自相残杀的产物。如果希罗多德的记录可信的话，那么叙拉古的希腊人也是用这种方法于萨拉米斯之战的同一天在希梅拉[1]（Himera）击败了迦太基人。通过这些胜利，创造了地中海世界的多个进程达到了高潮。

---

[1]　希梅拉：城市名。故址在今意大利西西里北部沿海。约公元前649年为叙拉古流亡者和赞刻尔（曼桑那）的哈尔基迪斯的居民所建。公元前480年，该地发生希梅拉战役。——编者注

说海权在萨拉米斯对波斯的野心上施加了决定性的一击，这是恰如其分的评价。难怪希腊人觉得他们有义务为此战提供一部史前史[1]，并就其意义展开了一场至今仍能引起共鸣的辩论。从古典时代的地中海发展出来的海权国家将成为其他海洋帝国的典范：这些帝国中的最后一个——大英帝国，将把这些统治了爱琴海的观念运用到它的世界帝国中去。

---

[1] 这里指的可能是希罗多德在他的《历史》中用了超过全书一半的篇幅来叙述波斯帝国的兴起以及它与希腊之间是如何产生冲突的。——译者注

第二章

构建海权：雅典、民主制和帝国

CONSTRUCTING A SEAPOWER:ATHENS,DEMOCRACY AND EMPIRE

19世纪德国艺术家威廉·冯·考尔巴赫（Wilhelm von kaulbach）所作的关于萨拉米斯的寓言

现代这种作为身份和战略的海权概念是在公元前480年的萨拉米斯战役之后构建起来的。新近发生的事件被放在朦胧而神秘的过去里重述，为现实中某些既新颖又独特的事情提供了先例。虽然雅典有意识地选择成为一个海权，发展一种独特的文化身份，但这一进程是由既存的思想和范例决定的。在希腊世界里，活跃的变化需要用过去的先例来加以确认，而这些先例往往是经过重新想象的，甚至根本就是虚构出来的。神话在海权的构建中占据核心地位。对过去所作的新描述反复出现，直到它们成为雅典文化的一部分，这反映在艺术、文学、科学和治国方略中。

海权的知识史始于一份相对较短的希腊文学资源清单，这些文学资源追溯性地应用了雅典模式，把海上霸权在理论和实践上的早期发展隐藏在了它们所属时代的观念和方法背后。希腊人没有在公元前5世纪组建海军，进行海战。[1]
青铜时代的海洋很重要，它在民间留下了许多记忆，包括米诺斯海权和阿伽门
农（Agamemnon）远征特洛伊，这些记忆在克诺索斯毁灭之后的一千多年里持
续发挥着效力。

在希波战争之前，希腊的海军力量相对而言是微不足道的。虽然一些希腊
国家拥有许多通过长途贸易发展起来的商业船队，但它们无法与美索不达米亚
和埃及统治者麾下的腓尼基战斗舰队相提并论。希腊国家的"海军"是由私人
所有、只有两列桨的五十桨帆船组成，它很适合用在交易、劫掠或战争中，可
以用它来运送作战人员和高价值的货物。这些活动对操持它们的社会来说要求
相对有限。水手和航海在大多数希腊城市的文化中处于边缘地位。希腊人接受
海权的时间相对晚一些，他们广泛地借鉴了腓尼基先驱者的经验。[2]

希腊人之所以会成为海权理论的先驱，是因为他们的文学传统使海权的概
念流传到了后世。他们记录下来的思想、主张和事件影响到了后来的每一次讨
论。萨拉米斯的胜利促使希腊文学构建出了一个独特的海权概念，以及众多能
够确保它在一个尊重先例——不论是真实的还是想象出来的——的陆地社会中
不会显得过于标新立异的神话故事。虽然希罗多德和修昔底德承认腓尼基人所
做的贡献，但他们仍然需要来自希腊的先驱，以便悄悄地把地米斯托克利那革
命性的海权观点转变为希腊海权概念不断进化的最终结果。[3]

耐人寻味的是，他们对这一过程做出了不同的解释。作为研究希腊与蛮族
关系的历史学家，希罗多德认为米诺斯只是个纯粹的传说，他关注的是萨摩斯
的波利克拉特斯："他是我们所知的第一个计划统治海洋的希腊人……他满心希
望统治爱奥尼亚和周边岛屿。"[4]在这段文字中，希罗多德成了第一个、但肯定
不是最后一个将拥有一支庞大海军与成为一个海权混为一谈的人。事实上，萨摩

---

[1] Arnaldo Momigliano, 'Sea-Power in Greek Thought',in *Secondo contributo alla storia degli studi classici*, Rome: Storia e Letteratura, 1966, pp.57-68.

[2] Wallinga, 'The Ancestry of the Trireme' (pp.7-12) 支持了修昔底德的分析；布罗代尔的《古代世界的地中海》一书强调了腓尼基人的贡献。

[3] 与1588年前后的英国海权神话有明显的相似之处。

[4] J. Gould, *Herodotus*, London: Weidenfeld & Nicolson, 1989, H.3.4 and H.3.122.2.

斯太小了，承载不了这样的雄心，波利克拉特斯是埃及塞伊斯王朝[1]的海军承包者，埃及是大陆强国，它没有建造大型船只所需的木材，更没有一种使它有能力控制海洋的文化模式。当埃及法老的盟友吕底亚和海军供应者腓尼基落入波斯的统治之后，他们雇用了波利克拉特斯。波斯在公元前525年征服了埃及，萨摩斯的海军力量随之衰退，公元前517年，波斯人处死了波利克拉特斯。[2]

修昔底德同样渴望建立一份早期海权国家（thalassocratic states）的清单，他翻出了传说中的米诺斯以讨论海权的利弊。他笔下的米诺斯海权创造了秩序和稳定——这是进步所需的重要因素，阻止了肆意的暴力和海盗的劫掠。雅典继承了管理海洋的任务，因为它不想与其他国家分享海权带来的经济利益。[3]即使是在伯罗奔尼撒战争期间，它也还是在继续执行维持治安的工作，这突出了它在使海权合法化上所起的关键作用。[4]根据修昔底德的说法，米诺斯建立了一支海军，用以维持秩序、控制贸易路线和取得对其他城市的霸权。许多希腊城市心甘情愿地接受"奴役"，以换取分享商业利润的权利，这凸显了帝国及其臣民的道德缺陷。他暗示说，在雅典帝国的核心里也存在同样的缺陷。他没有指明米诺斯奴役了哪些城市，但他的读者知道米诺斯的统治是雅典奠基神话——忒修斯线团的核心。遭到奴役的代价是血腥的献祭，雅典青年被米诺陶诺斯杀死并吃掉。修昔底德用这个残酷的先例来质疑海权的道德基础，希腊人对雅典帝国主义的怨恨与雅典人对米诺斯帝国主义的怨恨如出一辙。他暗示，怪物总有一天会被杀死。

雅典人无情地使用武力，把提洛同盟变成了一个海洋帝国，修昔底德希望

[1] 古埃及第二十六王朝，因为定都于尼罗河三角洲西部的塞伊斯城而得名。在这一王朝统治时期埃及摆脱了亚述帝国的控制，恢复了独立，它在希腊人的帮助下从事海上贸易并建立了海军，一时之间恢复了埃及的繁荣。但公元前525年埃及被波斯帝国征服，塞伊斯王朝灭亡。——译者注

[2] H. T. Wallinga, *Ships and Sea-Power before the Great Persian War*, Leiden: Brill, 1993, pp.99–101.

[3] E. Foster, *Thucydides, Pericles, and Periclean Imperialism*, Cambridge: Cambridge University Press, 2013, p.15 fn.9是此类观点的一个样本。福斯特认为修昔底德是雅典帝国主义和伯里克利强硬的、物质主义的帝国愿景的批评者。

[4] L. Rawlings, *The Ancient Greeks at War*, Manchester: Manchester University Press, 2007, pp.105–106; R. Meiggs, *The Athenian Empire*, Oxford: Oxford University Press, 1972, p.247,该页引用了修昔底德，T.II.69。

他的读者"思考一下强行剥削别国而不是令它们认可雅典帝国的长期后果"。米诺斯人的统治曾是对混乱的海盗世界的一种改进,但它越来越贪得无厌,并在特洛伊战争之后灭亡了,特洛伊战争是阿伽门农组织的一次大规模海盗式袭击,而阿伽门农正是爱琴海霸主米诺斯的继承者。修昔底德喜欢文明化的城邦所具有的秩序和稳定更胜于这种无止境的野心。只要它们是自由的,斯巴达和雅典就是这个世界的壁垒,不受异国统治的自由是最大的礼物,它是希波战争的关键,修昔底德哀叹雅典的野心让波斯人再次进入希腊世界中。[1]他记述特洛伊战争的目的是把它当成西西里远征的典型先例,在这两场战争中,受权力和财富驱使的贪婪和野心都招来了大祸。[2]

希罗多德对波利克拉特斯的处理强调了海权与专业战舰之间的联系。修昔底德明白,当各国都意识到值得为海权奋斗时,它的重要性也就随之改变了,他将此追溯到公元前7世纪,当时腓西亚希腊商人为了获得西班牙和撒丁岛的金属而与腓尼基人和伊特鲁里亚人进行战斗。[3]虽然这些战斗的规模很小,但它们推动了战舰的发展,使之从步兵移动作战平台变成了能够体现操纵者航海技术的专业单用途船只。最早的海战用的是五十桨帆船。腓尼基人和迦太基人在被腓西亚人打败之后,开发出了第一种专门的战舰——三列桨座战船。

三列桨座战船使老式的海军作战方法,即使用近距离的投掷火力和步兵来打倒敌人的方法变得过时了。然而,它的建造和运转成本比以往任何一种船都高得多,而且无法用于商业目的。由于不能再依靠动员私人拥有的船只来作战,各国不得不建造自己的军舰。三列桨座战船的船员需要不断练习才能掌握复杂的划船系统,然后全体桨手还要一起演习,这样才能有效地进行战斗。配备三列桨座战船的海军需要新的港口、维修和保养用的船坞、大量的造船木材以及其他物资,还有有效的管理。总而言之,在海军获得实施制海权战略之能

---

[1] Foster, *Thucydides, Pericles*, pp.15–27.

[2] 公元前415年,为了夺取西西里岛的土地和财富,雅典军队发动了远征。战争初期,雅典取得了一些胜利,包围了西西里岛上的重要城市叙拉古,但斯巴达人和科林斯人赶来援助叙拉古。叙拉古人及其盟军从海陆两方向雅典军队进攻,不断取胜,最后在公元前413年完全歼灭了西西里岛上的雅典军队。雅典损失了大约5万人和200多艘战舰,并耗费了大量金钱,却一无所得,实力大受损耗。——译者注

[3] Rawlings, *The Ancient Greeks at War*, p.106.

力的同时，它们的运营成本也在飞速增长。[1]波斯付得起必要的资金，而较小的国家就只能通过根本性的文化转型重建国家来维持三列桨座战船舰队了，否则是无法与波斯抗衡的。

三列桨座战船使制海权成了陆上强国的一种可行的战略选择，特别是对中等规模的国家来说，如果它们位于岛上或是离波斯的军事力量足够远的话。然而，它的代价高昂：三列桨座战船舰队需要有货币经济和新的收入来源。波斯可以从承包商那里购买这种海军舰队，而雅典不得不重建国家以生产必要的资源——在这个过程中，它变成了一个海权。

腓尼基城市开发出了三列桨座战船，以保护地中海西部贸易的安全，但它们也是利凡特大国的海军承包商，以提供专业服务来作为它们缴纳的部分贡品。第一个大规模采用三列桨座战船的大国是埃及，它资助了萨摩斯的舰队。公元前530年，埃及和萨摩斯的联合舰队威胁到了波斯人的利益，这促使冈比西斯（Cambyses）利用腓尼基舰队在公元前525年入侵并征服了埃及"和大海"。[2]波斯获得了300艘三列桨座战船和新的基地，这是它在尝试建立一个普世君主国时必需的战略工具。舰队的运营成本高昂，哪怕是在和平时期也省不掉这笔钱，它消耗了帝国的大部分收入。冈比西斯对此的反应是增加税收，这在整个帝国里引起了大规模的反抗。[3]选择的要素至关重要：波斯海军的存在是为了将陆军力量投送到利凡特海岸以外的地区去，比如埃及、爱奥尼亚、希腊、意大利，甚至是迦太基。它不代表波斯有防卫上的需要、向海权身份的转变或文化上的变化。

征服埃及并不能满足波斯人的野心。公元前517年，一支波斯舰队占领了萨摩斯，在埃及被征服之后，萨摩斯已经没有能力经营舰队了，波斯还派遣了一支侦察部队向西前往西西里岛，对希腊世界外围的海军力量进行评估。另一支舰队的根据地设在爱奥尼亚，用来控制那里的希腊城市。公元前500年，它迫使纳克索斯停止与波斯控制下的爱奥尼亚城市进行经济竞争。

---

[1] V. Gabrielsen, *Financing the Athenian Fleet: Public Taxation and Social Relations, Baltimore*, MD: Johns Hopkins University Press, 1994. pp.19-26.

[2] Wallinga, *Ships and Sea-Power*, pp.117-119, the quote is from Herodotus.

[3] Wallinga, *Ships and Sea-Power*, p.126.

虽然希腊本土国家还处在波斯帝国的势力范围之外，但埃及被征服，意味着它们保持独立的日子屈指可数了。波斯的力量和财富可以压倒任何竞争对手。公元前500年，当爱奥尼亚的希腊人起来反抗波斯的统治时，300艘驻扎在当地的波斯三列桨座战船连同足够建造另外53艘三列桨座战船的木材落到了起义军手里。波斯马上派遣了一支腓尼基舰队进入爱琴海。尽管波斯舰队在一场重要的海战中败北了，但到公元前494年，他们又带着600多艘三列桨座战船回到了爱奥尼亚海域，并以压倒性的力量、高超的技术和贿赂在拉德之战中赢得全面胜利。这是杀鸡儆猴，要吓唬那些小国，令其屈服。

相对的，拉德之战的失败促使雅典建立了一支由三列桨座战船组成的海军，这个令它在转变为一个海权的过程中耗资巨大。迄今为止，海洋国家一直是处于棋盘边缘的玩家，都是些小城市或岛屿，在大陆大国的夹缝中生存着。雅典就完全不同了：它更大、更富有，自豪地保持着独立，最重要的是，它实行的是民主制。如果没有公元前508年至公元前507年克里斯提尼（Cleisthenes）实施的国内政治民主化，雅典是不可能成为海权的。公元前5世纪80年代，地米斯托克利利用民主的政治、社会和文化成果创造了雅典海权，这是雅典这个国家在一代人中发生的第二次根本性转变。

不足为奇的是，海权的新奇性和成本在实行寡头政治的精英和信奉民粹主义的民众之间引发了激烈的政治辩论。对希罗多德来说，作为民主制、战略和文化的海权使雅典"比以往任何时候都伟大"："从僭主手中解放出来的新鲜、自由把力量和信心的储备都释放了出来，这使她能够取得仅在一代人之前还无从想象的成功。"雅典人成了所有希腊人中最勇敢的人，因为他们是为自己而战。[1]在雅典成为海权前很久，民主就已经使它变得非常强大，这让斯巴达人很担心。雅典的自由和进步挑战了他们静态的世界观；斯巴达人担心"如果阿提卡人获得自由，他们很可能会变得像斯巴达人一样强大"，不再服从斯巴达的领导。为了保持他们的统治地位，斯巴达人打算用武力恢复雅典的僭主制度。虽说科林斯的反对阻碍了斯巴达的计划，但波斯也怀有同样的忧虑，它告

---

[1] H.5.66, H.5.78。除非另有说明，我使用的都是乔治·罗林森（George Rawlinson）1858年的译本。*Gould, Herodotus*, p.15.

诉雅典人，如果想要和平，他们必须恢复僭主政治。雅典的民主和进步挑战了斯巴达在希腊的统治地位，挑战了斯巴达控制希洛人的能力，也挑战了波斯对爱奥尼亚的控制。在很大程度上来说，在雅典海军诞生之前，斯巴达人已经对雅典心怀恐惧了。希罗多德援引了一部戏剧来展示雅典在文化上的与众不同。当一部讲述米利都被波斯军队攻陷的戏剧让雅典观众潸然泪下时，这位剧作家因为"让他们联想到自己将要遭受的悲惨命运"而被罚款1000德拉克玛[1]，他的其他作品都被禁止上演。[2]

在支持了爱奥尼亚起义军，并帮助他们摧毁波斯在该地区的首府萨迪斯之后，雅典面临着被复仇心重的波斯国王毁灭的命运。公元前490年，600艘三列桨座战船把大流士国王的两万军队送到了希腊。由于希腊没有一支拿得出手的三列桨座战船舰队，波斯舰艇被当成运输工具来使用，三列桨中也只有一列在划动。[3]在马拉松的海滩上击败波斯人后，雅典将军米提亚德（Miltiades）认为需要建设一支海军来应对持久的威胁。公元前483年，劳里厄姆[4]（Laurium）银矿的产量大幅增长，地米斯托克利说服了雅典民众，用这笔钱在原有的100艘三列桨座战船基础上又建造了100艘，并支付了船员的长期培训费用。雅典起初拥有的100艘三列桨座战船是在拉德之战以后建造的，目的是防止拥有大约99艘三列桨座战船的埃伊那岛（Aegina）变成波斯人入侵的基地。[5]

雅典有意识地将自己重建为一个海权，以维持一支由专门建造的战舰组成的庞大舰队，这支舰队是用来控制海洋的。地米斯托克利认识到，波斯对雅典乃至整个希腊构成了生存威胁，波斯拥有强大的陆海军力量，足以压制恼人的、独立的希腊诸国，使它们沦为纳贡的行省。他利用这一危险来说服他的同胞把新近实行了民主制的雅典变成一个海权，并加深民主对权力的控制。这种彻底的双重重建把政治权力从拥有土地的精英手里转移到城市民众手里，增加

---

[1] 德拉克玛：古希腊货币。——编者注

[2] H.5.91 and H.6.21.

[3] Wallinga, *Ships and Sea-Power*, pp.130-137.

[4] 劳里厄姆：城镇名。在今希腊阿提卡州，濒临爱琴海。——编者注

[5] Gabrielsen, *Financing the Athenian Fleet*, p.32.

了国家收入，把精英束缚在为国家服务之中，并为海权帝国主义奠定了基础。[1]
这些极具争议性的过程对于我们理解作为文化的海权至关重要。创建了三列桨
座战船海军后，巨大的成本迫使雅典成了一个海权帝国。

马拉松战役的失败并没有吓倒大流士，他计划再进行一次规模更大的军事
行动，但却被埃及的起义搞得腾不出手来。在公元前486年登上王位的薛西斯
（Xerxes）起初对希腊并无兴趣，但他的表兄弟马铎尼斯（Mardonius）以及被
流放的雅典僭主佩西司特拉提达伊（Pisistratidae）说服了他采取行动。希罗多
德笔下的薛西斯宣布："我们要把神的天空笼罩之处全都变成波斯的疆土"，
"把所有人类都置于我们的枷锁之下，不管他们有没有冒犯过我们"。这种亵
渎神明的狂言巧妙地与地米斯托克利把萨拉米斯的胜利归于诸神形成对照，诸
神嫉恨一个凡人竟敢自称统治着欧洲和亚洲。[2]他认为薛西斯的失败是神对其妄
自尊大降下的惩罚。

波斯的入侵计划可能因为公元前483年地米斯托克利的海军法案在公民大会
上获得通过而加快了。在那之后不久，薛西斯下令在阿索斯山脚下开凿一条具
有战略意义的运河，公元前480年，他决定消灭任何可能威胁到波斯沿海领土的
海军力量。后面这一点至关重要。爱奥尼亚人的起义，还有希腊人在民主思想
和不断进取的商业活动推动下对波斯帝国所做的干涉，挑战了波斯的政治模式
和经济模式。薛西斯调动了1200艘三列桨座战船，"这是到此时为止，古代世
界里最庞大的舰队，当然，它是和陆军部队联合作战的"，这支海军里包含大
量的预备队，在远离利凡特基地作战时，这些部队非常重要。国王做出假设，
认为所有的希腊城市，包括那些处于西西里和科孚岛（Corfu）上的，都可能会
被卷进来。既然组织了这样一支庞大的舰队，薛西斯就打算充分利用它，按照
预定计划以来势汹汹的西进征服希腊之后，再用这支舰队威慑其他国家，或许

---

[1]　重要的是，在众多建起了强大海军的大陆主要强国中，唯一一个能在几十年的相对和平中一直
　　　维持其海军水平的国家是美国。美国是主要源自英国自由主义传统的民主政治模式的一个例
　　　子，该模式是在1688年的"光荣革命"中，为了把制海权的政治、经济资源基础最大化而创
　　　建的，其目的是抵抗旁王朝统治下的法国建立普世君主国的野心。

[2]　Gould, *Herodotus*, pp.70-79, 用"不虔诚和邪恶"（impious and wicked）来表达薛西斯
　　　的野心，而罗林森则译为"不圣洁和专横"（unholy and presumptuous）: H.7.8.3 and
　　　H.8.109.3。

还会让偏远的腓尼基城市迦太基臣服。[1]这一帝国扩张计划与先前的美索不达米亚统治者的野心是一致的。

波斯入侵时要依靠舰队来支援和维持其庞大的军队。尽管在绕过阿提密西安海角（Cape Artemesium）时遭遇风暴损失了许多船只，而且又在温泉关（Thermepylae）耽搁了时间，但波斯大军还是继续前进，占领并焚烧了雅典。雅典平民逃往沿海的岛屿避难。然而，薛西斯按部就班地把希腊诸国收为臣属的战略却因为公元前480年的萨拉米斯战役而崩溃。波斯的战舰很可能又被用作运输工具，而且桨手也不满员。一艘三列桨座战船只用一列桨、60个人就能很好地航行，但这样不能产生最大的动力。相比之下，希腊的战舰配齐了桨手，还搭载了重装步兵。这就是为什么地米斯托克利要选择在一条狭窄的水道里开战的原因：这种战场最大限度地降低了航海技能的重要性，从而使希腊人更优越的肌肉力量和重装步兵成了决定胜利的关键。希罗多德把胜利归功于希腊人坚持他们的阵形，而波斯舰队则没能做到这一点。[2]其实，一眼就可以看出，这是对重装步兵战斗的描述。在作战当天，雅典仍然是一个处于转型阶段的国家；它拥有200艘三列桨座战船，但只能给其中的一半配上船员。其余的船借给了盟国。人手短缺迫使雅典海权的政治家们——从地米斯托克利开始——建立一个帝国来资助它的舰队。[3]他们的理由很简单：在萨拉米斯以及第二年在普拉提亚（Platea）取得的胜利并不能确保希腊的自由。为了抵抗波斯的威胁，希腊需要团结和盟友；雅典在爱奥尼亚和埃及寻求这些盟友。

在修昔底德精心挑选的词语中，萨拉米斯战役成了文化转型中决定性的一刻。地米斯托克利那革命性的概念重塑了雅典这座保守的、基于陆地的城市，它曾把马拉松战役当成自己荣耀的顶点，现在却成了一个独特的海洋帝国的首都。在托马斯·霍布斯（Thomas Hobbes）所译的《伯罗奔尼撒战争史》中，雅

[1] Wallinga, *Ships and Sea-Power*, pp.161.

[2] H.8.86。

[3] Wallinga, *Ships and Sea-Power*, pp.161-164.

典人放弃了他们的城市，"登上船，成了水手"。[1]这不是一个战术选择：它标志着一种文化上的改变。功也好，过也好，都要由地米斯托克利来承担。

然而，雅典海军优势的光辉岁月还未到来，尚需进一步的根本变革。必须用整整一个世代的时间来进行专业训练，才能创造出足以在第二次伯罗奔尼撒战争（公元前431年—公元前404年）中取胜的战术技巧。公元前480年，雅典人承认了西顿人——他们获得了以自己的船舰运送薛西斯的殊荣——在用三列桨座战船战斗方面堪称大师。在萨拉米斯战役之后，3艘西顿的三列桨座战船被当作战利品保存起来，这表明雅典人对于他们战胜拉德之战的胜利者、他们在制海权方面的前辈感到十分骄傲。[2]竖立在泛希腊的宗教中心德尔斐（Delphi）的雅典人胜利雕像手举一个三列桨座战船的冲角；它是从此战的战利品中买来的。然而，萨拉米斯只是雅典海军伟大的预兆，而不是证据。只有当雅典拥有一个帝国来资助它时，雅典海军才会成熟。

公元前479年春天，一支人数减少但仍然强大的波斯军队回到了阿提卡（Attica），希腊联盟内部的根本分歧在此时显露无遗。斯巴达更关心的是加强科林斯地峡的防御，而不是援助他们的阿提卡盟友，所以他们迟迟不肯派出援军，直到雅典人指出，伯罗奔尼撒半岛没有被城墙包围，如果雅典的船只运载波斯的军队登陆，他们是无法抵御的。波斯将军马铎尼斯懂得制海权的价值，他邀请雅典人加入国王一方，帮助波斯征服希腊其他地区。波斯的提议使按兵不动的斯巴达行动起来，然而，在一次尖锐的舌战中，斯巴达使节指责道，正是雅典"扩张帝国"的野心引发了希波战争，这预示着两国在未来将要发生的冲突。[3]希罗多德用一桩令人震惊的暴行来要求他的读者承认新生的民主制的黑暗面：当一位雅典议员建议接受波斯人的条件时，他被其他议员用石头砸死了；他的家人也遭受了同样的命运，被砸死他的那些人的妻儿砸死了。

在描述了雅典人的决心之后，希罗多德又叙述了在普拉提亚的陆战中取得

---

[1] 在雷克斯·华尔纳（Rex Warner）的译本中译为"成了一个水手民族"（became a people of sailors）；地标版（the Landmark）中译为"成了一个海军民族"（became a naval people）。T.1.18, T.1.93。

[2] H.7.96, H.7.128 and H.8.121.展示在安纳波利斯美国海军学院里的英国皇家海军的战利品所起的也是这个作用。

[3] H.9.9 and H.8.142。

的胜利，然后才把笔锋转回大海。这年春天，由于受到爱奥尼亚人将要起义的消息鼓舞，主要由雅典船只组成的希腊舰队在斯巴达人的指挥下，前去袭击停靠在萨摩斯岛的波斯舰队。不知是因为事先得到了消息还是因为资金短缺，波斯人遣散了腓尼基分舰队；其余船只则由爱奥尼亚希腊人驾驶，撤退到了米卡列海角（Cape Mycale）。在这里，波斯舰队的船只被拖上岸，四周围以匆忙建造的栅栏，还有一支数量可观的军队守护它们。希腊人没有被这种防御阵势吓倒，他们在爱奥尼亚起义者的帮助下登陆，排好阵形，在雅典人的领导下向栅栏猛攻。他们洗劫了营地，烧毁了波斯舰队。这场胜利促使更多的爱奥尼亚城市发动起义，重新开启了将会引发下一次战争的基本文化冲突。斯巴达人想把爱奥尼亚起义者迁回希腊本土，而雅典人想建立一个爱奥尼亚帝国。确信希腊已经安全的斯巴达人回国了，把舰队的指挥权交给了雅典人克山提波斯。

在解放了爱奥尼亚诸岛之后，舰队向北航行，到达了赫勒斯滂[1]（Hellespont）。在那里，希腊人发现薛西斯用船搭建的那座著名的浮桥已经毁于风浪，于是他们围攻并占领了这座桥在欧洲那头的终点塞斯托斯（Sestos），并向雅典的神庙奉献了桥梁的索具，这些索具象征着通往欧洲的钥匙。在把蛮族驱逐欧洲之后，克山提波斯给其他想要成为征服者的人发出了一个可怕的警告，为希罗多德这部波斯帝国兴衰史画上了一个戏剧性的句号。

在塞斯托斯陷落时，希腊人俘获了行省总督阿尔塔乌克铁斯（Artayctes），他们认为此人犯有谋杀、盗窃和玷污圣域的罪行。尽管此人提出要用大笔金钱来赎自己和儿子的命，但克山提波斯心如铁石："他们把他钉在一块木板上，高高地吊起来。至于阿尔塔乌克铁斯的儿子，他们当着他的面用石头把他砸死。"不仅是阿尔塔乌克铁斯手上沾了希腊人的血，而且他的祖父也曾煽动居鲁士（Cyrus）发动邪恶的战争来建立一个帝国，这使得对他的惩罚变得公正和恰如其分。[2]钉死阿尔塔乌克铁斯是前所未有的野蛮行径，它传达了一个强有力的信息。薛西斯应该老老实实地待在亚洲，居鲁士和冈比西斯在自命不凡地追

---

[1]　赫勒斯滂：古希腊人对达达尼尔海峡的称谓。——编者注

[2]　H.9.120, Gould, *Herodotus*, p.86.

求普世君主国时的败亡就预示了他的失败。[1]雅典的胜利恢复了势力均衡，这是所有海权追求的首要目标。

把波斯军队赶出欧洲之后，舞台上的场景不可避免地转向希腊的政治：在公元前430年左右，希罗多德完成他的著作时，第二次伯罗奔尼撒战争正如火如荼地进行着。当雅典和斯巴达为了争夺希腊世界的霸权而厮杀时，他的读者把目光投向了希波战争，寻找英雄和榜样。[2]希罗多德故意把历史事件投射到当下，把雅典人的决心和意志当成公元前480年和公元前479年希腊获得胜利的关键，以及"对希腊自由的威胁与不可避免的冲突和苦难的根源"。他用讽刺性预示的情节设置手法将这一主题贯穿全书，诱使读者和听众把过去和现在联系起来。修昔底德笔下的伯里克利在公元前430年的"葬礼演讲"中引用了希罗多德的话，这强调了两位作者在主题上的连续性，以及同时代的人对希罗多德文本的熟悉程度。[3]很少有人提及希罗多德对雅典帝国主义的批判给修昔底德造成的影响。

希罗多德醉心于通过文化体现出来的多样性，他的文本扩展应用了对不同文化进行比较的方法，波斯帝国的兴起——这造成了把单一文化强加于希腊世界的威胁——提供了叙事的线索。他对下一场关乎存亡的文化冲突进行了预告，不断地拿缺乏雄心和远见、只满足于赶走蛮族的斯巴达人跟勇于进取、充满活力的雅典人做对比。修昔底德提出了"文化差异导致伯罗奔尼撒战争"的观点。[4]斯巴达完全不惧怕制海权战略，它实际上是自给自足的，而且主导着军事平衡。它害怕的是雅典的海权文化，即激进的民主制、帝国主义和对外扩张——这些议题最终会导致雅典建造"长墙"，使它成为阿提卡郊野中的岛屿和捍卫帝国之显赫的堡垒——这种文化比雅典的三列桨座战船可怕得多。当雅

---

[1] Gould, *Herodotus*, pp.102–105.

[2] 他去世的时间不详，但内在证据表明他应该是在公元前430年至公元前400年之间去世的。在"他们自己的首领之间关于至高无上的权力的争执"（希6.98）中提到的希腊人所遭受的巨大灾难显示了标准文本完成的最早时间。

[3] H.7.162.1, Gould, *Herodotus*, p.118; P. A. Stadler 'Thucydides as a "Reader" of Herodotus' in E. Foster, D. Lateiner, eds., *Thucydides and Herodotus*, Oxford: Oxford University, 2012, pp.39–63, at p.43 for dates.

[4] H.9.73; T.1.102.

典从民主国家演变为海权的时候，海军力量和民主政治的激进组合威胁到了希腊既存的势力平衡，挑战了波斯的帝国主义和斯巴达的权威。雅典帝国的象征是三列桨座战船和雅典的恢宏气势。

此外，雅典海权的性质与地米斯托克利的性格密切相关，地米斯托克利是一个才华横溢、意志坚定的人，但人们普遍认为他冷酷无情、狡黠多诈、言而无信、贪得无厌。希罗多德暗示，在公元前480年的萨拉米斯战役之前，地米斯托克利的诡计已经让其余的希腊人对雅典人抱有猜疑之心。然而，只有地米斯托克利觉察到了波斯的军队和舰队实际上是一个战略单元，可以在海上击败它。他选择萨拉米斯作为战场，把波斯人引诱过来，击败了他们，却没得到任何胜利的荣誉。他的目的显而易见：在萨拉米斯战役之后，他的第一个想法就是强迫其他希腊城市为雅典舰队的花费买单，比如说他围攻了雅典附近的安德罗斯岛（Andros）。[1]为了资助对雅典人和希腊人的安全都至关重要的雅典舰队，雅典需要一个更大的经济基础，一个帝国。修昔底德强调了地米斯托克利的欺骗和诡计是如何令雅典与斯巴达平起平坐的："雅典海权的迅速增长和雅典人在对抗波斯人的战争中所表现出来的勇气使斯巴达人和其他希腊人惊慌不已。"修昔底德把地米斯托克利视为雅典的爱国者，而反对者则认为那些据称是"背信弃义"的行为败坏了民主和海权的名声，使所谓的个人缺陷变成了文化和身份的普遍缺陷。希罗多德宣称他没有对国家造成任何伤害，而修昔底德则以他与斯巴达人之间的冲突——不论是想象的，还是真实的——作为后来雅典政策的基础。[2]

地米斯托克利的"长墙"在希波战争之前就已经开始修建了：把雅典城与比雷埃夫斯港（Piraeus）连接起来，使得雅典人有能力采用制海权战略。通过将雅典转变成一个战略性的岛屿，这些城墙把城市的焦点从陆地转移到了海洋，此举保护了市内的平民，但并没有保护贵族的地产。修昔底德借助地米斯托克利提出这样的观点："如果雅典人成为航海民族，他们将会用获得的所有优势来增强自己的力量。实际上，就是他第一个冒险告诉雅典人，他们的未来

---

[1] H.8.112, Gould, *Herodotus*, p.117.

[2] T.1.90 and W. Blösel, 'Thucydides on Themistocles: A Herodotean Narrator?' in Foster and Lateiner, eds., *Thucydides and Herodotus*, pp.216–236, at pp.220–233.

就在海上。因此，他立即开始为他们的帝国打下基础。"[1]

修昔底德对希波战争和第二次伯罗奔尼撒战争之间那段时期的简短讨论强调了雅典的帝国主义侵略，其中包括在埃及发生的战争，那是一场为了争夺控制权和资源而爆发的斗争。就在建立了提洛同盟，以及同盟在雅典两栖攻击力量的胁迫下转化为一个向其缴纳贡品的帝国后不久，公元前466年前后，在小亚细亚南部的攸里梅敦河，希腊人在与一支波斯舰队交锋时取得了压倒性的胜利。在这次战役中，三列桨座战船为步兵准备了额外的甲板空间。雅典不再害怕任何海军对手，因此，它可以专注投送自己的陆军。[2]

雅典是在斯巴达拒绝担任爱琴海/爱奥尼亚同盟——这一同盟是在公元前479年米卡列战役获胜之后成立的——的领导者之后才接受这一荣誉的。提洛同盟用独立换来了安全，是雅典的保护使爱奥尼亚的城市和岛屿得以免遭波斯帝国的吞并。同盟对为雅典的保卫工作提供资金来说是必不可少的，而且雅典是具有支配地位的同盟成员。雅典的海权比斯巴达的陆军力量贵得多：人值不了几个钱，舰队可不是这样。雅典把同盟当成税收基础，将商业和土地的收入结合起来。胆敢反抗的城市会被攻占，它们的船只和城墙会被毁掉，还会失去在同盟会议上投票的权力并被迫付钱。在很多情况下，反抗是由倾向波斯统治或斯巴达霸权的寡头领袖发起的。难怪雅典喜欢让它的卫星国组建民主政府。[3]民主制成了战略武器。

开始时，维持提洛同盟的是与波斯之间持续不断的战争。雅典人竖起了一个上面画着红色图案的盾牌来庆祝攸里梅敦河的胜利，那个图案是雅典娜"举着一艘腓尼基船上的装饰性船首"。但同盟很快就转变为一个纳贡体系。雅典用征收的钱来支付维持以及更重要的训练舰队的费用，建立了一支在战术能力上具有优势的专业海军部队。从事实来看，雅典解除了盟国的武装，把它们贬为臣属——"雅典权力的基础"是它的海军。几乎完全由岛屿和沿海城市组成的提洛同盟只能用强大的舰队来加以控制。随着拥有战舰的同盟成员数量的减

[1] Meiggs, *The Athenian Empire*, pp.156–157; T.1.93.

[2] Meiggs, *The Athenian Empire*, pp.75–77.

[3] Meiggs, *The Athenian Empire*, pp.62,70–71.

少，雅典在海上获得了绝对的统治权。雅典拥有制海权，即使不进行陆战，它也能阻断同盟成员的进出口，而它在围城战方面的专长使它能够征服拒绝服从的城市。到公元前460年，只有希俄斯（Chios）、莱斯沃斯（Lesbos）和萨摩斯三座岛屿还在以提供船只的形式服务于雅典，其他成员都在支付现金。10年后，雅典开始在同盟城市驻扎军队，这种趋势在公元前431年战争爆发时有所增强。[1]

同盟的合法性是建立在安全、抵御外国威胁和打击海盗的基础上的。在第二次伯罗奔尼撒战争期间，不但有同盟军队攻下海盗盘踞的岛屿斯基罗斯（Skyros）这样的事，而且雅典也在继续进行反海盗的巡逻。安抚比镇压更便宜，所以，当同盟的金库移往雅典时，对诸岛征收的贡品减少了，收上来的钱被用在把雅典变成一个帝国的首都上。[2]与希腊本土共同体相比，雅典更为重视这些岛屿的意见，因为岛屿基地对雅典帝国的核心区域爱琴海与赫勒斯滂来说是战略要地。失去对这些岛屿的控制将使爱琴海从经济的主干道变成战场，雅典想要再恢复这种控制，成本会很高。征服萨摩斯花费了1200塔兰同[3]。同盟数目巨大的货币储备被存放在雅典卫城，这使得雅典有足够的资金实施以三列桨座战船和围城战为基础的海洋控制战略。同盟的收入使雅典能够充当一个大国。[4]这种长期的资助一直是制海权战略的关键。希波战争结束之后，雅典把同盟的纳贡数目降到了"温和"的水平，但公元前431年，它与斯巴达的战争爆发，这促使它用舰队来胁迫往日的盟友，向它们强制征收额外的金钱，并进行贸易管制。对附庸国共同体所进行的资源榨取导致了反抗。[5]

公元前465年，萨索斯岛（Thasos）爆发了反对雅典控制的起义，再加上以地米斯托克利为榜样的激进民主派取代了亲斯巴达的雅典贵族成为领导者，雅典和斯巴达的关系破裂了。[6]尽管遭到了流放，流放到了小亚细亚，但地米斯托

---

[1]　Meiggs, *The Athenian Empire*, pp.75-76, 86, 205-207.

[2]　Meiggs, *The Athenian Empire*, pp.69, 242, 247, 252.

[3]　塔兰同：古希腊重量单位及货币的名称。——编者注

[4]　Meiggs, *The Athenian Empire*, pp.259-260.

[5]　Meiggs, *The Athenian Empire*, p.254.

[6]　Meiggs, *The Athenian Empire*, pp.86-90.

克利这位海权国家的创建者仍然具有强大的影响力，他希望能够重新掌权。他的名声成了拥护对立的政治意识形态者划分彼此界限的战场。地米斯托克利的思想在那个时代的重要性解释了为什么他会在希罗多德和修昔底德的作品中占据如此突出的地位。

在攸里梅敦河获胜之后，地米斯托克利的同事厄菲阿尔特（Ephialtes），以及伯里克利被选为雅典军队的指挥官，这为进一步民主化提供了保障。当雅典公民大会讨论是否要向斯巴达派遣援军，帮助他们镇压伊索米山（Ithone）的希洛人起义时，厄菲阿尔特当众宣称斯巴达是雅典的"天敌"。尽管贵族派的客蒙（Cimon）在随后的投票中获胜，得以率军前去援助斯巴达，但厄菲阿尔特利用客蒙不在的机会推动了进一步的民主改革，并在公元前461年放逐了他。斯巴达人担心他们的盟友会把"某些革命政策"带进冲突地区，于是就粗鲁地把客蒙和雅典军队打发回去了。斯巴达的无礼给在希波战争中结成的同盟画上了句号，加速了提洛同盟向雅典帝国的演化。[1]

帝国把硬实力和法律控制结合起来：雅典的法院成了上诉法院，它与民主派的关系良好，一直在逐步取得提洛同盟的上位司法权。雅典的法律坚持连续性和稳定性，这是有效进行经济剥削的关键条件。它使盟国，也就是后来的附属国支付其会费的义务合法化，并提供了一个能证明这些义务正当且能授权它使用武力的公共论坛。最终，就像从让盟国提供军舰和士兵转为让它们支付金钱一样，雅典的法律也有效地颠覆了盟友的独立性。[2]法律与海军力量联手撑起了一个帝国，这个帝国只有依靠先前的盟国以及后来的附庸的资源才能走得下去。

虽然新生的希腊海军在萨拉米斯和米卡列完成了它的任务，但雅典人和斯巴达人不一样，他们不能就这样回家。为了保护他们的城市免受波斯人的袭击，他们需要动员本土之外的大半个希腊海洋世界并调集至关重要的造船资源。绳索和帆来自埃及，木材和沥青来自马其顿。资源依赖和经济需要迫使雅

---

[1] T.1.102; Meiggs, *The Athenian Empire*, pp.89-94.

[2] Meiggs, *The Athenian Empire*, pp.217-233. 与英国枢密院在帝国司法权中所起作用的相似之处是显而易见的。英国法院维持了新定居点的殖民地地位。1776年以后，受过古典教育的英国政治家们知道，不应该向殖民地索要贡品，他们对叛乱更是忧心忡忡。

典接触更广阔的世界，这增强了帝国主义的诱惑。[1]

运营一支庞大的三列桨座战船舰队所需的巨大成本使得大部分国家对成为一个海军强国望而却步。如果不从根本上改变它们的政治制度，让富有的精英阶层来分担责任，那么很少有国家能负担得起船只和海军的基础设施。在米卡列以及后来在攸里梅敦河所取得的胜利扩大了雅典海权的经济基础，创造了一个可以养得起海军的帝国。雅典击败了拥有巨大资源的波斯帝国，成了一个海权。人民可以通过节日（通常会发放大量肉食）、国家雇用、为桨手发放全薪和其他福利来分享这些新到手的财富。金钱和民主使雅典的民粹主义领导者有能力把新身份强加给国家，改变政治力量的平衡，并警告那些害怕社会平等带来后果的披甲骑兵。

在财富和力量的刺激之下，公元前5世纪50年代，雅典产生了想让埃及摆脱波斯统治的野心。雅典试图通过援助埃及起义者来把自己的身份从海权升为大国。同盟内部的反对派被压制下去，斯巴达也只能作壁上观。让埃及恢复独立将产生一个强大的盟友，会分散波斯的军事力量，并确保战略物资的来源。雅典明白，只有独立的埃及能够制衡波斯的霸权。

仅仅一个世代的时间，雅典帝国的势力就得到了急剧扩张，这令大陆列强感到担忧。它们更关心稳定和秩序，担心雅典海军力量所承载的导致平等的民主制会造成政治混乱。修昔底德认为这种恐惧就是第二次伯罗奔尼撒战争的主要原因。[2]屡获成功燃起了雅典人的野心，令他们傲慢自大。雅典人并不是只打退了波斯的一次入侵，而是打退了两次，这使得他们开始谈论起"打到波斯去"或是"征服迦太基"这类话题。形势变化令斯巴达感到紧张，这不足为奇——它的贵族盟友被免职了，厄菲阿尔特进行了改革，"长墙"巩固了雅典的安全，而一旦雅典在埃及取得成功，就会在国外引起连锁反应，促进民主传播。

克山提波斯之子伯里克利相信雅典能够打败斯巴达并保持对爱奥尼亚和爱琴海的控制。当他在公元前461年成为国家事实上的首脑时，财富和威望的空

---

[1] *Pseudo Xenophon*, 2.11–12。

[2] P. Zagorin, *Thucydides*, Princeton: Princeton University Press, 2005, p.70.

前增长——这与海洋帝国有着密切的联系——已经改变了雅典。他以掠夺和利润的承诺来取悦选民，从而控制了那些无情且激进的民众。他宁可两次同斯巴达开战——斯巴达完全有理由对雅典的野心感到忧虑——也不愿意违抗公民的意志。

第一次伯罗奔尼撒战争（公元前460年—公元前445年）是对雅典民主国家、提洛同盟的凝聚力和制海权战略的一次考验。主导冲突的战略因素只有一个。雅典控制着麦加拉[1]（Megara）和至关重要的吉安尼亚山口（Geraneia），阻断了斯巴达人进入阿提卡的道路，与此同时，从麦加拉出击的雅典军舰控制了科林斯地峡的两侧。只要雅典人掌握麦加拉，斯巴达军队就无法对阿提卡造成多大的威胁。一些雅典贵族曾计划向斯巴达打开大门，以恢复昔日的政治秩序，但这种机会始终没有等到。斯巴达的陆权未能对雅典造成严重打击，而雅典的宿敌埃伊纳岛却被征服、解除武装并被迫加入同盟。公元前456年至公元前455年，雅典舰队洗劫了拉科尼亚（Laconia）海岸，摧毁了位于基赛阿姆（Gytheum）的斯巴达海军基地。然而，制海权并不是决定性因素：雅典人能否获胜，关键还是在陆地上。[2]公元前454年，在埃及的冒险失败了，虽说修昔底德夸大了失败的规模以及雅典派出的军队和船只的数量以预示西西里的灾难，但这场失败还是改变了形势。

最起码，在埃及的溃败给雅典的政治注入了现实主义气息；民主派召回了遭到陶片放逐法制裁的贵族客蒙，利用他作为斯巴达之友的名声来进行和平谈判。最终，雅典放弃了成为一个大陆帝国的要求，以换取斯巴达对其海洋帝国的承认，而且还承诺不再从斯巴达领导的伯罗奔尼撒同盟中吸收成员。最糟糕的是，麦加拉回到了斯巴达的阵营里。虽然埃及的灾难在同盟内部引发了不和，但是，波斯做出反击的打算使雅典别无选择，只能增强同盟的凝聚力，使其成为一个帝国。公元前451年，在塞浦路斯的萨拉米斯附近的海上，雅典面对

---

[1]　城市名，又译为迈加拉、墨伽拉。在今希腊南部，临萨罗尼克湾，即今梅加腊。——编者注
[2]　Meiggs, *The Athenian Empire*, pp.104-105.

波斯舰队取得了精彩的双重胜利[1]，这导致了《卡里阿斯和约》（*the Peace of Callias*）的签订，这一和约把波斯舰队赶出了爱琴海和安纳托利亚南部。跟波斯的和约以及《雅典—斯巴达三十年和约》（*the Athenian-Spartan Thirty Years' Peace*）使国际关系恢复了稳定，这令雅典得以巩固帝国，也让雅典民主派得以巩固国内政权。和平使建立提洛同盟丧失了理由，但建立一个帝国能够使雅典通过利用其资源来"保持伟大"。[2]

雅典人通过美化城市来夸耀他们的力量。华丽的建筑和壮观的仪式使薛西斯造成的破坏变成了一种美德，既象征着人们抛弃有形的城市却仍然保持雅典人身份的意志，又象征着他们独特的人力资源。他们的城市是由人构成的，而不是用石头造的。"实际上，地米斯托克利把他们的城市从有形的枷锁中解放了出来。即使城市被夷为平地，城邦仍会留在雅典人的心中。"雅典作为一种理想、一个概念、一座想象之城的存在，全都要归功于这种精神。历史学家们对使雅典变得伟大的观念进行了研究，而哲学家则就最好的政府形式展开了讨论，因为他们认识到了选择在雅典的崛起中所扮演的重要角色。萨拉米斯成了雅典身份的试金石，这座城市是如此的胆大包天，甚至放弃了有形的东西而代之以精神的东西，并赢得了令人惊叹的胜利。"上船去"一词概括了充满活力、勇于进取的雅典精神。[3]萨拉米斯战役之后，雅典这座到那时为止都是由土地所有者组成的内陆城市被重建为一座海洋城市："长墙"把它和比雷埃夫斯联系在一起，而新的庙宇建筑群提供了从正面观看战场的场所，三列桨座战船则成了硬币和陶器上的标准图案。统治着雅典的人们利用船坞、港口、庙宇和其他公共设施来加强这种新身份。从建筑到陶片上的涂鸦，艺术在所有层面上强化了政策选择。

这个过程是由上至下的。伯里克利利用提洛同盟的资金重建了被薛西斯军队摧毁的雅典卫城，维持了民主制度，并将雅典重新打造成一座宏伟的海权都

---

[1]　此处的萨拉米斯不是公元前480年希腊舰队击败波斯舰队的那道海峡，而是塞浦路斯东部的一座城市。在这场战斗中，雅典人同时在陆地和海洋上战胜了波斯军队，因此，作者说他们取得了双重胜利。——译者注

[2]　Meiggs, *The Athenian Empire*, pp.184-185, 116, 123, 125, 173.

[3]　M. Taylor, *Thucydides, Pericles, and the Idea of Athens in the Peloponnesian War*, Cambridge: Cambridge University Press, 2010, pp.24-26.

城。随着第一次伯罗奔尼撒战争的结束，这项工作开始了，它增加了和平时期的国家雇用，确保了熟练工人可以依靠国家工资而不是贵族的仁慈维持生活。雅典精英阶层认为，帝国统治对这座城市产生了"腐蚀"作用，加强了人民对雅典和雅典对阿提卡的控制。民主和海权已经在依赖国家收入维持生活的公民中形成了一个庞大的海军"政党"，民主制度和帝国因此得到了它的支持。[1]这个控制着港口的强大公民团体始终拒绝恢复寡头统治的意向。

民主政体用一座30英尺[2]高的巨大雅典娜（Athena）雕像来庆祝胜利，这座雕像后来被称为"柏洛马考士"（Promachos，在前线战斗者），建造它的钱来自马拉松战役中获得的波斯战利品。女战神雅典娜在这座城市转向海权之前很久就已经被选为它的守护神了。这座雕像大约建于公元前456年，目的是纪念雅典人的两大成就：马拉松战役和《卡里阿斯和约》——希波战争的第一幕和最后一幕。这座丰碑位于卫城中一处非常显眼的地方，就在卫城山门（Propylea）和帕台农神庙（Parthenon）之间，从外部与收纳在希腊世界中最伟大的建筑里的，用黄金和象牙做成的巨大雅典娜雕像形成一对。守护城市的战士与智慧女神全副武装，戴着头盔，盾牌倚在身旁，手持长矛。让女神穿上和重装步兵一样的装备表明，雅典人仍然在用较古老的重装步兵战斗标准来衡量荣誉：他们庆祝的是马拉松，而不是萨拉米斯。[3]雅典娜像在公元前4世纪见证了民主国家的复兴，直到几个世纪之后才被带到君士坦丁堡，并在第四次十字军东征（1202年—1204年）——威尼斯海权的胜利——中遭到破坏。

胜利的雅典娜是对任何敢于挑战雅典帝国力量的人——不论他们来自陆地，还是海洋——的警告。她还可以充当航标，引导来访的船进城。地理学家保塞尼亚斯（Pausanias）写道："那些驶往雅典的人只要能看到这尊雅典娜像的矛尖和盔顶，就马上要到苏尼翁（Sounion）了。"[4]从公元5世纪40年代中期开始，雅典又在苏尼翁海角建造了另一个伟大的航标，一座波塞冬（Poseidon）

---

[1] Meiggs, *The Athenian Empire*, pp.156–157.

[2] 英尺：英美制长度单位，1英尺=12英寸，约合0.3048米。——编者注

[3] 雅典人对传统的热爱是他们文化的一个突出特点，尽管其文化发生了从陆地到海洋的根本性转变。

[4] Pausanias, *Description of Greece*, 1.28.2; Meiggs, *The Athenian Empire*, pp.94–95.

神庙，以之作为对海权的庄严庆祝，它还配有船坞，可以充当军港。[1]这些昂贵的纪念碑反映了提洛同盟在演变为一个帝国时在经济上取得的成功，比雷埃夫斯的转口港就是这一体系的核心。[2]它们立刻成了水手的力量象征和工具。在一次重大设计变更中，雅典人调整了帕台农神庙建筑群的山门，以强调其海权身份。经过调整之后，每个离开帕台农神庙的人都会看到海权帝国主义的发源地萨拉米斯的全景。

有了新的公共纪念碑和航标，以及在比雷埃夫斯和其他雅典港口的重要三列桨座战船船坞之后，无可争议的国家领导人伯里克利动身进行一次和平时期的巡航，在攸克星（Euxine，即黑海）。周围"访问外国港口"。这次航行显示了伟大海洋帝国的力量和威严，制止了冲突，支持了民主运动，保障了贸易安全。在舰队的背后，是一个致力于主宰海洋和海上贸易的政体。经济帝国主义的猖獗导致了《麦加拉法令》（*Megarian Decree*）的颁布：麦加拉因为没有加入雅典帝国而受到惩罚，它的船只不能进入"同盟"的港口。这一法令的目的是绕过与斯巴达签订的《三十年和约》中的条款，通过经济制裁而不是战争手段来重新控制这个关键的战略要地。许多人认为该法令是引发第二次伯罗奔尼撒战争的主要原因。这是对斯巴达权力的严重威胁。与此同时，早在公元前435年，科林斯与克基拉（Corcyra）发生争执之前，福密俄（Phormio）领导的雅典舰队在安布拉基亚湾（Gulf of Ambracia）所采取的行动已经挑战了科林斯的权威。[3]

民主的雅典渴望战斗。雅典人打败了波斯大王，超越了昔日的地区霸主斯巴达，并花了20年时间把提洛同盟变成了一个帝国，建起了一座宏伟的帝都，这座城市刻意要超越西西里岛上的叙拉古，成为希腊世界的奇观。到了公元前5世纪40年代，雅典的伟大建筑、符号和力量的表现实现了无与伦比的集中。这座城市寻求成为希腊文化领袖的决心与它在建立帝国时表现出的决心相同；文

[1]　D.Blackman, B.Rankov, eds., *Shipsheds of the Ancient Mediterranean*, Cambridge: Cambridge University Press, 2013, pp.525-534.

[2]　Meiggs, *The Athenian Empire*, pp.256, 265.

[3]　Meiggs, *The Athenian Empire*, pp.199, 203-204.修昔底德不同意这种看法，他喜欢更深层次的原因。

化上的卓越能反映出"雅典权力和财富的增长"，并给其他希腊国家留下深刻的印象。[1]这与"谦逊"的斯巴达形成了鲜明的对比。尽管修昔底德认为这样的张扬很庸俗，但从那时起，它就吸引了全世界的目光。随着战争的临近，雅典并没有试着去回避冲突，只是把建造工作从庙宇转移到城墙和海军设施上。人民已经做好了战斗的准备，理性的声音被淹没了。战争完成了把同盟转化为帝国的过程。[2]

在讨论战争前景时，斯巴达国王阿希达穆斯（Archidamus）意识到雅典人准备利用跨海登陆来对抗他的军队可能对阿提卡造成损害，而城市和比雷埃夫斯的防御工事能够使雅典人成为海军民族。地米斯托克利把港口看得比城市还重，他号召人民在发生战争时放弃城市，聚集到港口去。这个主张实在太激进，他也许是故意这样做的：为了避免做出如此戏剧性的选择，雅典人在公元前458年至公元前457年建造了"长墙"，使雅典即使地处大陆之上，也能拥有岛国的地利。[3]城墙使雅典能够抵御斯巴达的入侵，当雅典人在普拉提亚战役中取得胜利后不久，地米斯托克利就已经预见到了这种可能性。

拥有已完成的长墙，俯首听命的帝国和独一无二、能征善战的专业海军，伯里克利满怀信心地面对与伯罗奔尼撒人进行第二次战争的前景。民主的、海洋的、肆意扩张的雅典具备了充分的金钱、海军力量和经验来运作地米斯托克利铸就的这台"机器"。伯罗奔尼撒人无法在海上与雅典争雄，因为只有雅典人在希波战争之后还继续进行昂贵的海军训练。[4]伯里克利要求雅典人不要成为土地的奴隶，而要用海军打击来对抗敌人的陆上攻击，并依靠他们在海外的财产来维持生计。这种不对称的战略使得海权"有了极大的重要性"。[5]伯里克利强调了这一点，指出如果雅典人是岛民，他们会更难被打败，这个思路点明了他们为什么要建造"长墙"。制海权战略还认可了"把城外的一切都交给敌人去摧毁"的做法。为了强调这不是一个新颖的战略，伯里克利刻意引用了萨

[1] Meiggs, *The Athenian Empire*, pp.272–275.

[2] Meiggs, *The Athenian Empire*, pp.91, 201, 204, 272–275.

[3] Taylor, *Thucydides, Pericles*, pp.30 and 33.

[4] T.1.142.6–7.

[5] T.1.143.4.

拉米斯战役时的口号"上船去"：他对"城市"的看法就跟公元前480年时地米斯托克利的看法一样。这种联系是有意为之的：地米斯托克利是雅典海权帝国主义的知识先驱，而将之付诸实施的是伯里克利，米卡列和塞斯托斯的胜利者克山提波斯之子。正如一位名不见经传，只被称为"老寡头"、《雅典政制》（*Constitution of the Athenians*）之作者的雅典评论家所强调的那样，对那些几乎没有或完全没有损失的人来说，踏出这样激进的一步是很容易的：这凸显了城市内部的分裂。在他的"葬礼演讲"中，伯里克利告诉各城邦，这种由观念而非结构定义的城市愿景才是成功的关键。他颂扬了雅典的观念，赞美了人民的性格，强调了城市的愿景高于现实。雅典人在哪里，雅典就在哪里。当他鼓励雅典人去关注遥远且不确定的事物，而不是城市和雅典土地的安全时，他想象中的"无限帝国"就是一个海权。伯里克利提醒雅典人，作为海洋的统治者，海权的拥有者，他们可以想去哪儿就去哪儿，视波斯大王的权威如粪土。他们掌握的海权远远超出了他们的盟友，比土地和房屋更有价值，他把这些东西斥为"纯粹的摆设"。修昔底德复述了伯里克利的口头禅，即如果雅典满足于维持海军、保护城市，不再扩张帝国，那它就能打败斯巴达。他这样做是为了提出批评，把雅典最终失败的主要责任归咎于民粹主义领袖和普通的雅典人，他们放纵自己的野心和贪婪，偏离了这一政策。然而，那种标志通往西西里之路、鼓励人们放弃阿提卡和他们代代相传的土地去开辟新领地的意识形态，的确是伯里克利意图的延伸，它只不过是误入歧途而已。

伯里克利采取了一种有限的海洋控制战略，试图夺取克里特岛上重要的海军基地，切断伯罗奔尼撒人与埃及的贸易，并攻击沿海城镇，破坏那里的贸易。他的做法延续了雅典几十年来对其"盟友"所采取的强制性经济和军事战略，[1]同时依靠这座高壁深垒的城市的防御力来阻止斯巴达人在陆地上取得"决定性"的胜利。伯里克利承认，这场战争代价高昂，而且旷日持久，但如果雅典能够抵御住扩张帝国的诱惑，它毫无疑问会获得胜利。第一次伯罗奔尼撒战争的经历为他的分析提供了一些支持。然而，他低估了失去麦加拉的控制权所造成的影响，低估了找一个重要的军事力量结盟来牵制斯巴达军队的必要性，

---

[1] Meiggs, *The Athenian Empire*, pp.217 and 266, 引用了老寡头的话。

低估了战争中不可避免的"不和"。把阿提卡的人口全部带到城市里来，导致了一场毁灭性的伤寒暴发，伯里克利本人和三分之一的雅典人因此丧生。

尽管伯里克利的战略没有奏效，但在斯法克蒂里亚实施的两栖作战计划取得了惊人的胜利，这使雅典在公元前421年的《尼西阿斯和约》（*Peace of Nicias*，因对这次谈判贡献很大的雅典将军而得名）中获得了有利条件。斯法克蒂里亚之战还使人们重新开始估算帝国的贡赋，包括计划把帝国扩张到西西里和东方去。正如修昔底德所言，和平只是激起了雅典人的野心："伯里克利的帝国主义给雅典民众带来了太多的能量和欲望，使他们无法安定下来，实现稳定的和平。"[1]

当战争重新开始时，雅典将军亚西比德（Alcibiades）像地米斯托克利和克里昂（Cleon）一样，认识到了制海权战略需要陆地上的盟友。他与阿哥斯结为同盟，希望能让斯巴达无暇处理伯罗奔尼撒半岛以外的事情，而雅典或许可以借机占领麦加拉，封锁战略要地科林斯地峡。他的方法差点取得了成功，但公元前418年，斯巴达人在曼提尼亚（Mantinea）取得的胜利破坏了同盟，并推翻了阿哥斯的民主政府。

曼提尼亚之战的失败并没有引发任何严肃的战略反思，反而让雅典人把注意力集中到了叙拉古上，长期以来，这里就是人们羡慕和想要占领的对象。[2]在伯里克利所缔造的这座伟大城市的结构里，嵌入了傲慢的因子，受其鼓舞，雅典人心中燃起了过大的野心，这种野心将在西西里岛上招来灾难。然而，在叙拉古遭遇的灾难也揭示了雅典国家的潜在力量。雅典民主国家在一个制海权被其海军基地掌握着的战区中作战，取得了一系列胜利，迫使斯巴达人与它和谈。但出于对实力的自负，雅典的潜在力量被高估了。激进的民众动员了实力空前的海军力量，却没能理解他们的优势是多么的脆弱，他们以拙劣的理由处决了在阿吉纽西（Arginusae）战役中获胜的指挥官[3]，加剧了自己的错误。这种

---

[1] Meiggs, *The Athenian Empire*, p.343.

[2] Meiggs, *The Athenian Empire*, pp.344-347.

[3] 公元前406年，由8名将军共同指挥的雅典舰队在阿吉纽西与斯巴达舰队交战并取得了胜利。然而，战后搜寻被击沉战舰上的幸存者的工作由于遭遇风暴而失败，落水者几乎全部身亡，雅典民众对此极为愤怒。得知这一消息后，8名将军中有2人逃亡，另外6人回到祖国接受公民大会的审判，结果被全部处死。此举令雅典损失了绝大部分有经验的海军将领。——译者注

傲慢导致了灾难的发生。公元前405年，雅典在伊哥斯波塔米（Aegospotami）战役中被得到波斯资助的斯巴达舰队打败。获胜的伯罗奔尼撒联盟急于把雅典舰队从它们的海岸边赶走，并阻止民主制度的发展，它们用寡头政治取代了雅典的民主制，将其舰队削减至只有12艘船，并拆毁了长墙。虽然这些条款被证明是暂时的，但失去了海洋帝国及其提供的资源意味着雅典不再是一个大国。正如玛莎·泰勒（Martha Taylor）所言："修昔底德根本没有用演说证明伯里克利的智慧，他似乎强调了伯里克利的预言有很多都被证明是错误的。斯巴达人学会了在海上作战，他们占领了阿提卡，并在波斯的支持下赢得了战争。"[1]

伊哥斯波塔米战役的惨败严重地削弱了海军主导的政治实体，使得"三十僭主"夺取了政权，并试图颠覆民主进程。他们开始改变或移除民主的符号；在普尼克斯山（Pynx）上举行公民大会时要面朝内陆而不是大海，僭主们还筹划着摧毁船坞。他们对海军和比雷埃夫斯——最激进的民主派的发源地——的仇恨是显而易见的。[2]这不仅是一种感情，也不仅是陆地文化对海洋文化的厌恶。这是对支撑海军和帝国的民主平等的深仇大恨。比雷埃夫斯人民领导了民主的反革命。

帝国的贡赋使雅典能够"维持足够大的舰队，以确保控制海洋"。[3]雅典采用了海权身份，并创建了一个资源丰富的海洋帝国来维持这种身份，从而成了一个大国。海权靠的是海洋控制和法庭，巡洋舰和法学家。它在和平时期所提供的保安服务，对付的是海盗和其他低层次的挑战，给帝国的税收和法律提供了合理性。作为这个历史时期的第一个海权，雅典错把海权当成了真实的力量是可以原谅的。由于一个重要的大陆盟友都没有，雅典只能通过拖垮对手的经济来打败与它实力相当的陆上强国，当敌人鄙视金钱、以进行近距离的步兵战斗为荣时，这项任务是很艰巨的。最能干的雅典政治家认识到了这一困境，并据此制定了他们的外交政策。其他人则甘冒一切风险，其中包括让帝国一直维

[1] Taylor, *Thucydides, Pericles*, pp.41-43, 68-75.

[2] Rawlings, *The Ancient Greeks at Greeks at War*, pp.109-111.

[3] Meiggs, *The Athenian Empire*, p.258.

持着要靠在堂吉诃德式的海战中取得压倒性胜利才能保持的海洋控制。[1]

西西里远征军在叙拉古的溃灭使敌人有能力在海上挑战雅典人，而且，无论雅典人赢得多少次海战的胜利，他们都缺乏陆军力量，无法将海上的胜利转化为持久的和平。战争的成果始终是有限的。沉没的船只和溺死的雇佣桨手永远打不败斯巴达。相比之下，一次海战的失败就足以让雅典的海权帝国崩溃。如果可以选择，希腊的城市和岛屿会更喜欢自由，而不是雅典统治带来的经济和安全利益。事实证明，对所有海权来说，地方上的寡头政治都是难缠的对手。那些主要利益都在土地和地方上的领袖们推动了海洋帝国的解体，从雅典到大英帝国莫不如此，这是文化的基本冲突。

在此要对包容性政治与海权之间的联系进行重申。所有海权都是由具有包容性的政治体制，即寡头共和制来创造和维持的。[2]相对的政治包容对建立海权国家至关重要，它要走在采纳海权身份之前。与此相反，政治包容与作为战略的制海权之间没有必然联系。只要有必要的意志和财富，任何国家在任何政治制度下都可以创造海军力量。波斯的海军力量比雅典强得多，但希罗多德和修昔底德都没有把波斯帝国描述为一个海权。构建一个海权需要有政治、社会和财政上的变革，其中包括建立包容性的政治，最终才能形成一种鲜明的文化身份。在雅典，从寡头政治到民主制——新身份的核心——的转变先于文化转变。三列桨座战船使希腊诸城市面临艰难抉择。大多数城邦，其中许多有着令人印象深刻的海军声誉，都无法为这种新的海军实力标准提供资金，这主要是因为它们不愿进行必要的政治变革。只有民主的雅典能够维持新的海军，并通过第二次政治革命成为一个海权帝国。当雅典大举扩张时，大多数希腊国家的海军力量正摇摇欲坠。可以用希腊世界中的罗得斯作为例子证明这种分析。罗得斯上的贵族，就像后来继承他们的威尼斯人一样，与广大民众一起密切地参与海军活动。[3]罗得斯把注意力集中在海上安全和经济发展上，并在整个政治结

---

[1] 温斯顿·丘吉尔（Winston Churchill）1915年对达达尼尔海峡的攻击，也反映出了对海权之影响力的类似高估。

[2] E. Robinson, *Democracy beyond Athens: Popular Government in the Greek Classical Age*, Cambridge: Cambridge University Press, 2011, pp.230-231.

[3] Robinson, *Democracy beyond Athens*, pp.236 and fn.79; V.Gabrielsen, *The Naval Aristocracy of Hellenistic Rhodes*, Aarhus: Aarhus University Press, 1997. 所有海权国家都是如此。

构中分享权力和利益，从而在一个危险的世界里实现国家力量的最大化。虽然罗得斯太小，不可能成为一个海权，但事实证明，民主的罗得斯在很长的时间内维持了自己的力量。

创造一个海权需要对国家进行重大改革，以确保在国家武库中建造和维持国有战舰以及在国有港口运营所需的资金。这就需要大幅度增加国家的财政收入，并雇用大量的海军人员，这一社会革命在很大程度上被忽视了。虽然"冲击被薛西斯入侵引发的大型动乱所吸收，但这不应该使我们对这种变化的规模视而不见"。[1]雅典的民主制度迫使富人支付舰队的运营费用，从而带来了漫长而痛苦的政治斗争和一部极富感染力的文学作品。支付这些费用是舰长（trierarch）的职责，担任这一职务的指挥官要负担三列桨座战船的运营和维护费用。这一义务是由精英阶层履行的，这个富人阶层还要为戏剧、市政项目和其他宗教仪式聚会出资。他们接受这些负担是为了免遭公众羞辱，并保护他们的阶级不受雅典政治制度演变中固有的平等化倾向的影响。一旦确定了要动员的船只数量，就会每年指定一批人捐助它们的费用，那些能够证明其他人比自己更适合担任这一职务的人可以得到豁免。[2]

尽管精英阶层接受了舰长职务，通过把勇气和慷慨结合在一起来维持自己的地位，但长期冲突的高昂代价所引发的政治斗争还是促使人们改变了观念，从把这种负担视为一种个人任务转变为将之看作是由整个阶级分担的国家任务。这使贵族英勇的神话得以流传下去，对雅典精英来说，这一声望是非常珍贵的。随着时间的流逝，舰长的捐资被标准化了，这将一个会导致高昂费用的独特角色转变为一种更接近常规税收的东西，从而分散了负担。在推翻寡头政治之后，获胜的民主派允许合捐，以此作为对一个受到侵害的阶级的让步。这样做的另一个好处是，可以将潜在的舰长人选数量扩大到1200人至1500人。[3]利用这一制度，雅典成了一个海权，一个民主、有增税能力、好战的国家，足以维持一支强大的海军，只用了80年就重建了国家的社会、政治和经济基础。不

---

[1] Wallinga, *Ships and Sea-Power*, 1993; pp.101-102.

[2] Wallinga, *Ships and Sea-Power*, pp.43-84; H.1.143.1.

[3] Gabrielsen, *Financing the Athenian Fleet*, pp.36-39, 144, 173-175, 219-226.

出人意料的是，这些变化引起了相当严重的内部斗争。

对计税基础进行有效的长期管理是维持海权的关键。不断增加的费用，加上新型的、更大的战舰，"五列"和"六列"——每支桨由两个人来划，取代了三列桨座战船那种一个桨手划一支桨的方式——要求雅典人在公元前4世纪50年代扩大阶级基础，加大在国家资金不足时通过公众自愿捐款来募集资金的范围。国家需要钱来购买人力和补给品——他们有大量的船只。在公元前4世纪40年代，德摩斯梯尼（Demosthenes）调整了这一制度，使人们可以在他们的个人财富、更公平的计税基础、扩大了参与范围的改革基础上缴纳舰长基金。这些变化调整了民众与富有精英之间的关系，同时也让国家出资所占的比率有了重大的——虽然有所波动——变化，从公元前4世纪中叶的60%至70%降到了公元前4世纪40年代的20%。舰长们要求得到褒奖。[1]但这并不意味着他们认同这项义务。

失败之后是反思。由雅典精英撰写的"对海权的首次持续性分析"试图在爱国主义与紧迫的政治议程之间找到平衡。伯里克利夸夸其谈地宣扬着对海权的信仰，但这一套可说服不了修昔底德，修昔底德已经注意到了后来克劳塞维茨（Carl von Clausewitz）所强调的一些能够反映战争真实本质的现实——不和、机会和人性的弱点，正是这些因素使雅典无法取得最终的成功。帝国的贡赋制度是脆弱的，附庸国的忠诚不过是权力的映射，不靠暴力就维持不下去，这是一种压迫性的制度，它反倒使斯巴达成了自由的捍卫者。修昔底德将伯里克利的主张与长期现实进行了对比。支撑着海权的文化、政治和战略思想制造了敌人，因此，它们是危险的、不稳定的。地米斯托克利积极倡导民主，威胁到了斯巴达体系，同时，雅典取代了科林斯，成为在海上贸易中居于领导地位的国家。伯里克利的成功只是反衬出了当小人物掌权后会随之而来的灾难。最终，事实证明，比起船只和对海洋的控制来，斯巴达的力量和波斯的黄金更历久不衰。海权没能通过最终的测试，是因为雅典没有认识到它的战略局限性。在遭遇失败时，雅典表现出了惊人的韧性，却没表现出多少政治洞察力。

---

[1] Gabrielsen, *Financing the Athenian Fleet*, pp.180-217.

修昔底德不赞成雅典的海权帝国主义。[1]虽然他赞扬了伯里克利的领导能力，但他对雅典帝国的终结并无遗憾，因为他反对使它得以建立的大众民主，也反对它所支持的文化假设。伯里克利被克里斯提尼（Cleisthenes）和地米斯托克利建立的政体囚禁住了，这是一个期望成功的民众大会，因为权力和荣耀而变得傲慢起来，缺乏洞见来认识自己的根本弱点，宁愿处决失败的将军和反抗的附庸。[2]修昔底德的著作是对民主、帝国主义和海权的持续批判。此外，事实证明，这些观念——作为国家权力的一种协同形式——是无法加以控制的。他提出的政策建议令人沮丧：跟它们一刀两断。在不到一个世代的时间里，曾经公然反抗并击败过一个强大无匹的普世君主国的雅典从一个英雄城邦变成了一个海上的暴君，一个当代的米诺斯。希罗多德和修昔底德在向被蒙蔽的雅典人讲真话时质疑了这一过程，并解释了迫在眉睫的灾难。雅典的海权是暴政，与米洛斯人的对话——帝国的终极困境——正是其戏剧性的核心[3]。尽管一些读者认同这一论点，但更多的读者只满足于那些更简单的、关于制海权战略优点的信息，这些信息脱离了原本的语境，失去了精妙之处。

修昔底德对海权之广泛影响的强调被19世纪的历史学家刻意误读了，他们把雅典的海权看作一种战略选择。德国学者的大陆式假设掩盖了更深层次的事实，即雅典的海权远不只是一种战略。爱德华·迈尔（Eduard Meyer）——德意志帝国著名的"舰队教授"（Flottenprofessoren）之一——在解释米提亚德和地米斯托克利时，就好像他们是当代柏林的政治家，正要求在占据优势的军队里再增加一支强大的海军似的，同时，他又谴责雅典的民主是"永久的无政府状

---

[1] Foster, *Thucydides,Pericles*, p.218.

[2] 见Meiggs, *The Athenian Empire*, pp.372-374, 关于成功将军的免职。

[3] 公元前416年，雅典人打算进攻不肯加入提洛同盟的米洛斯岛，先遣使去劝降，雅典使者与米洛斯代表进行了一场辩论。雅典使者认为无须讨论此战公正与否，公正的基础是双方实力相当；强者能够做他们有权力做的一切，弱者为了自己的利益必须忍受这一切。米洛斯人不愿屈服于强权，但他们举出神意、斯巴达可能会派来援军等各种理由都不能使雅典人有所动摇，乞求雅典展现宽容以招来更多盟友也被拒绝。不过在辩论中雅典人也吐露了自己的难处，即比起在争霸中败给斯巴达人，他们更害怕帝国的臣民起来反抗，从他们手里夺走控制权，为了维持帝国，雅典绝不能露出一点软弱，宁可被憎恨也不能被轻视，所以，他们绝不可能放过米洛斯人。修昔底德可能是在借这场对话表明他对帝国的看法：帝国是项危险的事业，一旦走上这条路就难以回头。最后米洛斯人拒绝投降，雅典军队攻占了米洛斯岛，岛上所有成年男子被杀，妇女和儿童被卖为奴隶。详细对话请参阅修昔底德《伯罗奔尼撒战争史》第五卷。——译者注

态"。[1]他忽略了一个事实：民主要走在海权前头。像许多同时代的人一样，迈尔认为战争是历史的必然，他憎恨民主，强调伟人的作用、自由意志和机会胜过更为程序化的分析工具。[2]把公元前480年以后的雅典当作威廉二世时期德国的前身是非常不诚实的。他一定知道，他非常厌恶的英国正是现代的雅典。

在马拉松战役和攸里梅敦河战役之间的四分之一个世纪中，雅典被重建为一个海权帝国，建立了维持一支规模和质量超过所有其他希腊舰队的三列桨座战船海军所必需的政治和财政结构，在爱奥尼亚击败了波斯大王并挑战了他在埃及的帝国统治。雅典试图去做的不过就是打败威廉二世时期的国际政治（Weltpolitik）所渴望建立的那种普世君主国。[3]除此之外，民主——雅典海权的政治基础——会把权力授予没有土地和财富的城市人口，这是威廉二世时期的国家领导人深恶痛绝的。虽然把雅典重建为一个海权，并维持着一支昂贵的专业海军是出于对波斯普世君主国的恐惧，但修昔底德怀疑这是不是一个希腊国家发展的良好基础。[4]向民主政治的转变把权力给了那些没有土地或财产的人，并鼓励领袖用未来繁荣的愿景欺骗民众。由于必须在这种政治结构里工作，伯里克利别无选择，只能创造一种可以把所有公民都包括进去的身份，这种身份建立在由海洋和帝国活动所保障的繁荣之上，而不是建立在可能造成社会冲突和永久停滞的平衡经济再分配的内部措施之上。斯巴达人对造就了雅典海权帝国的民主、不和谐以及大胆的文化感到震惊。制海权战略只不过是海权国家这种疾病的传播媒介。所以获胜的斯巴达把寡头政府强加给了雅典，摧毁了它的舰队，破坏了"长墙"。

修昔底德对伯罗奔尼撒战争初期海权国家的建立和伯里克利的海权战略进行了持续的批判。雅典人关注的原本是阿提卡的传统城市，它由城墙来界定，

---

[1] Wallinga, *Ships and Sea-Power*, pp.372–374. 乔治·古奇在*History and Historians of the Nineteenth Century*（London, 1913, pp.483–484）中对迈尔（1855—1930）所做的描述详细分析了驱动着他研究希腊历史的反民主的、帝国主义的假设。他认为马其顿国王腓力二世的军事帝国主义才是解决希腊问题的办法。

[2] M. Reinhold, 'Classical Scholarship, Modern Anti-Semitism and the Zionist Project: The Historian Eduard Meyer in Palestine', *Bryn Mawr Classical Review* (May 2005).

[3] 我们可以用1690年到1714年间英国海权的建立和雅典海权作有益的比较。

[4] 认为修昔底德赞同和支持伯里克利及其战略的假设是站不住脚的。

四周都是陆地，而伯里克利把他们的目光引向大海，让他们做大海的主人。他声称制海权和帝国将补偿斯巴达军队对阿提卡造成的破坏。修昔底德不赞成这种想法，他认为雅典之所以会失败，主要原因正是拥有土地的寡头——与斯巴达的战争使他们损失惨重——与没有土地所以也没有损失的城市民众之间的内部斗争导致的停滞。这种新身份的一个后果是，"雅典人觉得自己对岛屿（以及可以被雅典人想象为岛屿的沿海地区）拥有特殊的所有权，就连那些没有与雅典结盟的地方也不例外"。雅典对岛屿的兴趣预示着他们对米洛斯和西西里发动的战争。[1]在迦太基、威尼斯、荷兰共和国和英国的精神世界里，也存在着这种对岛屿的迷恋。海权认为，那些从位置和功能上看属于岛屿或海洋的土地及领地是值得为之战斗的，还认为所有的岛屿都是它们的财产。

公元前429年，伯里克利去世时，雅典的海权身份仍然显著。民众向大海寻求权力和利益，这迫使他的继任者继续执行他的意志。伯里克利巧妙地吸引民众来参与国政，这鼓励了后来的民粹主义领袖用带给他们财富和奢侈品的承诺来换取他们的选票。依赖贸易和进口粮食生活的城市居民与重视土地和农业的旧价值观没多少关系，在接受新愿景时也没那么犹豫。修昔底德将战略上的过度扩张归咎于海权文化。雅典人的胆量超过了他们的能力，这是因为他们乐于旅行，并且认为愿望一旦冒出来就要马上去做。他们不尊重别人的财产，也不承认自己的力量有限。从城邦到海权的转变把提洛同盟变成了一种"暴政"，使得对米洛斯岛进行屠杀成了在一座岛屿挑战帝国权威时合乎逻辑的反应，最后还导致了西西里岛的灾难——试图去征服一个比雅典国家还大的岛屿。在叙拉古的最后一战中，尼西阿斯看到部队士气低落，就试着用他们旧时"雅典城"的观念去鼓舞他们。修昔底德更喜欢坐落在阿提卡的那座被城墙包围的城市，还有城外的大地。柏拉图也是如此。

在《尼西阿斯和约》还有效的那段时间里，雅典人严重地高估了制海权的战略分量和影响范围，认为无论其大小，每个岛屿都是他们的领土。公元前416年对米洛斯的攻击就是这种傲慢的结果。它被征服只因为它是一个岛屿，而所有的岛屿都属于雅典。极端暴力的使用强调了雅典相对其他主要国家的力量。

---

[1] Taylor, *Thucydides, Pericles*, pp.1-3, 引文出自第3、8页和第108页。

不这样做的话就会让雅典的制海权战略显得软弱无力。当雅典人在曼提尼亚失败后，他们选择的是攻击叙拉古，而不是保卫阿提卡，放弃了旧日的土地价值体系。[1]这可能是想要仿效斯巴达将军伯拉西达（Brasidas）的战略，伯拉西达以进攻能提供重要的木材和海军物资的安菲波利斯（Amphipolis）来应对斯法克蒂里亚的灾难。依照伯里克利的计算，这个帝国/海军城镇比阿提卡更要紧，正如伯拉西达所预料的，雅典人准备为之一战。修昔底德因为没能保住这座城市而蒙羞[2]，而民粹主义领袖克里昂在试图收复这座城市的战斗中丧生。然而，雅典人多年来一直盯着西西里，甚至可能在打更远的迦太基的主意。正如修昔底德所言，他们"成了置身远处，为爱痴狂的恋人"[3]。这种痴迷对海权来说很典型，它与斯巴达人及其他大陆民族那种明显要狭隘得多的视野形成了鲜明的对比。

雅典人被伯里克利的把势力延伸到大海那边去的城市愿景所迷惑，选择了与叙拉古开战，作为一种间接粉碎斯巴达的战略。对一个海权来说，这是种显而易见的战略。修昔底德显然反对舰队起航时那种庸俗的展示，以及投入这一事业中的大量人力和金钱，这表明他觉得真正的雅典城市就在阿提卡，不在大海那边。雅典需要一个盟友来对付陆地上的主要敌人，以防止必然会遭到的反击，即斯巴达军队对阿提卡的掠夺，伯里克利最有才华的继任者亚西比德觉察到了这一现实。[4]

地米斯托克利在萨拉米斯所采用的策略把人们带离了有形的城市，设定了一条不可逆转的道路，使雅典变得大胆、外向、充满活力和进取心。它把雅典变成了一个精神上的国家，一种归属感，而不是一种物质结构，这是一种完全靠不住的观念。修昔底德记录了叙拉古人对希腊海权所下的定论：作为渡海来到这里的科林斯人的后裔，他们觉得雅典人只不过是些受到波斯入侵威胁才跑到海上来的大陆人罢了。[5]这种深刻的观察证明了雅典海权是一个有意识的选

[1] Taylor, *Thucydides, Pericles*, pp.79-90.

[2] 公元前424年，修昔底德率军援救安菲波利斯，但没能在城破之前赶到，他因此被流放到色雷斯。——译者注

[3] T.6.24.3; Taylor, *Thucydides, Pericles*, pp.121 and 148.

[4] Meiggs, *The Athenian Empire*, pp.306-319.

[5] T.7.21.3; Taylor, *Thucydides, Pericles*, pp.178, 167-168.

择，它并不具有地理上的必然性。选择的要素是有后果的。雅典的航海技术并不是它独有的：任何人都能掌握这门技术。

当"长墙"使雅典成为一个名副其实的岛屿时，它们也确保了"民主的永久统治"[1]。正如修昔底德指出的，雅典内部的贵族派反对建造长墙，他们宁愿与斯巴达谈判，也不愿让民主的控制变成永久的。破坏这些城墙是斯巴达胜利的象征——因为它们与民主紧密相连。[2]归根究底，作为文化和身份的海权要依赖大众政治和一个不断增税的战争国家才能存在，对所有参与过伯罗奔尼撒战争的人来说，这一点再明显不过了。那些仅仅把雅典人看作是海洋战略倡导者的现代战略家忽略了一个更深层次的事实，即战略只是争论的一个方面。

修昔底德更清楚这一点，他把雅典的失败归咎于停滞、内部斗争，而不是敌人的行动。这是故意的讽刺。他的读者都知道，公元前404年的战败，也就是第二次伯罗奔尼撒战争的结束，是由外部力量造成的：斯巴达军队仍然占领着他们不设防的城市。他用讽刺来迫使公民同胞正视他们对失败所应负的民主责任。伯里克利的海权专注"帝国、舰队和权力"，而不是在阿提卡的那座城市，它带来的是失败而不是胜利。修昔底德非但没有批评伯里克利的继任者未能实施他的政策，反而辩称他们遵循了同样的轨迹，但信奉海权的民众从他们手里夺走了对进程的控制权。最终，他把雅典的衰落归咎于对帝国的贪婪追求和征服，为此，人们不惜牺牲阿提卡和这座城市："修昔底德认为雅典的崛起就是它的衰落，他在对帝国本身的追求（和征服）中看到了毁灭。"[3]

必须把修昔底德对海权的考察解读为一种警告，而不是一种认可，它是对地米斯托克利和伯里克利的海军愿景的必要修正。他最有力的论据是萨摩斯的雅典舰队对公元前411年阿提卡寡头政变的反应。"民主"舰队被迫在有形的城市和伯里克利的海权愿景之间做出选择，它们没有选择攻击母邦，因为这将给斯巴达提供机会切断达达尼尔海峡（Dardanelles）的粮食供应。它们选择保卫有

---

[1] Taylor, *Thucydides, Pericles*, p.19, citing A. W. Gomme, *A Historical Commentary on Thucydides: Volume One*, Oxford: Oxford University Press, 1958. 1945, 1.107.4.

[2] T.1.107-108.

[3] Taylor, *Thucydides, Pericles*, pp.272-273, 277.

形的城市，这就是修昔底德想要教给我们的永恒的一课。他没有提到海军在伊哥斯波塔米遭受的最后一次失败，也没有提到获胜的斯巴达舰队驶入比雷埃夫斯。这些事不过是真正灾难的副产品，而真正的灾难是雅典选择了充满活力、不断进取的海权身份，使它走上了与斯巴达和波斯发生冲突的道路，这个联盟是它无法战胜的。

作为文化现象和战略力量的雅典海权所具有的惊人复原力确立了一种模式。商业繁荣、民主政治和帝国权力之间的联系曾经确立、主导和定义了雅典。作为文化的海权很快就深深地扎下根来。[1]在伯罗奔尼撒战争中，尽管雅典吃了败仗，但还是能恢复过来，重整旗鼓并再次回到帝国进程上来，而且它不是只做到了一次，而是做到了两次。最终，这座城市失去了伯里克利所建帝国的资源，被大陆军事强国压倒了。马其顿国王腓力二世（Philip Ⅱ）在把希腊本土置于他的军事控制之下时，巧妙地夺取了雅典在爱琴海的基地和海军资源。他的儿子亚历山大大帝沿袭了这种从陆地上摧毁海权的战略，[2]两千年后，拿破仑·波拿巴（Napoleen Bonaparte）也尝试过使用它。

公元前323年，亚历山大逝世的消息传来，再次点燃了雅典人胸中的政治野心，激起了又一波海军投资高潮，但希腊化世界的继承者最终粉碎了雅典的海权文化，在长达两个世纪的时间里支撑着它独特又原始的意识形态也随之逝去。[3]雅典丰富的文化遗产源自三列桨座战船时代的激烈辩论，它被留存在历史、哲学、戏剧乃至现代民主观念中。后世的城市、国家和思想家将会一次又一次地追溯雅典海权的历史。然而，只有少数几个国家采纳了这个概念，更多的国家——从罗马到美国——尽管挥舞着象征雅典海军荣耀的徽章，并重述了修昔底德的话语，但它们显然没能成为海权。

现存的有关海权的古典著述大多是对其政治和文化后果的批评，全都出自精英作家之手。在时间的长河中，有多少不同的声音被打压了下去，又有多少

---

[1] 相比之下，作为俄罗斯海军历史之标志的无休止的建设和崩溃周期，反映了文化参与的失败。

[2] Rawlings, *The Ancient Greeks at War*, p.120.

[3] J. S. Morrison, *The Athenian Trireme: The History and Reconstruction of an Ancient Greek Warship*, Cambridge: Cambridge University Press, 1995, pp.52-54; Gabrielsen, *Financing the Athenian Fleet*, p.240.

持不同意见者索性保持沉默，我们已经无从得知了，但最起码，从精英们批评的激烈程度来看，肯定存在着赞同海权的强有力的亲民主观点。这些精英作家假定他们的读者懂得创造和使用制海权战略的机制，还会把海权当作地米斯托克利和伯里克利对雅典人民的腐蚀来关注。由于认识到了结构变化与海权之间的联系，他们建议放弃海洋，以恢复政治稳定。萨索斯岛的斯特辛布罗特（Stesimbrotus）也许是第一个提出这个观点的人，雅典帝国主义伤害了他的家乡，但使这种主张得到发展的是"老寡头"和柏拉图。对海权的追求导致雅典人口激增，其中包括水手，还有从建筑师到妓女的所有重要辅助人员，并要求重建比雷埃夫斯港。"老寡头"对一个海权社会的崛起发表了一篇讽刺性的评论：

> 在雅典，恰恰是穷人和普通民众比出身富贵的人过得更好，因为正是这些人操纵着舰队，为这座城市带来了力量。是舵手、水手长、助手、船头的瞭望员、造船工这些人，而不是她的重装步兵和出身高贵的人把力量给予了城市。

他看到，在雅典，"我们成了奴隶的奴隶"。他并不是唯一一个认为地米斯托克利用桨垫和桨把这座城市弄得堕落了的人。[1]

修昔底德也承认帝国的海洋议程具有制造分裂的性质，他很可能是在回应"老寡头"[2]。事实上，他在伯里克利的"葬礼演讲"中对海权的处理可以被解读为一种相对较新的论辩思路，与他在第一卷中的介绍性处理是一致的，在该处，他强调了制海权——帝国的关键——的优势超过了陆战那微不足道的成果。海权使雅典变得富裕，但也导致了公元前404年的失败。虽然帝国看上去成功而光荣，但它是一种暴政，需要做出强硬的选择，与米洛斯人的对话就是一个例子。第二次雅典同盟再次引发了辩论。公元前355年，伊索克拉底（Isocrates）谴责海权是专横且令人沮丧的，是暴政、不公、懒惰、目无法纪和

---

[1]　R. Osborne, ed. and trans. *The Old Oligarch: Pseudo-Xenophon's Constitution of the Athenians* (Lactor) Cambridge: Cambridge Univeristy Press,2004, p.17,1.2.

[2]　对这一批评的最新讨论请参考Taylor, *Thucydides, Pericles*.

贪得无厌的根源。很明显，把政治权力交给那些靠划桨来从国家手里挣钱谋生的地位低下的人，就只会有这种结果。[1]色诺芬怀着贵族们对划桨手汗流浃背的劳动所抱有的典型蔑视，声称雅典人可以留在家里，通过手工业牟利，而不需要追求海权。柏拉图在《法律篇》（Laws）中得出了这些观点的合乎逻辑的结论，他在书中建议，一个旨在实现和平的城市不应该位于能看得到大海的地方：港口使人民变得心怀鬼胎、不可信任，因为海战是怯懦的，与重装步兵战斗正好相反。他瞧不起萨拉米斯的胜利。[2]虽然亚里士多德承认柏拉图所担心的那些危险并非杞人忧天，但他也认为沿海地区在战略上和经济上具有优势。他建议在城市和港口之间建立一道明确的分界线，一道防火墙，有效地设置一条警戒线，以防止危险的贸易和对外交往蔓延到城邦的精神中心。虽然他认为寻求成为一个统治海洋的岛屿城市在道德上是错误的，但制海权仍然很重要。亚里士多德的模型反映了当时的现实：在希腊化时代，海军力量的作用是支持专制的大陆国家的军事活动，而不是提供一种可供选择的文化和战略概念。[3]失去了帝国的雅典被马其顿的军事力量征服了。雅典的民主和雄辩无法抵御方阵和攻城机器——因为它没有足以换来盟友或雇佣一支大舰队的钱。希腊化的作家了解制海权，但希腊化世界里没有海权。举例来说，希腊化世界最重要的海洋国家是罗得斯，但它实在太小了。[4]

罗马人重复了希腊人对海权的批评：西塞罗（Cicero）把希腊的堕落和不幸归咎于大多数希腊城市靠近海岸。李维（Livy）重申了这种反迦太基的宣传。波利比乌斯（Polybius）在对罗马和迦太基进行比较之后，强调了陆权的道德优越性，但他没有考察海权的概念。这位希腊流亡者为了向希腊读者解释罗马的兴起而写作，他在多大程度上修改了自己的文字以迎合新主人，这是一个无从查证的问题。[5]罗马人在诋毁迦太基的文化时使用了柏拉图的批判；他认为城市

[1] Rawlings, *The Ancient Greeks at War*. pp.110-111.

[2] Plato, Laws, iv, 35-42, 705, 949, 952.

[3] Aristotle. *Politics*, vii, 4, 1327 11.

[4] V. Gabrielsen, 'Rhodes and the Ptolemaic Kingdom: The Commercial Infrastructure' in K. Buraselis, M. Stefanou and D. T. Thompson, *The Ptolemies, the Sea and the Nile: Studies in Waterborne Power*, Cambridge: Cambridge Univeristy Press, 2013, pp.66—81.

[5] Cicero, *De Republica*, ii, 4. 7; Livy v 54. 4; Polybius vi, 52.

应该离海洋有一定的距离，这在公元前150年被罗马人当成了战争目标，导致了第三次布匿战争。这些事件促使阿庇安（Appian）创作了一篇在迦太基元老院谴责海权的演讲，其论据要么来自某本已经遗失了的波利比乌斯著作，要么直接来自柏拉图。[1]

希腊人对海权的敌意来自航海产生之前的一个"黄金时代"的朦胧观念，以及对英勇的步兵战斗所定义的个人荣誉的痴迷，这种痴迷受到了精英作家——包括修昔底德——的反民主偏见的驱动。海权无须依赖农业劳动或地产就能提供粮食，它养活了人民，使他们能够在海洋产业中工作。希罗多德是在全希腊都卷入了萨拉米斯的光荣并齐心协力从波斯的威胁中解救了希腊（Hellas）的时代进行写作的，他有着巨大的优势。但是，就连这位"历史之父"也承认并批评了随后雅典帝国实行的海上暴政。这两部伟大的史书之所以能流传下来，是因为它们包含了关于权力和身份的普遍观点，这些观点在它们最初的读者中很流行。文本证据强调了雅典作家与前辈之间的密切联系。他们是作为一个充满活力、积极进取的社会一分子来创作的，这个社会对其自身和别人如何理解它非常着迷；在帝国短暂的辉煌消逝之后很久，它还在继续讨论这些问题。这些文本跟美索不达米亚和埃及那种罗列着统治者名字的死板清单不同：它们生动、鲜活地反映成为一个海权国家到底意味着什么。来自其他海权国家的证据表明，这些辩论是海权身份的关键组成部分。这就是罗马人要销毁迦太基文献的原因。

雅典是第一个选择成为海洋国家的重要国家；它的前辈都是岛屿、小城市或是在大陆大国塑造的世界里挣扎的边缘国家。雅典人借鉴了腓尼基的观念和方法，但他们的方法在形式上更加军事化。作为民主政体的一分子，雅典人在建立帝国以维持其舰队之前，利用产量惊人的银矿建立了一支专门用于战争的舰队，从而确保了他们的独立。这也使得这座城市成了一个海权大国。民主政治和海军力量的结合使海权获得了巨大的文化影响力，也让同时代的陆上强国感到惊恐。在米卡列和攸里梅敦河取得的惊人胜利加剧了斯巴达人的焦虑，修昔底德认为这就是伯罗奔尼撒战争爆发的主要原因。为了维持制海权战略，雅

---

[1] Appian, *Punic Wars*, pp.86-89.

典需要一个海洋帝国，以便供养一支花费巨大的专业三列桨座战船海军，这使提洛同盟从雅典领导下的一个共同安全条约堕落为一种帝国"暴政"。虽然这种做法缺乏道德上的正当性，但对雅典的海权来说是必不可少的。一旦尝到了海权的甜头——帝国、荣耀、繁荣和地位——雅典人就无法放手了。公元前411年，由于精英阶层难以承受长期海战给他们带来的经济负担，他们发动了旨在恢复寡头政治的政变，但却被比雷埃夫斯那些靠海军维生的居民给打败了。海权国家成为帝国，是为了获得与同时代主要的普世君主国竞争所必需的资源，而且，尽管它们嘴里说自己是为了防卫和生存，但实际上它们同样是帝国，同样致力于征服和剥削。雅典的帝国主义使古希腊最大的帝国主义者斯巴达可以声称他们是为了全希腊的自由而战，当然，拉科尼亚（Laconia）和美塞尼亚（Messenia）除外[1]。这种自由是用波斯的黄金买来的，它没能持续多久。

---

[1] 这两处地方是斯巴达的领土，斯巴达的国有奴隶希洛人就来自这两地。——译者注

第三章

烧掉迦太基舰队

BURNING THE CARTHAGINIAN FLEET

《狄多建立迦太基》（*Dido Building Carthage*），
约瑟夫·马洛德·威廉·透纳于1815年为妄图称霸的拿破仑被击败而创作的寓言画

　　第二个伟大的海权迦太基一直是座海洋城市。在公元前9世纪中叶，推罗臣服于亚述统治者沙尔马那塞尔三世（Shalmaneser Ⅲ）之后，[1]作为它有意采取的一项政策行动，迦太基建立起来了，建起这座城市的腓尼基人是乘船而不是骑马来到这里的。他们在推罗和塔特索斯（Tartessos）之间建立了一个海上枢纽，而不是一个陆地军事哨所。迦太基的政治将反映出海上贸易那压倒一切的重要性，穿越撒哈拉的商路是后来才发展起来的。围绕贸易路线和资源的控制权展开的冲突将会决定迦太基国家的演变，使它先是和希腊，后来又和罗马发生冲突，它的这些竞争对手有着与它截然不同的陆上军事文化。[2]

　　建立迦太基的推罗人向海洋寻求战略和经济优势。他们衡量成功的标准是商业控制权，而不是可耕地的面积；他们没有企图征服内地，反倒因为占用了

---

[1]　M. M. Fantar, *Carthage: The Punic City*, Tunis: Alif, 1998, p.31.

[2]　G. C. Picard and C. Picard, *The Life and Death of Carthage*, London: Sidgwick and Jackson, 1968, pp.1-5, 15.

别人的禁地而向当地统治者进贡。几个世纪以来，迦太基的食物都是从西西里、撒丁岛和更远的地方进口来的。控制从利凡特到伊比利亚的航线比在非洲获得土地重要得多，因为腓尼基人的经济依赖于从加的斯进口的金属。迦太基仿效了推罗模式，占领了一些位于岛屿上的海军基地，像是西西里海岸上的莫蒂阿（Motya），还把迦太基和尤蒂卡（Utica）连接起来，利用非洲和西西里之间的海峡来控制贸易。撒丁岛南岸的基地封锁了进入阿尔沃兰海（Alboran Sea）的北部路线。[1]任何对迦太基海权的挑战都会引起迅速反应。

迦太基坐落在一个箭头形的半岛上，易于防御来自陆地一侧的威胁，拥有极好的海滩和港口设施。正如西塞罗所观察到的，它被港口包围，有运河连通外界。突尼斯潟湖里的天然锚地被巨大的人工港所取代。[2]随着时间的推移，城市变得像规则的网格一样整齐，有意识地创建了一个宏伟的城市建筑群。它的中心是广场和元老院，位于海港和庙宇之间。[3]

美索不达米亚大国的势力在利凡特海岸的增长，尤其是公元前671年亚述人对推罗的围攻，促使推罗人向西移民。到公元前550年，迦太基实际上已经独立，拥有一支庞大的舰队，控制着通往伊比利亚的航线，是地中海西部的腓尼基殖民地所公认的政治、经济和宗教领袖。公元前540年至公元前535年间，迦太基人和伊特鲁里亚人通过一系列海战挫败了希腊人占领科西嘉岛（Corsica）的企图，这些海战确保了这二者的联盟对第勒尼安海的控制，并切断了希腊人获取西班牙矿藏的通道。然而，发生在东方的一系列戏剧性事件使迦太基继续与更广阔的世界保持着联系。公元前525年，冈比西斯征服了埃及，给这个美索不达米亚超级大国配备上了腓尼基海军，波斯人想用这支海军来对付迦太基。但推罗拒绝出海攻击自己的"孩子"，从而解除了这一威胁。公元前509年，迦太基又与罗马签订了条约。[4]

与推罗逐渐失去联系导致迦太基的政体演变为共和国。每年会选出两名执

---

[1] G. C. Picard and C. Picard, *The Life and Death of Carthage*, p.43.

[2] Fantar, *Carthage*, 平面图1，是对迦太基地理位置所做的一幅极好的图解，作为一个箭头形的半岛，在箭头的颈部有巨大的城墙，保护了城市和重要的农业地区。

[3] Fantar, *Carthage*, pp.38–40.

[4] G. C. Picard and C. Picard, *The Life and Death of Carthage*, pp.61–66.

政官或苏菲特来领导城市，而元老院则负责解决是战是和的重大问题。公民具有重大的政治影响力，公众抗议并不少见。元老院对有限战争、商业协定和雇佣军的偏爱与其他海权完全一样。作为一个宪政共和国，迦太基拥有维持具有一定代议制性质的政府所必需的制衡。亚里士多德认为迦太基政制是成功的：它在胜利和失败中不断演化和忍耐，没有遭到僭主或暴民统治的破坏。[1]虽然腓尼基人建立的城市都是靠商业来获取财富，这必然会更容易受到商业寡头政治的影响，但迦太基从一个殖民地和贸易站发展为一个城邦，后来又演变成非洲的强国，这个过程创造了一种竞争性的土地利益，使它的决策制定变得复杂化了。尽管拥有土地的家族成了一个独特的阶级，但他们只能羡慕罗马土地贵族对权力的垄断。相互抵触的海洋和陆地利益在第一次和第二次布匿战争的方向问题上发生了冲突，但土地精英们所选择的始终是有限的失败，而不是无限的战争。人民在贵族的这些争论中发挥着越来越重要的作用，就跟雅典人民所做的一样。

作为一个海洋国家，迦太基身上有着多种文化的印记；希腊和埃及的影响使迦太基文化与腓尼基文化有所区别。这座城市是通过同化移民而发展起来的，迦太基人对异族通婚没有种族或阶级上的限制，从而建立了一个与北非、希腊和意大利有着密切联系的新社会。妇女拥有财产权，并参与经济活动。人们普遍拥有奴隶。[2]迦太基越来越多地将目光投向陆地，在西班牙和自己的腹地寻找资源，它注意力的这种转移在迦太基硬币上得到了反映，马匹、棕榈树和女神取代了船只。[3]这些符号代表着这个国家正处在从海权到大陆帝国的转变当中。[4]

迦太基的战略文化反映了对商业/海洋的关注，它对稳定和繁荣的关心胜过对征服和领土的关心，拥有财富、缺少人力使它非常重视盟友和雇佣军，最重要的是，它有为了维护国家不惜做出妥协的意志。身为"第一个真正称得上广

---

[1] Fantar, *Carthage*, pp.50–57.

[2] Fantar, *Carthage*, pp.88–90; Markoe, *The Phoenicians*, pp.87–92.

[3] Markoe, *The Phoenicians*, pp.105–107; Fantar, *Carthage*, p.100.

[4] 迦太基生产的埃及式样工艺品比西地中海任何其他地方都要多。R. Docter, R. Boussoffara, P. ter Keurs, *Carthage: Fact and Myth*, Leiden: Sidestone Press, 2015, 58–59.

阔的内地中海帝国"，以岛屿作为"重要的连接点"，[1]迦太基显然是威尼斯和英国的前辈。这样的国家却先是跟西西里岛上那些侵略成性、对土地十分饥渴的希腊移民国家，后来又跟罗马共和国去争夺领土，最后当然只会挑起迦太基根本打不赢的战争。它无法应对这些对手那种残酷的军事文化，一般来说也经受不起战争的考验。然而，这些接触使迦太基日益希腊化，在军事领域尤其如此。[2]

虽然迦太基人采用了希腊式的军事方法，但他们并没有把公民士兵、牺牲和荣誉这一整套军事文化接收过来，那种文化会让整个社会不惜一切地投入战争。就像创建这座城市的推罗人一样，他们更喜欢依靠船只、金钱和雇佣军来作战。就连汉尼拔也没有残忍好杀的本能。他的战略/政治模式是取得有限的胜利，从而实现力量平衡和均势，这种模式更适合一个二流的贸易共和国，比如推罗，而不是一个大国。与主动挑起冲突相比，迦太基更有可能被动地回应侵略，它很不愿意增加军队。政治现实主义是它的口号：迦太基领袖会马上抛弃战败的盟友，迅速和胜者达成交易。作为一个海权，迦太基把海军视为国家首要力量。它发起有限的海上冲突通常是为了控制关键的贸易路线、岛屿基地和资源，在冲突中，它会让由迦太基人建造和操纵的舰队跟可消耗的雇佣军协同作战。迦太基在侵略成性、渴望土地的希腊人和罗马人进入重要资源地区时做出反应，但它并没有有意识地寻求领土建立帝国。[3]

当希腊移民国家想要占领西西里的富饶土地时，迦太基发动了一场大规模军事行动。公元前480年，迦太基人在希梅拉被叙拉古的希腊人打得大败，在长达70年的时间里无法进入西西里东部。[4]希梅拉战役引起了重大的社会变革，产生了新的政府结构，迦太基的注意力越来越集中在国内生产上。它变成了孤立主义者。这一进程与土地精英日益增长的财富和政治权力密切相关。土地财富

---

[1]　Broodbank, *The Making of the Middle Sea*, p.582.

[2]　Braudel, *The Mediterranean in the Ancient World*, pp.221-222.

[3]　这与威尼斯、荷兰和英国的模式之间肯定存在协同作用。Markoe, *The Phoenicians*, pp.69-86.

[4]　R. Miles, *Carthage Must Be Destroyed: The Rise and Fall of an Ancient Civilisation*, London: Allen Lane, 2010, pp.115-121. 迈尔斯推翻了古老的叙拉古传说，它指责迦太基与波斯结盟对抗"希腊人"。这种自私自利的宣传旨在提高叙拉古僭主在讲希腊语的世界里的地位，为后来罗马的宣传提供了基础。

看重的是稳定和权力的长期积累，而不是海上贸易那反复无常、捉摸不定的收益。迦太基成了古代的威尼斯，一个秩序井然、纪律严明的贵族共和国，令亚里士多德赞叹不已。寡头政治在希腊文化和新神祇的传播中得到了呼应，这些神祇中有许多是从西西里的希腊人那里传过来的。尽管它与叙拉古的战争被证明是昂贵和优柔寡断的，但迦太基的海洋控制还是能为城市和舰队提供充足的税收收入。[1]

归根究底，迦太基还是需要西西里的：要使用战舰控制通往伊比利亚半岛的海上航线，就不得不依靠西西里的军事基地。叙拉古在公元前410年击败雅典人之后[2]控制了西西里岛，这促使迦太基人再次介入。然而，迦太基没能动员起足以赢得胜利的军力，这使得冲突持续了许多年。它并不想征服这个岛屿，只要确保海军基地和政治影响力就足够了。公元前340年，包括由精英市民组成的神圣军团（Sacred Band）在内的一支庞大的迦太基军队遭到伏击，几乎全军覆没，取得决定性胜利的尝试灾难性地失败了。这结束了它派遣公民士兵去国外战斗的传统。自此以后，迦太基对自己的目标和投入做了限制，只打算依靠海军力量和雇佣军去赢得有限的胜利。公元前310年，叙拉古的僭主阿加托克利斯（Agathocles）改变了这场冲突的性质，他派了一支军队登陆北非，想要进行一场"决定性"战斗。虽然入侵失败了，但它在迦太基政治中引起了巨大的变化。[3]在这个时候，罗马和迦太基还是盟友，它们携手对抗地中海西部的希腊国家。

迦太基拥有西西里岛上的重要海军基地，但没能从希腊人手里夺走西西里的控制权，通过长期的接触，它变得越来越希腊化。这种趋势也扩展到了它在非洲的腹地，希腊女神得墨忒耳（Demeter）于公元前396年被引入，还有马戈（Mago）那部著名的农业百科全书的问世，都表明迦太基对农业的重视达到了新的高度。橄榄、葡萄酒、水果和鱼露跟标准的腓尼基特产，如紫色染料、皮

[1] G. C. Picard and C. Picard, *The Life and Death of Carthage*, pp.78-80; Miles, *Carthage Must Be Destroyed*, p.122.

[2] 应该是公元前413年。——译者注

[3] Miles, *Carthage Must Be Destroyed*, p.137; G. C. Picard and C. Picard, *The Life and Death of Carthage*, p.171.

革制品和陶器一起，成了主要的出口商品。扩大国内粮食供应成了迦太基政治领导层最关心的问题，他们急于防止民众骚乱。[1]这座城市积累了大量的贵金属储备，黄金来自西非和撒哈拉以南的非洲，白银来自西班牙东南部的新迦太基（Carthago Novo，卡塔赫纳，Cartagena）。这些财富推动了公元前3世纪迦太基的经济发展，并为巴卡家族[2]的军队征服伊比利亚半岛南部提供了军费。

大约在公元前300年，迦太基像其他几个大城市一样，摆脱了区域竞争的局限。罗马、迦太基、亚历山大和塞琉古王朝首都安条克（Antioch）的人口数都超过了10万。到公元前2世纪，地中海盆地的人口达到了3500万至5000万，大约是公元前8世纪时的两倍。这种增长在人口稀少的地区尤其明显。[3]不过，对资源的争夺也随之而来，这将重塑地中海世界。除了人力、粮食和木材，迦太基的资源应有尽有。尽管迦太基试图通过更密集、更持久的定居方式以及开发当地食物和原料来源来弥补这些弱点，但它对外国军队、西西里谷物和撒丁岛木材的依赖还是会导致它的毁灭。[4]当它从一个腓罗人的商业站点发展成一个陆地国家时，它的资源需求使它与罗马发生了冲突，罗马是位于希腊化世界边缘的另一个正在崛起的大国。未来的问题是，在公元前3世纪统治地中海的列强——罗马、迦太基和东边的各希腊化君主国——将会如何相互影响。所有国家都有长处和短处，但只有迦太基是个海权。这座城市以巨额的财富和强大的海上实力参加了这场竞赛，但事实证明，它无法与奉行军国主义的意大利共和国相匹敌。

罗马不是一座海洋城市：它控制着一个具有战略意义的河流渡口，而且，尽管罗马的领土在公元前640年之后不久就到达了海边，但罗马人仍然只在陆地上活动，在海军能力方面远远落后于他们擅长航海的邻国，其中包括西西里和意大利南部的希腊城邦。直到公元前394年，罗马才有了它的第一艘战舰，以及

---

[1] Fantar, *Carthage*, pp.58-63.

[2] 巴卡家族（the Barcid family）是迦太基的名门，家族成员中有不少成了罗马共和国的劲敌，其中就有汉尼拔·巴卡。——译者注

[3] Broodbank, *The Making of the Middle Sea*, p.579.

[4] Markoe, *The Phoenicians*, pp.102-103,67.

第一枚带有战舰图像的硬币。[1]它没有转向大海。罗马的注意力都集中在意大利半岛上，因而接受了迦太基在海上的统治地位及其对第勒尼安海上的大型岛屿的控制。在公元前348年订立的神圣条约中，罗马同意不与迦太基以西的地区或撒丁岛进行贸易，公元前306年双方更新了条约，罗马承认迦太基的"利益范围"包括西西里。作为回报，迦太基将不染指意大利地区。这些条约被刻在了铜板上面。尽管这两个国家之间的力量平衡在几个世纪之内不断变化，但罗马的陆权与迦太基的海权之间一直有着明显的区别。[2]在与迦太基签订了最终条约之后，罗马人只花了10年时间就把势力延伸到了意大利的脚后跟。他们与迦太基的关系在公元前272年他林敦投降后开始改变，此时，罗马人已经完全控制了意大利半岛，并且得到了一个很好的港口。罗马与托勒密二世（Ptolemy Ⅱ）签订了条约，以孤立迦太基：在第一次布匿战争（公元前264年—公元前241年）期间，迦太基想向埃及借款2000塔兰同，却遭到了拒绝。[3]

　　19世纪伟大的历史学家们在讨论罗马和迦太基的战争时，毫不犹豫地采用了罗马人对其原因的解释，只有罗马一方的观点被古代史记载下来了。托马斯·阿诺德（Thomas Arnold）、特奥多尔·蒙森、爱德华·迈尔（Eduard Meyer）和他们的追随者无视迦太基人的看法或许不同于希腊文本和拉丁文本记载的可能性，接受了"东方学家"的观点，认为迦太基这个衰落的"东方"大国应该对战争的爆发负责。罗马人用胜利证实了自己的主张。罗马观点的核心是，罗马突然发现自己处于与迦太基的战争之中，这是一场不受欢迎、出乎意料的战争，罗马对此毫无准备。这些似是而非的主张是说给同时代的东方希腊强邻听的。实际上，罗马并不是无意间被卷进第一次布匿战争中去的。皮洛士（Pyrrhus）试图在意大利和西西里建立希腊的主导地位，这迫使罗马人思考半岛以外的问题，而征服粮食和资源都很丰富的西西里岛显然是征服意大利南部的后续行动。罗马无疑是有预谋的。他们在公元前264年宣战时，已经拥有了一支令人印象深刻的舰队，还有有效的行政和指挥结构、船坞和补给品。没有这

[1]　M. Pitassi, *The Navies of Rome*, Woodbridge: Boydell and Brewer, 2009, pp.1, 8,18.

[2]　A. Goldsworthy, *The Fall of Carthage: The Punic Wars, 265–146 BC*, London: Cassell, 2000, p.69.

[3]　William V. Harris, *War and Imperialism in Republican Rome 327–70 BC*, Oxford: Clarendon, 1979, p.183.

支海军，他们是无法向西西里投送陆军力量的。[1]

罗马人编造他们的海军很无能的神话，是为了掩盖他们在战前所做的筹划和藏在纯属吹嘘的"从无到有建设海军"故事背后的虚伪，根据这个故事，罗马人是在战争爆发以后，才仿照迦太基的一艘沉船造出一支新舰队来的。这种说法不仅本身荒唐无稽，而且罗马战舰根本就不是仿照轻巧灵活的迦太基式"四列"战船建造的，它们的范本是重型的叙拉古式"五列"战船。叙拉古人的设计是想要削弱布匿人的航海技术在海战中的作用，发挥接舷战的威力，从而改变海战的平衡。罗马舰队大部分是由具有航海传统的同盟城市建造和操纵的，而罗马自己的海洋城市奥斯提亚（Ostia）和昂提乌姆[2]（Antium）则被免除了为舰队提供船只和人员的征兵义务。[3]公元前267年，罗马从布鲁希亚人手里抢走了西拉森林（the Sila Forest），这是一处重要的造船资源生产地，这一事件有力地证明了罗马正在策划进行海战。[4]

罗马做好了战争准备，并选择了开战时机：在没有舰队的情况下对一个海外岛屿发动战争未免太愚蠢了。然而，建立一支强大的海军并没有使罗马成为一个海权。它仍然是一个军事国家，只是利用海军来扩大陆军的战略影响范围，陆军才是它的主要打击力量。罗马舰队由于风暴和恶劣天气而在第一次布匿战争中蒙受的严重损失反映了其海军的弱点：战舰过于笨重，指挥官缺乏经验，富有传奇色彩然而实际上很快就被废弃了的乌鸦吊桥（corvus，一个顶端带刺的登船坡道）影响了船只的重心，还有最重要的一点，陆军控制海军。将军们的傲慢使海军多次遭遇灾难，但罗马人学得很快。第一次布匿战争结束时，他们已经能够执行经典的撞击攻击了，而且也已经废弃了乌鸦吊桥。好几个大陆军事强国建起了有效的海军，其中部分国家的海军，包括罗马、德国和美国的，称得上非常强悍。陆上强国面对的主要问题不是海军的专业性，而是它们是否愿意长期维持舰队，把它当成国家最关心的问题。罗马人从来没有把海军放在心上。海洋跟名誉、光荣和掠夺联系不紧密，不能带来社会声望和从军的

---

[1] Harris, *War and Imperialism*, p.184.

[2] 昂提乌姆：港市名。故址，即今意大利安济奥。在今罗马东南，滨第勒尼安海。——编者注

[3] Pitassi, *The Navies of Rome*, pp.32–44, 47, 92.

[4] Goldsworthy, *The Fall of Carthage*. p.72.

威望；它"不受罗马精英们的喜爱"，他们"憎恨和害怕大海"。[1]罗马舰队可以把罗马的军事力量从一个大陆投送到另一个大陆，但它不是一件制胜的武器，也不是一种特别适合表现罗马力量的工具。罗马将通过征服围绕着海洋的陆地来统治海洋。

西西里战争还留下了另外一件更加令人不快的遗产——大量没能得到报酬的雇佣兵留在了这座岛上。当从意大利来的马墨尔丁（Mamertine）雇佣兵[2]占领墨西拿（Messina），屠杀成年男性居民时，迦太基人试图将他们赶走。然而，罗马很快就占领了这座城市，它是入侵西西里的重要桥头堡，此举破坏了将西西里划为迦太基势力范围的长期条约。在完成了对意大利本土的征服之后，罗马人已经做好抓住新商业机会的准备了，这是控制着元老院的罗马—坎帕尼亚贵族的期望。为了保住西西里岛的市场准入和具有战略意义的海军基地，迦太基已经打了一个多世纪的仗，如今它又面临着一场新的挑战，这次它的对手是一个寻求全面控制的强国。在长达140年的战争中，迦太基人显然没能占领西西里，他们证明了自己无法对罗马构成军事威胁。他们既无力也无心入侵意大利。公元前264年当选的罗马执政官选择了战争，他们追求荣耀和利益。虽然很明显，迦太基是海外扩张的一道障碍，但罗马在第一次布匿战争期间还在意大利北部跟高卢人打仗，这表明个人的野心和帝国扩张的需要压倒了合理的战略，还表明罗马并不认为迦太基是足以与它匹敌的对手。[3]在罗马的公开声明中，以马墨尔丁暴徒那不值一提的请求当作开战的理由，这是它为了掩饰其侵略预谋的借口。开战的真正理由是个人和帝国的野心，在这种野心中或许还混有一些对迦太基不断增长的财富和权力的修昔底德式焦虑。

罗马人以迦太基的海洋/商业财富为首要目标，他们想要推翻和掠夺敌人，

---

[1] Pitassi, *The Navies of Rome*, p.88; F. F. Armesto, *Civilisations*, London: Macmillan, 2000, 437.

[2] 马墨尔丁人是叙拉古僭主阿加托克利斯从意大利坎帕尼亚地区请来的雇佣兵。阿加托克利斯去世后，大部分马墨尔丁人返回意大利，但还有一部分留在西西里，这些人侵占了墨西拿，在西西里东北部横行了大约20年。叙拉古僭主希洛二世（Hiero II）率军击败了马墨尔丁人，并于公元前265年包围了墨西拿。马墨尔丁人向附近的迦太基舰队求援，迫使希洛撤军。但迦太基试图管制马墨尔丁人，于是马墨尔丁人又请求罗马的保护，与罗马结盟。希洛闻讯后遂与迦太基结盟，马墨尔丁人与叙拉古的争端随之演变为罗马与迦太基的争端。——译者注

[3] Harris, *War and Imperialism*, p.185.

而且吃下去的越多，胃口越大。罗马的其他邻国都很穷，因此不怎么能引起他们侵略的兴趣。罗马人完全无视自己与迦太基缔结的条约，而他们是自愿订立这个条约的，还把它刻在铜板上，存放到国家档案里。为了掩盖他们的不法行为，他们发动了持续不断的宣传攻势，这种攻势在两千年后仍然有效。19世纪的民族主义历史学家以罗马为榜样，谴责迦太基人不守信用，尽管当时背弃誓言的是罗马人。[1]

迦太基的战争目的是防御性的，他们没有兴趣改变这些目的。他们那种有限的防御战略无法与罗马为了扩张领土和让元老阶层发财而采用的残忍、坚毅、无情的手段相匹敌。罗马的资源或许令人印象深刻，但事实证明，想要获胜的政治意愿更为重要。

西西里是一个大岛，交战双方都要依靠海路来运送军队、动物、食物和供给品，这是发挥海洋战略的典型舞台。海上指挥是取得军事胜利的关键，在古代史上，第一次布匿战争期间发生的舰队战斗次数是最多的。迦太基是这一地区的海军强国，而最近才利用意大利南部的资源组建起舰队来的罗马缺乏经验。在首战失利的情况下，罗马利用乌鸦吊桥取得了一系列胜利，它使得罗马的陆战部队能够占领迦太基的战舰。乌鸦吊桥是罗马把海上冲突陆战化的象征，也是在此前一个世纪里发展起来的新式大型战舰的象征。

三列桨座战船是海权的武器，它是一种设计简单的舰船，利用速度和技巧来撞击和摧毁敌舰。要用好它必须有熟练的舵手和划桨手。然而拥有大港（Great Harbour）的叙拉古人已经证明，装载着更多步兵的重型战舰可以通过正面撞击来抵消航海技术的作用。叙拉古的狄奥尼索斯一世（Dionysius Ⅰ）专门开发了"五列"的战船来对抗迦太基的海战技术。在这种战船上，原本的三列划桨手增加至五列，上面的两排桨每根由两个人来划，使划桨手人数超过了300名，这样就无须增加熟练桨手的数目了。五列战船的设计目的是通过直接的、船头对船头的或是正面的撞击来击败三列桨座战船，从而将对熟练舵手的要求降至最低。这种战斗的第一个例子发生于公元前397年。[2]然而，五列战船的速

[1] Harris, *War and Imperialism*, p.187.

[2] W. M. Murray, *The Age of the Titans: The Rise and Fall of the Great Hellenistic Navies*, Oxford: Oxford University Press, 2012, pp.12-30.

度比三列桨座战船要慢，机动性也较差。为了保留这些重要的海上属性，迦太基人开发出了四列战船，这种战船只有两排桨，每支桨由两个人划，再用五列战船做旗舰。在米列战役中，罗马人动用了100艘五列战船和20艘三列桨座战船。他们忽略了四列战船。

在第一次布匿战争中，尽管海战频繁且代价高昂，但双方在战略上都是优柔寡断的。只要双方在当地还保有海军基地，他们就可以更换损失的船只，调集新的船员，重返战场。[1]公元前256年，双方都对这种战略僵持局面深感疲惫，于是罗马执政官马尔库斯·阿蒂利乌斯·雷古鲁斯（Marcus Atilius Regulus）再次起用了阿加托克利斯的战略，在一场重要的海战中打通了通往北非的海上通道，让一支军队在迦太基附近登陆了。如果能在陆地上取得一场"决定性"的胜利，迦太基人将被迫撤离西西里、科西嘉和撒丁岛，并解散其舰队，迦太基就会像意大利南部的本土城市一样，沦为一个附庸。

但迦太基人拒绝了雷古鲁斯的要求，他们雇用了一位名叫克山提波斯的斯巴达军人，他教会了他们如何打败罗马军团。克山提波斯意识到，在崎岖不平的地面上作战，会让罗马人尽情地发挥他们的优势，而迦太基的方阵、骑兵和大象则难以施展。雷古鲁斯最终战败并被俘，他的军队被歼灭，但罗马人对战争的投入基本未受影响。雷古鲁斯的作战和他挑起的利比亚农民起义严重地损害了迦太基，这也许可以解释为什么政治权力从商人手中转移到地主手中。地主们更愿意把精力放在非洲，他们想平息在海上和西西里发生的战争。公元前249年，迦太基人少有地在特拉帕尼（Drepanum）取得了一场海战的胜利，当时迦太基人有足够的海上空间使用他们的机动技术，他们俘获了96艘罗马战舰。与此同时，西西里岛上新来的将军哈米尔卡·巴卡（Hamilcar Barca，汉尼拔之父）率领一支规模较小的专业部队，打了一场漂亮的防守战。但在另一次海战失败中失去了一支庞大的护航舰队之后，迦太基领导人以相对温和的条件议和了。

迦太基失去了战斗的政治意愿，而元老院的野心和优越的人力资源支撑了

---

[1] 关于海战请参阅Goldsworthy, *The Fall of Carthage*, 以及年代较早的权威著作: W. L. Rodgers, *Naval Wars under Oars*, Annapolis, MD: Naval Institute Press, 1940.

罗马的掠夺和征服战争。迦太基为和平付出了高昂的代价，撤出西西里岛，支付了2000塔兰同的战争赔款，并承诺不攻击叙拉古。迦太基成了罗马的盟友，这符合它的寡头领导层的政治野心。罗马胜利的有限性则体现在迦太基的军队不受限制上。[1]

议和之后，雇佣兵部队被解散，但迦太基没能结清他们的薪酬，于是他们在城市里到处游荡，最后引发了一场差点摧毁了国家的叛乱。[2]这场冲突表现出了社会平等化的威胁，罗马人对此大为惊恐，他们拒绝支持雇佣兵，以免这种传染病蔓延到意大利去。相反，罗马人支持迦太基的地主，他们是文化上的同盟，致力于将政治权力掌握在精英手中。就连叙拉古的希洛都给他昔日的敌人送去了食物和金钱。公元前238年，罗马人拒绝从叛军手中接受撒丁岛。很明显，罗马人不惧怕迦太基，他们更乐意看它陷入民众起义的混乱和动荡中。他们害怕的是赋予人民权力的激进政治，是民主（demokratia），而不是海权（thalassokratia）。

罗马的克制给哈米尔卡·巴卡制造了机会，他粉碎了雇佣兵并掌握了权力。他很快就用一个新的公民大会取代了地主领导的元老院，为建立一个由民族主义的民粹主义推动的巴卡国家打下了政治基础。提倡平等的包容性政治与一位成功的将军结合起来，这使罗马的立场迅速逆转。公元前237年，罗马人违反和平条约占领撒丁岛和科西嘉岛，阻挠迦太基人夺回撒丁岛的计划。与此同时，他们要求额外的赔款。战争的威胁再加上侮辱，使迦太基人受到了深深的伤害。迦太基已经无力抵抗。尽管被赶下台的寡头们在罗马找到了听众，但巴卡家族的改革得到了公民大会的支持：迦太基公民拥有比同时代的罗马公民更大的政治权力。西西里和撒丁岛并没有满足罗马人的野心。在转向伊利里亚和希腊之前，他们以同样站不住脚的借口征服了利古里亚（Liguria）。[3]

由于失去了维持旧的海洋控制战略所必需的岛屿基地，哈米尔卡将迦太基

---

[1] G. C. Picard and C. Picard, *The Life and Death of Carthage*, pp.195-201.

[2] 雇佣兵战争迷住了沃尔特·雷利爵士，作为一个伊丽莎白时代的英国人，他发现它既与他的时代相关又令人担忧：见W. Raleigh, *History of the World*, London, 1614, bk V, ch. 2.

[3] G. C. Picard and C. Picard, *The Life and Death of Carthage*, pp.205-213; Harris, *War and Imperialism*, pp.190-194.

的力量从海洋控制转移到了在伊比利亚建立陆地帝国上。新生的帝国将为战争赔偿提供资金，重新筹措战争经费，并为未来的冲突组建一支庞大的军队——而不会受到迦太基的过度干涉。哈米尔卡深受亚历山大大帝的影响，他以象兵和能左右战争胜负的骑兵为中心重建了迦太基军队。他的儿子汉尼拔是在伊比利亚的地方性边境战争中长大的，这位年轻人注意到，与罗马和马其顿不同，迦太基没有以本国公民充任重装步兵、推崇军功和战死沙场的文化。哈米尔卡还改变了自己的宗教信仰，崇拜各种版本的希腊神祇宙斯和赫拉克勒斯。麦勒卡特/赫拉克勒斯成了这个伊比利亚国家的守护神，并与他的家族结下了不解之缘。人神之间的这种希腊式联系在腓尼基宗教中是没有先例的，在西班牙铸造的银币上可以看到巴卡家族的统治者打扮成神祇的样子，这些银币把叙拉古的设计和布匿文字结合在了一起。[1] 而在迦太基，哈米尔卡的支持者利用人们对罗马日益增长的敌意，在廉价的坎帕尼亚进口商品刺激之下，这种敌意引发了反意大利的骚乱。尽管受到了罗马的威胁，但民众的敌意在政治上仍然是有效的。

哈米尔卡和他的女婿哈斯德鲁巴（Hasdrubal）建立的伊比利亚帝国不断扩张，引起了罗马的关注，罗马发出了严厉的警告，并签订了一份区域保障条约，以限制布匿人在埃布罗河（River Ebro）以南的扩张。吉尔伯特·皮卡德（Gilbert Picard）认为，该条约实际上将迦太基领土限制在胡加河（Jucar）以南的一条线上，而不是埃布罗河。这使萨贡托城（Saguntum）受到了罗马人的保护，让他们随后的宣战变得完全合乎逻辑。罗马人曾向萨贡托的贵族派系提供支持，帮助他们屠杀平民派。

这种局部的挑衅只是罗马经济和军事侵略政策的一个组成部分，他们的政策威胁到了地中海地区的所有国家。伊比利亚国家的新任领袖汉尼拔把罗马世界日益动荡的局势看作是扭转第一次布匿战争结果的机会。就连在上一次冲突中与罗马结为同盟的坎帕尼亚人，也开始怀疑把自己与一个军事、政治和经济实力空前且极具扩张性的国家捆绑在一起是否明智。汉尼拔在意大利南部的希腊城市身上看到了机会，它们对罗马的普世主义大为惊恐。他知道迦太基不可

---

[1]　Fantar, *Carthage*, p.67.

能单枪匹马打败罗马，只有一个基础广泛的联盟才能抑制住已经过于强大的共和国，要用新的提洛同盟来约束新的波斯帝国。他将从伊比利亚发动战争，然后用他久经沙场的军队粉碎罗马的重心——它的军队，并鼓励其他国家加入这一联盟。他打算用平民政治把城市和国家拉到他这边来。罗马就像波斯一样，永远都是支持贵族派的。汉尼拔绝不是罗马所宣传的那种"好战成性"的极端主义者，而是一位理性的政治家，比起亚历山大大帝或拿破仑，他更像是威廉三世（William Ⅲ）。

作为古典世界中的最后一位斗士，这个希腊化的、毫无取胜机会的人意识到了不断前进的罗马军事国家所构成的生存威胁，这个国家只因为自己有能力这么做就故意破坏条约，掠夺其他国家的领土和财富。虽然我们不能证明汉尼拔读过希罗多德或修昔底德的著作，但这个可能性很大。他跟大多数迦太基的精英和商业人士一样，既能说又能写希腊文，与讲希腊语的埃及托勒密王朝的关系也很密切。透过希腊的传统可以最充分地理解他处理战争、外交和政策的方式，那就是抵制普世君主国的兴起。在他的随身侍从中有一位希腊人，西西里人卡利克特的西勒诺斯（Silenus of Calceate），这位希腊人可以算是他的"官方历史学家"，其创作旨在影响整个希腊化世界的观点。在汉尼拔建立反霸权联盟的计划中，这种写作将是一个关键因素。他运用海权战略对付罗马，发动有限的联盟战争来遏制过于强大的霸权国家，恢复平衡。罗马担心由迦太基和主要的希腊国家组成的联盟——在民粹主义的公民大会支持下，通过对海洋的控制联系在一起——可能会耗尽它的资源。

长久以来，古典世界一直误以为罗马只是政治舞台上的另一位演员，它们没能理解这种集军事化的野蛮、无尽的贪婪和征服欲望于一身的文化。而汉尼拔意识到了，只要罗马存在，就没有哪个城市、国家或帝国是安全的。汉尼拔深知他的战术天赋无法让迦太基单枪匹马地打败罗马，于是他决定寻找盟友。他想利用臣服于罗马的人们对它的不满和在各大国之间建立联盟来瓦解罗马在意大利的帝国。然而，由于缺乏像地米斯托克利那样有远见的政治家，地中海东部的希腊化王国逐一走向了灭亡；它们没能把舰队集结在一位指挥官手下，也没能把军队全交给一位将军。互不信任阻碍了迦太基、马其顿和塞琉古结成一个大联盟，这样的联盟本是有可能遏制罗马的。

波利比乌斯把第二次布匿战争（公元前218年—公元前201年）的爆发归因于罗马抢走了撒丁岛并要求额外赔偿，哈米尔卡·巴卡对罗马的愤怒，以及迦太基在西班牙的成功引起了罗马的担忧。哈米尔卡有充分的理由感到愤怒：罗马人是不可信赖的、背信弃义的帝国主义者，一心想要征服世界，不能容忍其他国家的强大，尤其是建立在海洋财富和政治包容性基础上的海权。汉尼拔知道，只有阻止了罗马，迦太基才能生存下去。他正确地预料到罗马人已经决定开战，在他们行动之前，他采取了主动，抢走了他们在伊比利亚的卫星国萨贡托。[1]

阿尔弗雷德·塞耶·马汉关于海权对汉尼拔战略之影响的著名论断没有抓住要点。桨帆船跟马汉所研究的风帆战舰是非常不同的战略工具。在它们细长的木质船体里，密密麻麻地挤满了划桨手，每天需要250人份的水和粮食，为了让它们不至于损坏，还需要定期拖到海滩上晾干。[2]靠桨帆船来控制海洋就必须要在当地拥有安全的基地。汉尼拔无法利用庞大且高效的迦太基舰队入侵意大利，原因就是他没有合适的基地。失去了西西里和撒丁岛使迦太基海军在第勒尼安海的活动陷入瘫痪，它的舰队只能在意大利海岸做短暂的停留。这样是无法支持大规模入侵的。[3]汉尼拔的战略围绕着在意大利南部获得的一个海军基地而展开。公元前216年，他在阿普利亚（Apulia）的坎尼（Cannae）大获全胜，但在那之后，他并没有试图推翻罗马共和国，他的实力不足以做到这样的事，他也没有围攻防守严密的罗马城。相反，他向南进军，想获得一个海军基地，这是迦太基实行有限海上战争和联盟战略的关键。马其顿的腓力五世（Philip V）认清了这个开局，签署了由汉尼拔起草的一份条约，该条约旨在将罗马贬为由加普亚人领导、迦太基人监护的意大利联盟中的一个附属国。

然而，罗马人拒绝接受失败或政治妥协。罗马是一个得到了充分动员的战争国家，尽管在坎尼损失惨重，它仍有资源继续战斗。事实证明，它的政治/经济结构比那些古老的农业国家更具弹性，那些国家接连遭受几次惨痛的失败就

[1] Harris, *War and Imperialism*, pp.200-202.

[2] John Guilmartin, *Gunpowder and Galleys: Changing Technology and Warfare at Sea in the Sixteenth Century*, Cambridge: Cambridge University Press, 1974.

[3] G. C. Picard and C. Picard, *The Life and Death of Carthage*, pp.215-254.

会降服了。罗马舰队阻止了迦太基和马其顿联手作战，因为汉尼拔无法确保意大利海军基地的安全。那不勒斯拒不降服，而当他占领他林敦（Tarentum）时，罗马人仍然控制着港口。同样的，当叙拉古加入联盟时，罗马人马上从陆路和海路封锁了这座城市。在整个战争期间，罗马舰队一直控制着意大利海岸，迦太基舰队则回避与之作战。对海洋的控制赋予了罗马战略主动权，切断了身处意大利的汉尼拔与伊比利亚、迦太基和马其顿的联系，将其孤立起来。亚得里亚海的海军司令部把马其顿军队拦在了希腊，让罗马享有了可以选择在何时何处发动战斗的权力。罗马的第一次进攻在公元前206年征服了巴卡家族控制的伊比利亚半岛，第二次进攻则于公元前202年在非洲取得了"决定性"的胜利。[1]

公元前209年，罗马人收复他林敦，从而剥夺了汉尼拔获得海军基地的最佳机会。没有盟友，汉尼拔只好寄希望于罗马失去信心，接受和平条件，尽管他很清楚这样的结果几乎不可能出现。相反，罗马将军西庇阿把注意力转向了北非，以更多的部队和更熟练的技巧重复了雷古鲁斯的战略，同时，他提出的条件也比雷古鲁斯更温和，这使迦太基在政治上产生了分歧。平民派希望汉尼拔能回来拯救他们，而寡头们则希望和西庇阿达成协议。就在寡头们即将成功之际，汉尼拔赶了回来，他撕毁了协议，集结了一支新的军队。然而，公元前202年，汉尼拔在迦太基附近的扎马（Zama）被击败，他别无选择，只能结束战争。

西庇阿乘胜重新考虑了他在前一年提出的条件。公元前201年签订的和约把战争赔款数额增加了一倍，而允许迦太基保留的舰队数量则减少了一半。战后的迦太基舰队将由10艘三列桨座战船组成，只能用于警护工作，不许拥有可用于舰队作战的四列或五列战船。西庇阿相信，解除武装、沦为附属国的迦太基，将在一个跟罗马一样害怕民粹主义政治的寡头政府统治下与罗马和平共处。他指望寡头们把迦太基从地中海的海权转变为罗马的农业行省。在扎马大胜之后，西庇阿并没有摧毁迦太基，他认为没有这个必要，而且要攻破坚实的城市防御需要长时间的包围，这只会让政治对手取代他成为执政官并抢走政治和经济上的回报。[2]

---

[1] Pitassi, *The Navies of Rome*, pp.90-94.

[2] G. C. Picard, C. Picard and *The Life and Death of Carthage*, pp.256-263; Harris, *War and Imperialism*, pp.138-139.

和平协议签订之后，西庇阿立刻将迦太基的海权付之一炬。"西庇阿下令将船只开到海上并烧毁。据一些权威所说，共有500艘船，包含各种级别的用桨推动的船只。所有这些船只突然起火的景象给人们带来的悲痛不亚于迦太基本身在燃烧。"没有人会搞错这出戏背后隐藏的信息。当着这座城市的面烧毁舰队展现了罗马对海权取得的胜利，这是做给罗马真正害怕的人——迦太基民众看的。难怪他们泣不成声。[1]罗马人知道他们在做什么。陆权取得了胜利，而海权被解除了武装，在阿加托克利斯、雷古鲁斯和西庇阿的决战战略面前不堪一击。没有了舰队，只要威慑、胁迫或恐吓迦太基就可以制服它，而无须花钱调动军团或将它们派往北非。还可以从海上封锁它，对一个粮食主要靠进口的大都市来说，这是一个可怕的威胁。迦太基的寡头们明白，粮食供应一旦中断，政治就会陷入混乱，这是个令历代海权民主国家的政治领袖都觉得头疼的问题。[2]而陆地寡头政府则认为这是种理想的管教方法。

汉尼拔接受了西庇阿的条件，亲自干预公民大会，阻止了反对罗马的过激言论。这是政治智慧，不是亲敌行为。就像他父亲一样，汉尼拔利用失败来重建这个国家。公元前196年，他被选为苏菲特，此时罗马正忙于跟马其顿和塞琉古战斗，他通过改革税收体系和揭露精英腐败打破了寡头们的权力，重振了平民政治的基础。他的对手去了罗马，在那里，他准备"复仇"的似是而非的言论找到了现成的听众。罗马毫不担心迦太基会对它发动军事袭击，相反，他们害怕被一个有魔力的领袖动员起来的"人民的力量"。汉尼拔显然只是一个挂名的领袖，他的背后是采取行动想要争取自由或政治权力的奴仆或平民。迦太基的寡头统治被推翻威胁到了台伯河上那个贵族共和国的社会秩序。汉尼拔必须被除掉，而他早就预料到了危险，于是在公元前195年迅速脱身，前往东方的塞琉古（Seleucia）。[3]公元前192年至公元前189年，他为塞琉古与罗马作战，但没能取胜。为了确保他的民粹主义政治招牌不会再在希腊化世界的某个地方复活，罗马人下令追捕他。然而，他所代表的威胁并没有随着他在公元

[1] Livy, *The Histories*, trans. E. S. Shuckburgh, London: Macmillan, 1889, bk XIV, 30.43.

[2] 这种恐惧推动了19世纪90年代英国海军至上主义的复兴。

[3] G. C. Picard and C. Picard, *The Life and Death of Carthage*, pp.274-277.

前183年到公元前181年间的某个时刻在马尔马拉（Marmora）海边上的利比萨（Libyssia）自杀而结束。汉尼拔是希腊化世界里最后一个抵抗罗马的领袖，扎马战役是最后一场有可能阻挡普世君主国的战役。他努力奋战，想让世界恢复平衡，想创造一个空间让他的祖国能够作为一个海权、一个具有独特文化的政体生存下去，繁荣发展。[1]只要他的名字和他的祖国还在，罗马就永无宁日。

　　两次布匿战争教会了罗马如何对付海权。从西庇阿的和约条款开始，罗马每打败一个敌人，都会系统地摧毁它的海军。只要没有竞争对手，罗马就可以廉价地统治海洋。1922年的《华盛顿条约》（Washington Treaty）呼应了这种做法，它通过外交手段将海权国家的海军拉低到了美国这个大陆/军事国家打算维持的水平上。

　　尽管再次战败，迦太基仍然是地中海最大的港口城市，一个能产生巨大财富的大都市。无论从起源、位置还是文化上来说，它都不容易融入农业生产那雄浑的节奏中去。迦太基身份的核心是两个巨大的人工港口。公元前4世纪，随着城市的扩张，最初的人工港口变得拥挤不堪，在布匿战争期间，这个港口被几乎占满了城市正面海洋的大型工程取代了。在城市和海洋之间，修建在庞大的岩石地基上的城墙可以抵御风浪和敌人。[2]这些巨大的城墙向世界展示了迦太基的雄姿，并引导着商船通过海门，它们是结合了仪式、商业和军事功能的建筑，也是雄伟的军事化海关，迦太基在这里向贸易征税。[3]最终的港口系统包括一个矩形的商业港口，通往一个圆形的内港，内港有一个巨大的海军军械库，还有可容纳170艘桨帆船的船坞。这个前所未有的结构占据了港口的外围和内岛，同时也是海军司令部的所在地。这一极为宏伟的建筑却是为了实现给桨帆船舰队服务这一平凡功能而建造的。在它被破坏且建造它的石料被抢去建造另一座城市之后又过了三个世纪，留在人们记忆中的圆形海港仍然令人敬畏。在《布匿战争史》（Punic Wars）中，阿庇安为迦太基海权这种独特表现所造成的

[1]　Oswald Spengler, *The Decline of the West*, Vol.II, London: Allen and Unwin, 1926, pp.422, 191.

[2]　尽管迦太基最初是依靠天然的锚地和适宜的海滩来把船只拖上岸，但在公元前6世纪，迦太基已经建造了港口：Fantar, *Carthage*, pp.41-45.

[3]　Fantar, *Carthage*, pp.87-88.

持久影响做了证明[1]。他强调了这座港口设计的同质性，船坞、仓库和具有全方位视野的指挥中心结合在一起，而墙的高度和狭窄的入口则阻止了外面的人看到港口里面的情况。[2]很少有关于迦太基的描述能抵制住展示圆形海港的诱惑，它们往往会附上艺术家创作的重现图或杂草丛生的废墟照片。大卫·布莱克曼（David Blackman）和鲍里斯·兰科夫（Boris Rankw）总结了它的意义：

> 对大国来说，具有纪念碑性质的船坞是一个重要特征——实际上，应该说是一个指标。这是为了传达一个政治信息：威慑潜在的敌人并让公民们感到自豪；它有时也可能是一个国家内部政治抗争的迹象……视觉效果相当可观：走海路来的访客（很多人都会这么做）会对船坞印象深刻。
>
> 决不能小看建造这些综合体所表达出的威胁……在一定程度上，正是迦太基修建庞大的船坞建筑群的行动——这被罗马视为对其统治地位的威胁——导致了第三次布匿战争和迦太基的最终灭亡。

这个军港"旨在让来访者对国家的财富和权力留下深刻印象"。[3]它始建于公元前3世纪晚期，在第二次布匿战争之前，最初只是些用木头建造的船棚，半个世纪之后，又用石头重建了这个港口，它设计精巧，集规模与对称于一体，传达出了权力与秩序，是迦太基人骄傲与野心的终极象征。这一迦太基权力和身份的表现在第三次布匿战争爆发前几年才完成。在这些宏伟的建筑中没有停泊几艘军舰，但这无关紧要，它们展现了迦太基的意图。[4]

虽然罗马人理解圆形海港的意义——他们读过雅典人的著作，知道船坞是种政治和文化象征——但他们并不打算做点什么来和迦太基竞争。没有任何考古学上的证据证明罗马也修建了船坞。在希腊化时代，除了迦太基，就只有罗

---

[1] 阿庇安写作的时代距离迦太基被毁已经有三个世纪了。——译者注

[2] H. Gerding, 'Carthage', in D.Blackman and B. Rankov, eds., *Shipsheds of the Ancient Mediterranean*, Cambridge: Cambridge University Press, 2013, pp.307-319 at P.307.

[3] D.Blackman and B. Rankov, 'Conclusions: Not Just Ship Garages', in idem, *Shipsheds of the Ancient Mediterranean*, pp.255, 259.

[4] Gerding, 'Carthage', p.315.

得斯这个小小的、位于岛上的海洋国家修建了船坞。鲍里斯·兰科夫认为罗马一定有船坞，只是被后来的建筑覆盖了，[1]但同样有可能的是，罗马人并不介意有没有船坞，他们不像海权那样喜欢对带有文化意义的桨帆船舰队进行投资。用砖块和石头建造的船坞是昂贵的投资，罗马和大多数大陆军事强国一样，没把海军当成国家的永久机构，最起码在它进入帝国时代之前是这样的。最重要的是，罗马并不把舰队当作力量的象征，所以，它没有必要用宏伟的建筑来展示海军的力量。光靠海战打不败罗马，也不可能通过一场短期的战争打垮它。它有充足的时间来建造新船和训练新船员。罗马人喜欢在有必要的时候建造新船，而不愿把已有的船只一直维持下去。他们拥有优良的木材和丰富的人力资源。罗马的船坞有文字上的证据，但那指的可能是平平无奇的短期木结构建筑，它们是留不下什么考古学证据的。从根本上说，罗马并不想重复纪念碑式的船坞所传递的信息。在罗马人看来，船坞和包容性的民粹主义政治正是迦太基那种具有威胁性的、带平等化性质的意识形态的两大支柱，这种意识形态通过大海四处传播。罗马人在盖乌斯·杜伊里乌斯（Gaius Duilius）于米列战役中获胜后，创造了一个完全不同的符号——船头纪念柱（the rostral column）。杜伊里乌斯的纪念柱上镶着从被俘获的桨帆船上取下来的撞锤，这是在颂扬罗马战胜了海权，而不是在夸耀海军的战功。船头纪念柱成了海权的大陆敌国很喜欢用的海军主题。在巴黎、圣彼得堡和华盛顿也能看到它们。

然而，罗马对迦太基人的判断是错误的。他们不接受失败的结局，也不承认罗马的统治。他们也没有恢复巴卡家族那业已失败的军事战略模式。在扎马战败之后，汉尼拔放弃了军事选择，敦促他的同胞接受和平，并围绕着包容性政治和经济实力——这才是真正的海权——重建他们的国家。他的成功促使迦太基和罗马的寡头们——对民粹主义政治的恐惧使他们联起手来——密谋除掉他。这个提议是迦太基人先提出来的，这么做并不是为了安抚罗马。

汉尼拔认识到迦太基的未来在于恢复和发展海上贸易，这种贸易为城市提供了资金，而且还要维持一支海权海军，一支用来保障海上航道安全的警护舰

---

[1] B.Rankov, 'Roman Shipsheds', in D.Blackman and B. Rankov, eds., *Shipsheds of the Ancient Mediterranean,* pp.30-54.

队。西庇阿给迦太基留下了10艘三列桨座战船并非偶然；在这个时代，三列桨座战船已经变成了强有力的巡洋舰，而不是战舰。迦太基海权文化的弹性反映了海洋贸易在国家生活中的关键作用、悠久的腓尼基传统以及各海权对彼此之间的联系——不论是与过去的，还是与现在的，尤其是与雅典的——日益增长的认识。在与马其顿式的军事荣耀、重装步兵和大象经历了一场“露水姻缘”之后，迦太基又重操旧业，把精力放在了海上贸易和制造业上。

迦太基的经济在第二次布匿战争后迅速复苏。贸易和农产品出口使这座城市富裕起来，为新一轮的大型市政工程提供了资金。这些宏大的工程象征着战后重建的成功，它们代表着迦太基，这当中就包括那个巨大的海军港口，它由一个已经复兴的国家的公民大会所建造，是财富和自豪的表现，还透露出几分桀骜不驯。圆形海港集规模、优雅和力量于一身，让雅典海权的船坞相形见绌，它随时准备着为强大的海军提供居所、服务和支持。被罗马人当众焚毁的舰队是迦太基权力的终极象征。这些船坞吸引并迷惑了所有从海上来到这座城市的人，令他们浮想联翩。

在扎马战役之后，罗马对迦太基的敌意一直不减，再加上“迦太基式的和平”和汉尼拔的死，这一切都表明，罗马真正关心的是政治，而不是战略。罗马不惧怕任何形式的制海权战略，也不认为迦太基是一个重要的军事强国。罗马在第二次布匿战争后不减反增的恐惧是社会性的和政治性的。元老院认为迦太基海权是平等化政治趋势的发源地，这种趋势威胁到了他们的阶级和特权。在扎马战役之后的10年里，罗马打垮了希腊列强，可以自由自在地了结迦太基了。而在最终消灭马其顿之后又过了10年，元老院正在寻求下一场征服和掠夺的战争。迦太基仍然是地中海地区最富有的国家之一，甚至可能就是最富有的，它在公元前152年交完了50年的战争赔款。罗马完全没有理由对它感到忧虑。“罗马人找不到开战的借口”，不过，这个富有的国家令野心勃勃的元老们垂涎三尺，可以前去洗劫它也让集结部队变得很容易。正如威廉·哈里斯（William Harris）所言，公元前149年至公元前146年间发生的第三次布匿战争“是一个占压倒性优势的强大国家对其邻国进行的无情攻击”。波利比乌斯指出，元老院急于掩盖真正的原因，是因为他们不想让人看到是他们发动了战争。[1]他们仍然在意希腊化世界的意见，担心汉尼拔的民粹主义联盟会复活。然而，罗马人的决定不仅仅是受帝国扩张和个人贪婪的驱动：这种事关存亡的冲突只有一个目标，那就是消灭另一种文化。唯一合理的解释是，罗马如此惧怕迦太基的海权政治，以至于它决定，要么就让这座城市在贵族的统治之下成为专门从事农业的闭塞地区，要么就把它消灭。

没有证据表明迦太基人有军事复仇主义的倾向。迦太基并没有违反条约，没有建立军队，也没有重建海军。实际上，温顺的迦太基人已经默默接受了自己的国家跌出大国行列和其海洋帝国已经终结的事实，他们准备做出更多的牺牲来维护和平。而罗马有意扩大其帝国以牟利，并创造单一的文化。哈里斯的结论是："罗马人几乎每年都期待并打算进行一场针对敌人或其他什么人的战争，有时候有'正当的'理由，有时候有其他的理由。"[2]很难想象还有什么分歧会比罗马的大陆式做法和驱动着海权世界观的商业关切之间的分歧更深刻。迦太基证明贸易是获取财富的一种非常有效的方法，但这种模式只适用于采纳包容性政治文化的国家。

迦太基人被野心勃勃的努米底亚国王马西尼萨（Masinissa）包围，又受到与罗马签订的条约限制，无法大规模动员海军或陆军部队，他们只能强调那个在巨大的商业港口背后隐约可见的船坞，这是他们的身份象征，是他们作为一个独立国家存在的基础。然而，尽管它们具有象征性的力量，但这些船坞并未对罗马海军的控制权构成挑战。没有证据证明他们建立了一支舰队，就连罗马人也只说他们听到了迦太基人在大量囤积木材的传言。迦太基在第三次布匿战争中使用的战船都是临时制造的，驾驶它们的都是些海战的外行。

公元前155年，在民族主义言论的推动下，人民派控制了迦太基，他们厌倦了罗马人的干涉，准备在支付完长达50年的战争赔款后马上采取行动。他们驱逐了支持罗马的政治对手，并煽动利比亚农民反抗马西尼萨的高压统治。他的集权政策遭到部落首领和农民的反对，这使得迦太基能够通过提供更好的条件来削弱他的权威。但由于地区霸主罗马派出代表团进行仲裁，他们的策略没能

---

[1]　Harris, *War and Imperialism*, pp.233-234.

[2]　Harris, *War and Imperialism*, pp.240-244, 252-254.

得手。监察官加图（Cato）也在代表之列，他是一位参加过第二次布匿战争的老兵。加图显然被他看到的景象吓到了，回到罗马之后，他开始一遍又一遍地呼吁，"必须毁灭迦太基"，尽管西庇阿家族反对这样做。他们认为，如果没有一个能与罗马相匹敌的外部强国来充当约束力量，罗马民众将会拒绝贵族的权威。[1]尽管加图向元老院挥舞新鲜的迦太基无花果一事非常有名，但他不可能对迦太基的农业感到惊慌。他读过马戈（Mago）那部著名的农业百科全书，像其他许多罗马精英一样，他充分利用了其中的智慧。同样的，这两个城市之间的贸易平衡也并不重要。更有可能的是，加图看到了宏伟的新海军港口，其优雅的爱奥尼亚式圆柱充分说明了民主派的财富和野心，他还听到了对罗马日益增长的敌意。激进的民粹主义者吉斯戈（Gisco）被迦太基公民大会选为苏菲特，他公开煽动对罗马的仇恨。加图发现迦太基民情激愤，对罗马的敌意越来越深。迦太基的贵族和地主助长了他的恐惧。在说服自己相信迦太基决心要报仇之后，加图揣着无花果，向他的元老院同僚们展示这座城市离罗马有多近。在吉斯戈的领导下，公民大会投票赞成重建海军和陆军，并资助一名叛乱的王子募集军队以征服努米底亚。罗马人的结论是："在靠近西西里和意大利南部的非洲最北端，正在形成一个恶毒的革命中心。"[2]

这不是个孤立的事件。它发生在晚期的希腊化世界里，此时政府和社会的稳定性危机随处可见，使人们不由得担心迦太基和希腊的平等化民粹主义运动会影响罗马的政治体制。平等化的政治是一个严重的威胁：帕加马国王阿塔罗斯三世（Attalus Ⅲ）断定，维护贵族社会秩序的唯一途径是把他的王国移交给罗马。马其顿在公元前152年起义反抗罗马，叙利亚和埃及的社会陷入了混乱，而公元前198年，迦太基奴隶在意大利的塞提亚（Setia）所策划的叛乱只是下层阶级那似乎永无休止的暴力抗议和起义中最壮观的一次而已，在汉尼拔战争和马其顿战争给人类造成的苦难刺激下，它们的凶猛程度和影响范围都增大了，这股潮流似乎正要越过罗马贵族构筑的堤坝，让他们遭遇灭顶之灾。[3]为了扩大

---

[1] Miles, *Carthage Must Be Destroyed*, p.336.

[2] G. C. Picard and C. Picard, *The Life and Death of Carthage*, pp.288-289.

[3] A. J. Toynbee, *Hannibal's Legacy: The Hannibalic War's Effects on Roman Life*, London: Oxford University Press. 1965.

自己的权势，罗马贵族粉碎了旧的政治和社会秩序，打破了几个世纪以来的多极国家体系，他们不得不面对自己的行为造成的混乱结果。

罗马对社会秩序的设想在整个地中海地区里都在走向崩溃。在希腊，亚该亚同盟（the Achaean Confederation）——它从第二次马其顿战争（公元前200年—公元前197年）以来一直是罗马的保守派盟友——突然改变了路线，成为民粹主义的民族主义中心，没收了富人的财产并支持反罗马的观点。"他们主要依靠科林斯，这里再次成了一个伟大的商业和工业中心，拥有庞大的工人阶级人口，他们的思想极其先进。"[1]在公元前150年，罗马人觉得需要给他们对迦太基发动战争的冷酷决定找个借口。然而4年之后，当他们发动亚该亚战争时，就连借口都懒得找了。他们故意激怒亚该亚人，挑起战争，目的是摧毁希腊最强大的国家，这个国家在有能力建立泛希腊同盟之前就已经民主得令人担忧了。除非多极国家制度或任何其他国家的存在本身就是一个引起担忧的合理原因，否则就不能说罗马是出于防卫性的恐惧而发动战争。

显然，迦太基非常适合作为恢复秩序之进程的起点。它很大，很富有，明显很愤怒，离罗马太近，而且还由一个广受欢迎的公民大会领导着。新的海军军械库象征着潜在的军事威胁，与努米底亚的边境纠纷可以作为借口，它的财富令执政官和军队垂涎三尺。迦太基人曾经在两场战争中接受了有限的失败，罗马人因此认为他们会屈服于威胁。罗马以盟友向它求援这种陈腐的借口来提出自己的要求。以前是马墨尔丁匪徒和萨贡托，这次是努米底亚。公元前150年，马西尼萨在罗马和流亡的迦太基寡头支持下，对迦太基领土发动了袭击，最终迫使迦太基采取行动。流亡寡头的出现强化了这一论点：罗马真正恐惧的是来自另一种文化/政治体系的威胁。

作为对迦太基复兴的回应，罗马妖魔化了迦太基的民粹主义政治、宗教、海洋文化和商业手段。在希腊化的叙拉古引发的一系列侮辱的基础上，罗马的领袖们煽动了相当排外的元老院，向一个毫无防御能力的国家宣战了。此战的目标是——正如加图所说——"毁灭"迦太基这个名字、有形的城市、人民以及最重要的，它所代表的文化。这将是一场灭绝性的战争——它是大陆霸主对

---

[1] G. C. Picard and C. Picard, *The Life and Death of Carthage*, pp.287-288.

海权挑战的最终回应。

当罗马人开始动员时，迦太基人马上罢免了吉斯戈和其他民粹主义领导人，甚至处死了他们中的许多人。他们希望通过把权力交还给贵族和解除武装来避免灾难。他们把自己的命运寄托在罗马的怜悯之上，交出了300多名来自精英家庭的儿童当作人质，就连武器和战舰也交了出去。但这一切都是徒劳的：迦太基妥协的意愿终究有限度。公元前150年，当罗马要求毁掉这座城市，将所有人口搬迁到离海岸8英里以上的内陆去时，这些要求被拒绝了。

一些人认为罗马人的要求只不过是为了打击迦太基的商业。[1]这种解读忽略了柏拉图对"堕落之海"的忧虑以及他的建议——为了防止平等化的政治，应该把城市夷为平地，并把它的居民搬迁到离"堕落之海"8英里以上的地方去，让他们过农民的生活——所造成的影响。[2]迦太基贵族领袖的意见与罗马贵族的完全一致。迦太基人民认清了现实，用更坚决的人取代了这些领袖，战斗到了毁灭前的最后一刻。

罗马人并不期待迦太基人会同意摧毁他们的城市并向内陆迁移。他们知道，虽然迦太基不再是一个海权了，但仍然是一个重要的海洋国家，海上贸易经济对它起着主导性作用。罗马想要消灭海权文化，这是一种政策行为，反映出它对包容性政治和海上贸易的深切恐惧。公元前146年，科林斯的毁灭证明了"迦太基的毁灭，其原因并不是那种只有极具威胁性的邻国才能制造出来的狂躁的敌意"[3]。迦太基和科林斯都没有对罗马构成战略上的威胁。这两座城市都是非常成功的海洋经济中心，都有公民大会，它们提供了与寡头制的罗马那以战争、军队和侵略为特征的文化模式完全不同的另一种选择，它们通过和平贸易或资助反霸权联盟和同盟，以财富来交换战略权重——这是海权典型的有限战争战略。

代表罗马向迦太基发出最后通牒的执政官塞索里努斯（Censorinus）是一个柏拉图主义者，这并不奇怪。他认为海滨城市是不可信赖的：贸易给了他们漂

---

[1]　Harris, *War and Imperialism*, pp.237-239. For the eight-mile issue see p.239 fn.4.

[2]　Plato, *The Laws*, 704b-705b.

[3]　Harris, *War and Imperialism*, p.240.

泊不定的灵魂和反复无常的习俗。[1]柏拉图理想中的社会植根于大地，由农民的劳动和贵族的统治来主导：它预示着一个坚实、可敬、稳定——但却沉闷的未来。为此，罗马要求迦太基扼杀它的经济和文化，否则就会被彻底消灭。[2]

但迦太基人无法"返回陆地"，他们从海上来，一直是海洋民族。迦太基从一开始就是座海洋城市，是由被柏拉图认定为堕落之媒介的那些人建立的。罗马害怕迦太基民众的榜样力量以及海员和工匠的政治力量，他们认为这些人支持"最极端的民主形式"。忧心忡忡的罗马元老们寻求建立一个等级化的、顺从的、稳定的社会，把地中海世界里的海洋城市和它们那具有威胁性的海洋/民粹主义文化清除掉。迦太基和科林斯都不构成军事上的威胁，倒是雅典的例子加剧了罗马人的忧虑。雅典人对波斯、斯巴达和马其顿的抵抗是由更具包容性、更激进的政治推动的，这种政治与海权、海军实力和桨座上的训练联系在一起。海军军械库提供了这些思想及其最终象征形式的实物证据。难怪罗马人会对一个巨大的海军港口和迦太基人民激进的反罗马政治结合在一起感到震惊。

从根本上来说，最后一次布匿战争是一场文化间的毁灭性冲突，是陆地对抗海洋，拥有地产的贵族寡头对抗平民主义的公民大会，军事帝国对抗商人。罗马人要求将迦太基连根拔起，迁往内陆，此举激怒了民众：城里的意大利居民被屠杀，民主派重新掌权，城市再次武装了自己。与前几次冲突形成鲜明对比的是，这将是一场至死方休的战争，因为冲突的起因不是领土、贸易或权力，而是身份和文化。人们抱着宿命论式的决心来捍卫城市：许多迦太基领导人都是极端的民主主义者。与前两次冲突不同，在这场战争里没有伟大的战斗或战役，只有一场持续了3年的围城战，而其结果从一开始就是清清楚楚的。海军采取的唯一一次行动是从圆形海港出发的迦太基人所进行的一场短暂的、犹豫不决的突击。

战争的结果毋庸置疑：罗马的军事力量足以同时摧毁迦太基和科林斯。在用饥饿和攻城机械的轰击使守城者疲惫不堪之后，西庇阿·埃米利安努斯

[1] G. C. Picard and C. Picard, *The Life and Death of Carthage*, pp.290-291.

[2] P. Horden, N. Purcell, 'The Mediterranean and "the new Thalassology"', *American Historical Review* (June 2006), pp.722-740.

（Scipio Aemilianus，小西庇阿）通过象征着迦太基力量的军港发动了大规模进攻，攻入了城市。没有人幸免于难。内城抵抗了6天：里面有5万人被卖为奴隶。死亡或奴役概括了罗马这场胜利的本质。罗马逃兵和意大利雇佣兵宁愿死在燃烧的神庙里，也不愿面对罗马的制裁。整座城市都被破坏、捣毁和焚烧，以确保民粹主义政治和海权永远不会再次崛起。传说罗马人还将这块土地犁过之后再撒上盐，这是一个经典象征，代表着荒凉。不过这样的措施毫无必要，而且会耗费大量的盐。

根据波利比乌斯的记载，他从前的学生西庇阿在这座城市被烧毁时失声痛哭，西庇阿反思了这番行为的后果，其用词凸显了希腊文化遗产和堪称其家族特征的政治现实主义对他的影响。这两个人都知道，摧毁已经投降的迦太基是对古典规范的一种侮辱，简直是亵渎神明。在面对摧毁自己城市的要求时，迦太基的使节们也说了同样的话。[1]西庇阿从《伊利亚特》（*Iliad*）中引用了国王普里阿摩斯（Priam）对"城市、人民和帝国那不可避免的灭亡"进行反思的一段话，并承认他预见到了罗马的灭亡：罗马不会毁于海权，也不会毁于民粹主义政治，但绝对权力造成的腐败会使它衰弱，它会被从迦太基渡海前来的蛮族部落洗劫一空。

迦太基的命运反映出了罗马在文化上的焦虑。虽然罗马人接纳了希腊文明这座宝库，但却拒绝给予迦太基人同样的地位，在一种狂暴的、关乎存亡的愤怒中毁灭了他们的城市、艺术作品和语言。迦太基这座完全希腊化的城市，被妖魔化为东方的、腐败的、颓废的。在这场毁灭中，罗马人抢走了所有值钱的东西，但却对迦太基的艺术和文化作品不屑一顾。他们没有把大图书馆搬回罗马，幸存下来的书籍都被移交给了非洲的国王们，他们抢走的雕像被记录为"希腊的"而非迦太基的。迦太基人长期以来一直喜欢收藏雕像：汉尼拔的著名收藏品中就有出自利西波斯（Lysippus）之手的精美青铜赫拉克勒斯像。[2]所有没归还给其西西里旧主的雕像很快就不再与迦太基这个名字有联系了。尽管在科林斯被劫走的希腊艺术品的遭遇比这要好一些，但这两种文化的意义都丧

---

[1] Spengler, *The Decline of the West*, vol. II, p.422.

[2] Fantar, *Carthage*, p.96. 巴卡家族认为麦勒卡特和赫拉克勒斯是同一位神。

失了。

　　罗马军队大量窃取艺术品并大规模破坏文化符号，这样的行为在后来的拿破仑和阿道夫·希特勒（Adolf Hitler）那里也可以看到，其目的是削弱被打败的敌人的地位和自尊，同时，把这些珍宝放在新统治者的首都里，可以使自己对统治权的主张更有说服力。虽然许多被掠走的物品具有内在的艺术价值，但把它们运回去的目的并不是为了丰富罗马文化，而是为了摧毁迦太基、希腊或其他罗马控制地区的文化。正如罗宾·沃特菲尔德（Robin Waterfield）所言，掠夺是"帝国镇压的工具"；雕像除了其内在的货币价值外，还具有文化和宗教的力量。马其顿皇家图书馆是罗马在第三次马其顿战争（公元前171年—公元前168年）中获得的战利品，它对马其顿的历史和文化具有重大意义，夺取它的是执政官埃米利乌斯·保卢斯（Aemillius Paulus）。以这种方式，罗马摧毁了由腓力二世和亚历山大大帝塑造的国家的知识残余。[1]罗马对与它争执的对手没有兴趣，它是一个大陆军事强国，一心一意要建立普世君主国。相比之下，海权们则仍然保持好奇心，它们不仅对新思想采取开放态度，而且还渴望保存其他地方过去的记录，不论是关于海洋的，还是关于大陆的。雅典在地理学的发展中起了重要的作用，它也是希罗多德的"世界史"的主要读者，对希腊以外的世界十分着迷，这些特点在迦太基人那里得到了呼应。迦太基地理学已经只剩下了一些粗略的、二手的残余，但它们提供了令人信服的证据，证明人的好奇心是如此永不满足，以至于希腊人都为之着迷，他们的著作中包含了大量幸存下来的材料。在经济利益和文化好奇心的推动下，威尼斯、荷兰共和国和英国也以非常相似的视角来看待本国以外的世界——不论是与它们同时代的，还是历史上的。

　　最终，罗马创造了一种单一的文化，一种为元老阶级所有的、略微希腊化的世界观，他们最关心的就是军事力量、土地和财富。后来的罗马作家哀叹公共道德的衰落是不足为奇的，他们将之归因于"东方式享受"的入侵。实际上，没有谁能把享受强加于人，而罗马人就像他们之前的斯巴达人一样，很快

---

[1] R. Waterfield, *Taken at the Flood: The Roman Conquest of Greece*, Oxford: Oxford University Press, 2014, p.75.

就被外来的生活方式迷住了。他们对文化的贡献空前的野蛮，这震惊了整个希腊化世界。罗马共和国并没有实现和平：它只是用战争来确保完全征服敌人而已。

攻占科林斯后，"元老院下令将这座城市夷为平地，以警告革命者"，他们所说的"革命者"指的是民主派。[1]同样是这种恐惧促使他们毁灭了迦太基。为了清除公民中的民粹主义，罗马在一年之内彻底摧毁了两座伟大的城市、一种先进的文明和海权文化。这些展示权力的手段十分可怕，它们的目的就是要恐吓对手，使其屈服。罗马通过既存国家——它们被迦太基的毁灭所震慑，陷入了瘫痪——的内部崩塌在东方赢得了一个帝国，奥斯瓦尔德·斯宾格勒（Oswald Spengler）将之称为"缺乏抵抗"。[2]塞琉古的安条克三世（Antiochus Ⅲ）和本都的米特拉达梯（Mithridates）所拥有的军队不过是把为数众多的人、马和大象集结在一起而已，只能拿来炫耀，不能拿来打仗。当他们与罗马军团面对面时，就被自身那无谓的数量压垮了。他们的海军也好不到哪里去。罗马的普世君主国是在政治真空中出现的。

罗马把迦太基、科林斯和海权的挑战从地表抹去了。这一挑战从来就不是特别强大：只有海权的文化内涵让罗马感到恐惧。在这个过程中，地中海世界里陆地和海洋之间脆弱的平衡被打破了，这创造了一个普世君主国，让大量的现金、财富和奴隶拥入罗马。财富和奴隶的突然增加对共和国造成了致命的破坏，最终毁掉了罗马的力量。

在迦太基被摧毁后的40年里，由于不需要再跟强国交战，罗马海军的实力大为减弱，使得海盗活动激增。[3]罗马缺乏海洋意识，忽视了警护这个海权的核心任务，致命地削弱了罗得斯——最后一个认为有必要保护海上贸易的海洋国家。当庞培（Pompey）奉命去解决海盗问题时，他采用了一种相当具有罗马风格的方法，他派遣部队登陆，把海盗赶往符合柏拉图标准的内陆，让他们去从

---

[1] G. C. Picard and C. Picard, *The Life and Death of Carthage*, pp.287-288.

[2] Spengler, *The Decline of the West*, vol.I, p.36.

[3] Pitassi, *The Navies of Rome*, pp.144-156.

事道德上比较高尚的农业。[1]

虽然罗马人摧毁了海权，但他们喜欢阅读并且重视希罗多德和修昔底德的著作。他们的兴趣在很大程度上保证了这两部著作能够跨越时代留存下来。这对海权的知识史来说是至关重要的，这部历史就是一个恢复、再利用和重新想象的过程。在古代世界里产生的领悟和理解将跨越千年流传下去并引发新的讨论，而在这一千年中，都不会形成新的海权。尽管人们普遍认为，是古代世界的知识遗产激起了文艺复兴时期西方人文主义的戏剧性发展，但很少有人认识到，这种学问是如何通过海洋从君士坦丁堡传到威尼斯，再从那里传遍欧洲的。威尼斯所印制的版本使修昔底德著作的希腊文本在16世纪初传到了荷兰和英国。这两个寒冷、阴暗的国家与修昔底德那位于爱琴海的故乡大不相同，但他的著作所造成的影响帮助它们塑造了最后一个伟大的海权。

后来出版的罗马著作在人文主义转向中把对迦太基思想的一种深厚的文化敬意传播开来，保证了布匿战争成为文化的最终冲突和决定性的全面战争。李维对迦太基舰队在第二次布匿战争结束时被焚毁的描述令人不寒而栗，而波利比乌斯则对罗马帝国的持久性做出悲观的预测，因为它在第三次布匿战争之后把希腊大师们的作品加进了帝国西部的精英教育里面，当作这种教育的标准成分。从文艺复兴到冷战时期，希腊古典著作被反复阅读、翻译和吸收，而西部的思想则在努力挣扎以免死亡。这个过程在新的海权中是最重要的，因为它们面对着新版本的罗马帝国——奥斯曼土耳其、西班牙哈布斯堡王朝、法国波旁王朝或彼得大帝治下的俄国，而法国大革命和拿破仑帝国则把整个过程带进了一个完整的循环——自封的新罗马有意识地着手消灭现代的迦太基。

虽然罗马和迦太基之间的战争经常被描述为争夺已知世界的统治权，但实际上这两个国家是在为截然不同的世界观而战。罗马人寻求更多的土地、财富、权力和支配。相比之下，迦太基海权寻求的是一个稳定、平衡的世界，在这个世界里，它可以确保贸易航线的安全，并从不断扩张的地中海经济中获利。当罗马的指令性经济威胁到了他们的"非正式贸易帝国"时，迦太基人就

---

[1] I. Samotta, 'Herodotus and Thucydides in Roman Republican Historiography', in E.Foster and D.Lateiner, eds., *Thucydides and Herodotus*, Oxford: Oxford University Press, 2012, pp.345-373.

起来抵抗了，尽管其手段和方法与罗马人有明显的不同。

如果说第一次布匿战争是围绕着海军基地和资源展开的，那么第二次布匿战争的目的就是试图把罗马限制在一个多极国家体系内，利用地中海东部的希腊化国家和较小的意大利国家的力量来制衡这个军事巨人。汉尼拔并不打算消灭敌人：他相信罗马缩小到合适的规模后，可以成为国际体系中有用的一员。在第三次迦太基战争中，罗马消灭了迦太基，以免它成为泛地中海民粹主义运动的焦点，同时也满足了渴望战利品的元老阶级。迦太基和科林斯的覆灭是由一种根深蒂固的、对文化差异的恐惧驱动的，这种恐惧只能通过把单一文化强加于人并把这称为一个帝国来加以解决。

公元前146年，迦太基和科林斯被系统地摧毁了，他们的书籍和铭文、艺术品和雕像也被毁坏或抢走。迦太基被从地图上抹去，它的历史遭到否定。这变成了一个宏大的道德故事，罗马人用一个"低劣的东方文明"那些耸人听闻的故事来渲染它，通过布匿人的背信弃义和用婴儿献祭来将其与希腊—罗马传统区别开。善良的罗马人战胜了邪恶。汉尼拔成了一个典型的反英雄，才华横溢，但道德败坏。他遭到了极大的侮辱，被罗马重新塑造为一个狡猾、嗜血的战争贩子，而实际上，他是一位典型的海权政治家，一位冷静、精明的现实主义者，偏爱条约和妥协。迦太基和科林斯将被重建为罗马的贸易中心，成为帝国对它们辉煌历史的模仿，服务于一个军事巨人而不是一个海上民族的利益。海权脱离了其包容性政治和经济的根源，在一千年中都不会被哪个国家采用，在这个时代里，海权最关心的那些东西——海事的专业化、商业、政治包容性和一支用于警护的海军——是不受重视的。

第四章

贸易、战争和仪式：威尼斯的海权国家

TRADE, WAR AND CEREMONY:THE VENETIAN SEAPOWER STATE

威尼斯军械库正门

　　虽然在迦太基毁灭之后的一千年里都没有产生过一个海权，但贸易和航运还是在继续，沿海国家，特别是那些控制着诸如博斯普鲁斯海峡和丹麦海峡等咽喉要道的国家，仍然在对它们征税。同样的，海洋与战略依然保持着深刻的联系，军队经常来往于海上，比如蛮族对英格兰的入侵、拜占庭帝国在意大利和非洲的军事行动、阿拉伯人和俄罗斯人对君士坦丁堡的袭击以及诺曼征服。但在一个被海洋和为了争夺对可征税土地的控制权而发生的战争搞得动荡不安的一神教世界里，作为一种空间的海洋还是处于边缘地带的。大多数战斗是在陆地或沿海水域进行的，在这些战斗中，舰船只是陆上作战的平台而已。军舰都放弃了撞锤这种古代的船战兵器，因为专业的海军部队很少，而大型舰队之间发生战斗的机会就更少了。因此，需要有高水平的专业技能才能使用的武器系统被步兵战斗或陆地武器所取代，例如希腊的火力投掷装置和攻城机械。

　　归根到底，没有一个国家或政治家认为把焦点从陆地转向海洋的不对称转移能够带来优势，而对外部资源的依赖也没有造成多大的影响，正是这种依赖推动了雅典和迦太基等富裕而强大的城邦做出这种选择。此外，海权的知识遗产已经丢失了。在拜占庭的修道院或穆斯林的图书馆里还保存着一些重要著作的抄本，但痛恨海洋的神职人员们对它们不屑一顾。[1]当这些古代文本通过战争、征服和欧洲人挑战宗教和政治正统的意愿传播开来时，它们为新的海权提供了思想、技术以及最重要的、来自古代世界的政治先例。在非正统的威尼斯和信奉新教的北欧海权国家里，希腊思想逃过了天主教对异教徒文本的禁令，这并非偶然，它们的社会是开放、包容和好奇的，会以强调海洋来维持与罗马教会的主流思想相左的世界观。

海权国家的缺席为海洋城市创造了一个机会，它们在陆上帝国的边缘地带运作，有时候是大国的被保护国，有时候是机敏的、遮遮掩掩的投机者，在被文化和距离隔开的敌对政体之间充当中间人。这些边缘国家中的一员将成为第一个现代海权，这不是因为它很强大，而是因为它弱小，而且刻意选择了一条与众不同的路。

从一开始，威尼斯的身份和政策就都是围绕海运的繁荣而形成的。在缺乏可征税土地的情况下，国家只能依靠关税、盐和酒税。至关重要的是，威尼斯站在了笼罩一切的世俗和精神控制体系之外，正是这些体系影响着意大利其他地区。尽管它信奉天主教，但教会是被城市控制着的，因为罗马天主教——特别是它那禁止与异教徒进行贸易，不赞成航海的强硬、独裁的形式——与海权文化格格不入。在世俗领域，威尼斯一直保持着与拜占庭的历史联系，从未承认过神圣罗马帝国的权威。这些选择使威尼斯这个自我定义为帝国的国家能够基于其孤立皇帝和教宗的世俗权威之外的地位，在他们两者之间进行仲裁。[2]威尼斯之所以能够维持这种地位，是因为它采用了一种包容性的、由寡头控制的政治结构，依靠选举、制衡来确保共和国不受王朝统治和政策剧变的影响。威尼斯政府在意大利诸共和国中独树一帜，一个官僚主义的、高度法制化的强力结构控制着它。这一体系把人与国家而不是家族和派系绑在一起，从而避免了

---

[1]　圣奥古斯丁（St Augustine）对海洋和航海所做的深刻负面评价对天主教国家的影响仍然很大。

[2]　J. Bryce, *The Holy Roman Empire*, London: Macmillan, 1901, pp.172, 188.

热那亚历史上不时出现的那种内乱，直到贵族联合的特权和领导地位完全巩固为止。国家的元首总督是由他的贵族同僚选举产生的，从10世纪时起，他的权力受到了严格限制。总督代表国家，与他的议会和参议院齐心协力行动，但如果他想要以权谋私，那他就会遭到阻挠，甚至被处决。政治稳定使威尼斯繁荣昌盛，国祚延续了一千年。

国家的政治结构限制了个人的权力，阻止了王朝统治的出现。考虑到中世纪和现代早期意大利不时出现的公民暴力和政权更迭，这些保护措施显然是必要的，因为军阀、王朝君主、雇佣兵队长、激进的共和主义者、西班牙国王、神圣罗马帝国皇帝，甚至是教宗都在争夺城市和国家的控制权。除了一个由连锁的职位和限制构成的复杂体系外，威尼斯人还建立了一套由政府资助的官方庆典，从"与海洋的婚礼"到教会游行，都有装得满满的粮仓和廉价的食物作为他们的后盾，以满足下层民众的需求。威尼斯的稳定和持续性是建立在坚实的基础上的，威尼斯的精英认为他们的政制是国家的最高成就，是威尼斯终极的艺术作品。统治精英联合起来对抗来自陆地（terra firma）的贵族、外国人和下层社会。教堂是这种稳定的核心，但是，因为与异教徒的贸易而不止一次对威尼斯施以惩罚的圣座从来都没能控制得了威尼斯的宗教。威尼斯人虽然是虔诚的天主教徒，却不受圣座的约束。这与亨利八世（Henry Ⅷ）对罗马权威的否定之间有着重要的相似性。

威尼斯总是与众不同。大海把它与陆地的发展隔离开来，塑造了它的社会结构，并为它的典礼提供了阅兵场。虽然围绕着威尼斯的神话宣称，由于神的眷顾，这座城市静静地从海上出现，不费吹灰之力就主宰了各处海洋，但现实情况却大不相同。威尼斯海权和其他所有海权国家一样，不是"自然"产生的；它的海权身份是由贵族精英们有意识地创造出来的，并不断地对它进行修改，他们从未忘记由海军力量支撑着的海上贸易的重要性。既然威尼斯选择成为一个海权，重视海上贸易更胜于陆上扩张，那么，它将不可避免地获得某种形式的岛屿帝国。用桨帆船与东地中海和黑海进行贸易时所必需的后勤保障决定了这个帝国的性质。这些小型的、人员密集的船只需要经常在安全的港口靠岸，下一处港口必须位于划桨航行两天所能到达的距离之内，以便让船员们恢复体力。如果没有这些港口，威尼斯的贸易就要靠其他国家的善意来维持了。当威尼斯成为一个大国时，帝国就建立了。威尼斯是财富和资源的大国，而非人力和领土的大国，它向邻近的大陆延伸，以获取维持海军统治地位和控制跨越阿尔卑斯山的关键贸易路线所需的资源。这使得这个海上共和国变成了一个陆上强国，引起了其他国家的敌意，它们害怕共和国的财富和独特的政治制度。

从物理上来说，这座城市最初是由位于众多人工岛上的一系列小型地方社区组成的，这种特色一直保留到了20世纪。它们之间通过水路而非马路连通，还有不适合马匹和轮式车辆通行的人行道。这是一项经过深思熟虑的政策行动，对文化造成了重大影响。16世纪以前，威尼斯的精英们在运河上建造房屋，在一楼——海洋层——处理贸易，楼上则用于居住，因为紧凑的土地规划要求他们向上延伸。[1]这些狭小的房屋正面被公开展示出来，由此发展出了独特的世俗和宗教建筑，以表达一种与大陆城市完全不同的身份。

直到公元1000年，威尼斯都还只是个地方上的小角色，主要从事沿海、河流和潟湖贸易，大部分货物靠驳船来运输；当地生产的鱼、盐以及进口的奢侈品被用来交换农产品，以养活这座建在泥滩上的城市。这一贸易有武装人员护卫。此后，武装航海成为一种惯例，这创造了一种独特的政治结构，它重视以政治和宗教独立为保障的贸易自由。这座城市的演变是为了维持海运，对进口商品进行加工以增加其价值，同时也是为了确保战略资源，特别是造船用的木材。威尼斯用来维持制海权的资金来自贸易收入。992年，威尼斯通过派遣军舰赢得了拜占庭帝国的青睐，拜占庭以降低关税作为对此的回报。威尼斯无情地利用拜占庭的弱点来控制贸易，这令统治者和被统治者都感到震惊。被威尼斯人和其他意大利商人剥夺关税之后，这个曾经伟大的帝国迅速衰落了。保卫拜占庭贸易的强大海军也日渐衰弱；帝国没能通过成为海权的测试。[2]

然而，拜占庭作为古老的霸主和贸易往来的核心仍然是威尼斯理所当然的模仿对象。在威尼斯不再是拜占庭的附属国之后很久，它仍然在文化上保持与东方的联系，它用这种强劲且持久的声明来表达它的与众不同。东方的身份、

---

[1] 阿姆斯特丹运河两旁的房屋也引发了类似的研究，想要确定法律对建筑的影响。

[2] C. Diehl, *The Economic Decline of Byzantium*. C. Cipolla, *The Economic Decline of Empires*, London: Methuen, 1970, pp.92-102, 对此有简明的评述。

岛屿的位置和海军力量使它得以与意大利其他地区保持一定的距离。与拜占庭的联系激发了修建于12世纪的圣马尔谷圣殿宗主教座堂的独特灵感，这是一座故意按照古老的东正教样式来建造的建筑，按希腊风格进行装饰，它的模板是600年前查士丁尼（Justinian）在君士坦丁堡修建的圣使徒教堂。

从政治角度来看的话，威尼斯的目光投向的是君士坦丁堡身后那个更古老的罗马，它把罗马的共和传统用得炉火纯青，还重新利用了罗马的文物和建筑风格以维持国家和贵族的身份。而另一个东方则为它提供了使徒的遗体、符号和建筑参考。圣马尔谷、翼狮、尖拱和总督府都来自信奉伊斯兰教的埃及，总督府的原型就是开罗马穆鲁克的觐见厅。[1]这种借鉴在历史文本、艺术和建筑中代代相传，成了一个独特国家的官方真理。然而，威尼斯是唯一一个没有罗马遗产的意大利城市。[2]没有历史的威尼斯人却沉迷于过去，这是对他们处境的一个小小讽刺。

从1177年开始，威尼斯人形成了自己的历史，在这一年里，他们接待了教宗和神圣罗马帝国皇帝，让他们和解了。每年一度在耶稣升天节时举办的"与海洋的婚礼"仪式所纪念的就是这一里程碑式的政治事件，在那一天，总督会坐在国有仪式用的桨帆船上，划出潟湖，将一枚金戒指投入大海。隐藏在仪式背后的是一个经典的威尼斯权力游戏。由于皇帝无法控制意大利北部，使得它可以控制亚得里亚海的商业。在这个时候，威尼斯是一个强大的海洋国家，一个拥有强力的海军和海上影响力的区域性角色，与拜占庭和伊斯兰国家有着密切的贸易往来。通过一场战争，它成了一个大国。1204年，在总督恩里科·丹多洛（Enrico Dandolo）的策划之下，正在进行第四次十字军东征的军队转移了目标，这些军队本是要从穆斯林手中夺回圣地的，结果却攻克了两座信仰基督教的城市。十字军让威尼斯重新控制了扎拉（Zara，位于扎达尔的旧城附近），还推翻了拜占庭帝国，以此来支付威尼斯人送他们前往东方的船费。在拜占庭的废墟之上建立起来的拉丁帝国向威尼斯提供了大量的战利品，其中包括了安装在圣马尔谷圣殿宗主教座堂山形墙上的那四匹著名的铜马（quadrigia），还给

---

[1] D. Howard, 'Venice and the Mamluks', in S. Carboni, ed.,*Venice and the Islamic World 828–1797*, New Haven, CT, and London: Yale University Press.2007, p.76.

[2] P. F. Brown, *Venice and Antiquity*, New Haven, CT, and London: Yale University Press, 1996.

了它极为优厚的贸易特权以及从对大海毫不在意的法兰克军阀那里购买连接亚得里亚海和爱琴海的一系列岛屿基地的机会。丹多洛的胜利使威尼斯"从一个小国变成了一个超级大国：它扩大了自己的领土，成了地中海贸易的领导者，还宣称自己拥有对拜占庭的支配权"。[1]使用暴力来保障贸易的安全并不是什么新鲜事。886年，威尼斯人洗劫了与之竞争的科马乔港（Commachio），这显示出了他们毫无保留地致力于扩大贸易的意志。从一开始，他们的贸易就包括了向穆斯林出售战略物资——武器、金属和造船用的木材，尽管教宗颁布了一系列禁令禁止这种行为。[2]这座城市会因此而遭到惩罚，但威尼斯人从不让信仰干扰贸易。在1204年之前，威尼斯人是为了获得贸易而战；在此之后，他们运用自己的岛屿帝国和海军力量，为了保住贸易而战。财富、权力和一套新的历史文物重塑了威尼斯的过去。现在它可以强调自己与拜占庭的联系了，因为它们已经不再带有任何政治统治的痕迹。

为了利用1204年带来的机会，威尼斯通过合法地封锁包括土地在内的其他投资渠道，创造了它的海洋经济。为了确保精英会留在这座城市里，这项法律的效力一直延续到了16世纪。[3]在中世纪时期，威尼斯的相对权力臻于鼎盛，此时它拥有一个稳定的政治体系，还没有因贵族统治的结束而僵化，而其他国家都处于内外交困之中。正如弗雷德里克·莱恩所说，虽然海权是通过海盗行为、奴隶贸易和战争发家的，但一旦站稳脚跟，它们就变得"更关心维持运输服务和和平交流的好处"。[4]稳定的威尼斯消灭了海盗，因为海盗会使重要的客户不敢上门，而不稳定的热那亚则失去了市场，因为它控制不了热那亚

---

[1] M. Georgopoulou, *Venice's Mediterranean Colonies: Architecture and Urbanism*, Cambridge: Cambridge University Press, 2001, p.2.

[2] 萨拉丁（Saladin）对这种贸易的支持参见: B. Lewis, 'The Arabs in Eclipse' in Cipolla, ed., *The Economic Decline of Empires*, p.109.

[3] Maria Fusaro, *Political Economies of Empire in the Early Mediterranean: The Decline of Venice and the Rise of England 1450–1700*, Cambridge: Cambridge University Press, 2015, pp.176–177.

[4] F. C. Lane, *Venice: A Maritime Republic*, Baltimore,MD:Johns Hopkins University Press, 1973, p.23.莱恩的作品仍然是对这一主题的分析中最有说服力的，是他终生研究这座城市的成果，还用上了他在二战期间撰写有关制海权和战略的文章的经验。

的海盗。[1]归根究底，"威尼斯人寻求的是制海权，而不是可以获取贡赋的领土"[2]。他们会为了改善威尼斯的贸易条件而战，但通常情况下他们对付的是其商业竞争对手，而不是主要的陆上大国，他们以海上中间商的身份为这些大国服务。当两个大国发生冲突时，威尼斯人会支持最不可能损害他们的商业利益或能够提供最有利可图的贸易特权的国家。其他民族的战争使威尼斯成为中世纪最伟大的海洋国家和——简而言之——一个海权大国，它把现实与战舰和商船的表现结合起来，创造了一种海权的语言。

从第四次十字军东征中获得的暴利让威尼斯从一大群竞争对手中脱颖而出，买下了横跨地中海东部的"海军基地帝国"[3]。这些岛屿将亚得里亚海与克里特连接起来，后来又将它与塞浦路斯也连接起来，对一个与阿卡、阿勒颇、亚历山大港和君士坦丁堡这些大型贸易中心都有贸易往来的海权国家来说，塞浦路斯这个海岛可谓是最理想的领地。丹多洛总督制定了一种标准货币——这对国际贸易来说是必不可少的——用以取代缺乏信用的拜占庭货币。银行系统的发展为昂贵的航行提供了支持，而汇票则让资金的流动简便了许多。威尼斯对贸易进行监管，将竞争对手排除在外，以便从相对静态的商业活动中获取最大的利润。

威尼斯努力维持着一个具有多个供应源的分散市场，并防止处于垄断地位的供应商推高价格和挤压利润。它不让宗教差异干扰商业，坚持与拜占庭和马穆鲁克埃及进行贸易。828年，圣马尔谷的遗体被从亚历山大港运回威尼斯，这反映了它与阿拔斯王朝的统治者之间密切的经济联系。[4]威尼斯和控制叙利亚的埃及都从香料贸易中获利，并反对土耳其军阀和蒙古皇帝。难怪开罗——这是它们进行贸易的城市中最大的一座——对威尼斯的建筑造成了影响。[5]

---

[1] T. A. Kirk, *Genoa and the Sea: Policy and Power in an Early Modern Maritime Republic, 1559–1684*, Baltimore MD: Johns Hopkins University Press, 2005, pp.128, 135.

[2] Lane, *Venice*, p.27.莱恩使用的显然是马汉的定义，而不是修昔底德的。

[3] Lane, *Venice*, p.43.

[4] S.Carboni, 'Moments of Vision: Venice and the Islamic World,828–1797', in Carboni, eds., *Venice and the Islamic World*, pp.10–35 at pp.13–15.

[5] Howard, 'Venice and the Mamluks', in Carboni, ed., *Venice and the Islamic World*, pp.73–88 at pp.73–76.

1300年以后，人们学会了使用航海图和罗盘，这些航海科学的发展使得在冬季和夜间也能在地中海里航行，这让希腊每年派出的护航队增加了一倍。随着威尼斯贸易的稳定，居住在外国港口的商人建立了定期的通信。商业被资本化了，而由公共资金支持的国债也在1262年被创造出来，这迫使威尼斯人为帮助维持社会凝聚力和赞助文化项目的慈善团体提供稳定的收入。与所有海权国家一样，威尼斯的主要收入来自关税，而不是土地税。

威尼斯是地中海东部最重要的转口港，它通过邻近的阿尔卑斯山脉通道以及后来那些驶往佛兰德斯（Flanders）的国有帆船，把亚洲和中东与地中海和北欧连接起来了。转口港的模式增加了收入：货物不管是进口还是出口都要交税。德国商人带着银子来威尼斯购买商品，威尼斯人又用这些银子在利凡特购买商品，1228年，德国商人也获准在威尼斯建起了他们自己的商馆。

威尼斯的贸易依靠两种船来进行。大型的商用桨帆船装载着大量香料和丝绸进行贸易，靠划桨航行来跟上日程或避免被捕获。这些船上的划桨手和船员都是从威尼斯雇来的专业人员，这确保了航行的质量，同时也让划桨手们的技能不会生疏，即使爆发战争也能立即派上用场。然而，这种资源是有限的，而且是脆弱的。定期、安全的运输使威尼斯人得以控制贸易，使他们能够置身于一个远至伦敦、布鲁日和安特卫普的运输体系之中心位置，始终保持着转口港的身份，并避开了法国设下的贸易壁垒。北方的帆船会带着当地的羊毛和锡回来。随着时间的推移，运载散装货物、谷物和原材料的帆船变得越来越大，越来越适合航行。有军用桨帆船护卫着它们。

到了13世纪90年代，一个世纪以来几乎从未间断的成功给威尼斯人的思想注入了一种不切实际的色彩。这座城市在其相对实力达到巅峰时的傲慢和野心反映在这样一个建议中：在印度洋部署一支基督教舰队，打破穆斯林对香料贸易的控制，将保证威尼斯获得长期的经济成功。[1]1300年后，威尼斯的经济帝国主义在其属地的叛乱和意大利本土遭受的失败中幸存下来。贸易特权和对亚得里亚海的控制确保了资金的持续流动。1250年之后，位于利古里亚海岸边的充满活力的海洋共和国热那亚，利用其更灵活、不那么中央集权的政治结

---

[1] Carboni, ed., *Venice and the Islamic World*, p.22.

构，成为一个极具威胁性的经济竞争对手。与热那亚的战争转移了威尼斯人对君士坦丁堡的注意力，1261年，这里重新回到了希腊人的统治之下，这使热那亚获得了原本属于威尼斯的商业特权。继1291年最后一个十字军王国阿卡陷落以及威尼斯人在亚得里亚海被热那亚打败之后，还出现了更多的损失。但到了13世纪末，威尼斯又恢复了对拜占庭贸易的控制，它迫使安德罗尼卡二世（Andronikos II）同意让其商品免税进入帝国市场。

威尼斯是一个人口稠密的小港口，极易受到传染病的侵袭。1347年至1349年、1575年至1577年和1630年至1631年爆发的灾难性瘟疫阻碍了经济的发展，改变了这座城市。第一场瘟疫使它的人口减少了一半，其他瘟疫的破坏性也只略低一点。人力的损失因为源源不断的移民而得到了弥补，但是，虽然移民活力充沛，但他们既不是威尼斯人，也不是水手：鼠疫之后的经济发展呈现出更为工业化的特征，人们对原材料进行加工以便出口，这种情况在化学制品、玻璃、冶金、造纸和奢侈品行业里尤为显著。这些行业既是海上贸易的副产品，又是它的一种替代："威尼斯再也不像13世纪那样，主要是一个海洋国家了……威尼斯仍然是首屈一指的海军强国，但它的力量日益体现在其工匠和商人的财富上，而不体现在为数众多的船只和本地海员的储备上。"[1]

弗雷德里克·莱恩认为，这一发展孕育着解体的种子，为了争夺通往爱琴海、黑海和埃及航线的控制权，威尼斯与热那亚打了两场没有结果的战争，这挑战了这座城市的社会秩序，暴露了瘟疫之后威尼斯桨帆船船员令人担忧的弱点——必须雇用盟友，外交手段比海军技术更能确保最终结果。为了重建破碎的公民自豪感，总督安德烈亚·丹多洛（Andrea Dandolo）创作了一部人文主义的国家历史。他的继任者马里诺·法列罗（Marino Faliero）则用了一种非常不同的方法来解读最近的历史带来的教训。法列罗试图推翻共和国，他得到了中产阶级海上经济行动者的支持，他们将最近的失败和失去市场归咎于旧体制。法列罗的举动呼应了选举产生的统治者在意大利各地夺取权力的趋势。法列罗遭到了审判，并被斩首于总督府的台阶上，他的肖像被从历代总督的记录中拿走了，这起事件成了威尼斯政治稳定的一个惊人见证。尽管在国内采取了果断

---

[1] Lane, *Venice*, p.170.

的行动，但威尼斯人在海外的苦难仍未结束。匈牙利国王占领了达尔马提亚（Dalmatia），热那亚人应威尼斯移民的邀请进入塞浦路斯，控制了法马古斯塔[1]（Famagusta）。公共债务则在30年里增长了10倍。

忍耐、外交和金钱使威尼斯得以幸存。1379年，热那亚军队进入潟湖，威胁这座城市，但威尼斯人进行了反击，并比敌人坚持得更久。自此以后，金钱成了占主导地位的战略工具。威尼斯从地方统治者的手里买下了重要的港口，并在奥斯曼土耳其的入侵中守住了它们。威尼斯军队和他们的指挥官都是雇佣兵，而最优秀的水手则越来越需要从希腊和克里特岛招募。共和国于1386年购买了科孚岛（Corfu）以取代大陆上的拉古萨（Ragusa），建立了一个坚固的阵地来保卫亚得里亚海。1388年它购买了阿哥斯和纳夫普利亚[2]（Nauplia），1396年又购买了都拉斯（Durazzo）和斯库台（Scutari）。[3]1409年，它收复了达尔马提亚海岸，靠的同样是金钱而不是战舰。

虽然以购买来维持帝国主义充分发挥了威尼斯的力量，但重视堡垒的全新态度揭示了一个潜在的现实：以质量和数量为基础，毫不费力就能取得海军优势的时代已经过去了。尽管在海战中遭受了一系列失败，不过，威尼斯仍然垄断着东西方之间的高价值贸易，特别值得一提的是，它利用伊斯兰世界内部分裂所创造的机会垄断了香料贸易。当马穆鲁克埃及与奥斯曼苏丹争夺贸易时，威尼斯可以乘机压价。共和国还是面朝东方，贵族们从事着海军和商业活动，而圣马尔谷圣殿宗主教座堂则装饰着从东方运来的古代石雕，它们是被急于表现自己的爱国心和慷慨的船长们带回来的。拜占庭式的细部设计依然是威尼斯哥特式建筑的核心。

随着时间的推移，威尼斯的市政建筑逐渐使三个地区被凸显出来：圣马尔谷广场发展成了权力、信仰和政治的剧院；里阿尔托（Rialto）成了商业中心；军械库（Arsenale）则支撑着威尼斯的商业，并为它而战的桨帆船的家园，让欧

---

[1] 法马古斯塔：又名"阿莫霍斯托斯"。塞浦路斯东岸法马古斯塔湾的港市，法马古斯塔行政区的行政中心。——编者注

[2] 纳夫普利亚：城市名，又译纳夫普利翁。在今希腊伯罗奔尼撒半岛东部，阿哥里斯湾北岸。——编者注

[3] F. Moro, *Venice at War: The Great Battles of the Serenissima*, Venice: Studio LT2, 2007, p.91.

洲的每一个军工厂都以此为名。1204年后，就在一个世纪之前还只是城市靠海那边的一个海军工坊和仓库的军械库变为了一个军舰建造工厂，成了国家造船业的中心。在13世纪末，它被扩建为公共造船中心，拥有一个新的大型索具工厂。步兵武器和攻城机械也在这里制造和存放。1326年，为了方便建造大型帆船，造船厂被向外推进到城市北端的沼泽地带。为了建造和维护商用桨帆船以及大量生产军用桨帆船，共和国保留了一支常规的劳动力队伍，著名的"军械库工人"（Arsenalotti）随时准备应对海上的紧急情况，而其他欧洲国家要到很久以后才会拥有国家造船厂。他们在国家里享有特权，集消防等许多重要的城市角色与仪式职责于一身。最重要的是，总督保留了在紧急情况下征召潟湖里所有造船者前往军械库工作的权利。对军械库的连续建设活动阐明了共和国与海军之间的关系。[1]

15世纪中叶，尽管威尼斯的国力已经衰弱了，但它仍渴望成为一个帝国，模仿共和时期的罗马，在海上超越雅典，在陆上超越斯巴达。为了震慑竞争对手，威尼斯旧有的克制和谨慎被展示权力和公开的夸耀所取代，罗马凯旋门式的建筑就是这种变化的表现，它是古典的荣耀象征。[2]在这座城市里，最先采用这种新语言的地方正是军械库，这绝非偶然，在奥斯曼土耳其征服君士坦丁堡之后不久，威尼斯马上开始对它进行大规模重建。军械库的新陆门是这座城市里的第一座人文主义建筑，它与陆地上的罗马凯旋门非常相似。这是为了给人们留下深刻的印象。10年后，为了让总督在外国列强代表的陪伴下进行每年一次的仪式性访问时能够看到一条"宽阔而美丽的街道"，一些遮蔽视线的房屋被强制买下并拆除。这就是威尼斯的第一条凯旋之路。[3]修建具有仪式性的水门、陆门和高耸的砖墙都是为了给外国列强留下深刻印象，起到威慑的作用。它们曾是欧洲的热门话题，常被用于向来访的精英们展示威尼斯的权力。

然而，进入这个空间是受到严格控制的。军械库的砖墙"第一次认真地

[1] E. Concina, *A History of Venetian Architecture*, Cambridge: Cambridge University Press, 1988, p.81.

[2] Concina, *A History of Venetian Architecture*, p.114.

[3] Concina, *A History of Venetian Architecture*, pp.120–122; D. Savoy, *Venice from the Water, New Haven*, CT, and London: Yale University Press, 2012, 在第56页谈及军械库，但没有对威尼斯力量的这一关键声明作考察。

尝试着把像模像样的罗马气质赋予不朽的威尼斯",但它在军事上完全没有用处。它只是用来管住军械库工人并把外国情报员挡在外面。威尼斯人早就知道复原信息和保守秘密的重要性。保密和痴迷收集情报是威尼斯的典型特征,海权国家需要面对比它更强大的敌人,对它来说,这是必不可少的工具。作为一个以知识为基础的国家,威尼斯对世界进行了建模,并将其绘成地图,从而更好地定位自己,展示力量。[1]1547年,威尼斯为国有大型游艇"礼舟"(Bucintoro)新建了一个船坞和仓库。1591年,按照米歇尔·桑米凯利(Michele Sanmicheli)的设计重建了武器库的出入口。[2]修建它们都是为了给外国访客留下深刻印象,它们为军械库的仪式性力量添上了新的一笔。

如果威尼斯正如伊恩·芬伦(Iain Fenlon)所说,是一座"仪式之城",那么军械库的大门(Magna Porta)就把海权放在整个仪式过程的核心位置上了。威尼斯人知道,他们站在一条可以回溯到雅典和迦太基的道路上,他们阅读了古典文献,考察了古希腊的废墟——从阿伽门农的迈锡尼到荷马的提洛岛,还调查了迦太基的遗址。[3]他们把从希腊岛屿上找到的石狮子放在军械库外的一段铭文下面,这段铭文把这座城市于421年奠基的神话化为了事实。威尼斯把希腊和罗马的材料结合在一起,强调了它在意大利的大国地位,正如它对海洋的主宰(domino maris)一样。[4]这样的主张在十年之内会变得更加鲜明,因为威尼斯与奥斯曼苏丹之间的战争快要爆发了。

展示用的建筑外部是真实的战争,1470年后,主导着这些战争的是奥斯曼帝国无情的推进,它是一个拥有惊人的人力和物力储备的大陆霸主,驱动着这个国家的政治体制以无休止的征服换来国内的稳定。这些战争是为了领土、贸易和金钱而进行的:宗教是一种有用的宣传工具,而不是动机。[5]归根究底,这是一场帝国主义之间的冲突,冲突双方是一个海权和一个大陆霸主。然而,与

---

[1] 军械库旁边的海军博物馆反映了威尼斯所关注的这些问题以及威尼斯人对海军战利品的崇敬。

[2] Concina, *A History of Venetian Architecture*, pp.220–221; R. Chrivi, F. Gay, M. Crovato, G. Zanelli, *L'Arsenale dei Veniziani*, Filippi, 1983, p.28.

[3] Concina, *A History of Venetian Architecture*, p.118.

[4] Brown, *Venice and Antiquity*, pp.108–109.

[5] Fusaro, *Political Economies of Empire*, p.86.

雅典和波斯、迦太基和罗马之间那种旧式的关乎存在的冲突不同，威尼斯和奥斯曼帝国都有意识地控制冲突的规模，因为双方在其他地区也面临着严重的威胁，而且威尼斯人从来不曾忘记贸易的必要性。虽然威尼斯的海军霸权对奥斯曼帝国来说并不是攸关生死的威胁，但威尼斯对利凡特贸易的控制影响到了奥斯曼帝国的收入，而这些收入对帝国的安全至关重要。

威尼斯的海外帝国，或称海洋之国（Stato da Mar），是这座城市的延伸，在这一点上，它与其他海权国家惊人地相似。这个帝国由一系列设防的港口控制，它们把桨帆船港口与海军设施结合起来，建有桨帆船船坞、工坊和能容纳大型帆船的军械库。这些城镇的四面八方都有防御工事，以抵御当地居民和潜在的外国侵略者。最关键的几个阵地是亚得里亚海的南门科孚岛、伯罗奔尼撒半岛西南端的莫东（Modon，迈索尼，Methoni）以及整个地中海东部的枢纽——克里特岛上的干地亚（Candia，伊拉克里翁，Heraklion），它位于连接威尼斯和君士坦丁堡、阿勒颇和亚历山大港的主要航路上。在1211年到1669年之间，克里特被当作威尼斯贵族的一处领地来经营，以避免在当地驻扎雇佣兵部队所产生的费用。在克里特最要紧的北部海岸上有三座设防的城市，分别是首府干地亚与地区中心干尼亚[1]（Chania）和雷提蒙（Retimon），这反映了威尼斯人的利益所在。这三个港口都得到了开发。干地亚能容纳50艘军用桨帆船。15世纪中叶，新的防御工事被修建起来，以应对奥斯曼帝国的攻城机器和战略孤立所造成的迫在眉睫的威胁。[2]这些巨大的花费是合理的，因为人们希望这些防御工事能够阻挡威尼斯无法击退的进攻，并保护贸易网络。

尽管威尼斯人做了准备并建立了情报网络，但他们还是没有预料到1453年君士坦丁堡的陷落，因为他们把注意力都集中在意大利本土上了。利用相对的权力真空，威尼斯成了意大利北部的主要强国。这些战争把资源从海洋和为共和国提供资金的贸易网络中抽走了，而在此期间，奥斯曼帝国在中东和巴尔干半岛取得了霸权。对受过古典教育的政治家来说，通过修昔底德对西西里远征的描述就可以清楚地看出潜藏在这种重心转移中的风险，但此时获得希腊著作

[1]　干尼亚：旧译哈尼亚，是克里特岛的第二大城市。——编者注
[2]　Georgopoulou, *Venice's Mediterranean Colonies*, pp.3–19, 45–73.

文本的机会尚未到来。有人认为把重心转向陆地是明智的，甚至是不可避免的。[1]无论这一决定的理由是什么，它都对威尼斯的邻国产生了重大且纯然不利的影响。一旦威尼斯开始像一个"正常"国家那样行事，它的财富和权力就会威胁到半岛上的其他国家，而稳定、成功的共和制度则对世俗政府和宗教政府构成了意识形态上的挑战。虽然威尼斯是靠着雇佣兵将领指挥的雇佣兵部队来打意大利战争的，但这些战争分散了城市的注意力，使它没能察觉到它对东方贸易的控制已经遇上了非常重大的威胁。奥斯曼帝国征服君士坦丁堡令威尼斯大为惊骇，它不得不寻求与这位大占上风的新霸主和解，并采取了一种新的战略模式，所有海权国家的领袖都会对这种模式产生共鸣。君士坦丁堡的陷落并不代表穆罕默德二世（Mehmet Ⅱ）对基督教世界的挑战达到了最高峰：他的挑战将会到达意大利本土，直抵威尼斯眼前。

　　威尼斯的战略就是伯里克利的战略："保持对海洋的控制，保卫那些可以从海上加以保护的城市，情况允许的时候就多占点便宜，并通过海上袭击来报复土耳其的侵略行为。"同时代的大陆强国在信仰和对领土的野心推动下与奥斯曼帝国开战，但始终摧毁不了它。威尼斯小心翼翼地避免给奥斯曼苏丹世俗或宗教上的借口，以免他调动"土耳其军队的全部力量"来对付他们。[2]这符合一个海上贸易国家的利益，而且最重要的是，这很明智。然而，这种来之不易的智慧需要得到时常的提醒。在垂死的教宗碧岳二世[3]（Pius Ⅱ）的劝诱下，威尼斯卷入了一场宗教战争[4]，它被意大利的盟友抛弃，在1479年遭受了严重的领土损失，为了保护贸易，它不得不忍气吞声。

---

[1]　莫罗对发生在大陆上的争执进行了简洁的陈述，参见：Moro, Venice at War. 书中所研究的战争大部分都发生在陆地上。莫罗认为威尼斯人起先是为独立而战，然后是为贸易而战，最后是为帝国而战。1720年后，共和国失去了与各主要强国交战的能力，精英们害怕社会变革，从而变得专制起来。

[2]　Lane, *Venice*, p.235.

[3]　碧岳二世：又译庇护二世、比约二世。——编者注

[4]　第一次奥斯曼—威尼斯战争（1463—1479）。碧岳二世一直想发动一场针对奥斯曼帝国的十字军，以阻止它的不断扩张，但响应者寥寥。1463年，在碧岳二世的斡旋之下，同样对奥斯曼的扩张感到忧虑的威尼斯先后与匈牙利、教宗、勃艮第结盟，约定威尼斯从海上、匈牙利从陆上进攻奥斯曼帝国，然而1464年8月，碧岳二世病逝，组织十字军一事不了了之。威尼斯独自与奥斯曼帝国进行了十多年的战争，渐感不支，最终以割让斯库台为条件与奥斯曼议和。——译者注

到1500年时，威尼斯的经济重心向海岸转移的趋势已经很明显了，当时它有三分之一的国家收入来自本土城市，四分之一来自海外领土，还有四分之一来自地方的销售税。重要的是，威尼斯海外领地的运营成本与从它们那里获得的税收相当，而本土地产的成本则只占它们所产生收入的四分之一。[1]威尼斯必须考虑以陆上扩张为目标，以及如何在不把政治权力转交给土地所有者和陆地居民的情况下，建立保卫其陆地财产所需的军队。雅典和迦太基也遇到过这些问题：它们还将出现在荷兰共和国和大英帝国里。也正是在这个时候，精英阶层不再使用住所的海洋层进行贸易：旧建筑被改造，新建筑则摒弃了设计上的一个特色，这个特色解释了为什么是由几个大家族统治着共和国。[2]

与土耳其人的第二次战争使威尼斯在1499年丢失了莫东和科罗尼（Corone），它们是共和国用来盯住东方的两只眼睛，地位十分重要，同时，奥斯曼帝国的入侵者还烧毁了威尼斯附近的村庄。尽管弗雷德里克·莱恩把这些事件视为威尼斯历史的转折点，是它"衰落"的起点，但这种判断反映的是一种对国家运作方式的旧认识，带有这位美国历史学家为自己的国家寻找典范的色彩。威尼斯依靠其海上霸权建立和维持了一个由航线和海洋贸易组成的帝国，然而在1500年之后，这种海上霸权要靠一个更强大的国家的默许才能继续存在，这个国家在金角（Golden Horn）上拥有自己的军械库，臣服于它的航海民族数量与薛西斯所控制的不相上下。对威尼斯来说，幸运的是，奥斯曼人更关心的是土地而不是贸易，这使得共和国能够保留地中海东部的大部分商业，但护卫成本的上升是不可避免的。[3]

虽然失去了两只"眼睛"削弱了威尼斯对爱琴海的控制，但是被派去救援它们的舰队的可耻行为引发了更为重要的问题。威尼斯的海权文化开始衰落了吗？若干世纪以来，地中海的海战方式一直没有太大变化，到此时为止，人们主要都是依靠对人的投射火力和肉搏战来一决胜负，威尼斯人精通这些技术，但大型加农炮和大型帆船为战斗带来了新的元素。在1499年至1500年的战争

---

[1] Lane, *Venice*, p.237.

[2] Concina, *A History of Venetian Architecture*, p.171.

[3] Lane, *Venice*, p.242; Brown, *Venice and Antiquity*, p.146.

里，重型加农炮第一次被用作破坏船只的武器。1453年，奥斯曼帝国的大炮在君士坦丁堡附近用巨大的石弹轰击威尼斯的桨帆船，这标志着新战术的到来。1470年，奥斯曼的炮火阻止了威尼斯人为内格罗蓬特港（Negroponte）解围的企图。1499年，这些武器被安装在重达2000吨的帆船上。把这些笨重的庞然大物整合进桨帆船舰队成了一个大问题。从战略层面上来说，由于受到淡水装载量和船员耐力的限制，快速、灵活的桨帆船只能在紧密相连的基地之间移动。它们的火力比不上依靠风力行驶的笨重帆船，后者可以在没有海岸支持的情况下连续航行数周。在战斗中，风力船和划桨船之间的战术配合需要非凡的航海技术和严格的纪律才能执行。有个共识正在形成——帆船应该被放在编队前方，向前进中的敌人的桨帆船开火，在划桨船与之交战前瓦解敌人的编队。这要求海军将领们等待有利于执行作战计划的风向，或是把他们的帆船队拖曳到合适的位置上去。这两种做法都很耗时，而且充满不确定的因素。较小的帆船更灵活，但不那么威风凛凛。

威尼斯的海军力量在15世纪90年代达到了顶峰：热那亚因法国的入侵分散了注意力，同时，尽管苏丹用舰队占领了内格罗蓬特，但其指挥官回避了海战。1499年，当苏丹调集了一支新舰队时，威尼斯也集结了一支强大的舰队，由安东尼奥·格里马尼（Antonio Grimani）总司令统率，这支舰队包括12艘大桨帆船（grand galley）、40艘标准军用桨帆船、4艘卡拉克帆船（carrack）、10艘大型帆船和14艘其他种类的帆船，它们从伯罗奔尼撒半岛西南岸的莫东扬帆出港。威尼斯的基地离古代的斯法克蒂里亚很近，雅典人曾在该岛让斯巴达人颜面扫地，那里有一个海湾，威尼斯人把它叫作佐奇奥（Zonchio），但在今天，它的名字是纳瓦里诺（Navarino）。[1]奥斯曼人不得不带着重炮从莫东旁边驶过，去围攻威尼斯在科林斯湾的勒班陀（Lepanto）要塞。虽然奥斯曼帝国的船只数量更多，但除了两艘满载精锐的近卫军步兵的巨型船只以外，他们的桨帆船和大多数帆船都比威尼斯的要轻。

格里马尼相信，他在重型帆船和桨帆船操控技术上的优势能让他占据上

---

[1] 从公元前4世纪到1941年，在这里发生了大量的海战和两栖战斗，这表明了该地点以及这个半封闭的海湾所具有的战略意义。

风，于是他驻扎在科罗尼和莫东附近，等待机会发起攻击。奥斯曼的海军上将达乌德帕夏（Duad Pasha）不想冒险在外海作战，他把舰队带进了佐奇奥。8月12日，达乌德率领舰队出海，他紧靠海岸航行，这样，岸上的土耳其部队可以支援他。格里马尼迎着风发动攻击，这对他用大型帆船展开攻击来说很有利。安东尼奥·洛雷丹（Antonio Loredan）用两艘威尼斯卡拉克帆船攻击了土耳其舰队里最大的一艘船。在经历过加农炮轰击和激烈的近距离交战之后，这三艘船都被大火吞噬。就在此时，威尼斯人仍处于有利地位，可以摧毁动摇的敌军舰队，实现他们的战略目标。然而，他们的船只却退缩了：在俘虏了几艘奥斯曼船只后，因为桨帆船舰队乱成一团，帆船和大桨帆船停止了追击。他们被加农炮火吓住了。在一片喧嚣声中，一艘威尼斯小型帆船被击沉，几名高级军官被炮弹打死了。有传言说格里马尼是故意不去支援比他更年轻且更受人爱戴的指挥官洛雷丹的。即便如此，最初的失败还是可以弥补的，但当格里马尼下令再次进攻时，大桨帆船又一次退缩了，帆船也不愿意与敌人进行接舷战。在这场没有结果的小冲突之后，土耳其人驶进了科林斯湾，攻占了勒班陀，这是战略上的惨败。

威尼斯以其特有的坚定来迎接这场失败，贬黜了格里马尼，并把他投进监狱。格里马尼指责他的下属懦弱和不忠。帆船的指挥官阿尔维斯·马塞洛（Alvise Marcello）也参加了这场战斗，直到他的两名参谋人员被一枚巨大的石弹击毙后才后退。他的行动凸显了这些炮弹对人的心理所造成的深刻影响。马塞洛反过来指责格里马尼拙劣的战术和混乱的命令。总司令没能协调好他的部队，使他们对整个作战计划缺乏信心。格里马尼一直在遵循参议院的命令，但这些命令不能反映前线的新情况。最重要的是，所有的高级指挥官都被安排在舰队的后方，不能身先士卒，也无法抓住战机。洛雷丹的指挥勇猛果敢、鼓舞人心，但舰队里没有人冲出来接应他。一年之后，在佐奇奥附近发生的另一场战斗中也出现了这种缺乏纪律的情况。莫东、科罗尼和佐奇奥落入奥斯曼军队之手，苏丹让他的舰队撤回了伊斯坦布尔。在佐奇奥附近遭遇的两场失败所反映的是拙劣的战术、无能的领导和不稳定的船员征募，这些因素终结了威尼斯人对大海的统治。

土耳其舰队撤走后，威尼斯人以一系列令人印象深刻的两栖作战占领了几处重要的海上基地。贝内代托·佩萨罗（Benedetto Pesaro）允许他的船员劫掠被占领的城镇，处决声名狼藉的奥斯曼领导人，还羞辱或处死没能经受得住战争考验的船长，不论这些人的关系跟他好不好。他的行动重建了军官们的纪律，提振了水手们的士气，改善了海军人员的征募，在很大程度上恢复了威尼斯人的勇猛。[1]

虽然重炮的心理影响是深刻的，但土耳其人的大规模炮击只会有一轮，他们几乎不可能在战斗中重新装弹。在佐奇奥，大型帆船之间的战斗还是演变成了用投掷火力和白刃互斗，威尼斯人在这样的战斗中占了上风。在绝望中，土耳其人只好纵火，把三艘武装商船都烧毁了。[2]这场战役的规模和意义使它成为最早出现在同时代的木刻中并销往欧洲各地的海战之一（如果不是第一个的话）。[3]重炮的引入恰好碰上一个野蛮的新时代。阿尔巴诺·德阿姆尔（Albano d'Armer）是威尼斯在佐奇奥损失的第二艘船的船长，苏丹巴耶塞特二世（Bayazet Ⅱ）下令把他在伊斯坦布尔锯成碎片。

佐奇奥战役之后，威尼斯加强了其海洋帝国的防御工事，但当奥斯曼在1516年征服马穆鲁克埃及，建立起一个定于一尊的伊斯兰帝国后，这个战略体系开始瓦解。现在苏丹可以把他的海军资源与香料贸易结合起来。威尼斯的海外帝国就像巴卡家族领导的迦太基一样，即使掌握了海上霸权，也会被实力更胜一筹的陆上强国压倒。一些前哨阵地迅速沦陷，苏丹仅靠一场战役就夺取了塞浦路斯岛，不过，克里特的防御工事运作得很好。干地亚经受住了长时间的围攻，直到1669年才因为威尼斯缺乏海军力量和维持防御所需的资金而陷落。从1470年穆罕默德二世占领内格罗蓬特到1716年成功保卫科孚岛，英勇地防守一座孤立的港口城市成了威尼斯进行战争的标准模式。在哈布斯堡，从陆上发动的一次攻势的帮助下，一支生力军乘着海战获胜之机在科孚岛上登陆，为这座堡垒解了围。威尼斯舰队一直保持着科孚岛附近海域的畅通。[4]

---

[1] 这一部分的主要依据是：F. C. Lane, 'Naval Actions and Fleet Organization, 1499－1502',in J.R.Hale, ed., *Renaissance Venice*, London: Faber, 1973, pp.146-173.

[2] Guilmartin, *Gunpowder and Galleys*, pp.76, 96, 102-104.

[3] 费迪南德·哥伦布（Ferdinand Columbus）和哈布斯堡王朝的皇帝鲁道夫二世（Rudolf Ⅱ）各有一本；后者拥有的那一本现在收藏在大英图书馆里，是目前仅存的一本：M. P. McDonald, *Ferdinand Columbus: Renaissance Collector*, London: British Museum Press, 2004, pp.104-105.

[4] Moro, *Venice at War*, pp.175-178.

佐奇奥大败之后10年，威尼斯在陆地上的野心也受到了同样深刻的冲击。意大利成了威尼斯政策的主导因素，1509年，它在阿尼亚德洛（Agnadello）遭遇的失败标志着其陆上野心所达到的最高水平，此战战场离米兰比离威尼斯近得多。它的对手是短命的康布雷同盟，该联盟由法国、神圣罗马帝国、教宗和其他意大利国家组成。阿尼亚德洛战役后，威尼斯的陆上帝国以惊人的速度崩溃了。然而，更重要的一点常被人忽视，那就是这个当时欧洲最大的同盟是为了反对威尼斯而建立的，因为它让半个大陆的世俗和宗教君主们感到恐惧。这个同盟反映了威尼斯的大国地位。共和国收复大部分失地的速度之快——到1516年就完成了这个进程——使这一信息变得更加鲜明了。同盟瓦解了，而威尼斯依然存在。它也吸取了教训，1529年后，它坚持中立政策，"人们逐渐意识到威尼斯在国际事务中发挥的作用比以前要小，并且15世纪90年代的外国入侵已经把（意大利）半岛的控制权交给了哈布斯堡王朝和法国人，对现实情况的认识取代了自信"。1529年，当教宗与卡尔五世（Charles Ⅴ）在博洛尼亚（Bologna）议和时，他们忽略了威尼斯，这是"威尼斯好战分子的必胜信念与新的现实之间的一道分水岭"。[1]从此以后，威尼斯就要靠着协调和操纵法国与西班牙的利益来求生存了。

威尼斯无力反击，只好调整过去以适应新形势，披上了罗马文化的外衣。1516年，它任命了一位官方历史学家，10年后，又任命了一位新市政建筑师，负责建造更容易辨认的罗马式建筑正面。由于不像其他意大利城市中心那样拥有古典遗迹，威尼斯为了取得政治、仪式和艺术上的效果，对城市空间进行了改造。圣马尔谷广场和连接着它与潟湖的小广场，再加上总督府，被改造成了一个罗马式的广场，使人联想到帝国的力量和城市的威严。这个空间会给外国列强和民众（popolari）留下深刻的印象，把威尼斯变成新的罗马、耶路撒冷和君士坦丁堡。

虽然威尼斯的罗马身份在很大程度上是虚构出来的，但它起到了使威尼斯权力正常化的有益作用，使这个独特的共和国呈现出了清晰可见的陆地形态。

---

[1] I.Fenlon, *The Ceremonial City: History, Memory and Myth in Renaissance Venice*, New Haven, CT, and London: Yale University Press, pp.326-327.

古老的共和美德是一种非常适用来控制下层社会的工具。这种对身份的重铸强调了稳定性和规避风险，它也服务于寡头政治的目的，寡头政治在与康布雷同盟的战争中控制了威尼斯。统治阶级分裂了，权力落入一个由昔日的统治家族组成的精英团体手中，这标志着威尼斯的精英朝着僵化为"一个团结紧密的小群体，掌握所有有关居民生活和共和国政策的决定"踏出了最后一步。[1]与此同时，寡头们解除了对土地投资的禁令，转而拥抱罗马的历史和罗马式的公共建筑，这折射出了一个现实：威尼斯不再是一个海权了。

威尼斯为国内外的受众重建了过去的文本和图像。来自荷兰的油画和意大利的人文主义文学等新的艺术作品传达了国家的力量。"第一位伟大的海洋画家"维托雷·卡帕乔（Vittorio Carpaccio）用桨帆船和帆船来表现威尼斯的特殊性和力量："对其他画家来说，船并不具有如此重要的地位。"[2]卡帕乔非常详尽地捕捉到了同时代船只的细节。[3]他的作品反映出了一个焦虑不安的时代，一个奥斯曼帝国的扩张和意大利战争挑战了威尼斯模式的时代。业已建立的政治和社会秩序需要加强，而国家则急于显示其寿命和权力。在没有国王、军队和广阔领土的情况下，威尼斯人把重点放在了突出城市的宏伟、仪式性的展示和创造一个合适的、不断发展的"威尼斯神话"之上。外国的来访者都被这些作品的规模和奢华所折服。

1516年，卡帕乔为一间政府办公室绘制了《圣马尔谷之狮》（ *The Lion of St Mark* ），这幅画是个寓言，强调了这座城市及商业的安全。使徒的狮子上半身站在陆地上，下半身踩在海里，爪捧和平的信息，这是进行贸易所必需的，背景里有一支商船队，而公爵宫则代表着稳定、政府和法律。[4]时机很重要。卡帕乔这幅画——一个"威尼斯神话"——出现在阿尼亚德洛的惨败以及爱琴海贸易网络的关键部分落到奥斯曼人手里之后不久。威尼斯渴望与东方的君主和西

---

[1]　F. Gilbert, 'Venice in the Crisis of the League of Cambrai', in Hale, *Renaissance Venice*, pp.274-292, quote p.292.

[2]　Lane, *Venice*, p.213.

[3]　Lane, *Venice*, pp.357,375,383.在指导我们理解卡帕乔对船只的刻画上，莱恩比布朗做得更好；P. F.Brown, *Venetian Narrative Painting in the Age of Carpaccio*, New Haven, CT, and London: Yale University Press, 1988.

[4]　Brown, *Venetian Narrative Painting*, pp.9-10. 布朗把帆船和桨帆船弄混了。

方的对手和平共处，力图用权力的象征和一支经过强化的海军来打动他们，这些符号同时朝向这两个方向，并且有助于维持公民的自豪感和社会凝聚力。

1297年建立的封闭的社会结构迫使统治精英通过市民姿态、仪式和节日来获取下层社会的赞同。15世纪晚期兴盛起来的慈善基金会"高等学校"（Scuole Grandi）建立起了跨越旧有社会界限的社群，它们以慈善事业为支撑，并以历史的、宗教的意象来表达自己。它们围绕着一个共同的地点或职业把各个社区和团体联系起来，市民和民众在这些微型共和国里发挥领导作用，使出身低下的人也能成为市民的领袖。他们的会议厅里装饰着以历史和宗教为主题的艺术品，强调了威尼斯的过去和神在它的繁荣时期所起的作用。

历史题材的画作被设计成能像文献一样阅读，它们强调了城市和家族的荣耀。贵族捐赠者会买下那些能为他们家族增光添彩的艺术品。这些图像充实了文本——在印刷术普及之前，文本是很稀有的——并被看作是像文字一样传达着真理。大型公共建筑墙壁上的图像经常被作为历史证据来引用，因为委托制作它们的人是诚实的，并且与它们所表达的事情有着密切关系。古老的绘画被复制，因为它们具有很强的文献性质。威尼斯历史学家不仅引用图像，还有意识地把它们纳入自己的探讨中，创造了图文并茂的历史。这些作品为官方的说法构建了强有力的视觉元素，维护了国家的声誉，使它过去和现在的行动正当化。这对一个游走于两个世界边缘、相对较小的海权国家来说尤为重要。人文主义把威尼斯人的视野转向西方，转向陆地，使它与罗马的历史越来越亲密，获得陆地上的前罗马城市使威尼斯人喜欢上了帝国式的宏伟建筑。由于奥斯曼帝国的威胁日益迫近，以及威尼斯的陆上帝国主义激起了其他意大利国家的敌意，威尼斯知识分子匆忙重组了他们的过去：马尔坎托尼奥·萨贝利科（Marcantonio Sabellico）创作于1487年的官方历史与李维笔下的罗马史非常相似。[1]

---

[1] Brown, *Venetian Narrative Painting*, pp.148-164.

雅各布·德·巴尔巴里的《威尼斯景观》

雅各布·德·巴尔巴里（Jacopo de'Barbari）在1500年以"威尼斯"为主题制作的巨幅木刻版画强调了船只的关键作用，准确地说，在一幅颂扬这座城市的名望和独特性质的图画中，船只被当作了共和国的象征。与其说这是一幅地图，还不如说这是威尼斯这个欧洲最大的海上强国对它在东西方贸易中所占主导地位的一份宣告。[1]巴尔巴里用大型的三桅商船填满了整个海滨，而对军械库的精确勾勒——连同桨帆船——则强调了海军的力量。船不再是普通的背景装饰，在这个威尼斯历史的紧要关头，它们已经成了希望的象征。在一个缺乏名望、荣耀和利益的时代，它们代表着这三样东西；正是它们维持着威尼斯依然伟大的假象，保持了社会凝聚力。[2]

除了以艺术来体现海权，威尼斯还采用了最新的文学方法来阐释它。位于威尼斯陆地部分的帕多瓦大学大力支持法律和实用技艺方面的学术研究。人文主义学问的兴起在很大程度上得益于彼特拉克（Petrarch）以及与希腊人——他们是人文主义的关键——日益密切的接触。逃离君士坦丁堡和其他拜占庭领土的希腊学者来到这座城市，这里有西方最大的希腊商人社区。1468年，枢机主

---

[1]　J. Schulz, 'Jacopo de' Barbari's View of Venice: Map Making, City Views, and Moralized Geography before the Year 1500', *The Art Bulletin*, vol.60, no.3 (1978), pp.425–474; Fenlon, *The Ceremonial City*, p.90.

[2]　Brown, *Venetian Narrative Painting*, pp.9–15, 79–83, 132, 137, 182, 240.

教贝萨里翁（Bessarion）把他收藏的大量希腊文手稿捐赠给了共和国，以拯救希腊文化并让共和国从1453年的大灾难中吸取教训。[1]他的手稿支撑起了丰富的人文主义学术传统，这种传统是在希腊移民和希腊著作印刷品的推动下形成的，率先从事希腊著作印刷工作的是出版商阿尔都斯·马努提乌斯，他把这些古代文本带入了西方世界。[2]为了收藏贝萨里翁的遗赠而修建的马尔恰纳图书馆（Marciana Library）——一座姗姗来迟的建筑——在2016年举办了一场展览，展出了马努提乌斯出版的希腊古典著作，以此来纪念他的丰功伟业。[3]修昔底德的著作于1502年5月出版，比希罗多德的早4个月。在被展出的修昔底德著作的扉页上，用古老的字体写着一个醒目的英文单词——"图书馆"，就像许多其他海权思想的核心文本一样，这本书曾经属于一个英国人。在马努提乌斯的英国朋友中，有人文主义者威廉·拉蒂默（William Latimer）和托马斯·林纳特（Thomas Lynate），他们分别在牛津和剑桥任教，在这两所大学里都能找到马努提乌斯出版的书。

威尼斯作为两个世界和两个时代之间的媒介，把海权介绍给了西方。修昔底德的著作是最权威的海权文本，事实证明，它的出版恰逢其时。16世纪时，威尼斯面临着一系列挑战，这些挑战暴露了它的海权身份和资源基础的弱点。在地中海东部，幅员辽阔的奥斯曼帝国控制着亚洲贸易的所有终端，威尼斯得不到任何发展空间。居于垄断地位的供应商发动昂贵的战争往往会推高进货价格。这迫使威尼斯把注意力集中在意大利本土，在那里寻求粮食、战略性的原材料、劳动力，并控制通往北方的商路。惨败阿尼亚德洛之后，它一时之间失去了这个意大利帝国，这粉碎了威尼斯人那种认为自己不可战胜的观念。威尼斯不论是在陆地上，还是在海洋上都遭受了重创，失去了重要的海军基地和地产，它看起来已经穷途末路，变回了原来那个古老的岛屿，手里只剩下几个小小的前哨基地，仅60年前，它还是西方世界的荣耀之一，而现在，它的荣光已经成了遗迹。衰落的印象不可避免地出现在威尼斯人的脑海中。1512年，皮埃

---

[1]　Brown, *Venetian Narrative Painting*, p.145.

[2]　M. Lowry, *The World of Aldus Manotius*, Oxford: Basil Blackwell, 1979, p.144.

[3]　"阿尔都斯·马努提乌斯与他的希腊合作者"（Aldus Manutius and his Greek Collaborators）。马尔恰纳图书馆举办的展览，2016年10月。

特罗·阿雷蒂诺（Pietro Aretino）对所有事物进行了反思：船只、国家和人类的野心。阿尼亚德洛战役之后两个月，洛雷丹总督谴责了代价高昂和灾难性的陆地扩张政策，为依赖雇佣军队而悲叹：

> 在海上不会发生这样的事情，因为在那里我们掌控着一切，我们怀着真正的热忱处理自己的事务，不依靠别人。也不知道我们是犯了什么傻，非要离开海洋转向陆地，因为航海可以说是最老的祖先留给我们的遗产，它给我们留下了许多提醒和警告，告诉我们应该一心一意从事它。[1]

洛雷丹所掌管的威尼斯是由海上男儿建立的，所以应当遵循他们开辟的道路。他解读了近期遭受的灾难，认为威尼斯的海权是自觉、有意地构建起来的，而不是神或地理因素造成的。虽然这样的忧虑在之后的8年里由于领土的收复而暂时得到缓解，但它们仍然很明显。即便在意大利半岛，威尼斯也算不上一个大国了，1527年，神圣罗马帝国对罗马的洗劫反映出了哈布斯堡王朝那压倒性的力量。

　　古典艺术和建筑主导了威尼斯人对这一挑战的回应。1529年，也就是卡尔五世皇帝以《博洛尼亚和约》（*Treaty of Bologna*）证明了他支配意大利的那一年，托斯卡纳建筑师雅各布·桑索维诺（Jacopo Sansovino）受命监督圣马尔谷广场的改造工程，这座广场是城市的仪式中心，建于12世纪晚期，为了建造它，人们填塞了一条运河并拆毁了一座教堂。他服务于安德烈亚·格里蒂（Andrea Gritti）总督的意图，即通过建筑的重建来表达文化和商业、智慧和正义这些威尼斯的长处，以恢复它的威望。只有古典建筑才能传达这些思想，而两年前从哈布斯堡军队对罗马的劫掠中逃出来的桑索维诺正是这个领域的行家。他修建的前廊、马尔恰纳图书馆和铸币厂把圣马尔谷圣殿和广场的景色框在中间，从海上眺望时，威尼斯建筑显得更加威严了。这些象征着智慧、财富和权力的符号取代了迁往里阿尔托的肉类市场，被誉为"文艺复兴时代知识的神殿"、新亚历山大图书馆的马尔恰纳图书馆凸显了总督府的智慧属性。具

---

[1]　Brown, *Venice and Antiquity*, pp.226, 268.

有纪念碑性质的古代神祇雕像与总督府外面的巨大雕像相互呼应。[1]城市粮仓和铸币厂一样，仍然是社会控制的重要工具。新建筑将威尼斯定位为一个内部和平、稳定的岛屿，把它与一个由外国军队控制的半岛区分开来，在这个半岛上，佛罗伦萨共和国被推翻了，罗马则被路德宗的士兵洗劫一空。

前廊是精英们观赏户外仪式的观景台，上面镶着代表了威尼斯帝国的权力以及威尼斯政府的智慧、未雨绸缪与和谐的精致嵌板。随着时间的推移，丢失塞浦路斯和克里特改变了嵌板的意义。古典符号渗透到了总督府里，桑索维诺在具有仪式性的"伟人们的台阶"（Stair of the Giants）顶部安放了战神马尔斯（Mars）和海神尼普顿（Neptune）的雕像，这两位神祇代表着威尼斯国家的两大支柱。总督在这里完成他们的授职仪式，而法列罗总督也是在这里被斩首的。[2]

到了1550年，威尼斯的建筑已经被古典和巴洛克风格的模式所主导，这反映了一种以城市的宏伟来震慑外敌的意图。然而，这一语言经过了微妙的修改，以保持独特的威尼斯信息。1556年，在安德烈亚·帕拉弟奥（Andrea Palladio）和人文主义贵族达尼埃莱·巴尔巴罗（Daniele Barbaro）的帮助下，古罗马建筑师威特鲁威（Vitruvius）的著作在威尼斯出版。巴尔巴罗和帕拉弟奥与陆地城市维琴察（Vicenza）及罗马教会有联系。[3]帕拉弟奥的新设计把这些理念带进了一座到此时为止一直以独特而不拘一格的建筑为特色的城市。他修建的两座伟大的教堂——圣乔治·马焦雷教堂和威尼斯救主堂——慎重地扩展了圣马尔谷广场的视线，把港湾带进了城市的仪式空间。三个等距离的点构成了一座海上剧场，正如圣马尔谷广场为陆地上的仪式提供了舞台一样。此时威尼斯正在与教宗对抗，帕拉弟奥巧妙地利用了海洋环境和威尼斯主题，颠覆了巴洛克风格中的罗马元素。帕拉弟奥借助威特鲁威的著作发展出来的古代强国建

[1] Concina, *A History of Venetian Architecture*, pp.176, 183-184.

[2] Fenlon, *The Ceremonial City*, pp.134, 307; 该书第1—2页有关于庞培奥·巴托尼（Pompeo Battoni）1732年绘制的《威尼斯的凯旋》（*The Triumph of Venice*）的论述，两位罗马神祇在这幅画中占据了首要地位，这幅画是为共和国最后一位官方历史学家、驻罗马教廷大使马可·福斯卡里尼（Marco Foscarini）创作的。

[3] Lane, *Venice*, p.223; D.Howard, *The Architectural History of Venice*, New Haven, CT, and London: Yale University Press, 1980, pp.3-13.

筑在威尼斯很受欢迎，它曾经切断了与罗马的联系。帕拉弟奥出生于梅斯特雷（Mestre）附近的一个贡多拉船夫家族中，他利用海洋环境来抵抗教宗的禁罚。整个水上空间的最后两件作品——海关和安康圣母教堂——把世俗和宗教的因素结合在一起，为威尼斯想要展现的景象提供了绝妙的焦点。当最后一个元素于1631年完工时，圣马尔谷湾成了"一个有着浓厚的宗教和政治意义的空间，一座威尼斯神话的剧场"。[1]威尼斯的身份与大海息息相关，从海上观赏它是最好的，置身于威尼斯的人都被吸引去看海。

威尼斯提供了构建身份的终极范例。威尼斯人不仅创造了自己的历史，吸收了来源众多的思想和文物，还把他们的水上城市变成了一个华丽建筑的练习场。最关键的是，威尼斯人动用了所有的艺术工具来增强他们的力量：建筑、艺术、文学和音乐都被融到神圣创造的神话里面，把这个城邦那脆弱的漂浮世界变成了某种从总体上来说更为持久的东西。威尼斯人不仅利用运河和船只来展示他们的与众不同，还塑造了他们的水上空间来突出城市独特的文化。中世纪和近代早期的威尼斯指的不仅仅是城市本身，还包括了潟湖。在这片水域里居住着渔民、盐农和前往意大利本土谋生的人，还"有这座城市里历史最悠久的一些修道院"。威尼斯人巧妙地利用了与陆地分离的地理环境，控制来访者体验城市的方式。通往这座城市的四条水路都由政府掌管，政府利用建筑激发精英访客的想象，然后再把城市的壮丽景色展现在他们眼前，令他们目眩神摇。最令人印象深刻的路线是从基奥贾港（Chioggia）出发，一路向南。游客们晕头转向地在毫无特色的潟湖里走了13英里之后，进入了狭窄的圣乔治运河，旁边有宏伟的教堂。运河的尽头是圣马尔谷湾，视野骤然开阔起来，"城市最主要的市政和宗教名胜以磅礴之势尽现眼前"，公爵府、小广场、大钟楼、圣马尔谷圣殿及钟楼，还有桑索维诺修建的图书馆和铸币厂。难怪许多人对此叹为观止。[2]

从海上直通威尼斯的路线以米歇尔·桑米凯利修建的圣安德肋堡为标志，

[1] Savoy, *Venice from the Water*, pp.104-105, 109.

[2] Savoy, *Venice from the Water*, pp.9, 46-49; 着重号为原文所加。

这是一座蕴含着稳定和力量寓意的砖石建筑杰作，与大海相连。[1]威尼斯人故意延长到达的体验，把游客留在一个较小的岛屿上过夜，让他们从远处专心欣赏城市的规模和宏伟。

威尼斯的钟楼也被用作潟湖领航员的领航标志和海上船只的航行灯塔。圣马尔谷钟楼顶部有一座镀金的雕像，其他钟楼则用白色石头重建，或者以火和烟为引航信号。借助它们，航海者能够精确地计算位置和距离。[2]一位来访的英国人托马斯·科里亚特（Thomas Coryate）明确地把大钟楼看作航标。[3]

威尼斯和其他海权都把建筑当成航标、权力声明和仪式空间，其中的协同作用很明显。帕特农神庙建筑群、迦太基的圆形海港、阿姆斯特丹的水坝广场和大型海军弹药库，以及沿着泰晤士河通往伦敦的经过精心设计的道路——位于蒂尔伯里（Tilbury）的堡垒，位于伍尔维奇（Woolwich）的造船厂，再加上巴洛克风格、富丽堂皇的格林尼治[4]宫——所表达的也是这样的意图。这5个海权国家都创造了用来表现海上力量的建筑风格，积极地将海上贸易、海军实力和世俗身份联系起来。

重视仪式的威尼斯造成的影响被那些强调这座城市独特的海洋性质和商业焦点的画像捕捉到了，它们把这种影响传播开来。英国大使亨利·沃顿爵士（Sir Henry Wotton）获得了一幅这座城市的巨幅画像，落款日期是1611年，他把这幅画捐赠给了伊顿公学。[5]它被挂在很显眼的地方，为一代又一代的精英青年、未来政治家和公民领袖提供强有力的视觉符号，向他们展示威尼斯共和国（La Serenissima）的景色，告诉他们这是一座值得拜访的城市和一个可以效仿的对象。有些人还会去欧洲进行游学旅行，收集卡纳莱托（Canaletto）的作品，了解过去和当前那些海权国家之间的协同作用，这些海权国家作为商业共和国都专注于贸易、帝国和海军力量。

---

[1] Savoy, *Venice from the Wate*, p.82.

[2] Savoy, *Venice from the Water*, pp.41–42.

[3] M. Strachan, *The Life and Adventures of Thomas Coryate*, London: Oxford University Press, 1962; Naish, *Seamarks*, pp.25–26.

[4] 旧译"格林威治"，英国大伦敦的一个区，位于伦敦东南，泰晤士河畔。——编者注

[5] D. Howard, H. McBurney, eds., *The Image of Venice: Fialetti's View and Sir Henry Wotton*, New Haven, CT, and London: Yale University Press, 2014.

1516年，也就是威尼斯基本上恢复了其陆地帝国的那一年，13世纪时制定的禁止投资土地的法律失效了。[1]这应当被理解为对失去了希腊的关键海上前哨的回应。新的法律结构使威尼斯贵族脱离了海外贸易，形成了拥有大量地产的陆上精英阶层。当他们将权力基础从贸易转移到土地上面来时，他们沿着布伦塔河修建了帕拉弟奥式的别墅，这条河把他们与这座海洋城市连接起来。法律上一个简单的、利己主义的改变破坏了贸易、权力和身份之间那至关重要的协同作用。

　　1529年，在哈布斯堡王朝的庇护下，意大利半岛恢复了和平，这开启了一个以罗马风格来表现威尼斯城之宏伟的新时代。桨帆船——威尼斯权力与繁荣的工具和象征——被放置在一枚勋章的背景中，这枚勋章是为纪念安德烈亚·格里蒂公爵的统治而铸造的，他缔造了新的罗马展示风格。威尼斯选择了一件借来的衣服，这件衣服对威尼斯人的身份有着深远的影响。古罗马是海权国家的死敌，奥斯曼帝国的苏丹、哈布斯堡王朝的皇帝和罗马的教宗正是这个专制的大陆帝国的继承者。地中海最大的商业中心威尼斯是一个新的迦太基。这种联系对任何读过李维作品的人来说都是显而易见的，他的作品为威尼斯人文主义者所熟知，但这座城市仍然选择了罗马的身份。[2]

　　尽管重心转移到了陆地上，威尼斯还是在寻求新的贸易来取代失去的东方市场。15世纪末，随着新海洋世界的开辟，昔日的竞争对手热那亚转向西方，作为一个很受欢迎的客户参加了西班牙人开拓美洲的计划，而作为威尼斯人商业头脑的见证，在国家的组织下，他们通过充满活力的印刷业，收集和传播了最新的知识。16世纪50年代，乔瓦尼·巴蒂斯塔·拉穆西奥（Giovanni Battista Ramusio）——曾给统治着城市的十人议会（Council of Ten）当过秘书——出版了第一部从古希腊到最近的探险旅程的游记合集。他的批判性方法论满足了从事探险者的需要。[3]这本书是一份官方文献，传播了支持着威尼斯海上事业复兴

---

[1]　Fusaro, *Political Economies of Empire*, pp.176–177.

[2]　布朗的《威尼斯与古代文物》（*Venice and Antiquity*）在第277—281页大量引用了李维的话，但是就像莱恩的《威尼斯》一样，他没有提到迦太基。

[3]　G. B. Parks, 'Ramusio's Literary History', *Studies in Philology*, vol.52, no.2 (1955), pp.127–148.

的观念和权威知识。

对威尼斯来说，幸运的是，在葡萄牙人绕过非洲的好望角之后，香料贸易并没有随之崩溃；里斯本的垄断者们倾向于把香料的价格维持在较高的水平上，这使威尼斯在接下来的一个世纪里还有竞争力。直到17世纪早期，荷兰人占领了香料群岛，垄断了从种植园到市场的供应链，威尼斯的香料贸易才寿终正寝。不久，威尼斯人开始在阿姆斯特丹收购香料，并转而经营其他贸易，包括从他们剩下的几个希腊岛屿向北欧出口葡萄酒和干果。然而，海洋事业回报的下降鼓励人们投资土地，这样做利润更高。到了17世纪，威尼斯的食物实际上已经可以自给自足了，这"降低了共和国对来自海洋财富的依赖程度"。[1]现在，威尼斯不再需要做一个海权了。

与此同时，贸易模式正在发生变化。那种主要用国有商用桨帆船运载价值高、体积小的货物——香料、丝绸和奢侈品——去做交易的模式在16世纪30年代没落了，这降低了威尼斯那个"连锁基地、巡逻和商船队体系"的价值，还削弱了国家的作用。大型的商用桨帆船是国有资产，它们被私有的帆船取代了，这些帆船可以运输更大的货物，比如食品和原材料。越来越复杂的三桅帆具使它们能够取代桨帆船，并开辟新的航线。在这方面，威尼斯人面对全副武装的英国帆船的激烈竞争，这些帆船既能用于劫掠也能进行贸易。英国人的行动受到了商业需求、伊丽莎白时代海权意识形态的兴起以及人们对爱奥尼亚葡萄干日益浓厚的兴趣的推动。由于威尼斯不再是东西方贸易唯一的引领者，它的收入严重减少。共和国以提高关税来应对这一状况，这鼓励了走私，还有人勾结英国商人。在勒班陀大胜利（1571年）之后的10年里，地中海东部的海洋帝国开始瓦解。[2]

16世纪中期，战争、火灾和瘟疫反复侵袭威尼斯，人们普遍认为这预示着一场即将到来的灾难，而经济衰退这一更直接的现实，加上新的市政和宗教仪式，把所有的社会阶层与一种由宗教狂热所驱动的身份认同联系在了一起。勒班陀战役这一戏剧性事件始于1565年奥斯曼帝国对马耳他的进攻，此事在威尼

---

[1] Lane, *Venice*, p.307.

[2] Fusaro, *Political Economies of Empire*, pp.36, 43–44, 52–55.

斯人中引起了分歧。一些人认为与土耳其人再战一场是无可避免的，另一些人则渴望与苏丹和平共处，以保住地中海东部的贸易。这跟荷兰以及迦太基的态度有着明显的相似之处。威尼斯的强大来自它的富有，而它的富有是以贸易为基础的，所以它有必要与敌人进行贸易。威尼斯人知道战争的代价高昂，而获胜的希望很渺茫，只有遭到直接进攻才会迫使他们参战。1570年，土耳其人袭击了位于威尼斯海洋帝国东端的塞浦路斯，据他们的密友说，军械库遭遇了一场大火，削弱了威尼斯的力量。安东尼奥·布拉加丁（Antonio Bragadin）在法马古斯塔海军基地进行的英勇防御为共和国赢得了动员的时间，而他的可怕命运让所有人都看清了利害关系。守军按照商定的条件——包括允许他们安全离开塞浦路斯——投降之后，却遭到了屠杀。土耳其人在城门外折磨了布拉加丁两天，因为他让他们耗费了大量的人力和时间，然后他被活活剥了皮。几周之内，目击者的证言就被印刷出来了。[1]尽管共和国并不信任罗马的教宗和哈布斯堡王朝的君主，但它还是和西班牙一起加入了碧岳五世[2]（Pius V）组织的神圣同盟（Holy League），这是它保卫海外帝国的最后希望。

战争将使用新武器进行。在佐奇奥战役之后，重型加农炮被安装到了桨帆船上，成了一种用来破坏船只的武器系统。在重型帆船在大西洋世界里成为标准之后很久，这些装上了大炮的桨帆船还是地中海战争的核心，在这里，基地、堡垒和两栖作战仍然在战争中占据主导地位。桨帆船可以在岸边作战，支援陆上防御或让部队登陆。威尼斯人通过查阅古代文献改进了桨帆船的设计和建造，这是威尼斯对人文主义知识的一种典型实际应用。

到1560年，地中海的桨帆船都装备了由5门大炮构成的强大前射火力组，其中包括一门威力强大的主炮和两对较轻的火炮。威尼斯一直保留着专业的划桨手队伍，他们全副武装，是群随时准备进行劫掠的自由人，而奥斯曼和西班牙的船只都是由戴着镣铐的奴隶来驾驶的。16世纪50年代斯卡洛奇奥（a scaloccio）划桨法——每支桨由好几个人来划——的导入减少了对熟练划桨手的需求，一个熟练的人可以指挥四个新手，这种方法使桨帆船得以扩大并容纳更

---

[1] Fenlon, *The Ceremonial City*, p.168.
[2] 碧岳五世：又译比约五世。——编者注

多士兵。装载火炮和更多的划桨手使桨帆船失去了战略机动性，但增强了其战术能力，也大大增加了它们的成本。与此同时，重炮成本的下降使帆船成了更有效的战舰。大型桨帆船舰队那巨大的后勤需求已经要靠帆船来满足了，把火炮和士兵转移到新的作战平台上并不是什么难办的事。此外，商用桨帆船贸易的终结也意味着威尼斯不必再培养专业的划桨手。

16世纪的军用桨帆船很好地适应了其拥有者的战略和战术思想。威尼斯的桨帆船——用来给堡垒解围和追击海盗——速度更快，装载的部队较少，战斗时，依靠的是优秀的火枪和枪手。威尼斯的指挥官们是最有技巧、最坚定的，他们深知，等待懦夫和傻瓜的是耻辱，或是更糟的结果。西班牙的桨帆船武装得最好，载人最多，它们是为了进行两栖攻击而设计的，牺牲了速度和敏捷性。奥斯曼的桨帆船为了能对岛屿和沿海的土地采取战略行动而运载部队和火枪，它们强调灵活性和加速性能，以便避开海战，因为苏丹寻求的是领土，而不是对海洋的控制。[1]然而，就在桨帆船舰队的战术能力于1550年之后达到顶峰时，它们却因为成本和战略上的僵持局面变得无用武之地了。只有在双方都想开战的情况下，它们才会在战场上彼此冲突，但这种情况几乎是不可能发生的。

这个时候，奥斯曼和哈布斯堡的海军力量已经超过了威尼斯，这两个帝国拥有丰富的资源和众多的海上臣属，就像古代波斯人一样，奥斯曼人强迫航海的臣属加入他们的战舰队，而哈布斯堡王朝则依靠热那亚等被保护国、那不勒斯等属地以及巴塞罗那等国内的航海中心来组建海军。此外，威尼斯还面临着一个可怕的困境，它没有朋友：哈布斯堡王朝威胁着威尼斯的独立地位，奥斯曼帝国威胁着它的帝国和贸易。在16世纪，为了应付这些威胁，威尼斯失去了它大部分的海上帝国。

直到16世纪70年代，奥斯曼人都掌握着主动权，事实证明，他们的集权帝国在动员和部署军队方面比纷争不断的基督教世界更有效率。1571年，在征服了塞浦路斯后，赛利姆（Selim）苏丹改变了奥斯曼帝国的战略，命令他的海军上将阿里帕夏（Ali Pasha）摧毁神圣联盟的桨帆船舰队，这支舰队是由西班牙、

---

[1] Guilmartin, *Gunpowder and Galleys*,pp.209-231,对这些问题做了极好的探讨。

威尼斯和教宗联合出兵组成的。10月7日，这两支舰队——它们拥有的战舰数量都超过了两百艘——在位于科林斯湾的前威尼斯港口勒班陀附近相遇了。

在最后一场也是最大的一场桨帆船战斗中，双方舰队正面交锋，双方试图最大限度地发挥自己的优势、掩盖自己的不足并抓住敌人的弱点。神圣同盟的舰队由卡尔五世的私生子、费利佩二世[1]同父异母的弟弟，奥地利的唐·胡安（Don Juan）指挥，他打算用多艘超大型的旗舰级战舰，也叫兰特纳桨帆船（lantern galleys），摧毁奥斯曼人的中军，同时用其两翼的分舰队阻挡奥斯曼人的侧翼包抄。威尼斯人的航海技术最好，船吃水最浅，所以被配置在靠近海岸的一侧。基督徒一方的船只和士兵更多，而且他们的船大多都比土耳其人的更高大，奥斯曼人则打算利用其战舰高超的战术机动性绕过神圣同盟的两翼。

威尼斯人已经学会了重视火力，于是他们把多余的商用桨帆船都改装成了加莱塞战舰（galleass），这是一种大型的、全副武装的桨帆并用船，1艘加莱塞装备的加农炮数量比5艘桨帆船加起来还多。6艘加莱塞被配置在唐·胡安的战线前方，两艘一组分开部署，以瓦解前进的土耳其舰队的队形。被派往中军和左翼的4艘加莱塞及时就位，它们击沉了一些桨帆船，打乱了奥斯曼人的推进。尽管如此，奥斯曼的右翼还是渐渐地绕到了威尼斯人的侧面。一旦开始与土耳其人交战，威尼斯海军上将阿戈斯蒂诺·巴尔巴里戈（Agostino Barbarigo）就熟练地旋转战线，用大炮和近距离战斗把他们往海岸上赶，巴尔巴里戈和其他许多威尼斯军官在战斗中丧生。

阿里帕夏对基督徒的旗舰发起了猛烈攻击，死死困住同盟的中军，好让他的两翼进行决定性的侧翼攻击。在这里，唐·胡安的重型战舰大显身手，在它们用船首炮开火之后——通常是在距离很近时——双方就开始交战了，任何试图掉头的船只都将被摧毁。当他们的船在战场上纠缠在一起时，士兵们从拥挤的甲板上互相射击并尝试登上对方的船只，而新的士兵则被从其他桨帆船上送往主要的交战平台。最后，许多身穿盔甲、使用威力强大的滑膛枪的西班牙步兵冲上了阿里帕夏的旗舰。阿里帕夏中弹被俘，被拖到唐·胡安的旗舰上，立

[1]　费利佩二世：又译菲利普二世、菲利波二世，西班牙哈布斯堡王朝第二位国王和葡萄牙哈布斯堡王朝首位国王。——编者注

即就被斩首。土耳其中军崩溃了。

被派去掩护同盟右翼的两艘加莱塞没能就位，这使奥斯曼指挥官乌卢奇·阿里（Uluj Ali）得以压制平庸的热那亚海军上将吉安·安德烈亚·多里亚（Gian Andrea Doria）。乌卢奇不断威胁多里亚暴露在外的右翼，把基督徒的这支分舰队逼离了它原本的位置，使它和中军分离开来。打开一个合适的缺口后，他马上回头，向唐·胡安的侧翼猛扑过去，他恰好在奥斯曼中军崩溃之际抵达主战场，迎面碰上刚赶到的同盟预备队。眼见主将战死，败局已定，乌卢奇明白逃跑是唯一的选择，他率领30艘桨帆船撤退，成了唯一一支从这场灾难中逃脱的奥斯曼军队。

60%以上的奥斯曼船只被俘虏，至少3万人——半支舰队的人——被杀或被俘，许多被抓来划桨的基督徒奴隶得到解救。从某种程度上来说，基督徒取得的这场胜利并没有多少用处，适合作战的季节马上就要结束了，而他们还没有就进一步的政策达成一致。然而，这场战役的真正结果要到1572年才能看清楚。一支由200多艘匆忙赶造的战舰组成的奥斯曼舰队重新出现在希腊水域，但乌卢奇·阿里小心翼翼地避开了战斗，留在莫东的炮火能够支援到的地方不动，同盟不敢进攻该处。奥斯曼帝国可以更换它的桨帆船，但熟练的弓箭手、水手，以及最重要的士官和领航员是无可替代的，这支新舰队只能算是在勒班陀奋战过的那支舰队的影子而已。威尼斯人和西班牙人处决了所有熟练的水手，这使勒班陀战役当天所造成的损害持续困扰了奥斯曼帝国几十年。土耳其士兵可以成为很好的划桨奴隶，但土耳其水手太危险了，不能让他们活着。

勒班陀战役的胜利使科孚岛和达尔马提亚岛（Dalmatia）得以免遭奥斯曼帝国的攻击，但却无法收复塞浦路斯。当伏尔泰（Voltaire）认为这次战役只是一个空洞的场面，没有产生任何结果时，他造成了一个贬低勒班陀的长期传统，但他误解了16世纪威尼斯和基督教王国的精神世界。勒班陀对信奉基督教的西方产生了巨大的、令人振奋的心理影响，以一种可以归因于神之干预的方式结束了土耳其数十年来无往不利的局面。在威尼斯，它结束了可以追溯到佐奇奥之战的一场旷日持久的信任危机，当共和国重建其身份以应对衰落时，它具有巨大的象征意义。[1]

威尼斯利用勒班陀来展示他们的海军实力、庆祝海军的英雄气概并让人们安心——共和国仍然知道怎样战斗。人们用罗马式的凯旋仪式来对海军上将塞巴斯提诺·维尼尔（Sebastiano Venier）和阿戈斯蒂诺·巴尔巴里戈的英勇领导表达崇敬之意，仪式中还展示了被俘获的奴隶。社会各阶层都与这场战斗有着利害关系，贵族、造船工人和划桨手通过一系列融合了世俗和宗教精神的事件来庆祝他们的海权身份。当这么多人在依靠海洋生活时，海军的荣耀会被所有人接受。

然而，威尼斯不能光靠荣耀生活：它需要与东方进行贸易，而要跟东方贸易就要与大土耳其和解。夹在哈布斯堡王朝和奥斯曼帝国之间，十人议会偷偷展开了和平谈判。威尼斯需要与这个伟大的大陆强国和解：从经济上来说，土耳其是更好的选择。虽然参议院赞成继续战争，但年长、明智的人却另有想法。这个"船主之国"别无选择。战争极为昂贵，整支桨帆船舰队的运作以惊人的速度消耗着威尼斯的资源。政府认识到议和对热情高涨的民众来说是一个不受欢迎的惊喜，就匆忙地停止了勒班陀的庆祝活动。[2]

他们也结束了威尼斯的辉煌时代。1572年，基督徒通过两栖作战占领了突尼斯，然后在1573年，奥斯曼人又以两栖作战把它夺了回去，这是军用桨帆船舰队最后的大规模作战，它们再也不会被动员起来了。威尼斯的桨帆船又回去执行反海盗的工作，而他们昔日的盟友西班牙在1588年想要攻入英吉利海峡，却没能成功。正如约翰·吉尔马丁（John Guilmartin）所强调的那样，地中海的军用桨帆船是"一条进化的死胡同"，它们是为一个无须长途航行、兵力高度集中的战区创造出来的，那里散布着它们持续作战所需的设防海军基地。桨帆船及其船员每隔几天就需要安全地靠岸一次，如果它们的船体没有定期清洗和上油，船员没能好好休息、进食和饮水，战斗效率就会大为下降。此外，划船

---

[1]　总督府里由安德烈亚·维琴蒂诺（Andrea Vicentino）绘制的这场战役的巨幅画像（绘于1596—1605年）既反映了此前的一场大火——腾出了足以容纳它的空间，又反映了这一事件在心理上的巨大重要性。于1577年成为总督的威尼斯指挥官塞巴斯蒂亚诺·维尼耶有一幅戎装画像，画中他自豪地站在他的兰特纳桨帆船上，整幅画像以这一场景为主。Fenlon, *The Ceremonial City*, pp.172–175.

[2]　Fenlon, *The Ceremonial City*, pp.188–191.

所需的技能已不再与任何经济活动有关，同时人力正变得越来越昂贵，不论是自由人，还是奴隶，都是如此，战略性的力量可以由更为耐用、机动性更强、续航距离更远的帆船来提供。划桨战舰仍然可以在近海和河流中发挥作用，但是，快速的大型帆船改变了一切。[1]

军用桨帆船的衰落与威尼斯丧失大国地位、地中海世界失去中心地位同时发生，这并非巧合。船只、国家和远洋航行的发展变得越来越快、越来越根本，威尼斯这个城邦落伍了。原生霸权性（proto-hegemonic）的陆上帝国又一次把海权边缘化了。最后一批海权将会是比较大的国家，控制更广阔的海洋，但它们还是会被大陆霸权压倒。

虽说桨帆船的全盛时期已经过去了，但它们自有它们的用处。1574年，法国国王亨利三世（Henri Ⅲ）在从波兰回国的途中访问了威尼斯。为了这个场合举行的庆典表明了威尼斯已改换门庭，脱离哈布斯堡阵营，投向了法国；它对海权文化的展示是为了给盟友留下深刻的印象，而不是为了震慑对手。亨利穿过利多岛（Lido）的临时拱门和凉廊进入这座城市。这座拱门是帕拉弟奥根据塞普蒂米乌斯·塞维鲁（Septimius Severus）凯旋门设计的，上面装饰着丁托列托（Tintoretto）和委罗内塞（Veronese）的历史画。[2]它框定了国王对这座城市的最初一瞥，让他把注意力集中在圣马尔谷广场周围那精心设计的仪式区域上。这与1529年亨利八世利用格雷夫森德（Gravesend）和格林尼治（Greenwich）之间的泰晤士河给卡尔五世留下深刻印象，以及雅典卫城和迦太基大港的景观有着明显的相似之处。展示力量的仪式是海权武器库中的一项重要资产。威尼斯的欢迎仪式上挤满了商船和战船，但这就是作为威尼斯标志的桨帆船的告别演出。总督乘坐镀金的礼舟前来迎接亨利三世，这艘船载着他们游览了整座城市。亨利驻跸于大运河中段的卡福斯卡里（Ca' Foscari），在这里可以更好地欣赏威尼斯的与众不同。军械库是仪式的核心部分，在国王进午餐的时间里，工人们组装好了一艘桨帆船，这一展示给法国人留下了长久印象。一个世纪之后，当科尔贝尔（Colbert）着手为路易十四（Louis ⅩⅣ）组建舰队

---

[1] Guilmartin, *Gunpowder and Galleys*, pp.235–268, 引文位于第264页。

[2] Brown, *Venice and Antiquity*, pp.282–284.

时，军械库仍然被他们当成最佳实践的典范。[1]君臣二人都不承认这种把资源集中在海军身上的行为只可能发生在一个海权国家里。这次访问证明了所有努力和花费都是值得的，威尼斯获得了一位强大的盟友来对抗与苏丹结盟的费利佩二世。

在以高昂的代价买来和平与贸易之后，共和国重建了防御工事，以阻止土耳其的进一步侵略。根据1573年与苏丹签订的条约，威尼斯舰队的规模被限制在60艘桨帆船之内，因此，它大量生产船的骨架木料，以便在有需要时建造更多船只。这项从古老的方法中发展出来的技术被演示给亨利三世看了。军械库作为工厂和国家权力的象征，得到了升级：大门处添加了带翼的胜利女神像，并以最严格的实用样式建造了一座大型的新索具厂。地位显赫的访客在参观这些新设施时还会一并参观礼舟那精致的船坞和武器库，武器库的古典式门廊表现了国家的意识形态。作为张显力量的场所，它们的建筑风格与桑索维诺的铸币厂相互呼应。[2]这些措施可能有助于威慑土耳其人，虽说勒班陀一战已经严重削弱了奥斯曼帝国在海上的进攻能力。为礼舟新修的仪式性船坞标志着桨帆船沦为了边缘角色，这是威尼斯丧失了大国地位的恰当象征。

幸运的是，战争结束了。1575年到1577年间，在威尼斯又爆发了一场毁灭性的瘟疫，有四分之一的人口死亡。在帕拉弟奥修建的救主堂落成后，人们举行了新式礼拜和仪式，以庆祝瘟疫过去。1577年，勒班陀的英雄塞巴斯提诺·维尼尔成了总督，这并不是因为他适合担任这个职务，而是因为他的崇高声望。通过艺术、建筑和军械库的产出体现出来的海军力量和神圣庇佑，帮助威尼斯熬过了疾病和衰落。

16世纪70年代的危机一结束，勒班陀又成功地恢复了它在威尼斯象征手法中的核心地位，尽管西班牙和教宗已经变成敌人了。这场戏剧性的、神圣的胜利表明，威尼斯人是新的以色列人，是神的选民，这标志着威尼斯神话的进一步发展，为不断进化以维持连续性和秩序的必要的过去增加了新的思想。在接下来的几年里，总督府里的主要公共空间——威尼斯海权的崇拜中心，不久之

---

[1]　Fenlon, *The Ceremonial City*, pp.194–210.

[2]　Fenlon, *The Ceremonial City*, p.219; Concina, *A History of Venetian Architecture*, pp.219–221.

前曾惨遭祝融——由最优秀的建筑师和艺术家进行了重新装修，描绘了共和国悠久的海权历史，这段历史在勒班陀的荣耀和亨利三世的来访中达到顶峰，它们是威尼斯的重要性仍在延续的象征：

> 正如共和国历史上经常发生的那样，威尼斯精英仔细调整了威尼斯神话的措辞，使其既能有效地表达威尼斯人的自信，又能作为社会控制的手段，同时还顾及了近来的历史教训。尽管它的基础很不牢靠，但神话在威尼斯滑向最后的衰落时仍在继续。[1]

虽然相对衰落是无法避免的，但威尼斯人以非凡的技巧来应对这一过程。威尼斯避免了如同雅典和迦太基那样的命运，继续作为一个贸易大国生存了两个世纪。荷兰和英国也会走上类似的道路，它们发现在共和国身上有很多值得效法的地方，尤其是它退出权力舞台的方式。在一个由越来越强大的国家——它们一心追求大陆霸权，拥有足以压倒海权国家的海军力量的资源和足以粉碎其依赖贸易的经济体系的影响力——主导的世界里，威尼斯不得不非常谨慎地行事。双方在资源、规模和影响力上的差距超过了一定的水平，这压倒了海权的不对称优势，剥夺了为海权事业提供资金的帝国，使它们降为二流或三流国家。大型霸权帝国的建立使依然故我的威尼斯走向了相对衰落："威尼斯还保持原样，但周围的世界却发生了变化。"[2]在商业航运这个关键领域，衰退是绝对的。弗雷德里克·莱恩对美国的商船建造和商业补贴十分了解，他拿美国与威尼斯做了一个生动的类比：两个共和国起初都是海权，但后来逐渐演变成了截然不同的东西，失去了它们在造船和船只运营方面的相对优势。这两个国家都实行了保护主义的立法：美国发展为一个大陆军事霸主，而威尼斯则输给了效率更高的荷兰和英国航运。关税壁垒无法把它们挡在市场之外。[3]亚得里亚海

---

[1] Fenlon, *The Ceremonial City*, pp.313-314, 325-326, 331.其他公共场所也被用来纪念勒班陀，特别是教堂，但公爵府是崇拜的中心。

[2] Peter Burke, *Venice and Amsterdam: A Study of Seventeenth-Century Elites*, London: Polity Press, 1994, p.127.

[3] Fusaro, *Political Economies of Empire*, p.73.

的海盗——既有本地的，也有来自北海的——给威尼斯的航运带来了额外的成本。保护主义最终失败了：对威尼斯来说，控制地区贸易比维持国内航运业更重要。

在1560年之后的一个世纪里，为了抵御原生霸权性的大陆帝国奥斯曼土耳其的侵略，保护自己的海上帝国，威尼斯的经济和贸易网络遭到了严重的破坏。17世纪中叶，克里特岛沦陷，威尼斯的东方贸易网络——它苦苦维持海上帝国的原因——变得无利可图。虽然剩下的岛屿领地几乎没有经济潜力，但威尼斯仍然一门心思地保卫它们，这加重了这个筋疲力尽的国家本就十分沉重的债务负担。市场被更加灵活的竞争对手抢走了，在这些竞争对手当中，英国人的地位变得越来越重要。[1]

威尼斯在海上被压倒，丢失了地中海东部的重要基地，它只能把经济重心转移到陆地上来，那里的投资回报更高，也更安全。威尼斯迅速变成了另一个意大利国家，虽然它残余的海上联系还能为它提供有用的机会和回报。制造业的扩张，部分是为了填补意大利其他中心因战争和动乱造成的缺口。在威尼斯的力量不断衰弱的同时，它从转口贸易港到制造业城市的缓慢转变正在顺利地进行着。工业和资本——对原材料进行加工以增加其价值、提供贷款以获得利息——取代了海外贸易。到16世纪末，就像费尔南·布罗代尔所说的，威尼斯成了"意大利最重要的工业城市"[2]。布料制造业的爆炸性增长使城市贫民得到了工作机会，而威尼斯产的高档玻璃则主宰了欧洲的科研和奢侈品市场。

随着私营贸易的衰落，国家成了一个主要的雇主，贵族们可以在大使馆、教会、海军以及陆地和海洋帝国的城市管理部门里找到工作。17世纪初，威尼斯还清了国家债务：税收降低了，许多精英家族得以依靠政府生活。它的银行业依照在意大利其他地方率先想出的方法发展，尽管对荷兰和英国海权帝国主义而言非常重要的特许制度和股份制公司在许多年内还不会被它采用。

13世纪时，威尼斯为了创造海洋经济，故意阻断了包括土地在内的其他投资渠道。第一个资本主义经济将通过持续的国家干预来维持，其中包含了促进

[1] Fusaro, *Political Economies of Empire*, pp.17, 20-23.

[2] Lane, *Venice*, p.321, citing F. Braudel, *The Mediterranean in the Age of Philip II*, London: Collins, 1973.

贸易的措施，这包括了海事保险、护航和海军巡逻。1516年，禁止进行其他投资的命令被取消，威尼斯贵族基本上退出了海外贸易。到了17世纪，富商已经变成完全不同的另一群人了，其中包括外国人，他们没有直接接触权力杠杆的手段。[1]国家对耗资巨大的海军活动的支持也减少了。

在衰落的过程中，威尼斯文化成了欧洲社会环境中的一个重要元素，这座城市的不同方面吸引了来自欧洲大陆和不列颠群岛的访客。早在1500年以前，英国人就已经从威尼斯身上看到了他们自己的一些特征，当时有学问的人开始从阿尔都斯·马努提乌斯那里购买希腊著作。这些著作教育了掌权者，掌权者又把它们带进了英国的图书馆和政策中。地理学家、占星术士、航海家和"大英帝国"一词的发明者约翰·迪伊（John Dee）拥有三本阿尔都斯出版的修昔底德著作。弗朗西斯·沃尔辛厄姆和威廉·塞西尔（William Cecil）都有这本书，沃尔特·雷利爵士使用过它，托马斯·霍布斯把它翻译成了英语。与此同时，在沃尔辛厄姆以及塞西尔之子罗伯特·塞西尔（Robert Cecil）的支持下，理查德·哈克卢特那本伟大的航行纪要《英吉利民族的主要航海、航行和发现》（*The Principal Navigations, Voyages and Discoveries of the English Nation*）出版了（1589年），这本书受到了拉穆西奥作品的启发和影响。英国人公开地、有意识地、经过深思熟虑地借用了这些知识，把海权的中心从威尼斯潟湖转移到了泰晤士河上。

这两个海权国家有着明显的相似之处，主导着它们的都是"高度依赖海上贸易的大型商业中心，在城市管理层面上也很相似……伦敦和威尼斯主宰着以它们为首都的国家，缺乏其他能与之比肩的城市使它们跟大多数欧洲的同级别城市都不一样"。[2]

正当威尼斯逐渐放弃它的海权身份时，英国人却开始想象并塑造他们的海权身份。英吉利共和国时期的政权更迭[3]使伦敦的商业精英获得了权力，即使在

---

[1] Fusaro, *Political Economies of Empire*, pp.176-178.

[2] Fusaro, *Political Economies of Empire*, pp.174-175.

[3] 1649年，克伦威尔（Oliver Cromwell）打败王党军队并处死查理一世（Charles I）后建立了英吉利共和国，但1653年，克伦威尔就任护国公，实行军事独裁，共和国名存实亡。1658年，克伦威尔病逝，他的儿子放弃"护国公"称号，共和国短暂复权，1660年，斯图亚特王朝复辟，共和国结束。——译者注

1660年斯图亚特王朝复辟之后，他们的关切仍然很重要。1688年，他们从新生的君主立宪政体手里攫取了一部分权力，这帮助他们建立了一个地产/商业互相合作、以金钱和影响力为基础的寡头政治集团。威尼斯人早在17世纪最初的10年里就预料到了这些发展：他们看得出来，荷兰和英国的商人会抄袭他们的经济观念，并打进他们的市场。英国的成功既是他们骄傲的源泉，也是促使威尼斯海权复兴的原因之一。特别具有讽刺意味的是，詹姆斯一世（James Ⅰ）的大使亨利·沃顿爵士提醒威尼斯参议院说，英格兰和威尼斯都是依靠海洋来获取繁荣和权力，而且贸易和治国方略是紧密相连的，幸好他没觉察到他的听众比任何一个英格兰人都更了解这些问题。[1]

到了17世纪50年代，威尼斯面临着一个严重问题。由于海上力量太弱，无法抵御奥斯曼帝国的侵略，它从英国和荷兰的承包商那里雇用了武装帆船，这些船帮助它赢得了战争，但它们也是经济崩溃的先兆。威尼斯热切地注视着英吉利共和国强大的海军以及它被直接用来支持英国商业扩张的方式，这不禁让人回想起恩里科·丹多洛（Enrico Dandolo）总督时代的威尼斯。英国人可能是个单纯的民族，但他们非常强大，可以成为很好的盟友。威尼斯人意识到了1651年的英国《航海法案》[2]是由1602年的威尼斯立法发展而来的。然而，威尼斯人的立法是在试图保护日益衰落的资产不受竞争的影响，而英国人的立法则旨在推动一个充满活力、不断扩张的行业。[3]就在威尼斯的领导层不再关注海洋之际，刚刚获得权力的英吉利共和国商业精英利用海军在利凡特的贸易中攫取了越来越大的份额，该地区的贸易曾是威尼斯商业的支柱。他们这样做是在以一个公开的、有意识的模仿行为来表明伦敦是多么细致地研究了威尼斯共和国。大卫·奥姆罗德（David Ormrod）认为，英国《航海法案》是一项"雄心勃勃得惊人"的举措，它以威尼斯模式为基础，想要建立一种"国

---

[1] Fusaro, *Political Economies of Empire*, pp.188-190.

[2] 英吉利共和国议会制定的法案，规定只有英国及其殖民地制造或拥有的船只才能装运英国殖民地的货物。——译者注

[3] Fusaro, *Political Economies of Empire*, pp.158-159, 199.

家垄断，在这种垄断之下，英国的航运和长途贸易可以得到长足发展"。[1]
要实行这项政策必须掌握海军部队，让国家、海洋和力量相互配合，以确保
《航海法案》能够得到海权文化和一种将伦敦商人与政治权力联系起来的意识
形态的支持。

17世纪，随着贸易的衰落，威尼斯把精力都集中到了保护亚得里亚海上。
国家行政仍然掌握在贵族手中，没有人想过实行民主。管理威尼斯的精英们放
弃了商业，又找到了一种新的职业：他们太过于高傲而不愿经商，太过于威尼
斯化而不愿务农，这个由富有而强大的家族组成的紧密联系的集团垄断了国家
和教会的大权，等级制度反过来又维护了他们的自尊和公民地位。更具冒险精
神的贵族在海军——而不是陆军——和殖民地政府里找到了工作，这些工作是
通往高级职位的跳板。脱离贸易转而购买土地和国家债券的决定将在各个海权
国家里成为对财富的一种普遍反应。

18世纪初，英国古典学家、散文家和政治家约瑟夫·艾迪生（Joseph
Addison）把威尼斯贸易的衰落归罪于它那更关心特权而非利润的贵族政权。当
时的威尼斯贵族认为做生意有失体面，新生的富商们很快就有样学样。[2]作为一
个受过教育的英国人，艾迪生认为，贸易国显然应该对新鲜事物和变化采取开
放的态度。他还指责威尼斯人忽视了他们的海上力量："他们本来有可能拥有
（爱琴海）群岛的所有岛屿，如果是这样，他们就会拥有欧洲最强的舰队和最
好的海员。"共和国似乎只是为存在而存在。[3]然而，英国人在威尼斯找到了值
得欣赏的东西，因为它是一面优雅、古老的镜子，能映射出他们自己那正在形
成的海权意识。这种理解可以从他们喜爱卡纳莱托清晰明亮的艺术作品胜于弗
朗西斯科·瓜尔迪（Francesco Guardi）更具艺术性的作品中看出来，后者的作

---

[1] D. Ormrod, *The Rise of Commercial Empires: England and the Netherlands in the Age of Mercantilism*, Cambridge:Cambridge University Press, 2013, pp.32–33, cited in Fusaro, *Political Economies of Empire*, p.201, see also p.355.

[2] J. Addison, *Remarks on Several Parts of Italy, in the Years 1701, 1702, 1703*, London, 1705, cited in Burke, *Venice and Amsterdam*, p.99,see also pp.56–57, 133–138.

[3] Addison, *Remarks*,cited in G. Bull, *Venice, the Most Triumphant City*, London: Folio Society, 1981, pp.99–102, 116.

品满足了威尼斯人的品位。[1]

　　转向陆地保护了人们从商业中获得的财富，但依赖贵族领导来维持蓬勃发展的海上共和国却遭受了打击。威尼斯的贵族们选择了安静的生活，他们当中有些人撰写历史，以影响政治进程并提升国家形象，这些史书与为总督府创造的伟大艺术周期相呼应。同时，威尼斯贵族拒绝来自外部的控制：正如保罗·萨尔皮（Paolo Sarpi）在1606年明确指出的那样，威尼斯人不是教宗的天主教徒。他们拒绝接受任何普世的权威，特别是带有不可容忍的领土帝国主义色彩的权威。当教宗与西班牙结盟，以之作为天主教对此反应的首要一步时，威尼斯把天主教的尖兵耶稣会士赶出了这座城市。[2]对威尼斯人来说，公共崇拜的最终对象是国家而不是教会，这种意识形态反映在一种服务文化中，该文化延续的时间比海权的鼎盛时期更长。到1700年，这些观念已经僵化了，威尼斯仍然是富丽堂皇的，华丽的镀金宫殿，优美的艺术、音乐和戏剧表达出一种与下层民众保持社会距离的自我意识，并使游客迷醉。威尼斯的精英成了它的一种魅力。

　　瘟疫、战争和债务使威尼斯在一个大陆军事帝国不断扩张的时代变得太过弱小，无法再充当一个大国。它转而求助于外交和中立且昂贵的防御工事，因为它缺乏进行根本变革的政治动力。1718年之后，共和国还在保持中立，依靠奥地利来抵御土耳其的侵略。法国于1702年派遣军舰进入亚得里亚海，迫使威尼斯取消了这一年的"与海洋的婚礼"，这一决定"象征着威尼斯人控制外国军舰在亚得里亚海活动的企图破灭了"[3]。海军实力和威望的减弱反映了权力的削弱，它征收不到关税，奥地利开发了的里雅斯特（Trieste）作为亚得里亚海与德国的另一个连接点。这个濒临灭亡的海洋国家似乎只能靠土地和工业的利润来维持生存，海权已经变成了一项面子工程，一种有助于推销共和国的剩余遗产，而不是一个战略或经济上的现实。然而，尽管海上帝国的经济价值瓦解了，但海权的想象仍然深深植根于威尼斯人的身份之中。

---

[1]　Lane, *Venice*, p.452.

[2]　Burke, *Venice and Amsterdam*, pp.104—106.

[3]　Lane, *Venice*, p.417.

随着威尼斯眼界的缩小，陆地对它的吸引力越来越大。威尼斯帝国最后的前哨是爱奥尼亚群岛，这是一些经济意义有限的要塞和海军基地。科孚岛曾经是利凡特的门户，现在成了保卫亚得里亚海的防御堡垒。关键的是，不论是海洋之国（Stato da Mar）还是陆地，都没能和威尼斯的政治制度融为一体。虽然威尼斯保留了海权的所有盛大仪式，但海洋帝国的成本超过了它的经济回报。然而，威尼斯的领袖们对显而易见的替代方案——转向陆地，建立一个"正常"的国家，并与本土各省分享权力——又不感兴趣。[1]威尼斯仍然是一个海上城邦，与意大利其他地区截然不同，独立且独特。直到最后，威尼斯的目光都是投向世界的，他们英雄是旅行者、商人和海军上将：七百年来与东方的持续互动创造了一种有别于意大利和欧洲的文化。

对于共和国的最后一个世纪，评论家们装作只看到了它的腐败和衰落，但这个故事还有另一面。1718年之后，威尼斯通过维护和平，成功地让上个世纪遗留下来的国债大山减少了一半，并适应了成为二流地区强国的现实。18世纪晚期，威尼斯经历了一场规模较小，但意义重大的海军/海事复兴，商业活动有所增加，尽管投资人和船长们不再全部是威尼斯人了。威尼斯商人是最早在红海港口吉达做买卖的欧洲人，他们从1770年开始贩运咖啡，威尼斯仍是利凡特商业的主要参与者之一。[2]这种新的活力可能反映了贵族阶层的重新开放，这使得富有商人能够在最高层购买一个位置。

尽管实力相对衰落并失去了海军的统治地位，但威尼斯还是幸存下来了。它仍然是一个重要的转口港和经济中心，商业的复苏足以抵消衰退的迹象。到了18世纪80年代，它与北非的贸易蓬勃发展，造船业复苏了，港口比往日繁忙得多。此外，威尼斯海军还活跃于巴巴里海岸，以维护条约和新修订的海洋法。威尼斯在一个平衡、多极的世界里是有未来的：在一个充斥着帝王和暴政的世界里，它仍然是稳定、安全的共和制政府的一个独特典范。在狂欢节的泡沫和浮华以及戏剧和音乐会的乐趣之下，仍然存在着一系列观念和想象，有助于其他国家塑造其基于海洋的身份。

---

[1] Fusaro, *Political Economies of Empire*, pp.303, 351.

[2] Lane, *Venice*, p.425.

威尼斯海军把装备了70门火炮的主力舰与桨帆船结合在一起，于18世纪实现了复兴，但它不再由威尼斯人主导。许多军官和船员是雇来的，以取代放弃了海洋的贵族阶层和满足在家工作的下层阶级。在没有重大战争时，海军被用来支持商业，打击海盗和海盗国家。共和国的经济持续增长，特别是纺织业，而且还有富余的粮食可供出口，就连从事海上或与海洋相关工作的人口比例也在上升。这表明，如果不考虑战争和瘟疫的影响，威尼斯的人口基本上是稳步增长的，并且一直保持着对海洋的关注。威尼斯仍然是一个能赚钱的海洋国家，虽说大国地位对它而言已经只是一个模糊的记忆了。

海军上将安杰洛·埃莫（Angelo Emo）在1785年对突尼斯的攻击极好地向威尼斯贵族们——他们把埃莫算作是他们中的一员——展示了制海权能带来的持续性战略结果。对海盗国家的约束降低了海上贸易的风险和成本。作为恩里科·丹多洛当之无愧的继承人，埃莫给军械库和造船计划重新注入了活力。然而，埃莫的纪念碑——它纪念威尼斯海军史上最后一件大事——却被放在威尼斯海军博物馆的入口前面，这真是个奇妙的编年逆转。[1]

在1792年，威尼斯这个一流的港口和造船中心拥有一支强大的海军，处于能从将要震撼欧洲的战争中获利并恢复其海权身份的理想位置上。[2]然而，仅仅5年之后，共和国就被征服了。精英们无法理解一个由激进、暴力的变革所主导的新世界的意义，再加上害怕失去自己在陆地上所拥有的广大地产，法国人一声令下就让他们毫不反抗地屈服了。1797年5月12日，共和国废除了自己的统治，允许法国军队进占圣马尔谷广场，在此之前，从来没有一支侵略军能踏足此地。拿破仑搬空了铸币厂，洗劫了军械库，让威尼斯的船只加入法国舰队，船上装满了枪支和物资。军械库里的威尼斯纹章被破坏了，礼舟在圣乔治岛被仪式性地焚毁，这是在有意识地仿效西庇阿摧毁迦太基舰队之举。拿破仑给李

---

[1]　博物馆的展品中有几幅威尼斯主力舰的图画，描绘主力舰在被称为"骆驼"的漂浮装置的帮助下从潟湖出发的场景，这种技术是从荷兰学来的。这些版画当中有一幅被收入了Lane, *Venice*,（p.413）。可以将其与J. Bender, *Dutch Warships in the Age of Sail, 1600–1714: Design, Construction, Careers and Fates*（Barnsley: Seaforth Publishing, 2014, p.289）做一比较，此页记录了1690年对该系统的第一次使用，人们用它在阿姆斯特丹的潘普斯浅滩上抬起了一艘三层甲板的舰船。

[2]　Fusaro, *Political Economies of Empire*, p.357.

维的记录添上了新的一笔：他点燃的这堆篝火标志着威尼斯的独立、寡头政治以及最重要的海权的终结。

尽管海权的实质早就已经从潟湖消失了，但拿破仑还是烧毁了这些符号，因为他憎恨它们所代表的一切。他系统地消除了威尼斯的名字和声望，就像罗马人对迦太基所做的那样，掳走了定义威尼斯身份的档案和艺术珍品。5个月后，他把洗劫一空的废墟丢给了奥地利，1805年时为了修建一个新海军基地，又把它们夺了回去。尽管在安特卫普和登海尔德（Den Helder）建造的舰队带有英雄般的当地名字和身份，但在威尼斯重建的舰队却忽略了这座城市的过去。[1]也许，拿破仑害怕它所传递的信息。他职业生涯的后半段都在试图用大陆帝国主义的火把烧毁威尼斯的最后一个继承者。

拿破仑对这座城市进行了系统性的破坏：填埋运河，开设公共花园，如今这里以双年艺术展的场地而闻名于世。有些东西总会让人们回想起一个非常伟大的过去，一个塑造了全球意识的过去，一个持续提出棘手问题的过去，他把这些东西破坏殆尽，就像西庇阿·埃米利安努斯摧毁迦太基一样，从而确保了法国、奥地利和意大利本土政权不会因为它们而烦恼。拿破仑倒台之后，奥地利人继续了他的工作，把来自中欧的士兵和他们的军乐队带到了这座海洋城市里，修建了一条堤道来摧毁所有那些让威尼斯与众不同的东西，使它变得更容易控制。最具讽刺意味的是，作为一个港口的威尼斯最终毁在了英国人手里。他们对拿破仑的意大利帝国进行了封锁，破坏了地区贸易，让驶往威尼斯的船都改道前往其他安全的港口去了。

威尼斯独特的性质——作为拜占庭帝国的前卫星国，它有意识地选择成为一个海权——通过构建一个建城故事而得以延续，这个故事把神的干预和虚构的罗马遗产结合到一个不断演变的神话里，充当了提升城市威望和共同体凝聚力的工具。然而，这些神话也引发了反叙事。帝国霸主哈布斯堡西班牙创造了有关威尼斯的一个"黑色传说"，说它是一个滥用间谍和酷刑的专制寡

---

[1] R. Winfield, S. S. Roberts, *French Warships in the Age of Sail: Design Construction and Fates 1786—1861*, Barnsley: Seaforth Publishing, 2015, pp.96-97. 威尼斯建造了9艘装有74门火炮的战舰，但拿破仑的意大利海军中没有一艘使用威尼斯名字的船。另见L. Sondhaus, 'Napoleon's Shipbuilding Program at Venice and the Struggle for Naval Mastery in the Adriatic, 1806－1814', *Journal of Military History*, vol.53(1989), pp.349-362.

头政权，一个行将灭亡的罪恶沉沦之地，这不禁让人怀疑他们可能是在他们的被保护国热那亚的帮助下编出这个故事来的。拿破仑有效地利用了这个"黑色传说"，命令一名温顺的历史学家运用他掳获的威尼斯档案来更新西班牙的故事。这位前军事后勤专家皮埃尔·达吕（Pierre Daru）总结道："受害者的命运全都是它罪有应得。"当达吕的书于1815年至1818年间出版时，这座城市的命运已经被决定了。维也纳会议把它交给了奥地利，一个对海洋不感兴趣的国家。拿破仑在被流放到圣赫勒拿岛时读过达吕的书，他做了些关于1797年的注解，后来被添加到了该书的第二版里，这本书减轻了那个支持拿破仑摧毁共和国的时代的罪过。通过谴责这个海权国家的观念，达吕迎合了大陆大国的需要。这本书很快就受到了质疑：利奥波德·冯·兰克（Leopold von Ranke）指出它使用了伪造的文件，而且它也没有被翻译成英语。[1]

法国和奥地利的占领极大地削弱了威尼斯，使它被意大利吸收，这最终破坏了威尼斯的本质——它是一个地区不停跳动的海洋心脏，这个地区远远超出了现代国家的领土限制。在一个由罗马、都灵和米兰主宰的大陆国家里，这个以海洋为中心的大都市变成了完全不同的另一座城市，一座很小的城市，支配着威尼斯的政体不再把海洋当作它的政策重心。意大利完成了拿破仑发起的毁灭行动，把威尼斯这个独特的海洋城市同化进了一个以工业和农业为主导的大陆整体中。威尼斯的商业被剥夺了，而能使最美丽的海景都显得低矮的超大型游船则让街道上挤满了慵懒的游客。与此同时，威尼斯文化史中的海洋也被抹去了，就好像潟湖上的那座城市就是整个威尼斯一般。在后帝国时代对昔日海洋帝国进行陈述时，这是一种常见的方法。由于这个过程，威尼斯被荒诞地贬低，变成了亚得里亚海钝端的泥滩上的一处装饰性景点，它那奇妙的文化瑰宝似乎是胡乱拼凑起来的。这里没有船只了——礼舟和"与海洋的婚礼"只是追忆——教会、国家和土地已经淹没了那种独特的海权身份。在现代，威尼斯的天主教属于罗马和陆地，而在往昔，它曾公然对抗权威，宣称自己是地方的、海洋的。这座城市的现代象征是简陋的贡多拉（gondola），一种水上出租车，而不是军用和商用的大桨帆船，也不是在勒班

---

[1] Gooch, *History and Historians of the Nineteenth Century*, pp.82, 160-161.

陀英勇奋战的加莱塞。军械库里应该回响着斧头和锛子的声音，加工着复制的桨帆船，以此向全世界展示，曾经支配着海洋、身为海洋商业中心的威尼斯是现代性的支点，在一个饱受战争、暴动、征服和混乱之苦的地区里，它是一座稳定和秩序的灯塔。

城市的宏伟、仪式的壮观和古典的象征引导游客去了解共和国的目的和力量，领略这个地方的与众不同。海权国家威尼斯及整个海上帝国的伟大建筑体系面朝大海，经过精心设计以便给来访的游客留下深刻的印象，把国家跟力量和稳定的古老范例联系起来，并宣告帝国那易受攻击的领地是坚不可摧的。圣马尔谷广场与圣马尔谷圣殿宗主教座堂组成的仪式空间歌颂着这座城市及其所依赖的商业。在今天，来往于此的游人络绎不绝，他们四处观赏却又视而不见，就算站在大海面前，他们也认识不到古代威尼斯人的意图，不明白那些人为什么要把威尼斯变成亚得里亚海的门户。人们对海权的概念是如此的陌生，以至于18世纪时为吸引游客而开发的那些优雅而无关紧要的娱乐活动已经被当成威尼斯的定义了。阴森的军械库位于偏僻之处，这是一个安静的地方，适合那些想要反思历史的意义是多么容易被掩盖的人。

尽管海权国家威尼斯处理好了两种相互抵触的吸引力，其一是海上贸易，可以通过海洋控制来保障它，其二是向邻近的意大利本土进行陆地扩张，但它们绝不是当代的评论家和历史学家、威尼斯人或局外人所设想的那种简单的非此即彼的二选一。威尼斯在一个混乱世界的边缘地带取得了大国地位，并运转在一个地中海世界里较大的国家都在集中精力处理陆地问题的时期中。当这种情况发生变化时，原生霸权性的陆上强国建立了海军来控制贸易并扩大其帝国的统治范围。为了应对这一挑战，威尼斯将其陆地基地扩展到了潟湖以外，以确保木材、人力和食物的供应，这些资源是维持不断增长的海军部队所必需的。只有一支占据支配地位的海军才能确保海外商业帝国以及为商船和保护它们的桨帆船提供服务的岛屿基地链的安全。岛屿帝国支撑着雅典和迦太基的海权，而资源丰富的地区则提供了人力、金钱、食物和原材料。当富有、充满活力的海权国家开始扮演陆地强国的角色时，它们在大陆上的竞争对手会对此深感不安。

威尼斯的贸易帝国依赖海军基地和岛屿构成的网络，它把这座城市与利凡特的主要港口连接起来。这些港口彼此相隔的距离不能超过在划桨达到巡航速度的情况下航行两天的距离，对续航能力较差的商用桨帆船来说，这是一个必须得到满足的条件。威尼斯在海外和意大利本土的领土满足了相关的商业和战略需求。它们是相互联系和相互依存的。[1]尽管威尼斯把陆地和海洋帝国结合在一起，但它仍然是个海权：只有海权赋予它的不对称的战略和经济优势，才能使这个意大利北部的弱小城邦成为一个大国。从始至终，威尼斯都是通过海洋来定义自身的。在17世纪，大海不再是威尼斯财富的主要来源，但它仍然主宰着威尼斯的身份、仪式和文化。

大陆霸主建造海军是为了对抗威尼斯的财富和意识形态造成的威胁，威尼斯则以升级舰队和军械库、提高它们的威慑力作为回应，并用古典文化的形式来呈现这些符号，以确保对手能理解它们。威尼斯建立了外交部门，以便在危险来临之前获得警告、利用财富建立联盟并获得政治支持。这些措施推迟了那些不可避免之事的到来：威尼斯无法维持大国地位，并且拒绝将陆地和海洋帝国与其政治结构融为一体。归根到底，所有海权国家都要面对的关键问题是，如何在向遥远的岛屿和大陆上的领土扩张时保持其独特的文化。占有领土可能会改变或稀释它们的核心身份，大多数海权选择忽视与这些领土有关的政治问题，要么直接统治它们，要么通过分包商，把它们当作贵族采邑或公司财产来统治它们。威尼斯把这三种模式都用上了。随着大国标准的提高，威尼斯没有像雅典或迦太基那样，它选择了尽力实现相对衰落。幸运的是，奥斯曼帝国进行扩张的能量已经衰退了，而其他的地区性强国又把精力放在了别的地方。18世纪时，威尼斯仍然是一个重要的区域性行动者，尽管它的工业化程度越来越高，而人们对地产的需求也越来越强烈，荷兰共和国也将走上同样的道路。威尼斯与阿姆斯特丹在衰落时的相似之处具有十分深刻的意义，比它们都处于大国地位时的相似之处意义更大。这两座城市始终都是富有的、商业化的和海洋的，直到18世纪90年代末，它们才和热那亚一起，作为欧洲的海洋国家，被新的原生罗马式霸权帝国——法兰西共和国破坏殆尽。1815年，维也纳会议认可了拿破仑把热那亚和威尼斯并入大陆国家的决

---

[1] Fusaro, *Political Economies of Empire*, p.22.

定，但英国恢复并强化了荷兰国家，以满足其战略利益。有些英国人希望让热那亚复兴，但威尼斯却因为西班牙和法国的宣传而背上了恶名。英国人还要再花上几十年的时间才能把他们从对第一个现代海权的理解中的神话与现实区分开来。[1]

威尼斯是一个真正的海权，一个由海上贸易帝国维持的大国，它通过大海将其领地联结起来，并用海军力量来保卫它们。帝国和海军在不朽的城市建筑支持下，支撑着国家的自尊。[2]然而，就像其他所有海权一样，威尼斯也开发了大陆领土，陆地使它与大陆霸权发生了冲突。海洋和陆地两个帝国在没有政治代表的情况下，为威尼斯的自由和权力提供了资金。海权远不止是对航线的控制：它是一种身份，塑造了国家以及国家统治殖民地和被征服领土的方式。威尼斯把帝国的经济活动集中在一个占主导地位的转口港周围，其海关收入为整个海权事业提供了资金。在长期的、令人痛苦的对抗压倒性的逆境、保卫岛屿帝国的过程中，在海权的经济价值跌落谷底之后很久仍然维持一支强大海军的过程中，以及在其作为一个独立国家存在的最后几十年里那惊人的复苏过程中，海权作为文化和身份的关键作用得到了强调。"威尼斯神话"可能夸大了现实，但它有坚实的基础。

威尼斯在海权的知识史上占有重要的地位，它是古典世界与现代世界、东方与西方之间的桥梁，也是海权后继者们的典范。荷兰人和英国人都仔细地探究了威尼斯的文化和身份，以塑造它们自己的海权事业。19世纪的英国人把威尼斯当成他们的先驱国家之一，虽然这座城市已经变成了一具残骸，从海中崛起，又在海中衰落，但他们还是理解了它潜在的真实面目。1851年，也就是伦敦举办万国博览会的那一年，约翰·罗斯金对威尼斯文化做了一次古怪的考察，把这座城市当成一个有益的警示，提醒英国人将有厄运降临到他们头上。[3]罗斯金对共和国为何丧失活力的分析仍然意义重大，这不是因为它很准确，其

---

[1] A.D.Lambert, ' "Now is Come a Darker Day": Britain, Venice and the Meaning of Seapower', in M.Taylor, ed., *The Victorian Empire and Britain's Maritime World, 1837-1901:The Sea and Global History*, London: Palgrave Macmillan, 2013, pp.19-42.

[2] Fenlon, *The Ceremonial City*, pp.134, 307.

[3] Fusaro, *Political Economies of Empire*, pp.1,8-10; Lambert, ' "Now is Come a Darker Day" ', p.38.

实它并不准确，而是因为它认识到了这座城市的真实，在这座城市里，不论是公共的还是私人的文化都反映了独特的海权身份——这种身份是为了维持威尼斯的力量而构建出来的——而且，在这样做时，它使用了一种特别具有煽动性的比喻手法。

第五章

"我们为了巨大的利益开拓海洋"[1]：
荷兰的海权国家

"TO WHAT GREAT PROFIT ARE WE OPENING THE SEA": THE DUTCH SEAPOWER STATE

海权的神庙：阿姆斯特丹海军弹药库和司令部

  荷兰共和国广泛地从事海上经济活动，如渔业、捕鲸业和运输业，它在亚洲、非洲和美洲建立了庞大的帝国，有一支成功的海军做后盾，通常被认为是一个海权，但这种身份只是个短暂的反常现象。共和国仅仅作为一个海权运作了20年，它从未将这种身份铭刻在心。海权的思想在这种身份消失之后的很长一段时间内仍然存在着，它是一场争论的组成部分，这场争论一直持续到共和国被拿破仑废除为止。当荷兰的海权国家在混乱中崩溃时，它让英国继承了海权的衣钵，两个世纪以来英国人一直渴望获得这一身份。在这个过程中，英国人从第一个北欧海权荷兰所创造的思想和方法中获益匪浅。英国对荷兰思想、方法和商品的戏剧性吸收，加上银行家和熟练工匠的大量流动，反映出了一种

---

[1] 这句话是1655年为了庆祝阿姆斯特丹的新市政厅落成而铸造的一枚纪念章背面的题词。K. K. Fremantle, *The Baroque Town Hall of Amsterdam*, Utrecht: Haentjens Dekker and Gumbert, 1959, p.169.

根本性的变化，把这种变化当作有意识的模仿能够更好地理解它。这一过程伴随着三场基本上由海战组成的战争，两个国家为了成为海权而彼此竞争，历史上只有过这一次。

低地国家有着悠久的海事传统，几条主要河流以及布鲁日港、根特港还有后来的安特卫普港在这一传统中占据首要地位。这是一个由地方议程主导的地区，但不同的利益集团却团结起来，共同反对勃艮第公爵的继承人卡尔五世皇帝的中央集权统治。[1]在反对哈布斯堡王朝统治的广泛抗议活动中，自我本位的地方抵抗是一个重要的组成部分，哈布斯堡的统治导致了荷兰革命。荷兰省不像它的佛兰德邻居那样，拒绝供养军舰来保护其鲱鱼渔业，而宁愿付钱购买安全通行证。阿姆斯特丹、豪达（Gouda）、哈勒姆（Haarlem）和莱顿（Leiden）抵制卡尔征税的企图，直到帝国摄政下令禁止捕鱼时才收敛。[2]16世纪50年代，帝国试图在荷兰省进一步提高税收，此举在引发荷兰革命的过程中起到了重要作用，而在1572年占领了布里尔港的加尔文宗私掠船队将从海上再度发起革命。阿姆斯特丹一直反对征收航海税，它在1578年加入了起义军，成为众多做出了自觉选择的城镇之一。这种选择反映了一个不断扩张的商业中心的经济利益，而不是1585年从安特卫普逃来的加尔文宗难民的政治和宗教信仰。

17个勃艮第省份在革命之前的税收收入显示，后来成为荷兰共和国的北部7省一直是边缘经济体。荷兰省的税收还不到佛兰德斯（Flanders）和布拉班特（Brabant）的一半，阿姆斯特丹在尼德兰的出口贸易中只占4%的份额，而安特卫普占了80%以上。革命前，阿姆斯特丹的主要国际贸易是与波罗的海地区的贸易，主要是进口粮食供国内消费。荷兰革命改变了这种平衡，阿姆斯特丹从安特卫普的难民手里继承了强大的贸易和金融网络，把这座城市与伊比利亚半岛和地中海连接起来了。新共和国的食品依赖进口，其中包括鱼、谷物和盐，造船和工业所需的重要原材料木材和铁也要靠进口。1585年至1610年间，它与

---

[1] L. Sicking, *Neptune and the Netherlands: State，Economy，and War at Sea in Renaissance*, Leiden: Brill, 2004; J. D. Tracy, 'Herring Wars: The Habsburg Netherlands and the Struggle for Control of the North Sea ca. 1520–1560', *The Sixteenth Century Journal*, vol.24 no.2(1993), pp.249–272, at pp.254–256.

[2] Tracy, 'Herring Wars', pp.261–264.

亚洲、加勒比地区、巴西和北极地区的商业往来加强了旧有的贸易，它有充分的理由成为一个海权。然而，共和国还有另外一番面目，它地处内陆，从事农业，对暴露在外的大陆边界忧心忡忡，认为不应追随阿姆斯特丹和荷兰省的脚步。[1]这些差异在一个深受地方议程影响的地区非常重要，在这里，各省和城市都小心翼翼地维护自己的特权，革命的几个省份对海洋的关注使它们的排他主义具有与众不同的特征。国家依赖强大的经济行动者的支持，这些行动者与国家的准君主亲王王室以及土地贵族共享权力。这种包容性的关系把这个新国家与专制的西班牙和法国区别开来：它让资本家分享了权力，资本家利用这些权力，通过"对国家资源的最终配置发挥巨大的杠杆作用"来促进自己的利益。[2]

然而，共和国必须建立在陆地上：取胜的政治意愿导致不同的利益集团——不论是陆上的，还是海上的——集中他们的资源，接受一个军事领导人，并为一支专业的军队和大规模的防御工事提供资金，以便与当时世界上最强大的国家哈布斯堡西班牙交战，并在人力和经济的消耗战中拖垮它。虽然海军所采取的行动在革命中发挥了有益的支持作用，但它无法保护或保证新国家的领土完整，相比之下，作为一个岛国，英国只要依靠海军就能确保其领土完整了。1588年，英国击败了无敌舰队，此战对荷兰人造成了重大的影响，但他们还要再等60年才能结束独立战争。在1600年到1609年间，陆战所具有的压倒性优先权和随之而来的费用使荷兰人别无选择，只能依靠私营企业来提供海军，也就是说，即使没有陆地战争，我们也没有理由相信他们会建立一支常备海军。共和国并不是一个海权：它由执政（Stadholder）兼总司令——奥兰治—拿骚家族（House of Orange-Nassau）的一位亲王来统治，他是一位介于威尼斯总督和国王之间的战士领袖，亲王也担任了海军上将的职务，但从未亲临海上指挥作战，他把舰队的管理权交给了其他人。执政领导着陆军而不是舰队来保

---

[1] 彼得·德·拉·考特（Pieter de la Court）在他写于1662年的小册子《荷兰的利益》（*The Interest of Holland*）中对托马斯·莫尔（Thomas More）的《乌托邦》（*Utopia*）做了呼应，提出应该用一条巨大的护城河将沿海省份与其他省份分开。他的书于1746年在伦敦出版：http://oll.libertyfund.org/titles/court-the-true-interest-and-political-maxims-of-the-republic-of-holland。

[2] Pepijn Brandon, *War, Capital, and the Dutch State (1588–1795)*, Leiden: Brill, 2015, pp.20–21, 34.

障荷兰的独立。1609年后，连续几任执政都在寻求把这一职位转为世袭的，他们依靠陆军来确保自己的地位。亲王们的抱负遭到了原生城邦阿姆斯特丹和荷兰省的反对，它们倾向于建立一个海权共和国，用它强大的海军来保障一种和平的商业政策。阿姆斯特丹的海权议程远没能成为被普遍接受的国家身份，它一直都只是使共和国陷入分裂的激烈政治斗争中的一个有争议的选择。这些针锋相对的国家概念之间的斗争塑造了17世纪时的荷兰政治，权力从陆上转移到海上，从亲王手里转移到共和国手里，与此同时，海上贸易和帝国创造了一个短暂的"黄金时代"，带来了巨大的财富和文化复杂性。

阿姆斯特丹的主张反映了这样一个事实——船舶和贸易主导了经济：超过40%的劳动力直接或间接地在海事部门工作。[1]两个世纪以来，共和国不论是在和平时期还是在战争时期，都是用巡洋舰保护其航运的，它通过税收直接与贸易挂钩。然而，它一直没做到为这支舰队提供充足的资金：减税或逃税损害了税收收入，同时"荷兰社会的分裂特征不断阻碍着全国性的行动"。[2]由7个省组成的荷兰从来没有把海权当成国家的核心事业。

1650年之前，共和国并不打算获得战略性的制海权，即控制海洋的能力，它没有建立一支战斗舰队来控制海洋，也没有扮演海权的角色，它之所以会产生这样的野心、获取这样的手段，是为了应对英国控制英吉利海峡所带来的挑战，而且是在由阿姆斯特丹主导的共和寡头政权暂时停止执政职权之后。

1653年到1672年间，摆脱了执政的控制，这个"真正自由的"共和国充当了一个真正的海权，在欧洲体系中是一个特殊的大国，以相对包容的政治和海军力量为其特征。战斗舰队的成本暴露出这样一个事实：虽然三个沿海省份有意识地选择了海权身份，但四个内陆省份却没有，因此，在共和国作为一个海权大国运作的那些年里，其意识形态和文化上的核心一直在不断发生变化。这个原生霸权性经济强国的"黄金时代"结束于1672年，那是灾难性的一年。法国的入侵让执政和他的陆军恢复了权力，这表明虽然有些迟，但共和国承认了

---

[1] G. E. Halkos, N. C. Kyriazis, 'A Naval Revolution and Institutional Change: The Case of the United Provinces', in *European Journal of Law and Economics*, vol.19,(2005), pp.41–68, 58.

[2] Tracy, 'Herring Wars', p.272.很难理解在这一页里提到的"17世纪早期荷兰的海军霸权"是什么意思。1650年以前，荷兰没有能与英国、瑞典或丹麦的主力舰相匹敌的军舰。

它所面对的战略现实。作为一个领土有限、人力不足的大陆国家，共和国必须把注意力集中在陆地问题上，尤其是它那漫长的陆地边界，这需要昂贵的固定防御工事和常备陆军，而不是战斗舰队。在接下来的40年里，为了确保国家的生存，共和国牺牲了海权的舰队，节省出来的经费被用在堡垒、陆军和结盟上。荷兰为了安全放弃了海权。

1579年成立的乌得勒支同盟是由7个省为抵抗西班牙而组成的防御性联盟，它奠定了建立共和国的基础。它保护了各省的权利，并把权力委托给一个全国性的议会（States General），即拥有大约25名成员的国务会议，7个省在议会中有着大致相同的代表人数。这种结构反映了革命所支持的旧时结构和权力分离，在一个独特的政治体系中保留了各地的例外主义，把这些省份联系起来的是大家一同抵制西班牙中央集权统治的"国家"意愿。从理论上讲，这一制度迫使城市、省份和国家进行谈判和妥协，以促成合理的决策，但荷兰的经济和政治杠杆——主要由它提供给欠发达省份的贷款来担保——使它在整个制度中居于主导地位，这一制度限制了中央政府的作用，它可以协调，但不能控制各省。与同时代的君主专制制度不同的是，它具有灵活性，可以通过整合不同的利益，特别是维持能促进经济发展的贸易和税收的复杂平衡来创造稳定。[1]议会在荷兰省和共和国的首都海牙召开，一周中，每天都在对战争、外交政策和联省的税收进行管理[2]。积极的行动需要取得一致同意才能进行。海牙也是执政的驻地。共和国把处于地方寡头集团监督下的代议制与民选国家元首的全面领导结合起来。它还把荷兰省对共和国的控制以及阿姆斯特丹对荷兰省的控制奉为圭臬。在荷兰省政府的19张选票中，各城市占了18张，剩下1张为贵族阶级所有。这种制度促进了磋商和谈判，使不同的利益集团团结起来。

在英法两国的支持下，这个"资产阶级财政军事国家"在1588年实现了有效的独立，创造了第一个现代经济。西班牙无敌舰队被英国和荷兰的海军挫败，使得共和国可以把精力集中在减少佛兰德斯私掠船造成的威胁上，它以积极的巡逻、护航和发展保险市场来实现这个目标。封锁斯海尔德河口

---

[1] Halkos, Kyriazis, 'A Naval Revolution and Institutional Change', p.60.

[2] 荷兰议会在1593年至1795年间长年召开，主席由各省的高级代表轮流担任，每周轮换一次。——译者注

（Scheldt Estuary）破坏了安特卫普和南部诸省的经济，还阻止了西班牙从海上运送军队。荷兰的私掠船业蓬勃发展，利用了投资机会和可用资本。航海的相对安全使人们把注意力集中在海上贸易上，资金短缺的共和国决定把海外的海军行动委托给股份公司，这些公司将会逐渐发展成近似于国家的商业帝国。[1]

作为荷兰国家的一个明显表现，荷兰海军反映其国内政治的复杂性和一个动态变化的国际环境。在这个以市场为导向，通过经济和契约方式解决战略和组织问题的社会里，海军是在革命前的护航和渔业巡逻以及1572年的"海上乞丐"私掠船队基础上有机地发展起来的。它通过控制关键的沿海和内陆水域、输送两栖作战部队、支援围城战、封锁佛兰德斯地区的河流和妨碍西班牙贸易等方式解决战略问题，同时也在执行为商船和渔船队护航的核心任务，商业部门一直都有这样的需求。[2]护航费和许可证金的问题在1572年就解决了。对船舶、人员、资金和物资无休止的需求使荷兰海军成为现代早期欧洲最复杂的组织之一，这种经验渗透到更广泛的经济领域中，在那里，大型贸易公司运营着令人印象深刻的船队。这些任务需要大量的巡洋舰，其中有许多都是从当地商人那里雇来的，而亚洲和地中海的贸易则需要能够进行战斗的大型船只。许多从出租船只中获利的船东都参加了地方上的海军部委员会（Admiralty committee）。这支由武装商船、私掠船和特许公司组成的"老海军"击败了西班牙海军的残余部分。[3]

海军控制在议会手里，由海军上将（当执政担任此职时）和5个独立的海军分部（admiralty college）负责日常管理。分部制度作为对商业精英之利益分歧的回应，经过20年的发展，于1597年作为一项临时措施得到了认可。它一直持

[1] I. J. van Loo, 'For Freedom and Fortune: The Rise of Dutch Privateering in the First Half of the Dutch Revolt, 1568 - 1609' in M. van der Hoeven, ed., *Exercise of Arms: Warfare in the Netherlands (1568–1648)*, Leiden: Brill, 1998, pp.173-196 at pp.185 and 191; P. C. Allen, *Philip III and the Pax Hispanica, 1598–1621: The Failure of Grand Strategy*, New Haven and London: Yale University Press, pp.42, 142-143.

[2] Brandon, *War, Capital, and the Dutch State*, p.114.

[3] "老海军"以及"新海军"和"二流海军"等术语都是由雅普·布鲁因（Jaap Bruijn）提出的。

续到1795年，因为它使地方上的利益集团能够控制当地的税收。[1]有3个分部设在荷兰省，一个在阿姆斯特丹，一个在鹿特丹，还有一个分部是北荷兰地区共用的，驻地在霍伦（Hoorn）和恩克赫伊曾（Enkhuizen）之间轮换；其他两个分部位于米德尔堡（Middleburg）和多库姆（Dokkum），后者在1645年后迁至哈灵根（Harlingen），它们服务于西兰省和弗里斯兰省，它们的大部分工作是经济上的。掌管海军部董事会（Admiralty Board）的商业精英还参与了大型贸易公司荷兰东印度公司（Vereenigde Oostindische Compagnie）和荷兰西印度公司（Geoctroyeerde West-Indische Compagnie）的管理。因此，"有组织地使用暴力来支持自己的商业利益，对商业公司来说是利害攸关的，它们在不同程度上享有为了自己的利益行使此类暴力的权利"[2]。管理护航费和许可证金的征收给了地方商业精英重要的政治权力，并确保了国家会保护他们的航运。

控制着海军部的商人们用海军护卫他们的商船。在共和国跌回二流国家行列之后很久，它仍然坚持保有用于巡航的海军，这反映出了海事活动在经济上的重要性。和平时期的商业保护活动是用地方上缴纳的护航费、发放私掠及与敌人进行贸易的许可证时收取的费用以及向内陆省份征收的进口税来资助的。这些资金从来就不够用，导致4个内陆省份要求荷兰和西兰[3]（Zeeland）来填补资金缺口。在战时，议会会征收额外的税收，并在阿姆斯特丹的资本市场上举债，用这些钱来向地方上的海军部董事会提供补贴，董事会则会对各省议会进行游说以获得更多资助。[4]

虽然地区海军部体系经常被嘲讽为效率低下，但它利用为所有海权共有的贸易和战争之间的联系，在17世纪维持了海军的成功。这些海军部委员会能取得这样的成绩不是没有原因的：管理它们的人与航运和贸易有密切的关

---

[1] Brandon, *War, Capital, and the Dutch State*, pp.58–61.

[2] A. P. van Vliet, 'Foundation, Organization and Effects of the Dutch Navy (1568 – 1648)', invan der Hoeven, ed., *Exercise of Arms*, pp.153–172 at pp.156–157; Barndon, *War, Capital, and the Dutch State*, pp.63–63, 83, 该书第323—385页的附录1中有所有在海军部董事会任职者的完整名单。

[3] 西兰：丹麦最大的岛屿，位于西兰群岛中。荷兰语作Zeeland，与荷兰泽兰省相同，意为诸海环绕的岛屿，即海中陆地。——编者注

[4] J. R.Bruijn, *The Dutch Navy of the Seventeenth and Eighteenth Centuries*, St. John's, Newfoundland: IMEHA, 2015, first edn,1992,pp.3–7;Brandon, *War, Capital, and the Dutch State*, p.60.

系，而且他们还可以利用北欧最集中的海事资源，关系到自己的切身利益确保了决策的正确性。转口经济最为注重航运安全，在革命之前很久就已经在使用的护航仍然是首要办法。[1]护航的重要性高于舰队战、巡航和封锁佛兰德斯港口。[2]

从荷兰海军的"集体性和制度性"来看，它是一支防御型的海上民兵，"与陆军相比，威胁性较低，但民族性更强"。成功的海军上将会成为民族英雄，出版他们的个人传记和传记合集，进一步巩固了他们的地位。[3]然而，水手和海军军官普遍支持奥兰治亲王的派系，而不是"海权派"国家权利党（States Rights Party）。很少有贵族出身的军官。米基尔·德·鲁伊特（Michiel de Ruyter）的国家权力政治倾向，以及他与约翰·德·威特的友谊损害了他与奥兰治派的海军上将科内利斯·特龙普（Cornelis Tromp）的职业关系，并在1672年威胁到了舰队的战斗力。

1650年以前，大多数荷兰军舰都是雇来的小型商船，由少量中型战舰、巡洋舰而非主力舰来加强。海战通常是在没有战术命令的情况下进行的，基本上就是以接舷战为主的一系列混战，与莫里斯亲王（Prince Maurits）为了达到良好的作战效果而强加于陆军的凝聚力和控制力相比，航海技术和精力更受海军青睐。荷兰人将会从英国人那里学到一种新的海上作战方式，17世纪50年代，英国人把荷兰陆军的方法带到了海上。

1598年，荷兰海军部队的局限性暴露无遗，当时，费利佩三世（Philip Ⅲ）改变了策略，不再以陆上的军事行动，而是以经济战来对付共和国。由国家资助的打击西班牙和葡萄牙的商业和殖民地的作战失败了，这使省级海军因负债而陷入瘫痪，共和国不得不依靠非国家行动者——私掠船主和新设立的荷兰东印度公司来在海洋上进行战争。议会通过财政激励来驾驭这些活动，并帮忙把

[1] Jan Glete, *War and the State in Early Modern Europe: Spain, the Dutch Republic and Sweden as Fiscal-Military States, 1500–1660*, London: Routledge, 2002, pp.162–170.

[2] van Vliet, 'Foundation, Organization and Effects of the Dutch Navy', pp.158–161.

[3] J. D. Davies, 'British Perceptions of Michiel de Ruyter and the Anglo-Dutch Wars', in J. R. Bruijn, R. P. van Reine and R. van Hövell tot Westerflier, *De Ruyter: Dutch Admiral*, Rotterdam: Karwansaray, 2011, pp.122–139,该文收录了一篇开创性的传记，是1677年某个匿名的英国人为这位海军上将写的。

后来成为荷兰东印度公司的那些分散元素统一起来。1602年，东印度公司董事会向他们的船只发出私掠委托，让它们去捕获葡萄牙船只，这既是为了确立荷兰在亚洲的经济主导地位，也是为了削弱哈布斯堡帝国。至少有30艘葡萄牙卡拉克帆船被俘，1604年被雅各布·范·海姆斯凯尔克（Jacob van Heemskerck）俘获的一艘卡拉克帆船价值400万荷兰盾，为了给这次有问题的扣押做辩护，荷兰东印度公司还专门聘请了法律专家胡果·格劳秀斯（Hugo Grotius）。[1]荷兰东印度公司在亚洲开发基地以维持进行海洋活动的动力，但与所有此类机构一样，自古以来，海权在陆地上留下的这些脚印最后都演变成了独特的领土实体，专门从事资源开采。

1604年，英国与西班牙缔结和约之后，英国私掠船转移到了荷兰港口里，使荷兰的私掠活动增加了一倍，这迫使西班牙开始与共和国进行和平谈判。1607年，在荷兰东印度公司的大力支持下，范·海姆斯凯尔克领导的一支国家舰队在直布罗陀湾歼灭了一支西班牙舰队。[2]这些行动严重损害了西班牙的贸易，通过把伊比利亚卡拉克帆船关在欧洲，荷兰打开了通往亚洲之路，获得了进入地中海的通道，并为共和国关于权力和利益的叙事提供了一个合适的海军核心，阿姆斯特丹构建的这一叙事与执政所进行的那些没有生产性、代价高昂的军事行动形成了鲜明的对比。然而，海洋仍然是次要的：只有从陆地上才能保卫国家的独立，只有陆军才能阻止敌人的入侵。这一现实也许可以解释为什么共和国忽视了由丹麦、英国、法国和瑞典的君王们建造的那些威风凛凛的大型战舰。建造这些威慑工具的目的是维护对海洋的统治，而不是为了贸易而战，因此，对一个依靠卓越的商业智慧和私人暴力来从事海洋活动的共和国来说，这些工具几乎毫无意义。

1588年后的海洋经济创造了强大的服务业，引起了工业化和大规模的城市化。阿姆斯特丹的人口从1600年的5万人增加到1650年的20万人。[3] 1609年，共和国与西班牙签订的《十二年停战条约》（*Twelve Years Truce*）符合阿姆斯特

---

[1] van Loo, 'For Freedom and Fortune', pp.184–185.

[2] van Loo, 'For Freedom and Fortune', p.191; Bruijn, *The Dutch Navy of the Seventeenth and Eighteenth Centuries*, pp.13–21; Brandon, *War, Capital, and the Dutch State*, p.101.

[3] Halkos, Kyriazis, 'A Naval Revolution and Institutional Change', p.57.

丹的利益，使荷兰的海事企业摆脱了战时限制。1621年，执政决定恢复战争，此举令荷兰的商业暴露在佛兰德斯私掠船的威胁之下，迫使共和国增加海军活动。尽管马尔滕·特龙普（Maerten Tromp）在1639年10月21日的唐斯战役中歼灭了西班牙军队的一支护航舰队，有效地结束了这场冲突，但直到1646年法国占领敦刻尔克后，佛兰德斯的私掠船活动才有所减弱。1648年，西班牙终于承认了这个共和国，虽说几十年来，荷兰的航运对西班牙的经济来说都是至关重要的。代价高昂却适得其反的战争加强了阿姆斯特丹寡头执政者们对和平的偏好。[1]尽管英国私掠船的威胁与日俱增，但1649年荷兰还是卖掉了许多战舰，以减轻财政负担。独立和和平都没能解决国家的身份问题，它们只是增加了与这个问题相关的利害关系。

海权城市，一座设防的商业堡垒：丹尼尔·斯塔帕特于1662年绘制的阿姆斯特丹地图

　　在共和国两极分化严重的政体中，执政和奥兰治派倾向于战争、陆军和强硬的加尔文宗信仰。国家权利党或1650年后的真正自由党（True Freedom party）

---

[1]　Bruijn, *The Dutch Navy of the Seventeenth and Eighteenth Centuries*, pp.22-24.

与他们在这三个问题上有根本性的分歧。这些对立的国家观念主导了17世纪的荷兰政治。最初，共和国的体制限制了执政的权威，但莫里斯亲王于1618年发动政变，清除了他在市议会、省议会和民间武装里的政治对手，大大提高了他个人的权力，也使王朝统治变得有可能实现了。[1]这种用暴力把政治权力与维持国家运转的经济部门分开的举动造成了冲突，在海权国家的政治结构里必须要有商人和金钱。当莫里斯于1621年决定恢复与西班牙的战争时，他对对外政策、战争和外交的控制使他和这个新兴的城邦疏离了。1625年后，他的继任者弗雷德里克·亨德里克（Frederick-Hendrik）"稳步提高了他在由他主持的议会里的影响力……只有荷兰这个由阿姆斯特丹的商业贵族统治的省份，才能通过扣留金钱来约束他。执政的政策没有服务城市的海洋利益"[2]。随着与西班牙的战争接近尾声，亲王与城市之间的对抗逐渐演变成了一场危机。弗雷德里克·亨利（Frederick-Henry）试图通过与法国结盟来实现王朝统治，他的这种野心反映在法国式的建筑和装饰艺术中。1641年，他企图占领安特卫普，以之作为取得王权的关键一步。在战场上受挫的弗雷德里克斯·亨利打算用马斯特里赫特来交换安特卫普，但这个提议没能在不引起阿姆斯特丹注意的情况下获得通过，因为重新开放斯海尔德河（Scheldt）将会毁掉阿姆斯特丹。弗雷德里克斯·亨利于1647年去世，这使得阿姆斯特丹的领导人能把他们的意图强加于第二年签订的《明斯特和约》（*Peace of Munster*）之上。

在与西班牙的第二次战争中，航运所遭受的严重损失促使阿姆斯特丹和荷兰省反对执政。它们喜欢一种与众不同的政治模式，一种与海权身份相关的模式。和平使荷兰经济发生了戏剧性的重组，来自波罗的海航运服务和国内农业的利润下降，而来自"富贵贸易"，也就是奢侈品买卖的利润上升了，它利用英国注意力的分散以及威尼斯和奥斯曼之间的战争，控制了土耳其与欧洲之间的大部分贸易。[3]这种经济繁荣影响到了投资模式，造就了荷兰文化的"黄金时

---

[1] C. E. Levillain, 'William III's Military and Political Career in Neo-Roman Context, 1672–1702', *The Historical Journal*, vol.48 (2005) pp.321–350 at p.325.

[2] Fremantle, *The Baroque Town Hall of Amsterdam*, p.27.

[3] M. Bulut, 'The Role of the Ottoman and Dutch in the Commercial Integration between the Levant and Atlantic in the Seventeenth Century', *Journal of the Economic and Social History of the Orient*, vol.45 (2002), pp.197–230 at p.216.

代", 并为"真正自由的"海权国家提供了资金。政治改革的机会是偶然出现的。1650年, 年轻的执政威廉二世 (Willem Ⅱ) 通过派兵恫吓荷兰的城市, 恢复了他的权威。[1]但几个月后, 他突然去世了, 这给了阿姆斯特丹和荷兰省重塑共和国的机会。

这一斗争反映了所有海权内部全都存在的, 在地产与贸易、贵族与商人之间固有的紧张关系。在共和国里, 阿姆斯特丹只是众多城市中居于首位者 (primus inter pares), 它不是一座可以与雅典、迦太基或威尼斯相媲美的霸权城市, 那几座城市都支配着国家的政治、经济和文化。在荷兰这个案例中, 围绕身份进行的斗争使一个海权的原生城邦与对海洋不感兴趣的农业省份对立起来了。

荷兰共和国从未接受阿姆斯特丹以及荷兰、西兰和弗里斯兰的其他沿海城镇试图强加于它的"真正自由的"海权身份。这个身份一直是个假象, 在它底下藏着的是一个以土地为中心的政体。共和国并未与大陆隔开, 尽管躲在"水线"后面、相对比较安全的荷兰省可能把自己当成了伯里克利时代那个有"长墙"掩护的、近似岛屿的雅典。到1600年, 随着战争的退潮, 阿姆斯特丹开始寻求以和平和繁荣来取代战争和焦虑。在接下来的40年里, 这座富饶的城市把自己想象成了北方的威尼斯——它也有大段的运河——一个帝国式的城邦, 它在亚洲、波罗的海和地中海的商业利益应当主导着国家的政策。阿姆斯特丹的精英想要抑制执政, 减少军队, 建立一个免税的贸易帝国。这些目标是通过建立在旧传统、新英雄和经济实力基础上的海权身份来实现的。

为共和国的灵魂而进行的政治斗争是痛苦和血腥的。随着海权的权力和财富不断增长, 这个城邦越来越具有帝国属性, 成了帝国不断演变的化身。建筑和装饰的目的是给人们留下深刻的印象, 海权用遥远的水上胜利和帝国领土的象征来加强它们的地位, 并向纳税人、选民和游客灌输海权的观念。争夺文化高地的艺术竞争反映出了政治上的紧张气氛, 这同样令人担忧。在阿姆斯特丹, 建筑塑造了一个新的愿景, 让人们看到了建立一个商业共和国、海军强国

[1] J. I. Israel, *The Dutch Republic: Its Rise, Greatness and Fall, 1477–1806*, Oxford: Oxford University Press, 1995, pp.610–612, 700–702.

和一个无阶级社会的希望。打响这场文化冲突第一枪的是在阿姆斯特丹老教堂为雅各布·范·海姆斯凯尔克修建的一座精致的纪念碑。海姆斯凯尔克是在1607年的直布罗陀战役中牺牲的，此战让西班牙颜面扫地，打开了通往地中海的道路，保障了亚洲的市场并促成了《十二年停战条约》的签订。他的胜利标志着共和国成了一个重要的海军强国。

十年来，荷兰在陆地和海上都没有取得重大胜利，海姆斯凯尔克英勇的死亡使民众情绪激昂。[1]这座纪念碑挑战了到此时为止一直占据主导地位的关于陆上战役和执政的军事叙事，它比莫里斯的父亲、开国执政沉默者威廉（Willem The Silent）的任何纪念碑修建得都要早。荷兰省顾问官（Pensionary）[2]约翰·范·奥尔登巴内费尔特（Johan van Oldenbarnevelt）抓住这个机会来提倡用海军维护和平与商业的海权意识形态。[3]奥尔登巴内费尔特和阿姆斯特丹支持海军成为一支自筹经费、能促进和保护贸易的国家力量，与靠税收供养、主要由雇佣兵组成的陆军完全相反。他说服议会出资举办一场国葬并修建一座公共纪念碑。对海军上将的英雄崇拜——确立于后勒班陀时代的威尼斯和伊丽莎白时代的英国——成了政党政治的宣传手段。这是自沉默者威廉的葬礼以来第一次举行国葬，它挑战了那次国葬的独特性，而修建纪念碑更是史无前例。

老教堂成了海姆斯凯尔克的教堂，阿姆斯特丹海军部和海员们的教堂。这座纪念碑把海姆斯凯尔克与赫拉克勒斯联系在一起，它用了一幅佛罗伦萨风格的肖像，强调了共和国的意图，还使用了拉丁文的墓志铭，称赞他"在赫拉克勒斯的海峡里……所表现出的赫拉克勒斯一般的勇气"。赫拉克勒斯之柱被画在了西班牙哈布斯堡王朝的纹章上，而海姆斯凯尔克打破了西班牙人对赫拉克勒斯之柱的控制。这座纪念碑取代了卡尔五世皇帝的纪念碑，而纪念碑上的肖像则让人想起卢卡斯·扬松·瓦赫纳尔（Lucas Jansz Waghenaer）出版于1584年

---

[1] C. Lawrence, 'Hendrick de Keyser's Heemskerck Monument: The Origins of the Cult and Iconography of Dutch Naval Heroes', *Simiolus: Netherlands Quarterly for the History of Art*, vol.21, no.4 (1992), pp.265-295 at p.272; Simon Schama, *Embarrassment of Riches: An Interpretation of Dutch Culture in the Golden Age*, London: Collins, 1987, p.248.

[2] "Pensionary"原意为"领取退休金者"，在低地国家，它指的是在主要的行政委员会中居于领导地位的官员和法律顾问，因为他们有资格领取退休金。——译者注

[3] Israel, *The Dutch Republic*, pp.401-402. 这场战役发生于1607年4月25日。

的著名海图集*Der Spieghel der zeevaerdt*的封面，这本书在英国叫作《水手之镜》（*The Mariner's Mirror*）。[1]

议会还委托制作了其他一些与直布罗陀战役有关的艺术作品，其中包括由先驱性的海洋艺术家亨德里克·弗鲁姆（Hendrick Vroom）创作的一幅巨幅画作，它被赠送给了执政。这幅画像挑战了只有陆军精英才有可能留名后世的假设。1611年的阿姆斯特丹城市史利用海姆斯凯尔克的纪念碑确立了一种海权身份。[2]它以颂扬一位著名海军上将的事迹的形式，把一个帝国式城邦的商业和政治意图合法化了。这种公开的宣传引起了奥兰治派的反击，最终导致奥尔登巴内费尔特在1619年被处决。

海姆斯凯尔克纪念碑是一系列用来表彰海军军官并激励后代的纪念碑中的第一座，它们是在宗教环境中建起的世俗纪念碑。它们装点着加尔文宗庙宇原本光秃秃的墙壁，成了为国捐躯者的记录。对这位海军英雄的崇拜也通过一段拉丁文本向国际上传递了一种信息，全欧洲的精英读者都能读懂这段文本，并通过文字和图像把它传播开来。60年后，当对海军英雄主义的崇拜结束时，位于阿姆斯特丹新教堂的米基尔·德·鲁伊特纪念碑将会成为对丧失海权身份献上的哀悼。

阿姆斯特丹这座欧洲最具活力的商业和工业城市，有充分的理由为控制国家而罢工。由于相对不容易受到陆上战争的波及，阿姆斯特丹商人关注的是海上贸易的利润，而不是欧洲大国入侵的风险。阿姆斯特丹发展出了一种有利于航运企业和相关产业的转口贸易模式，这促使荷兰航海者去开发经济船型和航运业务，它们将承担欧洲的大部分贸易，并反过来资助国家。在为了独立而进行的80年战争中，荷兰的税负增加了4倍，是欧洲国家里最高的。税收收入大部分来自最富裕的省份荷兰，而在荷兰省内，最富裕的城市阿姆斯特丹缴纳的税收是最多的。有58%的国家税收来自荷兰省，仅阿姆斯特丹一市就缴纳了全部国

---

[1] Lawrence, 'Hendrick de Keyser's Heemskerck Monument', pp.275-283.

[2] Lawrence, 'Hendrick de Keyser's Heemskerck Monument', pp.266, 291; K. Skovgaard-Petersen, *Historiography at the Court of Christian IV: 1588–1648*, Copenhagen: Museum Tusculanum Press, 2002, 在没有参考阿姆斯特丹史的情况下，对彭塔努斯（Pontanus）在丹麦的职业生涯进行了探讨。

家税收的25%。其他的沿海省份，弗里斯兰和西兰，分别缴纳了12%和9%，而4个内陆省份缴纳的税收所占的比例都没有超过6%。1582年后，议会还征收了一种标准进口税，其收入直接拨给5个海军部。[1]

公债的产生将资本家与国家绑在了一起，他们与商业部门的密切关系使这些部门能够认识到那些没有政治代表的人的利益。[2]地方上对税收和海军财政的控制保证了海军经费的长期走向既不是主观的也不是随机的。商业精英们小心翼翼地平衡成本和收益。股份制公司和银行为贸易和战争提供资金，同时，新的信贷机制改善了商业流通。阿姆斯特丹银行的模式是从威尼斯学来的，就像这个新生国家的其他许多模式一样。它成了全球金融的中央结算所：较小的银行服务于小商人和工匠。[3]股份制原则也适用于开凿运河、排水工程、港口建设、置办船只和海事保险，它在商人和劳动阶级中分散了所有权、利润和风险，这些发展都发生在竞争对手被战争和占领分散了注意力的时候，它们使荷兰以惊人的速度在海上贸易中占据了大部分份额，航运业务把它的资源依赖性变成了优势。阿姆斯特丹成为一个不断扩大的全球贸易体系的中心，货物和服务的运输和再分配都由海军来保障，而海军的经费则来自关税和运输费。

正如扬·格里特指出的，事实证明，共和国在促进经济利益方面非常有效，而且在动员陆军、海军和经济力量方面比同时代的任何专制国家都更有效率。它通过一个把地方和国家税收与贷款结合起来的复杂金融体系，扛起了无比沉重的军事财政负担：

> 如果把人口规模考虑进去的话，可以说，17世纪没有任何一个国家在动员战争资源方面能超过它。为了在海外进行贸易和战争而组织起来的荷兰特许公司也能够有效地抵抗各国组织的敌军。

至关重要的是，共和国可以在几十年里保持非常高的税收水平，而不会遇

---

[1] Halkos, Kyriazis, 'A Naval Revolution and Institutional Change', p.59.

[2] M. de Jong, 'Dutch Public Finance During the Eighty Years War: The Case of the Province of Zeeland, 1585 – 1648', in van der Hoeven, ed., *Exercise of Arms*, pp.133–152 at p.151.

[3] Halkos, Kyriazis, 'A Naval Revolution and Institutional Change', p.63.

到重大阻力，这是因为其包容性的政治制度——就像其他海权制度一样——为支付了大部分税收的商人提供了重要的政治权力。[1]他们通过投票确保其缴纳的税金被用来保护他们的利益。由于陆上和海上的安全得到了保障，商业蓬勃发展，这养活了更多的海军部队，扩大了商业的边界。金融稳定降低了利率，使共和国能够比信用评级低下的专制对手更有效地发动战争。有效的增税使国家可以通过定期付款来确保士兵、水手和承包商的忠诚，这个国家是由共识维持的，人们交税不是因为王家的敕令，但这种共识很脆弱。

在革命之前，荷兰各省自愿用相对较高的税收换取重要的安全保障，但反对在遥远的地方进行战争、实行中央集权的企图和重新导入天主教。革命把这一地区的金融中心从安特卫普转移到了阿姆斯特丹，后者利用制海权战略摧毁了这座旧的中心城市，并试图重复这一过程，以应对来自伦敦与日俱增的威胁。这一模式受到了历任执政的挑战，他们倾向于建立一个"正常"的、倚重陆军力量的大陆国家。[2]

执政有一个很好的理由。海军的花费仅占国防开支的四分之一，就足以在独立战争中发挥有益的辅助作用，独立战争主要是场陆军斗争，由一支以在共和国境内作战而不破坏它为目的建立的专业军队来进行。这些士兵纪律严明，训练有素，战术新颖，他们受到的是古典著作文本而不是其西班牙敌人的影响。按人口数量平均计算的话，这支军队的规模比法国军队要大得多，虽然它招募的新兵很多都是外国人，但是由荷兰军官和士官组成的骨干队伍确保了共和国对它的控制。[3]

也许是因为有过痛苦的经历，共和国在很大程度上没有受到夸耀军威和盛气凌人的诱惑。军队是必要的恶，是保卫陆地边界所必需的，而不是民族自豪

---

[1] 过去的历史学把共和国描绘成一个软弱的国家，缺乏强有力的中央政府来调动资源打仗。这种批判产生于1815年后的荷兰王国，目的是使一个非同寻常的国家之经历正常化，并贬低资产阶级政府的成功。Glete, *War and the State in Early Modern Europe*, pp.140-142.

[2] Glete, *War and the State in Early Modern Europe*, pp.147,150.

[3] H. L. Zwitzer, 'The Eighty Years War', in van der Hoeven, ed., *Exercise of Arms*, pp.33-56, 波利比乌斯、韦格蒂乌斯（Vegetius）和塔西佗（Tacitus）的著作所造成的影响见第24页和第33页；Glete, *War and the State in Early Modern Europe*. pp.141, 156-162.现代对战略、政策和海军事务的探讨比较缺乏对古典著作的参考，低估了雅典、威尼斯和热那亚模式对荷兰的战争和国家思维所造成的强大影响。

感或权力的象征。并不是只有精英阶层会这样想："黄金时代"的荷兰军事艺术强调无聊、放纵和浪费。[1]军队对自由构成了严重的威胁：1619年和1650年，执政两次动用军队推翻了文官政府。难怪阿姆斯特丹的商业寡头们想要推广一种海权身份，以重塑国家政策。[2]他们"真正自由的"共和国用不着昂贵的士兵，而是把他们的信仰托付给市民卫队——受人尊重且社会关系良好的民兵组织。但在紧要关头，这些符合意识形态需要的军队是派不上用场的。

最终，共和国面临着一个典型的海权困境：无论从土地，还是人力来说，它都远不足以成为一个传统大国，但它需要一支强大的陆军来维持生存，这支军队的财政和政治成本阻碍它成为一个海权国家。当陆军被完全动员起来保卫边境时，留给海军的钱就所剩无几了，同时，高税收也抑制了海事活动。

1650年，执政威廉二世突然去世，此时距他把军队开到阿姆斯特丹城下威胁它还没有多久，他的离世给了议会悬置执政一职的机会。在30年前的权力斗争中，奥尔登巴内费尔特因叛国罪被处死，现在阿姆斯特丹终于扭转了这个结果，掌握了共和国大权。共和国把执政的遗腹子撇在一边，于1651年召开了"大议会"（Great Assembly），这一议会受到共和国意图的控制，使各省恢复了它们近来丧失的权威。[3]随着权力从执政官转移到阿姆斯特丹市政厅手里，共和国有意识地选择了成为一个海权，以保护阿姆斯特丹和其他海洋城镇的经济利益，用政治家和强大的海军来取代亲王和陆军。这一决定是在与英国的战争所造成的灾难推动之下做出的，阿姆斯特丹利用这场战争，把护航费和许可证金提高了三分之一，从而大大增加了5个海军部的流动资金。阿姆斯特丹在这个国家的统治地位可以从海外贸易上看出来：由它主导的波罗的海、亚洲和地中海贸易繁荣发展，而西兰在加勒比海和巴西的利益则被牺牲掉了。[4]从1653年开始，"真正自由的政权"由荷兰省的顾问官约翰·德·威特领导，这个政权基本上是控制在阿姆斯特丹手里的。1648年后，为了确保在陆地上的独立，共和国政权建立了一个联邦制/经纪业务的国家，并重新部署了模式以保障它的海上

---

[1] Schama, *Embarrassment of Riches*, pp.241–246.

[2] Glete, *War and the State in Early Modern Europe*, pp.171–172.

[3] Levillain, 'William III's Military and Political Career', pp.331–332.

[4] Israel, *The Dutch Republic*, p.720.

经济霸权。[1]

德·威特的父亲是多德雷赫特市（Dordrecht）的政务委员会委员，曾被威廉二世囚禁过，德·威特于公于私都有理由让执政之职空缺。1651年，德·威特加入了荷兰海军委员会，与海军中将马尔滕·特龙普一起，开始终生参与包括艺术和战略在内的海军事务，这确保了他把海军力量置于对外政策的中心。他的哥哥科内利斯·德·威特（Cornelis de Witt）于1652年进入鹿特丹海军部任职，并通过结婚加入了这座城市的精英阶层。[2]两兄弟都将随舰队出海。

几个月后，好战的英吉利共和国对这个新共和国进行了考验，迫使它为控制海洋而战斗。英国宣称它对英吉利海峡——荷兰繁荣的咽喉要害——拥有主权，要求行经此处的军舰和商船向英国致敬。所谓致敬，指的是朝英国军舰降下上桅帆和舰旗，这既是英国主权的象征——这种象征有可能演变为要求过往的船只缴纳金钱，也是一种策略，听命降帆的荷兰船只很容易受到攻击。共和国拒绝了这一要求，坚持格劳秀斯提出的"自由海洋"学说，并做好了战斗的准备。归根到底，这场战争是在重商主义经济学的推动下进行的。英国商人和船主希望英吉利共和国动用以他们缴纳的税金购置的强大舰队，把贸易从荷兰人手里抢过来。正如荷兰一位撰写小册子的人所说："英国人正朝着一座金山前进，而我们却恰恰相反，朝着一座铁山前进。"[3]这将是一场海军之间的战争，不需要士兵。

战争爆发后，德·威特控制了荷兰海军委员会，他听取了特龙普所做的合理抱怨——荷兰舰队基本上是由雇来的商船组成的，战斗力不足——并对此做出了回应。这些商船不仅速度慢，跟不上专门建造的军舰，而且太脆弱，承受不了重炮的轰击，此外，这些商船上的军官也不可靠。第一次英荷战争之后，雇来的小型商船都被取代了：荷兰海军在第二次英荷战争中使用的是大型的荷兰东印度公司的舰船，但在第三次战争中没有。[4] 1652年至1654年，荷兰对英

[1] H. H. Rowen, *John de Witt Grand Pensionary of Holland, 1625–1672*, Princeton, NJ: Princeton University Press, 1978; Brandon, *War, Capital, and the Dutch State*, pp.74–75, 118–119.

[2] Rowen, *John de Witt*, pp.56, 62, 67.

[3] 这本荷兰小册子出版于1653年，转引自Rowen, *John de Witt*, pp.65,71.

[4] Brandon, *War, Capital, and the Dutch State*, pp.87, 91.

国人用来控制英吉利海峡的战斗舰队束手无策，英格兰迫使荷兰人为他们的贸易而战，在战争中击败了他们，并封锁了阿姆斯特丹，让那里的街道野草丛生。真正自由的政权摇摇欲坠。

英吉利共和国提出了新的挑战。与西班牙不同的是，它与真正自由的政权分享着同一个目的——创建一个商业化的海权国家，并准备为争夺霸权而战。德·威特意识到共和国既需要一支昂贵的战斗舰队，又需要保留既有的巡洋舰队，他犹豫了，他预见到了在这个用海权身份掩盖分歧的国家里可能出现的政治问题。面对经济崩溃和政治动荡，德·威特从共和国首要的战略体系——军队和边境要塞中抽调资金，组建了一支战斗舰队。1652年10月，荷兰海军再次战败，迫使议会用战争税和贷款建造了30艘主力舰。不久之后，德·威特成为荷兰省政务委员会顾问官，1653年7月又成为大顾问官（Raads Pensionary），也就是国家元首。两年之后，他从声名显赫的阿姆斯特丹寡头比克尔家族（family of Bicker）里迎娶了妻子，1659年，他获得了带有头盔图案的盾形纹章，并把它们印在了自己的马车上。[1]德·威特和他的共和派支持者们把国家和海权联系在一起，让这些新战舰成为国家而不是各省的财产，以确保地方海军不会在战后卖掉它们。这支"新海军"将是一支常备的、专业的战斗舰队。

在第一次英荷战争中，为了生存，共和国必须打败英国舰队，并封锁伦敦以使其屈服，就像过去它封锁安特卫普一样。在新船建成之前很久，特龙普的战死已经使海军和民众士气低落，而英国短暂的封锁也使荷兰的经济濒临崩溃，并削弱了新政权的权威。经济困难在国内引发了动乱，使执政的拥护者获得了力量。要把失败的后果最小化，需要相当高明的外交技巧。

失败暴露出了舰队士气低落的事实。大约一半的水手是外国人，议会给的薪水没有商业航运公司给的高，而海军部则因拖延发薪和伙食差而恶名昭彰。叛乱并不少见。[2]荷兰和英国不同，不允许使用暴力强行征募海员。[3]各级船员

---

[1] Schama, *Embarrassment of Riches*, pp.117, 224; Burke, *Venice and Amsterdam*, p.49; Rowen, *John de Witt*, pp.80–81, 95, 98.

[2] van Vliet, 'Foundation, Organization and Effects of the Dutch Navy', pp.162–163.

[3] Bruijn, *The Dutch Navy of the Seventeenth and Eighteenth Centuries*, pp.48, 59–61; Levillain, 'William III's Military and Political Career', p.333 fn.65.

的纪律是一个严重的问题。[1]10年之后，德·威特向英国大使威廉姆·坦普尔爵士（William Temple）承认，在1666年的四日海战中，是战败了的英国水手"为我们的国家赢得了更多荣誉，并为我们的海员那不可战胜的勇猛增添了两场其他的胜利都比不上的光彩"。他承认如果是荷兰水手的话，从第二天起他们就不会愿意站在敌人的枪口下了，更不用说坚持到第四天。[2]

　　失败"让约翰·德·威特懂得了拥有一支强大海军的重要性"[3]。1654年之后出现的昂贵的"新海军"使用新式的炮击战术，把一支专业的军官队伍与一支由专门建造的军舰组成的常备舰队结合起来，通过战斗来确保海洋控制。[4]它将在"真正自由的"共和国的意识形态中占据核心地位，这个海权国家渴望建立一种独特的大国身份，它的关切有别于其他欧洲强国和下了台的执政对君主制和土地的关切。[5]这支新舰队要求在巡洋舰的经费之外，大幅度增加海军的经费，尽管战斗舰队把共和国变成了一个海权大国，但事实证明，通过议会而不是资金短缺的地方海军部来为它提供经费，是会引发争端的。把国防经费从陆上转移到海上，让内陆省份大感不安，觉得自己被疏远了。[6]此外，当德·威特为了"阿姆斯特丹的利益"部署他的"新海军"以确保波罗的海的商业通道时，战斗舰队象征的大国力量和相关的海军至上主义宣传在国外引起了担忧。[7]德·威特的舰队就像伯里克利的三列桨座战船舰队一样，使用比大炮更可怕的

[1]　Israel, *The Dutch Republic*, pp.679-680.

[2]　G.Clark, ed., *Sir William Temple's Observations Upon the United Provinces of the Netherlands*, Oxford: Clarendon Press, 1972, p.128.该书第一版出版于1673年，以供同时代人和后世的作家阅读，见该书第131页。

[3]　"荷兰的经济在海军交战期间很脆弱，很容易爆发公众骚乱——就像1653年以及后来的1665年和1672年那样。" Bruijn, *The Dutch Navy of the Seventeenth and Eighteenth Centuries*, pp.56, 65; Israel, *The Dutch Republic*, p.720.

[4]　Rowen, *John de Witt*, pp.71-79; B. Capp, *Cromwell's Navy: The Fleet and the English Revolution 1648–1660*, Oxford: Oxford University Press, 1900, pp.6-9.

[5]　G. Rommelse, R. Downing, 'The Fleet as an Ideological Pillar of Dutch Radical Republicanism, 1650 - 1672', *The International Journal of Maritime History*, vol.27, no.3 (2015), pp.387-410.

[6]　Glete, *War and the State in Early Modern Europe*, p.170.

[7]　Bruijn, *The Dutch Navy of the Seventeenth and Eighteenth Centuries*, pp.66-71.

武器，它们被打上了"自由的印记"，这是每个独裁者都理解的威胁。[1]尽管公开的经济帝国主义令阿姆斯特丹感到高兴，但法国观察家却把战斗舰队与荷兰人希望主宰世界贸易的愿望联系在一起了，在一个由君主国组成的世界里，共和国的"无礼"使各国深感焦虑。

第一次英荷战争让德·威特急于避免另一场冲突，他把"新海军"的威慑效应作为维持共和国、抑制奥兰治派和保护贸易的复杂笛卡尔式计算的一部分。作为一个吃饱喝足的海权，共和国并不想打仗，但它将为国家的生存和必要的贸易而战。然而，在不太富裕的竞争对手看来，这些温和的目标就是傲慢的野心。[2]德·威特在通过昂贵的军备来寻求威慑时，漏掉了一个关键的保留意见。威慑只对理性的行动者起作用。在谈到德·威特的共和国时，查理二世（Charles Ⅱ）和路易十四都没有对逻辑或理性表现出多少兴趣：个人威信、声誉和敬意才是需要优先考虑的因素。就像英吉利共和国一样，新的共和政体也更换了国旗，用象征共和的三色旗取代了奥兰治家族的旗帜，并重新命名了战舰以反映他们的意识形态。1639年，特龙普的旗舰是用执政之妻的名字来命名的；1666年，德·鲁伊特则乘坐在名字平淡无奇的"七省"号（de Zeven Provincien）上出海，在这个名字前面适当地加上了自由、解放等代表美德的形容词和当地的地名。这些乏味的描述词可没法跟英国的"海上主权"号（Sovereign of the Seas）相提并论，在这个自吹自擂的名字前面所加的描述词是"有一百门炮的"。

通过公开展示居于优势的力量，利用金钱和资源来避免战争一直是海权外交的一个关键要素。海军巡游、雅典的船坞、迦太基的大港和威尼斯的军械库所起的都是这个作用，依赖海上交流的国家需要保持海洋的自由，避免代价高昂的战争，而人口有限、边境防御薄弱的荷兰尤其不喜欢战争。它的边境防御之所以薄弱，是因为真正自由的政权通过削减被它视为浪费和政治威胁的陆军的开支，为"新海军"提供了部分经费。阿姆斯特丹商人反对为一支可能会破

---

[1] Brandon, *War, Capital, and the Dutch State*, p.119. 此处的引文出自勃兰特（Brandt）写于1687年的《德·鲁伊特的一生》（*Life of de Ruyter*），见该书第100页。

[2] Schama, *Embarrassment of Riches*, pp.252–254. 对英格兰/不列颠的船坞和基础设施的颂扬起着同样的作用：可参考乔治三世（George III）委托制作船坞模型和画作的决定。

坏他们自由的军队买单，而内陆省份则反对用国家税收来供养战斗舰队。

1619年，执政莫里斯亲王以叛国的罪名处死了奥尔登巴内费尔特。30年后，真正自由党的领导人为了避免遭受同样的命运，合情合理地把"新海军"当成了意识形态的支柱，这根支柱建立在他们的前辈，也就是建造海姆斯凯尔克纪念碑的人所奠定的基础之上。为了证明新政治制度的合理性，德·威特在1662年完善了彼得·德·拉·柯特创作的激进主义小册子，这本小册子名为《荷兰的利益》（*The Interest of Holland*），它公开主张荷兰与其他省份分离，以节省保卫陆地边界的成本，正如德·拉·柯特所强调的那样，"为军队买单是一种耻辱"。共和制度是贸易、渔业和制造业的最佳保障，而强大的舰队则能确保中立和自由贸易，保卫航运并阻止战争。地中海的护航队保护着荷兰的贸易免受巴巴里海盗的侵扰，而不那么幸运的国家的舰船就只能暴露在危险中，繁荣在真正自由党想要为荷兰创造的身份中占据核心地位。理所当然，舰队不论是在政治上，还是在目的上都是属于共和派的。然而，德·威特知道，与英国再次发生冲突可能会导致毁灭性的结果。[1]尽管奥兰治阵营竭力强调军事实力和中央集权，但真正自由党继承了奥尔登巴内费尔特对维护各省主权的关注，这个机制确立了共和国的经济中心阿姆斯特丹的主导地位。

到此时为止，共和国一直是作为一个海洋国家运作的，它缺少一支可以用来争夺对海洋的控制权的战斗舰队。国防开支主要用在由执政控制的陆军上面，这是为大多数荷兰人所接受的制度。1650年的军事政变后，阿姆斯特丹和荷兰省"决心再也不为加强陆军而牺牲海军的力量了，他们担心陆军可能会再次被用来胁迫他们，使他们在政治上做出屈服"。在控制了共和国之后，真正自由的政权从英国战斗舰队身上学到了让海军衰弱的潜在致命后果。正确地吸取了教训之后，共和国出资建立了一支旨在确保海洋通路的国家舰队，这大大增强了共和国的政治影响力以及它保障海洋贸易的能力。这支战斗舰队把海军的战略角色从防御性的巡逻扩展到了为"荷兰省的经济利益"服务，还有"维

---

[1] Rommelse, Downing, 'The Fleet as an Ideological Pillar of Dutch Radical Republicanism', pp.391-392, 395, 397.一个世纪以后，英国对巴巴里海盗持有同样的观点，它很清楚刚刚独立的美国没有能力保护其航运。G.Rommelse, 'Een Hollandse maritieme identiteit als ideologische bouwsteen van de Ware Vrijheid', in *Holland Historisch Tijdschrift*, vol.48 (2016), pp.133-141; Brandon, *War, Capital, and the Dutch State*, pp.49-50.

护欧洲的力量平衡"，这是一个雄心勃勃的任务。[1]德·威特认为，共和国获得了用来取得制海权的工具，这是一个海权国家实现"商业繁荣必不可少的条件"。他部署海军力量，以确保让英国和法国明白，任何战争的代价都是"高得令人望而却步的"。他只能把希望寄托在海军力量能够减少对可能威胁国内自由的陆军的需求上。[2]这种优雅的计算忽视了17世纪国际关系的现实情况，也忽略了主要由奥兰治派组成的民众想要执政复权的愿望。海权身份仍然存在争议：内陆省份拒绝关注海洋，西兰觉得阿姆斯特丹在波罗的海和地中海的利益比它在加勒比海的利益有更大的优先权，还有，德·威特积极地运用新组建的战斗舰队来保障阿姆斯特丹的商业利益，这在很大程度上导致了发生于1664年至1667年间的第二次英荷战争。[3]

环境和偶发事件使荷兰共和国的领导层得以发明出一种海权文化和身份，在这样做时，他们对当时的需要有着清楚的认识：把七省的人民——由来自南部各省、德国、法国、斯堪的纳维亚和英国的移民所组成的富有且不断流动的混合体——融为一个国家，同时维持经济的急剧扩张。这一进程以与过去的决裂为开端，但又把古老现实的关键要素奉为圭臬。

为脱离西班牙获得独立而进行的长期斗争定义了这个共和国：士兵、围城、胜利、悲剧和无尽的忍耐主导着它的身份，它将会成为一个民族（nation），但难以成为一个国家（state），在共和国里到处弥漫着《旧约》价值观和与罗马的联系。然而，在尚武的传统中，共和国内部的一个重要选区有意识地围绕海洋、商业和海军力量塑造了另一种身份。1610年，人文主义学者胡果·格劳秀斯从巴达维人反抗罗马的神话中发展出一种合适的身份，它为革命和实行寡头统治提供了法律上的正当性。[4]他的作品反映了阿姆斯特丹市和荷兰省的选择，历史上那些伟大的海权都是城邦，而主导国家政策的经济重镇阿姆斯特丹有着许多与它们相同的特点。阿姆斯特丹市议会与地方政府和慈善机构一起讨论国际关系、战争和和平等问题，它们对海权先驱有着充分的认识。

[1] van Vliet, 'Foundation, Organization and Effects of the Dutch Navy', p.172.

[2] Schama, *Embarrassment of Riches*, pp.249–251.

[3] Brandon, *War, Capital, and the Dutch State*, p.93.

[4] Schama, *Embarrassment of Riches*, pp.67, 75–78, 115.

这座城市的运河系统是为了使阿姆斯特丹成为新威尼斯而建造的，而受到地产和军事声望束缚的雅典贵族与介于精英和资产阶级之间、充满活力的海上商人，这两者之间的文化冲突将会伴随着许多相同的言辞和大量的暴力在阿姆斯特丹再次上演。在1600年到1672年之间，文化高地反复易手，历任执政都在努力推广罗马式的中央集权和军事力量的概念，而追求金钱和贸易的人们则以海军的荣耀、英勇的海军上将、商业和探险来进行反击。历史变成了观念相互冲突的战场：政治策略通过古典寓言来解释，并以公共设施的宏伟来表达，阿姆斯特丹人知道威尼斯人使用过这些工具。从理论上来说，阿姆斯特丹在国家中的权威不及雅典、迦太基或威尼斯，但实际上它控制着联省共和国，它主导了1645年至1648年之间的和平谈判，在确保了对国家的控制后，它利用"新海军"迫使丹麦减少了松德海峡的通行税（Sound Dues），这是对阿姆斯特丹的一项核心贸易征收的税款。阿姆斯特丹的精英管理着国家和荷兰东印度公司，控制着共和国在亚洲的帝国。[1]这些受过古典教育的人游历甚广，像他们的威尼斯同行一样从事贸易，阿姆斯特丹的显贵不仅熟知古代和现代的历史，还在印刷品中使用它们。尼古拉斯·威特森（Nicolas Witsen）在他对造船的研究中回顾了古代的文献，而P. C. 霍夫特（P. C. Hooft）则向那些将要统治国家的人强调了历史的价值。还有些人出版了地图和海图集，同时，阿姆斯特丹从意大利聘来一位官方历史学家，让他向整个欧洲展示了这座城市的美德。[2]约翰·德·威特所受的人文主义教育中包括了希腊文。[3]他对第一个海权国家的英雄领袖地米斯托克利和伯里克利了如指掌，他的共和国与古代的海权有着惊人的相似性。

威尼斯的贵族曾为他们的城市和个人与罗马历史的联系而自豪，虽说这种联系相当不自然，而资产阶级的阿姆斯特丹人则对他们的共和尝试所具有的新颖性产生了一种年轻的骄傲，尽管陆地和海洋之间的文化斗争使他们对历史的看法变得含混不清。阿姆斯特丹的领袖们把从塔西佗的作品中找出来的巴达维

[1] Burke, *Venice and Amsterdam*, pp.43-51.

[2] R. W. Unger, *Dutch Shipbuilding before 1800*, Amsterdam: Van Gorcum, 1978, p.42.威特森1671年出版的第一本荷兰文著作于1690年再版。荷兰人没有按照图纸建造船只的传统，这就是彼得大帝放弃阿姆斯特丹前往德特福德的原因，在德特福德他学会了如何使用可转移的系统建造船只，这种系统很适合他那个比较落后的国家。

[3] Rowen, *John de Witt*, p.11.

人当成祖先（据称，巴达维人热爱自由），并在他们的坟墓上添上了拉丁文的墓志铭，然而，人们又经常把大西庇阿当成参考对象。一本17世纪初的小册子主张采取他对迦太基用过的战略，在西印度群岛打败西班牙。[1]

这种文化冲突在很大程度上是通过建筑、绘画和印刷来进行的。这个新共和国最近才摆脱了安特卫普和布鲁塞尔的影响——这两座城市长期以来一直是该地区的文化之都——在美术方面还没有什么突出表现。这一遗漏必须迅速加以弥补，使共和国的美术作品既能传递国家的信息，又能填补革命期间加尔文宗反圣像者对宗教艺术的广泛破坏所造成的明显空白。其结果是产生了一种新的艺术，它建立在勃艮第—佛兰德斯时代的传统和专业技术基础上，但清除掉了该基础中的天主教意识。幸运的是，古老的文化联系经受住了这种停顿。虽然那个时代最伟大的艺术家彼得·保罗·鲁本斯（Peter Paul Rubens）留在了安特卫普，替哈布斯堡王朝和法国人工作，但他与新共和国保持着联系。到17世纪中叶，出现了一个充满活力的荷兰艺术市场，它得到的是中产阶级而不是精英或王室赞助人的支持，这一受众群体把海洋放在了荷兰身份的中心位置上。[2]画像成了一种常见的私人展示物品，人们常常把肖像挂在船只的图像旁边。在阿姆斯特丹兴起的海权文化把精英对公共消费的赞助——特别是海姆斯凯尔克纪念碑——和适合中产阶级家庭生活的画像结合起来了。

革命以前，佛兰德斯的艺术以描绘海洋为特色，其需求与日俱增，与航海事业的发展和海军的荣耀齐头并进。[3]与对既存的模式进行改造的荷兰艺术不同，在宗教改革的推动下，它那现实主义的海景和船舶画像是非常新颖的。宗教改革前的海洋图像都是非写实的，但在16世纪80年代中期，当共和国需要纪念海军在革命中的作用时，哈勒姆的艺术家亨德里克·科内利斯·弗鲁姆（Hendrick Cornelisz Vroom，1562/1563—1640）创作出了现实主义的海景。他早期的杰作主要以"西班牙无敌舰队"为主题，特别是他的油画以及为英国海

[1] Burke, *Venice and Amsterdam*, pp.93–100; Schama, *Embarrassment of Riches*, pp.492–493, 618–619上有17世纪精英所藏书籍的样本清单。

[2] G.Rommelse, 'National Flags as Essential Elements of Dutch Naval Ideology, 1600–1800', 该论文即将发表。在此我要对隆美尔塞博士与我分享这篇论文致以诚挚的谢意。

[3] 伯克在探讨威尼斯和阿姆斯特丹时没有提到它们的海洋艺术，不论是与商业有关的还是与海军有关的全都没有提及，这在研究海权国家精英阶层的价值观和品味方面是一个重大的疏忽。

军大臣埃芬厄姆男爵霍华德（Lord Howard of Effingham）创作的挂毯。这套挂毯的灵感来源于卡尔五世皇帝那套以突尼斯为主题的挂毯，霍华德曾在布鲁塞尔见过它们，描绘着权力、财富和荣誉的图像与这位君王很相宜。[1]霍华德的挂毯把海战与地图和海图联系起来，并采用了一种新颖的海平面视角。弗鲁姆还开创了描绘城市景观的先河，这种艺术风格是用来颂扬在联省共和国中崛起的各大城市中心的。

弗鲁姆的艺术吸引了顾客，而他的作品的价格则吸引了众多仿效者。海洋艺术成了一个公认的专门领域，一个由自我界定的艺术家组成的重要团体。"真正自由"时代的海权文化与海洋艺术之间的相关性非常明显。1650年到1675年间，阿姆斯特丹的海洋艺术家数量先是翻了一番，从10人增加到20人，然后又减少到10人。在哈勒姆和鹿特丹，海洋艺术家数量的下跌更为急剧。安特卫普仍然在向荷兰和意大利市场供货，在那里，海洋艺术品市场的崩溃被推迟到了17世纪80年代，到那个时候，这一地区海洋艺术品的总产量已经跌到17世纪60年代的最高点的四分之一以下了。[2]

除了油画和挂毯这些高雅艺术之外，为了向公众做展示，一种生机勃勃的印刷文化也应运而生，这是弗鲁姆精通的另一种艺术形式。[3]1651年，真正自由政权最重视的艺术主题之一——海军的意象开始通过月报进行传播。《荷兰墨丘利》（Hollantsche Mercurius）在报道海军事件时加上了版画插图，这影响到了国家对图像的运用，养活了整整一代熟练的艺术家和雕工。单色版画为越来越多的海权意象受众提供了服务，尽管其消费者可能多半都与海洋有所联系，但在阿姆斯特丹，这一类人在人口中占了很大比例，在盖尔德兰（Gelderland）这一比例就要低得多。此外，这些图像在欧洲各地传播，不管在哪里，只要有人讨论海权，它们就能激起人们的兴趣和模仿。[4]

[1] H. J. Horn, *Jan Cornelisz Vermeyen: Painter of Charles V and his Conquest of Tunis*, New York: Davaco Publishers, 1989.这些挂毯是在布鲁塞尔制作的。

[2] R. Daalder, *Van de Velde and Son: Marine Painters*, Leiden: Primavera Press, 2016, pp.50-53.

[3] Israel, *The Dutch Republic*. pp.557-558; M. Russell, *Visions of the Sea: Hendrick C. Vroom and the Origin of Dutch Marine Painting*, Leiden: Brill, 1983.

[4] Schama, *Embarrassment of Riches*, pp.246-249, 638, fn.45.

议会认识到了艺术在外交上的价值，他们向外国的王公赠送了新的荷兰艺术品和从阿姆斯特丹的艺术品经销商手里买来的早期大师们的杰作。对长期沉迷佛兰德斯海洋艺术的英国宫廷来说，弗鲁姆的画是非常适合的礼物。他们的目的可以从议会于1610年把弗鲁姆创作的《直布罗陀之战》（*The Battle of Gibraltar*）的复制品赠送给威尔士亲王亨利（Henry, Prince of Wales）的决定中推测出来，这幅画的原作是一年之前为了献给执政而绘制的。[1]英国人理解了此举的用意：1612年，国王詹姆斯一世（James Ⅰ）从霍华德男爵手里买下了无敌舰队的挂毯，并"把它们挂在宴会厅以接待西班牙大使。有人建议说，这样做或许可以让他在不示弱的情况下寻求与西班牙对话"[2]。在宴会厅里公然悬挂着让西班牙面目无光的胜利场景逼得西班牙大使不得不装病，以免因面对这些画像以及王室在演讲中提及这些画像而受辱。[3]

弗鲁姆还画下了1613年英国舰队载着英国大公主和波西米亚王子弗雷德里克驶入弗利辛恩（Flushing），以及在1623年它从西班牙返回朴次茅斯的场景。这些场面有力地体现了皇家海军的壮美。[4]经过一个世纪以来皇家收藏的熏陶，这些画在英国的观众已经变得乐于接受海权意象了。亨利八世于16世纪40年代从佛兰德斯获取了许多画像，以推广一种积极进取的海权意识形态，这些画像塑造了英国人的品位。

当独立战争于1621年重新开始时，荷兰艺术家失去了获取几种重要颜料的途径，这使他们的作品呈现出一种较为暗淡的色调。[5]老威廉·范·德·维尔德（Willem van de Velde the Elder，1611—1693）用一种新方法取代了弗

---

[1] R. Strong, *Henry Prince of Wales and England's Lost Renaissance*, London: Thames and Hudson, 1986, p.189, 插图97、98。亨利对弗鲁姆的海洋艺术大为倾倒，这影响到了英国人的品位。

[2] 这句话出自贾斯汀·迪伊（Justin Dee）之口，转引自Sarah Gristwood, 'A Tapestry of England's Past', *History Today*, vol.60,no.9(2010): http://www.historytoday.com/sarah-gristwood/tapestry-england%E2%80%99s-past#sthash.fI4ziuXb.dpuf.

[3] T. Campbell, *Threads of Splendour: Tapestry of the Baroque*, New Haven, CT, and London: Yale University Press, 2007, p.111,这段话的依据是1613年的一本德文著作。这些挂毯完成了自己的任务之后，詹姆斯把它们搬到伦敦塔里去了。

[4] N. A. M. 罗杰（N. A. M. Rodger）用1613年的这幅画做了封面，Rodger, *The Safeguard of the Sea: A Naval History of Britain, Vol. I: 649–1649*, London: HarperCollins, 1997, plate54. 这本书中的大多数船舶插图都是由低地国家的艺术家创作的。

[5] Israel, *The Dutch Republic*. p.559.

鲁姆那种华丽的着色方式，他用单色笔作画，以惊人的精确度描绘船只和战斗，其作品一半是技术性记录，一半是艺术创作。这些昂贵的单色画是由议会、地方海军部以及包括海军上将和外国政要在内的精英人士委托制作的。1639年，范·德·维尔德还创作了纪念特龙普在唐斯战役中获胜的版画。对1650年后的"真正自由"的海权国家来说，海洋艺术成了一种意识形态武器，是国家身份的一种重要表现形式，它向世界展示了荷兰海军的英勇。共和国聘请范·德·维尔德为官方战争艺术家。1653年，他作为信使前往特龙普身边，然后以目击者身份用艺术和文字描绘了多次战斗。在英荷战争期间，他至少参与了6次海战。[1]这并不是偶然。范·德·维尔德与海权文化的设计师约翰·德·威特之间有着密切的合作。

在公共场所和私人住宅中出现的海洋画像反映了阿姆斯特丹精英阶层的经济和政治现实，他们从贸易中获利，乘船旅行，而拥挤的港口使他们对这样的景观司空见惯。[2]除了海军在浓烟滚滚的战场上获胜的画像之外，阿姆斯特丹的港口还提供了一幅海上经济蓬勃发展的图景，大量的战舰和商船聚集于此，背景则是一座伟大的商业城市。这种画像的灵感来自威尼斯和热那亚的图像，后者是低地国家的艺术家们经常光顾的地方，这些画像展示了海权的贸易和国防之间的协同作用，以及国有商船与军舰跟一个帝国式的城邦之间的联系。它们的宣传目的是显而易见的，而且，一旦它们变为雕版印刷品，就会吸引大量的国内外观众。[3]在各地的市政厅和私人住宅里，港口和航运的画像比比皆是。1686年，执政复权已经有些年头了，阿姆斯特丹的港务局长委托小威廉·范·德·维尔德画了一幅画：《在阿姆斯特丹前面的IJ湾上》，这幅杰出的画作描绘的是著名的奥兰治派海军上将科内利斯·特龙普曾经用作旗舰的船。[4]它挂在港务局局长的办公室里，那是一个半公共空间，在那里，他们与大量的

---

[1] 关于两位威廉·范·德·维尔德在荷兰的职业生涯，请参见Daalder, *Van de Velde and Son: Marine Painters*, pp.1-127.

[2] 关于海军上将们收藏的艺术品，请参见Bruijn, *The Dutch Navy of the Seventeenth and Eighteenth Centuries*, pp.103.

[3] Schama, *Embarrassment of Riches*, pp.302-303收录的一幅1665年的版画可以作为例证。

[4] Daalder, *Van de Velde and Son: Marine Painters*, pp.166-169.

海事团体会面和交流。然而，这幅画所体现的与其说是骄傲，不如说是凄凉，就在这幅画完成的那一年，"黄金狮子"号驶入了拆船场，与德·威特的海权国家一样，成为人们的回忆。[1]也许这艘著名的旧船是用来传达一个政治信息的，那就是阿姆斯特丹支持新政权，它不再代表荷兰的海权。把这幅画当作伟大的荷兰海洋艺术的终曲是很合适的。两年之后，威廉三世对英国的入侵被证明是海权海军和它所激发的艺术发出的最后一声欢呼。1688年以后，这些画被英国人买走了。

在用海洋艺术装饰公共和私人空间的同时，一个海权大国的首都需要宏伟的城市建筑。帕台农神庙、迦太基的大港和圣马尔谷广场树立了一个把庄严与规模、装饰和功能融为一体的标准。1648年的《明斯特和约》——一个能够促进贸易的"永久性"和约——标志着阿姆斯特丹的意图取得了胜利，这使它面临着一个挑战：如何在纪念性的建筑中表现海权。共和国的中心、帝国城市阿姆斯特丹的市政厅是居于统治地位的政治—经济机构，人们将通过用一种新的建筑语言重建市政厅及其周围的空间来庆祝和平和减税。新建筑要与这个获得了贸易和领土帝国的城市那大幅度扩张的商业相称，还要能抵消执政修建的宫殿所造成的影响。为了与热那亚和威尼斯的公爵府相抗衡，人们决定建造一个综合体，这反映了当地人对盛大壮观的沉迷以及对华丽展示的热爱，这种倾向可以追溯到勃艮第时代。这座建筑颂扬了许多种人文主义美德，但谦逊不在其中，这让君王们大感吃惊，他们认为这样的傲慢是他们与生俱来的权利。

市政厅通过城市建筑规划声明了帝国的权力：这是"一种最复杂的单一声明，它在空间上的拓展超越了建筑的限制，而且其效果会不断积累"[2]。这座新建筑将政治、贸易、银行业和司法融为一体，使执政的宫殿和邻近的新教堂相形见绌，它一直都让好战的奥兰治派或寻求建立一个"神圣共和国"的加尔文宗强硬派觉得碍眼。威廉二世死后，投票支持建造这座大楼的人将会让执政一

---

[1] M. S. Robinson, *The Paintings of the Willem van de Veldes*, no.264, London: Sotheby's and the National Maritime Museum, 1990, pp.299-301；1687年的《特塞尔之战》（*The Battle of the Texel*），也是为特龙普画的，第315号，第188—193页；J. Bender, *Dutch Warships in the Age of Sail, 1600-1714: Design, Construction, Careers and Fates*, Barnsley: Seaforth Publishing, p.252, 该书的导言部分是J. D. D. 戴维斯（J. D. D. Davies）写的。

[2] Fremantle, *The Baroque Town Hall of Amsterdam*, p.55.

职空悬，把他们的信任寄托在一个"真正的"共和国上。

当市政厅于1648年10月奠基时，诗人约斯特·范·登·冯德尔（Joost van den Vondel）从建筑和帝国方面拿雅典和罗马与阿姆斯特丹做了一番对比，强调了后者对世界贸易的支配，然后又从城市建筑物方面拿威尼斯和安特卫普与阿姆斯特丹做了有说服力的比较，这几座城市都是强大的贸易和金钱之城。为了增强建筑的视觉效果，在它周围清理出了一个适宜的空间，有意识地把建筑、位置和装饰整合在一起，将港口前方不起眼的大坝改造成了一个新的圣马尔谷广场。[1]凯瑟琳·弗里曼特尔（Katherine Fremantle）发现，是市政厅把古典建筑引入了荷兰，可以用罗斯金解读威尼斯巴洛克风格——一种外来风格，这标志着威尼斯本土活力的丧失——的方式来理解这一决定。到此时为止，荷兰的公共建筑都是佛兰德斯传统的哥特式砖瓦建筑。[2]鲁本斯于1622年为理想的海洋共和国热那亚创作的版画在荷兰向古典形式的转变中发挥了重要作用。他的好友、执政秘书康斯坦丁·惠更斯（Constantijn Huygens）曾参观过伊尼戈·琼斯（Inigo Jones）设计的宴会厅（其华丽的天花板出自鲁本斯之手）、格林尼治的皇后馆和意大利北部的帕拉弟奥式建筑，他拥有好几种语言的建筑学重要著作。荷兰的古典主义在很大程度上受到了惠更斯的主人、执政弗雷德里克·亨利的法国品味的影响。17世纪30年代，这两人都在海牙建造了古典式样的住宅，并对城市中心进行了改造。荷兰历史上的第一次大规模城市重建运用现代性、权力和威望的语言，创造了一座适合充当一个重要国家和一个王朝首都的城市。

阿姆斯特丹认识到了当代建筑中所蕴含的原生皇家信息，于是便借用了新的建筑风格，哪怕已经有了更合适的建筑模式，如罗马共和国的严肃或是雅典那基本上属于民主的庄严。相反，正如帕拉弟奥在威尼斯所做的那样，阿姆斯特丹颠覆了反宗教改革的建筑语言——巴洛克风格，其装饰方案受到了鲁本斯所学的热那亚古典主义的影响。[3]浮雕和雕像是由安特卫普的工匠完成的。尽

---

[1] Fremantle, *The Baroque Town Hall of Amsterdam*, pp.30-35.

[2] Fremantle, *The Baroque Town Hall of Amsterdam*, pp.88-91.

[3] Fremantle, *The Baroque Town Hall of Amsterdam*, pp.134-140; 参见J.Burckhardt, *Recollections of Rubens*, London: Phaidon, 1951, pp.16-17.

管这座新建筑的装饰以古典图案为主，但它也包含了一些圣经符号，这凸显了神职人员与世俗政府的格格不入。通过昂贵的进口石材、艺术品和雕像表达出来的海洋主题，夸耀眼下的繁荣和未来的财富，一楼市民厅的镶嵌大理石地板上，有两幅显示阿姆斯特丹贸易范围的半球形地图，其中包括了亚伯·塔斯曼（Abel Tasman）最近发现的新荷兰。这个空间要求来访者注视阿姆斯特丹——全球贸易中的世界级强国，并提醒政务会委员们，他们的职责是什么。"只有圣伯多禄大教堂、埃斯科里亚尔建筑群和威尼斯总督府能在规模和宏伟程度上与之匹敌。"[1]

在墙壁上，尼普顿在让海浪平静下来，而法厄同（Phaeton）的坠落则向奥兰治家族送去了一个有力的警告：傲慢的野心是有风险的，这一图像被镌刻在了1650年为了庆贺执政威廉二世去世而铸造的一枚纪念章上。士兵们被遣散了，取而代之的是和平。然而，市政府的官员们意识到了他们的海权愿景将会受到挑战，于是在一楼挖了个大坑，专门建造了一座武器库，里面存放了1.2万支步枪。[2]

海权的语言和符号是通用的。市政厅的钟楼以雅典的风之塔为原型，上面有一个齿轮形的风向标，这个图形是原来的老市政厅就有的，这座赞美了贸易的新建筑是在以挪威木料制成的木桩之上——因为地基太松软，这样做能让建筑稳固——用进口的德国石材和意大利大理石建起来的。[3]在1655年为了庆祝这座建筑落成而铸造的一枚纪念章上，有伊阿宋的"阿尔戈"号把金羊毛带到阿姆斯特丹港的图案，这推翻了哈布斯堡帝国主义的一个重要标志。[4]这个经过精心设计的现实主义古船图案强调了雅典在阿姆斯特丹的重生，而纪念章上镌刻的拉丁文格言"我们为了巨大的利益开拓海洋"则揭示了这座城市的核心和灵

---

[1] Fremantle, *The Baroque Town Hall of Amsterdam*, p.25 and ch.4; Schama, *Embarrassment of Riches*, pp.224-225.

[2] Fremantle, *The Baroque Town Hall of Amsterdam*, pp.39-41, 43, 48-50, 58, 67.

[3] Fremantle, *The Baroque Town Hall of Amsterdam*, pp. 21, 36-37.

[4] 哈布斯堡家族的纹章上有被悬挂起来的金色绵羊羊毛图案，这是金羊毛骑士团勋章的标志。金羊毛骑士团为勃艮第公爵腓力三世所创，后来，勃艮第公国灭亡时，其包括低地国家在内的部分领地连同金羊毛骑士团的领主权落入神圣罗马帝国之手，因此，哈布斯堡家族在纹章上加入了这一标志，它也代表着哈布斯堡拥有这些领地的主权。——译者注

魂，还有它统治这个海权国家的雄心。这是"一种最复杂的单一声明，它在空间上的拓展超越了建筑的限制，而且其效果会不断积累……配得上它的地位及其政府的美德，这可以向整座城市以及赞叹不已的世界宣扬它的伟大"。[1]这与同时代的法国人对罗马历史的解读——通向普世君主国之路——所形成的鲜明对比，既深刻又具有启发性。一个世纪之后，英国人又向前迈进了一步：他们不仅在帝国城市伦敦的中心萨默塞特宫建造了一座世俗的海权神庙，还在这座建筑里设立了海军的管理机构。

市政厅的图像学受其西面的山形墙主导，在这面墙上，一位代表阿姆斯特丹的女性在城市的怀抱中接受了世界的贸易和尊敬，她的周围是象征着海洋、贸易、全球航行和财富的图像。这些图像中最重要的是由马克西米利安（Maximilian）皇帝授予的皇冠，这一图案使阿姆斯特丹成为一座"帝国城市"。四大洲在这座歌颂和平与繁荣的建筑中向成为帝国的阿姆斯特丹致敬。[2]

在新帝国的公共总部旁边，有一座海军仓库，它就像比雷埃夫斯的船坞、迦太基的大港和威尼斯的军械库一样奇妙而有力。如果说充满帝国色彩的市政厅体现了阿姆斯特丹的雄心，那么修建于1656年至1661年间的海军部大楼和海军弹药库，就其建筑规模而言，凸显了为这座城市的贸易提供保障的力量。修建这座巨大的砖砌建筑是为了管理第一次英荷战争后大幅扩张的"新海军"的物资储备，并控制从港口方向投过来的视线，它有意识地呼应了市政厅雄伟的正面，巩固了这座城邦的海权身份。[3]正如冯德尔观察到的，新大楼将使海军能够装备"一支又一支的舰队，以比以往任何时候都要平静的方式"，"从海上向僭主们的心里灌输恐惧"。[4]他的读者知道僭主指的是英国人。其他国家的海

---

[1] Fremantle, *The Baroque Town Hall of Amsterdam*, pp.28–29, 42, 55, 190, quptes at pp.29 and 55.

[2] Fremantle, *The Baroque Town Hall of Amsterdam*, pp.8, 38–39, 55, 172.当荷兰国王路易·波拿巴（Louis Bonaparte）把这座建筑当作王宫使用时，阿姆斯特丹希望永久保存的一切早已成为废墟，为这座建筑举行过落成典礼的"真正自由的"共和国在此之前很久就被一位大陆化的执政取代了。

[3] Israel, *The Dutch Republic*. p.869.

[4] Brandon, *War, Capital, and the Dutch State*, p.93.

军部没有仿效阿姆斯特丹。[1]在代表共和国的阿姆斯特丹中，这两座伟大的公共建筑是权力的工具：它们给来访者留下了深刻印象，引起了仿效，并增强了这座城市独一无二、与众不同的感觉。

真正自由政权的主要威胁来自法国和英国。法国的大陆霸权帝国主义和宗教狂热威胁着共和国的生存，而科尔贝尔的重商主义指令性经济则使法国急于控制西班牙的贸易，这威胁着荷兰的繁荣。尽管英国并无意消灭荷兰共和国——在对抗西班牙时，共和国曾是一个有用的盟友，但它所坚持的海上主权与荷兰的政策不相容，它试图把海上空间大陆化，以便在"英国"领海向荷兰的渔业征税，并要求荷兰船只降旗致敬。这一主张是根据约翰·塞尔登（John Selden）的《海洋封闭论》（*Mare Clausum*）提出的，有一支强大的战斗舰队在为它撑腰，其中包括那艘极具象征性的"海上主权"号。"海上主权"号有三层甲板，装备了威力强大的青铜大炮，它的存在令世人明白英国人的主张绝非虚言恫吓，荷兰水手戏称它为"黄金魔鬼"。英吉利共和国建立了一支战斗舰队，其舰只都是以控制海洋为目的专门建造的，英国人用它来确保海洋不受大陆那些君主制支持者的威胁，并保护英国的贸易。1652年，他们禁止荷兰船只通过英吉利海峡，这基本上是一场经济战争，迫使荷兰人为了争夺海上经济的首要地位而战。即使是在胜利的时候，英国人也没有像重商主义思想家们所想象的那样获得优势，因为荷兰海权拥有雄厚的财政储备。最终，荷兰将作为一个独立国家为生存而战，哪怕这将会使他们失去大国地位和海权时代充满活力的经济。

1660年查理二世复辟时，阿姆斯特丹建议送给国王一份奢华的礼物，以确保他们的友谊。议会欣然同意，它想建立一个防御同盟并得到贸易让步。查理对议会送来的礼物表示了感谢，这些礼物包括一艘游艇、一些画像和其他艺术品，但同盟关系没能建立起来。查理的臣民不允许他接受荷兰人的条件。[2]这很让荷兰人头痛，因为1653年的海军财政结算对"新海军"来说已经不够用了。课税基础问题引发了很大的争议，法国大使已经做出了德·威特体制即将倒台

---

[1] Bruijn, *The Dutch Navy of the Seventeenth and Eighteenth Centuries*, p.126.海军弹药库现在成了荷兰海事史博物馆，仍然是这个国家航海荣耀的贮藏室。它是港口东部的主要景点。

[2] Israel, *The Dutch Republic*. pp.749-750.

的预测。为了避免可能会导致奥兰治亲王复权的贸易损失，德·威特设法提高了海军税，并重建了战斗舰队作为威慑。[1]新造的战舰没有对英国1665年的决策造成影响，它们没能阻止又一次与英国人开战，并且，新舰队在洛斯托夫特（Lowestoft）遭受了重大失败。德·威特不顾一切地想要防止内乱，阻止了15岁的奥兰治亲王访问返航的舰队。他绝不允许亲王挑战他的政权和海军之间的意识形态联系。[2]

真正自由政权的海军政策服务于部分地区而不是整个国家的利益，主要侧重于抵抗奥兰治派从内部发起的挑战，而不是对抗英国的军舰和法律观点造成的挑战。舰队既是一种物质工具也是一种意识形态工具，代表着国家选择了海权文化而不是大陆军事文化，这是一场在所有海权国家内部都发生过的冲突。约翰·德·威特和真正自由的海权国家能否生存下去，全都取决于他们能否连续不断地取得成功。

在三次英荷战争中，荷兰人捍卫了自己的商业利益，抵御了一个野心勃勃的中央集权商业国家的挑战。英格兰强大的海军是为了捍卫这个岛国的安全而建立的，后来，它的目的逐渐被重新设定，变成了为贸易而战，几十年后，当荷兰共和国卸下了充当一个大国的重担时，这支海军给了英国人取得海权身份的能力。

英国的政策制定者了解海事，它是荷兰的经济基础。英国驻海牙大使威廉姆·坦普尔爵士是位善于观察、富有同情心的人，他认为德·威特的共和国是个独特的海权国家，人力资源过于薄弱，不可能成为一个大陆军事强国，但却异常富有，足以称得上是一个大国。此外，他还看到了荷兰与威尼斯之间的相似之处，威尼斯是另一个依赖雇佣军和长期有限战争来从经济上拖垮对手的共和制海权国家。[3]最终，有限的人口削弱了共和国充当一个大国的能力。在1688年至1713年间爆发的战争中，它的大部分士兵和大约一半的水手都是外国人，

---

[1] Rowen, *John de Witt*, pp.176, 189.

[2] Rommelse, Downing, 'The Fleet as an Ideological Pillar of Dutch Radical Republicanism', p.398.

[3] Clark, ed., *Sir William Temple's Observations Upon the United Provinces of the Netherlands*, 一个世纪之后，詹姆斯·鲍斯韦尔（James Boswell）在访问共和国之前阅读了这本书。E. A. Pottle, *Boswell in Holland, 1763–1764*, London: Heinemann, 1952, pp.280–281.

在此前的几十年中，它一直也是这样的。[1]

　　坦普尔用地理决定论的一个早期范例来加强他对海权的分析，他声称，缺乏土地和依赖进口迫使荷兰人出海。一旦到了海上，他们就建造了一支庞大的贸易和商业舰队，其数量相当于欧洲其他地区的总和，但在荷兰却没有足够的木材、铁和其他材料来建造船只，而且它的港口也都是危险的。在坦普尔看来，荷兰的关键优势在于它的政府体制：在专制制度或暴政统治之下，贸易会不断衰退。当然，这也是德·威特的观点，几乎可以肯定，这些观点表明他们两人对此进行过讨论。乔治·唐宁（George Downing）对共和国的态度没这么友好，但他也清楚贸易、德·威特的国家和海军之间的协同作用。政治、贸易和战争的协同作用至关重要，荷兰海军的金融基础就是证明。"为商船队护航的舰队游弋于各地，就算在和平时期也是如此，尤其是在（直布罗陀）海峡，使他们的贸易安全免受许多意外事故的影响，让他们的国家在国外享有信誉，并为他们的军舰培养了水手"。虽然荷兰的财富来源是独一无二的，但英国人可能会效仿他们的方法，包括节俭的生活和再出口奢侈品。唐宁谴责复辟王朝的重商主义思想家，尤其是认为海军的胜利将把财富转移到北海对面的约克公爵（Duke of York）。荷兰霸权的终结会对许多贸易国家有利，共和国宁愿重新加入神圣罗马帝国，也不愿屈服于英国。坦普尔劝告主战派耐心等候：荷兰的势力正在消退，他们变得越来越奢侈，而且随着英国、法国、瑞典和丹麦进入欧洲以外的市场，他们的贸易也开始下滑。谷物价格的下跌减少了亚洲商品在北欧的销售和对南欧的运输贸易。大宗货物的减少影响了威尼斯、热那亚和荷兰，地中海的贸易转到了英国人手里。坦普尔追溯了商业主导权从威尼斯转移到葡萄牙，再从安特卫普转移到阿姆斯特丹的历史。[2]事实证明他的判断是正确的：当真正自由政权被推翻时，商业和权力从阿姆斯特丹转移到了伦敦，共和国回到了陆地上的执政手里，而英国变成了一个"共和国"。

　　在英国和联省共和国争夺海洋的控制权时，法国政治家担心，如果这两个

---

[1] Schama, *Embarrassment of Riches*, pp.284-285; Clark, ed., *Sir William Temple's Observations Upon the United Provinces of the Netherlands*, p.129.

[2] Clark, ed., *Sir William Temple's Observations Upon the United Provinces of the Netherlands*, pp.100, 116-126.

国家中的任何一个获得了垄断全球商业的权力，就会损害波旁王朝建立帝国的计划。法国并不想成为一个海权，但它对西班牙的土地和财富有着强烈的欲望，并且对海权国家的共和制政治模式有着深刻的不信任感。为了让第二次英荷战争（1665—1667）平衡一些，法国扮演着荷兰不积极的同盟者的角色，然而，尽管荷兰海军在洛斯托夫特战役和圣詹姆斯日战役中落败，但它在1667年6月对梅德韦（Medway）的成功突袭证明，法国的援助是不必要的。[1]

法国认识到了德·威特的胜利造成的有弹性的意识形态挑战，于是赶在1667年夏末，英荷两国于布雷达（Breda）签署和约之前对荷兰的商业发起了全面攻击。英国海军的行动对荷兰经济的影响有限，但法国的关税很快就扼杀了阿姆斯特丹利润丰厚的砂糖贸易。法国想要破坏的荷兰贸易主要是亚洲和加勒比地区的农产品，以及西班牙对航运服务的需求，法国国王路易十四动用惩罚性关税，通过海关封堵这种贸易。与此同时，他的军队占领了西属尼德兰的部分地区。德·威特停止与法国合作，于1668年与英国和瑞典组成三国同盟，联合起来把法国限制在1659年的边界之内。路易重视土地和要塞远高于贸易和殖民地，野心受阻使他加倍努力，想要粉碎荷兰。[2]三国同盟在众目睽睽之下让路易丢了脸，这是他绝不会原谅的。几个月后，路易和查理策划发动一次进攻。

德·威特为了维持海权寡头政治、压制奥兰治的复权而创造了一种微妙的平衡，这种平衡只在它与法国有同盟关系时才能成立，否则共和国就无法在作为一个海权大国运作的同时保障自己的陆上安全。在惹恼了路易十四之后，共和国需要恢复陆军，德·威特的政权如果不把权力移交给奥兰治家族，就无法做到这一点。

路易十四的海军、殖民地和商业大臣科尔贝尔是位重商主义者，他同样清楚，法国的霸权建立在西班牙权力的废墟之上，但如果不毁掉荷兰的商业，法国称霸的计划就无法完成："只要他们还是贸易的主人，他们的海军就会继续发展，并使他们有足够的力量充当欧洲和平与战争的仲裁者，阻碍国王的计

---

[1] Israel, *The Dutch Republic*. p.780.

[2] Israel, *The Dutch Republic*. pp.776-785.

划。"[1]这正是一个海权国家在反对普世君主国时所能做到的一切。荷兰的金钱和意识形态对太阳王傲慢的野心构成了长期威胁。科尔贝尔拒绝了荷兰的经济模式，创建了一种指令性经济，把保护主义与大型舰队相结合，通过武力来确保贸易安全。法国的关税对荷兰经济造成了严重的损害，而且科尔贝尔"长期以来一直对安特卫普抱有野心"[2]。1648年签订的《明斯特和约》终止了斯海尔德河上的贸易，但只有当尼德兰南部还属于西班牙时，和约才是有效的。如果该地区成为法国的省份，那和约就失效了。一旦法国重新开放斯海尔德河进行贸易，共和国就会灭亡。1701年，路易曾试图以此威胁共和国，结果反而让荷兰举国一心，团结在执政麾下。[3]

阿姆斯特丹的世界观受到远洋贸易的主导，而它的远洋贸易又受到了波罗的海和荷兰东印度公司的主导，荷兰东印度公司正在迅速发展为一个亚洲的陆上帝国。尽管这家公司独立于国家政府，但它仍然被德·威特手下那些支配国家政治的人控制着。它是通过战争建立起来的，曾把葡萄牙人赶出亚洲并统治了印度洋和印度尼西亚群岛，还使用私人资本参与了独立战争。[4]荷兰东印度公司得到了授权，可以在亚洲进行贸易、攻击西班牙和葡萄牙的航运、修建堡垒、签署条约以及进行防御性战争，正如查尔斯·博克瑟（Charles Boxer）所说，它既是"国中之国"，也是一个半独立的帝国。[5]威廉姆·坦普尔爵士认为它实际上是一个主权国家，拥有四五十艘"战舰"和两万名士兵，控制着北欧和亚洲之间的贸易，用亚洲的商品交换波罗的海的农产品、木材和铁。对印度硝石的依赖使荷兰和英国的东印度公司对政府有着巨大的影响力，这有力地展

---

[1] 转引自D. Onnekink, 'The Ideological Context of the Dutch War (1672)', in D. Onnekink and G.Rommelse, eds., *Ideology and Foreign Policy in Early Modern Europe* (*1650–1750*), Farnham: Ashgate Press, p.133.

[2] Schama, *Embarrassment of Riches*, pp.260, 271.

[3] S. T. Bindoff, *The Scheldt Question to 1839*, London: Allen and Unwin, 1945, pp.116, 126, 131; P. Sonnino, 'Colbert', *European Studies Review* (January 1983), pp.1–11.

[4] F. S. Gaastra, *The Dutch East India Company: Expansion and Decline*, Zutphen:Walberg Pers, 2003.《荷兰东印度公司的历史》(*Geschiedenis van de VoC*)一书的英文版，第20页。

[5] C.Boxer, *The Dutch Seaborne Empire*, London: Collins, 1965, p.24.

示了国家、帝国和企业之间的协同作用。[1]荷兰东印度公司模式适用于所有荷兰海外控股公司。国家把帝国——其经济和战略结构的关键组成部分——分包给了一家公司及其领导者，这家公司拥有地方及地区政府的许多属性。有限责任保护了国家和投资者。荷兰东印度公司成了国家经济的主要组成部分，它的股票在阿姆斯特丹证交所——经济的晴雨表——里处于核心地位，支付的股息在12%至50%之间。

阿姆斯特丹的精英阶层与荷兰西印度公司和苏里南协会[2]（Society of Surinam）的管理也有莫大的关系，他们将阿姆斯特丹、荷兰省和共和国的政府与一个商业帝国联系起来了。[3]苏里南是个利润丰厚的地方，但荷兰西印度公司从一开始就没能摆脱对国家资金和军事支持的依赖。17世纪40年代，让荷兰东印度公司和荷兰西印度公司合并成一个国有贸易帝国的企图遭到了荷兰东印度公司的阻止，荷兰东印度公司反对采用伊比利亚国家那种向帝国"纳贡"的模式，在这种模式里，商人会被排除在政治权力之外。这将破坏共和国海权身份的核心支柱：政治包容。德·威特在第二次英荷战争期间以更有同情心的方式使用了这一制度，从该公司获得了贷款和其他形式的支持。作为回报，荷兰东印度公司的代表参加了和谈，他们利益得到了维护。公司一直在寻求减税。[4]

如果说身为荷兰海权核心的城邦阿姆斯特丹是现代的迦太基，那么荷兰东印度公司在亚洲的半独立领地就像是巴卡家族控制下的伊比利亚半岛。当这家公司于印度尼西亚群岛成立之后，它就成了家大陆公司，强调领土控制和垄断供应。它没有将海上贸易拓展到新的市场，而是赶走了欧洲的贸易对手并粉碎了当地的抵抗。[5]正如乔治·唐宁指出的，荷兰所说的"海洋自由"概念只适用于不列颠的海洋，它用武力封锁了非洲和亚洲的海洋。在亚洲，荷兰东印度公司强行贯彻了"海洋封闭论"，这与它在争夺北海的鲱鱼渔场时所主张的"海

[1] Clark, ed., *Sir William Temple's Observations Upon the United Provinces of the Netherlands*, pp.60, 163, 117.

[2] 苏里南协会：是荷兰的一家私营公司，成立于1683年，负责管理和保卫荷兰共和国的殖民地苏里南。——译者注

[3] Burke, *Venice and Amsterdam*, pp.46–47.

[4] Brandon, *War, Capital, and the Dutch State*, pp.94–98, 100–101, 109.

[5] Gaastra, *The Dutch East India Company: Expansion and Decline*, pp.37–65.

洋自由论"路线形成了鲜明对比。[1]荷兰人取代了作为帝国行动者的伊比利亚人后，也采用了他们的方法。这种封闭的贸易体系效率低下，推高了成本，这与传统的海权截然相反。[2]

1688年以后，荷兰东印度公司的亚洲贸易持续亏损：尽管贸易额在不断增长，但成本的增长速度是"黄金时代"营收增长速度的3倍。[3]荷兰的胡椒经常亏本出售。1713年后，荷兰东印度公司和它的亚洲帝国都是靠更强大的国家的容忍而存在的，这种令人难堪的局面丝毫没有改善它与英国的关系。[4]由于没有能力与对手在海上竞争，也无法控制主要的贸易，还有腐败、无能，以及管理一个遥远的土地帝国的成本日益上升，再加上财务基础薄弱——只有靠贷款，它才能支付运营成本——荷兰东印度公司的灾难是不可避免的。就像共和国一样，它也利用了声誉和形象，它在阿姆斯特丹建造了一座巨大的仓库，以宣扬它那经久不衰的权力和影响力，这座仓库在1822年倒塌了。[5]

荷兰东印度公司的衰落反映出了1672年以后这个国家的深层趋势。公司理事会"十七绅士"（Heeren XVII）由从贸易转为管理职务的商业精英组成，他们获得了足以稳定家族权力基础的利益。在彼得·伯克对阿姆斯特丹精英阶层的分析中占据主导地位的那些名字，在费莫·加斯特拉（Femme Gaastra）写的荷兰东印度公司历史中反复出现，频率之高，令人震惊。他们当中有许多人也与利凡特进行贸易，还参与了阿姆斯特丹政府，乃至荷兰省和联省共和国的行政管理。在创造了一个新的寡头政府之后，这些人使荷兰东印度公司中产阶级

[1] Rommelse, Downing, 'The Fleet as an Ideological Pillar of Dutch Radical Republicanism', p.401; 对 "海洋自由论" 的主张请见Hugo Grotius, *The Freedom of the Seas or The Right which Belongs to the Dutch to Take Part in the East Indian Trade*, New York: Oxford University Press, 1916,他认为各国都有权于各大海洋自由航行，无须经过任何国家的批准，反对西班牙、葡萄牙和英国对海洋主权的主张。反过来，他的意见又受到了约翰·塞尔登的批驳，塞尔登为英国的主张 "海洋封闭论" 做了辩护。

[2] Gaastra, *The Dutch East India Company: Expansion and Decline*, pp.60, 81.

[3] Gaastra, *The Dutch East India Company: Expansion and Decline*, pp.132, 148.

[4] J. A. de Moor, '"A Very Unpleasant Relationship": Trade and Strategy in the Eastern Seas: Anglo-Dutch Relations in the Nineteenth Century from a Colonial Perspective,' in G. J. A. Raven and N. A. M. Rodger, eds., *Navies and Armies: The Anglo-Dutch Relationship in War and Peace 1688–1988*,Edinburgh:John Donald,1990,pp.49–69.

[5] Gaastra, *The Dutch East India Company: Expansion and Decline*, pp.166, 171–172.

化了。1690年后，他们又把商人排除在阿姆斯特丹商会之外，形成了一个世袭的精英阶层，正当国家经济达到顶峰、共和国在欧洲国家体系中逐渐正常化之际，他们脱离了贸易。[1]在所有海权国家里都可以发现这样的过程。

1713年后，十七绅士的内部讨论已经不再关注海洋，他们的心思都放在了代价高昂的领土扩张上，这显然是对失去海权国家和战略性制海权所做的回应。而就在1713年后，英国人打入了荷兰的亚洲市场，正计划着和平摧毁他们那个曾经强大的前辈。[2]荷兰帝国在印度大陆的统治结束于1783年，在这一年，荷兰东印度公司允许英国东印度公司自由进入亚洲水域，结束了它对香料的垄断。10年后，英国抢在法国前面占领了位于亭可马里（Trincomalee）的具有战略意义的海军基地。这个基地可以控制孟加拉湾、马来亚海岸和马六甲海峡。荷兰东印度公司于1796年被收归国有，并于1800年终止营业。[3]

很少有人能在1667年秋天，荷兰海权的鼎盛时期预见这一结果。正如大部分人都能接受的那样，第二次英荷战争在断断续续的和平中逐渐停息，双方都被国内问题分散了注意力，而且，和平谈判早就准备好了，约翰·德·威特使出了海权的一记妙招，这招他已经筹划了十多年。他需要赢得战争，避免商业损失，以免损害他在阿姆斯特丹的支持者，最重要的是，他要阻止人们对16岁的奥兰治亲王日益高涨的热情，这位亲王的斯图亚特血统让查理二世对荷兰政治有了一定的影响力。

随着英国舰队因资金短缺而停止航行，米基尔·德·鲁伊特和科内利斯·德·威特率领一支荷兰舰队冲进泰晤士河口，捣毁了在希尔内斯新修的堡垒，并在查塔姆河段俘获或烧毁了5艘主力战舰，其中包括标志性的"皇家查理"号（Royal Charles）。这是德·威特的胜利，是他的思想、精力和远见为他赢得了这样的胜利：他通过在和约获得批准之前让舰队继续在海上活动加强了

---

[1] Gaastra, *The Dutch East India Company: Expansion and Decline*, pp.23–31, 171.

[2] Gaastra, *The Dutch East India Company: Expansion and Decline*, pp.56 passim and p.164.

[3] H. W. Richmond, *The Navy in India, 1763–1783*, London: Ernest Benn, 1931, pp.251–273; Gaastra, *The Dutch East India Company: Expansion and Decline*, pp.166–710; C. N. Parkinson, *War in the Eastern Seas, 1793–1815*, London: Allen and Unwin, 1954, pp.78–81.

荷兰在外交中的地位，在他看来，这是和平谈判中"最好的全权代表"。[1]突袭梅德韦以及随后签订的《布雷达条约》（*Treaty of Breda*）使真正自由的政权得以对抗奥兰治派日益高涨的热情，继续存在下去。

尽管当时的小册子把梅德韦的胜利与1667年6月为了限制奥兰治亲王的作用而出台的"永恒法令"（*Eternal Edict*）联系在了一起，但德·威特其实并不愿意使用这种手段，他是在一个新兴的、打破了阿姆斯特丹/荷兰精英之海权共识的中间党派的强迫下，不得不这样做的。德·威特的姻亲相比于克尔家族已经失势了，取而代之的是他的前盟友柯恩拉德·范·贝宁亨（Coenraad van Beuningen）和吉利斯·瓦尔克尼尔（Gillis Valckenier），他们与哈勒姆市的顾问官加斯帕·法格尔（Gaspar Fagel）联手，挫败了大顾问官，在没有执政的情况下，大顾问官本是共和国最重要的文官。这条法令是把双刃剑，它废除了执政在荷兰省的地位，后来还废除了他在乌得勒支的地位，但有效地保证了奥兰治亲王在成年之后成为军队的总司令，从而使党派冲突无法停止。[2]

在布雷达，查理二世想要荷兰承认他对海洋的主权，而他对荷兰的有形要求则相对较少。权力和威望的象征对复辟的斯图亚特王朝来说至关重要，但对德·威特的共和国来说也是如此。这两人都在玩一种复杂的三方游戏，在这个游戏里，拿着一手好牌的是路易十四。德·威特知道，与英国结盟对抗法国的霸权，对真正自由的政权及其大国地位来说都是致命的，因为荷兰人将"受制于战争的紧迫性，被迫承担主要的陆战责任，而英国人则负责在海上战斗"。[3]身为岛国的英国始终是比处于大陆的共和国更有效的海权，但把国防开支转移到陆军身上就等于把权力交给奥兰治派。

然而，当德·威特和他的支持者利用突袭梅德韦——荷兰海权达到巅峰的标志——来获取政治优势时，就连上述这些担忧都变成了不切实际的幻想。他们的宣传——主要是为了迎合国内的受众——被推向了极端：荷兰的文字和图画深深地冒犯了英国的君主政体。科内利斯·德·威特委托查理二世很欣赏的

---

[1] Rowen, *John de Witt*, pp.596,633.

[2] Rowen, *John de Witt*, p.781; Stephen B. Baxter, *William III and the Defense of European Liberty 1650–1702*, New York: Harcourt, Brace,1966, pp.46–47.

[3] Rowen, *John de Witt*, pp.611,633.

一位艺术家扬·德·巴恩（Jan de Baen）为多德雷赫特市政厅画了一幅巨幅画像，画中有他本人、火焰、烟雾和一面飘扬在希尔内斯上空的荷兰国旗。科内利斯·毕斯乔普（Cornelis Bisschop）创作了一幅类似的讽喻画，以和平、正义、自由和团结的象征作为装饰，它们只是大量表现荷兰胜利的文字和图画中最精彩的一部分。由于荷兰人在设计、生产和传播手段上占据统治地位，英国人只好对他们的冒犯忍气吞声。查理二世认识到，他需要确保做出回应的能力，需要获得海权的艺术。1672年，他对荷兰宣战时特地要求毁掉德·巴恩给多德雷赫特画的那幅画，并强调了荷兰人把"皇家查理"号用作观光游览的余兴节目给英国造成的差辱。毫不足怪，当这些要求为大众所知时，多德雷赫特的一名奥兰治派暴徒私自把这幅冒犯性的画毁掉了。[1]最终，突袭梅德韦的后果是如此严重，以至于斯蒂芬·巴克斯特（Stephen Baxter）提出了这样一个问题："攻击查塔姆是明智之举吗？"[2]在梅德韦问题上，荷兰共和国的所作所为超过了海权所应做的事的界限。它用行为、语言和图画差辱了一个重要的君主制国家，公开吹嘘自己的力量和此战的结果使这一侮辱变得更加难以忍受。仅仅5年后，这个政权就被推翻了。

在1673年"皇家查理"号被悄悄拆毁时，荷兰的艺术品市场已经崩溃了。订单枯竭，大量的画作涌入业已饱和的市场，价格不断下跌，许多艺术家移居国外。市场和价格一直无法恢复，粗制滥造和滥竽充数的作品取代了那些高雅且富于洞察力的杰作。[3]在联省共和国之外，还有市场的艺术家们离开了，尤其是海权艺术家威廉·范·德·维尔德父子。他们搬到了伦敦，开始领"国王的先令"。[4]小范·德·维尔德最杰出的作品此时还未问世。在重掌大权的奥兰治亲王的统治下，荷兰人的品位远离了大海，而建筑也抛弃了共和国海港城市的

---

[1] Daalder, *Van de Velde and Son: Marine Painters*, p.134;Schama,*Embarrassment of Riches*, pp.271–273; Rommelse, Downing, 'The Fleet as an Ideological Pillar of Dutch Radical Republicanism', pp.406–407.关于这些行为的政治意义，参见R. Bevan, *The Destruction of Memory: Architecture at War*, London: Reaktion Books, 2016.

[2] Baxter, *William III and the Defense of European Liberty 1650–1702*,p.83.

[3] Israel, *The Dutch Republic*. pp.878–883.

[4] 关于范·德·维尔德在英国的岁月，请参见Daalder, *Van de Velde and Son: Marine Painters*, pp.129–188.

意图，转而迎合那种以拥有大量地产为基础的贵族式家庭生活。[1]

海权国家不断激起专制/大陆/军事政权的仇恨和恐惧，这不是因为它们的海军力量或船只，而是因为它们的政治结构对其他那些包容性较差的政府形式的合法性构成了重大挑战。当海权广泛宣传其政治体制的优越性时，它们的目的主要是确保内部的凝聚力，对那种嘲笑它们商业价值观、懦弱和不可靠的宣传进行反击。拿破仑那句"店主之国"（nation of shopkeepers）不过是长期以来对海权侮辱中的最后一个，这种侮辱可以一直回溯到斯巴达人对雅典人的嘲讽。"真正自由的"共和国在突袭了梅德韦之后，由于国内原因过度强调了海权的意图，得罪了明显应该与之结盟对抗法国称霸野心的英国，也忽视了加强陆军力量的必要性和海权身份并未在民众中扎下根来的现实。阿姆斯特丹的精英阶层被中产阶级和工人阶级所憎恶，他们认为精英在利用权力谋取个人利益。德·威特无法或不愿满足阿姆斯特丹精英阶层的意图，使他们对他的领导失去了信心，他试图在不依靠陆军的情况下制衡法国和英国，同时无视公众舆论，不让奥兰治亲王掌权。1672年，他的体系崩溃了，他那由国家税收出资建造的昂贵工具"新海军"未能阻止战争的爆发。

威廉姆·坦普尔爵士强调了奥兰治派与国家政党之间一直存在的紧张关系，它们在政治和宗教基础上有分歧，这"构成了这个国家的弱点；只要时机成熟，他们就会失败"[2]。随着奥兰治亲王逐渐成年，国内对大顾问官的支持不断减少。许多人希望利用即将到来的变化，甚至连共和派的正直也被证明是一个缺陷。阿姆斯特丹的重要人物对德·威特在政治和经济问题上公开采取的不偏不倚的态度很是不满。[3]

德·威特试图通过1668年的三国同盟来维持共和国的国际地位和国内稳定，这是一项安全协议，它迫使路易十四从西属尼德兰退军，还妨碍了他再度攻入该地，这使太阳王颜面无光，而德·威特需要他的支持来抵抗英国对海洋

---

[1] 伊斯雷尔（Israel）的《荷兰共和国》（*The Dutch Republic*）的第883—888页严重低估了艺术家们在英国期间的艺术成就。

[2] Clark, ed., *Sir William Temple's Observations Upon the United Provinces of the Netherlands*, p.49.

[3] 德·威特更喜欢温文尔雅、精于算计的查理，而不是查理那位信奉天主教的弟弟：Rowen, *John de Witt*, pp.678–691, 732, 781–782.

主权的主张，并省去维持一支庞大陆军的需求。他也需要英国的支持，以使三国同盟有效，遏制路易的大陆野心，但他的支持者却担心盟友会抢走他们的贸易。由于无法与英法两国紧密合作，共和国的外交状况恶化了，但没有盟友的话，它又太虚弱，无法控制事态或阻止战争，真正自由党无法平衡这些相互冲突的关切。1667年和1668年的胜利很快就被法国的金钱和斯图亚特王朝甩开议会统治英国的野心打消了。1670年，英法两国秘密签订的《多佛条约》（*Treaty of Dover*）破坏了共和国的外交地位，查理和路易同意联手消除彼此对共和国的怨恨，它的存在挑战了王室的权威。[1]然而，英法两国同床异梦：路易秉持罗马的观点，必须毁灭新迦太基，而查理则想要更多贸易，还想在海牙获得一个可靠的盟友——奥兰治亲王，来一起对抗法国。最终，这种分歧将会拯救共和国，虽然无法拯救其政权。

《多佛条约》使德·威特进退两难：除非他把共和国拱手让给有一半斯图亚特血统的亲王，让它重归执政的统治之下，否则它将受到英国和法国的攻击。无论如何，"真正的自由"注定要毁灭了，海权将移交到英国人手里，而德·威特则会追随奥尔登巴内费尔特的脚步走上断头台。尽管许多昔日的支持者都准备牺牲他们的原则，但他毫不动摇，这是不明智的：危机使荷兰的陆军和海军陷入混乱。1667年以后，海军部结清了船只和人员的费用，恢复了他们的信誉，而英国人则重建了他们的舰队。1671年1月，德·威特设法让议会批准了增加海军和陆军预算的提议，寄希望于由72艘主力舰组成的舰队能吓退查理。11月，他承认战争是不可避免的，并动员了海军。德·鲁伊特准备先发制人，以阻止英国人的入侵，他在索尔湾战役中获胜，为共和国赢得了12个月的时间。[2]

然而，索尔湾之战被证明是无关紧要的：共和国不是个岛国。1672年4月6日，随着适合作战季节的到来，路易向共和国宣战，因为再等下去"会有损他的荣耀"。他不能再容忍德·威特掌管的这个独特的共和国继续存在下去，它的存在本身就是对王室尊严的侮辱。路易想要在世界面前羞辱荷兰人，迫使他

[1] Rowen, *John de Witt*, pp.711,730.

[2] Rowen, *John de Witt*, pp.744, 748, 752, 813, 819.

们放弃其政府和与之相关的海权身份，并且，当他在阿姆斯特丹的废墟上建立一个新罗马帝国时，必须让他们遵守大陆的规范。这个可恶的新教共和国将被消灭，因为它胆大妄为，竟敢表现得像个大国。德·威特不愿或无法理解路易的仇恨有多深，他将这场战争归于一个更平凡的原因："荷兰干涉了路易占领西属尼德兰的愿望。"路易在宣战时并没有提到这个问题，以免触及1668年的三国同盟。[1]

这个海权共和国一直生活在愚人的天堂里。许多人都认清了路易的意图，但在这个问题上，没有谁比一位荷兰艺术家认识得更清楚，他把法国、英国和明斯特组成的敌对联盟画成地狱看门犬刻耳柏洛斯（Cerberus）的三个脑袋。加图的口头禅"必须毁灭迦太基"则出现在这头猛兽的项圈上。[2]不过几周之内，法军就推进到了乌得勒支，占领了这个国家的大片领土，重新挑起了尚未被占领的阿姆斯特丹和荷兰省以及该国其他地区之间的激烈分歧。真正自由的政权既没有朋友，也没有足够的军队，战争的第一次冲击就把它打垮了。德·威特的海军赢得了海上战争，但无法拯救共和国的4个陆地省份。德·鲁伊特在1673年的出色表现反倒掩盖了他矢志效忠的国家被推翻，以及资源被从海上转移到陆上以拯救联省的事实。[3]

共和国正常化的进程始于德·威特和他的哥哥被谋杀，这是一个必要的政治行动，尽管其野蛮是前所未有的。[4]随着国家的大部分地区被占领、他的体制被摧毁、他本人被刺客刺伤，德·威特辞职了，几周后，他和他哥哥科内利斯一起，在海牙的大街上被撕成了碎片。1672年7月7日，随着真正自由国家的崩溃，威廉三世重新登上执政宝座。威廉迅速调动国家的财政和战略资源，重建了军队，建立了一个泛欧洲的同盟，以保卫荷兰赖以生存和繁荣的欧洲国家体系。

---

[1] Rowen, *John de Witt*, pp.688, 759, 770, 778, 815; P.Burke, *The Fabrication of Louis XIV*, New Haven, CT, and London, 1992, p.76.康涅狄格州纽黑文市，以及伦敦：耶鲁大学出版社，1992年，第76页。

[2] Schama, *Embarrassment of Riches*, pp.28–31;关于这幅版画请见该书第280—283页。

[3] Bruijn, *The Dutch Navy of the Seventeenth and Eighteenth Centuries*, pp.75–77.

[4] 坦普尔极为敬重约翰·德·威特，对他的命运深感悲痛：Clark, ed., *Sir William Temple's Observations Upon the United Provinces of the Netherlands*, p.95.

路易和薛西斯一样，低估了他所鄙视的敌人，他的军队无法突破大水形成的防线[1]，在奥地利哈布斯堡王朝领导的帝国参战后，法军甚至无法坚守阵地。威廉三世牺牲了海权例外主义来换取持久力，他的准王室身份转移和减少了国王们的愤怒，并在英国赢得了许多支持。具有象征意义的是，威廉为了奥兰治国家的新现实而牺牲了德·鲁伊特，派他率领一支力量不足的舰队前往一个次要战区进行一场无法取胜的战役，与此同时，威廉却率军收复了荷兰的全部7个省。正如德·威特所担心的那样，威廉派军肃清了市镇议会，以确保他对国内的控制。[2]

政权的更迭，以及为了抵抗路易十四而进行的漫长且艰苦的战斗，从根本上改变了荷兰共和国。它不再是——更重要的是，它不再声称自己是——独一无二、与众不同的东西了。德·威特建立了一个例外主义的、真正自由的海权，而威廉用一个大陆军事国家取代了它，这个国家与英国、西班牙和哈布斯堡神圣罗马帝国结为同盟，抵制法国称霸的野心。路易十四也许没能摧毁共和国，但德·威特的死终结了这个海权国家。威廉三世将用他的一生来抵制路易建立普世君主国的野心，但他是作为一个传统的国家元首、通过陆战来做这件事的。[3]法国国王可能是最适合做他盟友的人。阿姆斯特丹反对威廉的政策达十年之久，但法国于1685年撤销了南特敕令（*Edict of Nantes*），又于1687年发动了新一轮的关税战争，这使威廉获得了于1688年入侵英国所需的财政收入。威廉政策的主要受益者将是英国，法国的军事力量对英国的威胁要小得多。[4]正如路易所担心的那样，荷兰的失败只是为英国成为海权扫清了道路，这是一条深受低地国家思想、形象和方法影响的道路，英国在这条道路上走了两百年，现在终于攀上了顶峰。

1688年，威廉打破了路易十四塑造的政治和战略平衡，废黜了自己的岳

---

[1] 阿姆斯特丹人掘开堤坝，用海水阻挡了法军。——译者注

[2] Rowen, *John de Witt*, pp.839,847,859;Levillain, 'William III's Military and Political Career', p.327.

[3] Levillain, 'William III's Military and Political Career', p.333, 336; Burke, *The Fabrication of Louis XIV*, p.109.

[4] Rowen, *John de Witt*, pp.852; Onnekink, 'The Ideological Context of the Dutch War', pp.131-144.

父，建立了英荷联盟以维护共和国的安全和繁荣。路易十四建立新罗马帝国和指令性经济的野心迫使英国和荷兰放下它们之间的贸易竞争和对近期战争的记忆。与皇家海军联盟使荷兰商人能够以牺牲长期利益为代价获取短期的利润。[1] 正如人们常说的，贸易跟随旗帜，而旗帜在最大的舰队上飘扬。威廉统治的两个国家成了"海权们"，为了约束法国，它们在20年的时间里承担了非同寻常的军事义务。共和国的经济高峰已经过去，它不得不像沉默者威廉统治时期那样，在代价高昂的陆上持久战中掘壕自守，一直抵抗下去。

1672年至1713年间发生的三场重大战争侵蚀了荷兰在真正自由党所开创的"黄金时代"借以维持海权的经济基础。在1672年至1677年的第一场战争期间，"海外贸易体系和主要城镇遭到了严重破坏，一次长期的衰退……来临了"。17世纪80年代，在经历了一次短暂的复兴之后，"1688年左右，伴随九年战争的爆发以及它对荷兰经济造成的许多有害后果，作为海洋和工业强国的荷兰陷入了永久性的、不可逆转的衰退"。1720年后，随着西班牙国内市场以及其后波罗的海谷物贸易的丧失，相对衰退变成了绝对衰退。1688年的联盟削弱了荷兰在波罗的海的贸易：英国成了该地区占主导地位的海军力量，这使它能够以比荷兰更低的保险费率来进行商业竞争，并阻止荷兰向敌人出口波罗的海的松脂制品，这本是桩利润丰厚的生意。[2]

荷兰为维护其领土完整付出了沉重的代价，于1688年后沦为了海上的从属角色。它花在军队和堡垒上的开支增加了，海军成了次要的。1652年到1713年间，它的舰队"为了荷兰国家政策的利益而行动，由议会提供资金"。德·威特在"不限制资源"的情况下做到了这一点，"因为可以把陆军控制在和平时期的规模上……用为联邦和领土国家的利益服务的税收来支付战斗舰队的费用；用关税和为贸易服务的税收来支付巡洋舰队的费用"[3]。威廉三世专注于恢复欧洲国家体系的平衡，他利用海军作为外交反制手段，把战斗舰队的数量

[1] Brandon, *War, Capital, and the Dutch State*, p.316.

[2] Israel, *The Dutch Republic*. pp.618–619, 630, Brandon, *War, Capital, and the Dutch State*, pp.120–121.

[3] Glete, *War and the State in Early Modern Europe*. p.171.

增加到拥有100艘主力舰，其中包括15艘一等三层甲板巨舰。[1]添置这些军舰的费用被摊派到了西兰和弗里斯兰海军部头上，大大增加了它们的债务。威廉于1702年去世后，荷兰海军又重新回到了它的核心任务——保护商业上来。共和国的新领袖顾问官安东尼·海因叙斯（Antonie Heinsius）"从未真正把海军放在心上，把运营战斗舰队的事留给英国，并任由各地海军部重申它们的独立性"。[2]1702年后，议会把海军的力量集中在纯粹的防御任务上。[3]这样做并没有多少风险：1692年后，路易十四的战斗舰队实力骤减，同时，法国军队仍然驻扎在共和国暴露的边境上，而且法国的私掠船非常猖獗。荷兰靠信贷而不是增税参加了西班牙王位继承战争，1713年时，它背负着巨额的债务，"外交瘫痪，海军经费严重缩水"，债务负担加剧了各省在政策和资金方面的分歧。战后的经济复苏有赖于恢复与西班牙、西属美洲和地中海的贸易。正如阿姆斯特丹市议会所强调的那样，只有把法国波旁王朝的候选人及其指令性经济方法排除在西班牙之外，这样的事情才有可能发生。没能实现这个目标让阿姆斯特丹意志消沉，共和国实力太弱，无法对《乌得勒支和约》（Peace of Utrecht）造成影响，只能接受英国和法国签订的协议。《屏障条约》（Barrier Treaty）保证了法国—比利时边境的安全，但这符合的是英国的而不是荷兰的战略利益。没有经济上的意外之财来弥补战时的开支：荷兰偿还不了战争债务。[4]《乌得勒支和约》签订后，已经没有多余的国家税收来供养战斗舰队了；"新海军"只留在了人们的记忆中，它变成了雅普·布鲁因（Jaap Bruijn）所说的"二流海军"，只能履行1652年以前"老海军"所履行的那些职能。它保护了荷兰的商业，确保了护航费和许可证金的收取。佩普因·布兰登（Pepijn Brandon）对"二流"一词提出了批评，他强调，这是商业精英为了自己的利益，有意识地

---

[1]　然而，由于受到吃水深度的限制，它们不能装备比24磅炮更重的武器，而英国和法国的船只则使用40至42磅的重型加农炮：J. Bender, *Dutch Warships in the Age of Sail, 1600–1714: Design, Construction, Careers and Fates*, Barnsley: Seaforth Publishing, pp.273-311.

[2]　Baxter, *William III and the Defense of European Liberty 1650–1702*, p.258.

[3]　E. S. van Eyck van Heslinga, 'A Competitive Ally: The Delicate Balance of Naval Alliance and Maritime Competition between Great Britain and the Dutch Republic 1674–1795', in Raven and Rodger, eds., *Navies and Armies*, pp.1–11 at P.10.

[4]　Israel, *The Dutch Republic*. pp.985-986, 972-975.

决定把资金专门用于精干高效的护航巡洋舰队，放弃了昂贵的、用来控制海洋的战斗舰队。尽管1713年后的海军依然优秀，但它规模很小，有意识地利用了英国海军的统治地位（就像现在的西方国家利用美国海军的统治地位一样）。只有在海洋国家，荷兰的商业利益与英国在全球贸易中的主导地位产生严重对立时，问题才会产生。这种对立要求荷兰拥有一支能控制海洋的战斗舰队，但建立一支这样的舰队的决定来得太晚，无法防止荷兰在1780年至1783年的第四次英荷战争中蒙受灾难性的损失。皇家海军在以其主力舰队与法国和西班牙交战的同时，用后备部队与荷兰的巡洋舰队交战，还是将它打得落花流水。正如佩普因·布兰登所表明的那样，在和平时期、国家补贴增加的情况下，地方海军部董事会削减了对不断增长的贸易量征收的关税，但在1780年后，关税大幅度上升。[1] 1713年后，荷兰海军的衰弱是一个有意识的选择，这个选择是由日益脱离海洋贸易第一线的商业精英们做出的。

突袭查塔姆是荷兰海权的巅峰时刻，但它的荣耀被证明是短暂的。威廉三世让共和国回到了最初状态，一个准君主制的军事国家，拥有由阿姆斯特丹人建立的特许公司经营的强大商业和帝国资产。实际上，荷兰海权的"衰落"其实只是德·威特的海权计划失败后国家的再次大陆化而已。到1692年，海权的三叉戟被紧紧攥在了不列颠尼亚（Britannia）手里，这是一尊女神像，以在1667年深受羞辱的查理二世的一名情妇为模型。1713年以后，只剩下一支规模大大缩小的海军在护送一个陷入停滞的贸易跨越海洋了，不论在言语上还是在图画中，荷兰都已不再试图掌控海洋，更不用说采取这样的行动了。荷兰的海权文化很快就消失了，最优秀的艺术家们在1672年跟海洋艺术品市场一起搬到了英国，因为摄政阶级（Regent class）——统治着城市的只求自保的寡头们——放弃了海洋的图像学，转而追寻奶牛和农田去了。[2]

曾短暂地成为一个大国的海权国家荷兰并没有轰轰烈烈地倒下，当它结束时，人们因为卸下了经济上的重负而由衷地舒了一口气。这个正常化的"共和国"需要几十年的和平来重建其财政，这要从削减海陆两军的经费开始做

---

[1] Brandon, *War, Capital, and the Dutch State*. pp.84–85, 124–129, 133–138.

[2] Bruijn, *The Dutch Navy of the Seventeenth and Eighteenth Centuries*, pp.85–88; Daalder, *Van de Velde and Son: Marine Painters*, pp.130–149.

起。[1]它成了一个衰退的实际范例。[2]而英格兰则朝着相反的方向发展，成了一个联合王国，合并了苏格兰和爱尔兰，建立了一个能够维持更大的海权帝国的国内基地，它的帝国一直维持到了20世纪中叶，而荷兰这个比它小得多的国家在1713年后就已经维持不住自己的帝国了。规模对海权国家来说一直是个至关重要的问题：太大的话，它们就会不可避免地成为大陆规模的领土帝国；太小的话，它们就会一直保持海洋国家的状态，就像古代的罗得斯和中世纪的热那亚一样。这个规模的标准会随着时间的推移而改变，虽说从来不曾以近似于线性的方式变化过，这是因为同时代的陆上强国所造成的挑战，其强度也在不断改变。

共和国也追随着威尼斯的脚步陷入了受控制的衰退之中。成功的寡头政治精英放弃了把海权和大国结合在一起来维护共和国的独特模式。这个选择，就像它最初决定成为一个海权一样，是有意识的，也是理性的。约翰·德·威特建立的真正自由政权是在一个充满活力的国家里进行的一项试验，它比威尼斯更大胆，后者在傲慢和毁灭之间划下了一条清晰的界线。德·威特依靠威慑力和外交平衡来保护他的共和国不受两个原生霸权国家的影响，这两个国家是路易十四统治下的大陆国家法国和查理二世统治下的海洋国家英国，这使得共和国能够充当一个大国，它在陆地上是无法取得这一地位的。他以一种极具挑衅的方式来强调荷兰的例外性，最终，事实证明这是不可持续的。而威廉三世认识到，为了生存，共和国必须加入大陆国家的体系，接受它的地理位置、规模和人口对其国力构成的固有限制。威廉的外交技巧使共和国能够继续像一个大国一样运作，但他一旦去世，人们就会发现，共和国其实不是一个大国。

衰退的现实可以从摄政阶级的经济活动中看出来，他们占据了国家的重要职位，成了食利者，切断了商人和海军防御之间的联系。1700年后，他们不再把资本投到风险很大的海上航行中，而是用来购买省级债券。海军部委员会里一个海员都没有，这迫使商人建立自己的施压集团，强调用巡洋舰来保护贸

[1] Glete, *War and the State in Early Modern Europe.* p.171.

[2] J. Addison, *The Present State of the War and the Necessity of an Augmentation*, Londonm; Schama, *Embarrassment of Riches*, pp.286-287.

易，国家不再关心海军政策和制海权战略了。英国成了海权。[1]随着商业冲动的消退，拥有地产和食利经济成为常态。1618年，有33%的阿姆斯特丹精英阶层没有职业，10%的人拥有乡间别墅，而到1748年时，这两个数字分别上升到了73%和81%。正如亚当·斯密（Adam Smith）所言，所有商人都想成为乡绅，充满活力的经济需要一直有新的商人家庭产生。移民使阿姆斯特丹的创业精神维持到了1680年，此后，经济放缓，社会变革也随之放缓。到1720年，公债成了一种有吸引力的投资，威尼斯的精英们从贸易转向土地，阿姆斯特丹的精英们则从贸易转向债券。在这两座城市里，曾经充满活力的商业精英都在谋求政府里的全职工作，这使他们彻底僵化了。[2]1795年，老共和国被法国大革命推翻了，联邦—经纪人的国家被一个中央集权的统一国家所取代，这个国家归根结底还是由拿破仑统治着的。1815年后的荷兰联合王国继承了这种结构。

1648年的条约结束了西班牙的地区霸权之后，联省共和国在真正自由政权之下成为一个海权。它之所以能够做出这样的选择，是因为财经界和商界的人已经融入了政治进程，使"官僚和资本家能在一个更加平等的基础上进行互动"。这与西班牙和法国的罗马帝国式君主制国家形成了鲜明对比。[3]荷兰建立了包容性结构，以资助为了独立而进行的陆上战争，正是这些结构使德·威特的海权国家得以出现。然而，大陆国家对其进行军事侵略的威胁依然存在，20年后，法国波旁王朝称霸的野心摧毁了这个政权及其自我标榜的海权身力，法国对其政治模式和经济繁荣深恶痛绝。它从这个君主制的世界里消失了，无人为它哀悼，在这个世界里，除了阿姆斯特丹，没有谁认为它有存在的权利，那些欣赏这个政权的人没有能力帮助它。真正自由政权的领袖们一直高估了英国对"海洋主权"的主张所构成的威胁及其对荷兰经济霸权造成的损害，却低估了路易十四对它的生存构成的威胁。德·威特试图制衡这两个君主制国家，同时减少陆军以防止奥兰治派发动政变，并出资组建一支用来维持制海权的战斗舰队。自认为"例外"的共和政权在建立起稳固的海权国家身份前很久，就在

[1] Bruijn, *The Dutch Navy of the Seventeenth and Eighteenth Centuries*, pp.93-111.

[2] Burke, *Venice and Amsterdam*, pp.129-135, 138-139.

[3] Brandon, *War, Capital, and the Dutch State*, p.311.

1672年垮台了。这场失败的总体情况被这样一个事实掩盖住了：它发生在欧洲强权政治的地缘战略背景下，而不是一场海战的背景下。

荷兰的海权国家是一次短暂的、失败的试验，从来没有吸引过劳动人民，即使是舰队里的水手，效忠的也是奥兰治政权。共和派利用海军的胜利来建立一种独特的、崭新的国家身份，但他们无法维持政权。共和派的宣传者越是努力维持国内的支持度，就越是让潜在的盟友感到疏远和警惕，尤其是英国。英国迫切需要一个稳定的同盟伙伴来帮助它遏制法国这个原生霸权国家，在这一点上，克伦威尔和查理二世意见一致，但他们两人都失望了。阿姆斯特丹计算了与英国结盟的经济成本，却忽略了它的绝对必要性。英国的措施不会对荷兰的贸易造成多大影响，因为共和国和英国几乎没有什么贸易往来。

在德·威特的真正自由政权时期，荷兰的大国地位反映出的是地区性的权力真空，而不是根本性的现实。当法国、神圣罗马帝国和英国发挥出它们真正的潜力时，这个小小的共和国是无法与它们竞争的。威廉三世也承认这一点，他牺牲了荷兰的利益，建立了一个能够阻止路易十四实现"普世君主国"的联盟，但他的战争仍然让共和国血流成河。[1]他挫败了法国的野心，控制了荷兰的衰落，并顺利地把海权从阿姆斯特丹转移到了伦敦。最终，保卫共和国的成本压倒了这个国家，迫使它放弃了曾使其短暂地成为大国的海权身份。在面临是毁灭还是衰落的选择时，联省清楚地表现出了根本的政治智慧。

建立海权国家的资金来自荷兰在世界贸易中所占的主导地位，它能获得这一地位得益于《威斯特伐利亚条约》（*Treaty of Westphalia*，1648）签订后欧洲相对和平的环境。急速的繁荣和公然的炫耀引起了嫉妒，而支撑海权的代议制商业寡头政治则令君主专制国家——尤其是路易十四统治的法国——震惊不已。从17世纪60年代末开始，法国的关税和工业保护政策对荷兰的市场造成了严重损害。1702年，荷兰失去了自革命前就是地区经济活动主要支柱的西班牙市场，从而破坏了它那个复杂的商业体系，这个体系依赖波罗的海的谷物与木材，荷兰的鱼，美洲的砂糖、烟草、靛蓝和毛皮，亚洲的奢侈品和南欧的市场，并得到了大量的运输贸易和不断增长的工业产出的支持。1688年至1713年

---

[1] Baxter, *William III and the Defense of European Liberty 1650–1702*, p.398.

间，战争的需求使荷兰的财政、货币和信贷负担过重，领导层选择了衰落而不是毁灭。他们将依靠国债、土地和荷兰东印度公司股票的收益生活。彼得·伯克向我们展示了这些人和威尼斯同行——由企业和风险造就的商人家庭——是如何演变成收取地租者和债券持有人的。[1]西蒙·沙马（Simon Schama）认为，1672年发生的那些令人震惊的事情证明了保持独特性是有可能危及国家存亡的，在那之后，阿姆斯特丹精英阶层的贵族化以及荷兰政府在国际体系中的"正常化"都是对小国局限性所做的及时让步。一旦它不再摆出一个海权大国的姿态，共和国马上就找到了盟友来帮助它维持现状、反对路易十四的称霸野心。当时的人注意到了1672年的共和国与康布雷同盟时期（1508年）的威尼斯之间的相似之处。[2]荷兰放弃大国地位的"选择"是有意识做出的，跟它在1650年决定成为一个海权时完全一样，它的逻辑很简单。1713年后，荷兰经济陷入了相对衰退，但并非绝对衰退，因为它缺乏市场和资源来保持不断增长的态势，而且，没有战斗舰队，它就不能像真正自由政权时代那样控制海洋，它的人口和在欧洲的领土都没有什么变化，而敌对国家的人口和领土都在增加。这些选择了稳定和秩序的人主导着荷兰东印度公司把重心从远洋事业转向土地和农作物的过程，这并非巧合。1713年之后，荷兰的贸易陷入了停滞，它的资本流入伦敦，那里的利率更高，投资机会更大。荷兰的金钱助长了海权国家英国的发展。[3]

阿姆斯特丹模仿威尼斯的尝试失败了。共和国只是短暂地成为一个真正的海权，在那段时间里，真正自由政权渴望成为欧洲的仲裁者、世界贸易的霸主，想让它的制度成为全人类共享的政治模式。它为最后一个海权国家留下了强有力的遗产。

---

[1] Burke, *Venice and Amsterdam*, pp.125–139.

[2] Schama, *Embarrassment of Riches*, pp.284–286.

[3] 关于荷兰经济的衰落，请参见Israel, *The Dutch Republic*. pp.998–1005.

第六章

海洋国家与海外帝国：一个角度问题

SEA STATES AND OVERSEAS EMPIRES:A PROBLEM OF PERSPECTIVE

航标与象征：约翰·伯恩哈德·菲舍尔·冯·埃拉赫画的《罗得斯巨像》

　　与海洋有密切联系或是拥有海外帝国并不能使一个国家成为海权。有些国家太小，只能成为海洋国家，不能奢望成为大国，而另一些大陆国家则只把海外领土视为对其核心关注的有益补充。虽然海洋国家具备海权身份的大部分特征，但它们太小，不可能成为大国，而大陆国家想要获得海洋帝国的话，根本无须改变其文化或是成为一个海权。若要完善海权的定义，并且说明国际环境的变化怎样影响着各国采纳和发展海洋身份的能力，古代的罗得斯、近代早期的热那亚和葡萄牙帝国提供了极好的例证。罗得斯和热那亚找到了独特的方式来开发海洋，增加他们的财富和安全，同时又不会对大国造成威胁。相比之下，葡萄牙和西班牙经常因为占有广大海外帝国而被视为海权，但它们其实无意成为海洋国家，更不用说成为海权了。伊比利亚帝国延续了几个世纪，但其文化核心仍然不受海洋的影响。君主专制、罗马教会、对土地的野心、贵族特权、垄断性的经济模式，再加上对航海者、海洋和新思想的持续蔑视，使它们一直深深扎根于大陆。在一个短时期内，伊比利亚人在海上的统治地位没有受到任何挑战，他们让热那亚和荷兰的承包商来管理、运输和资助自己的贸易。当竞争者出现，威胁到他们对海洋的控制时，他们就退回陆地上进行防御，并且跟海权和海洋国家结盟，以保护自己的商业活动。他们的殖民地逐渐演变成新的国家，由军国主义、威权政治、罗马教会和农民赋税糅合而成的文化同样主宰着这些新国家，它们的母国就是因为这种文化而陷入停滞的。伊比利亚海洋帝国的根基始终都是"收复失地运动"（Reconquista），以及罗马式的权力象征。

虽然雅典和迦太基从海洋国家演变成了海权大国，激起了大陆竞争对手的敌意，但其他海洋国家会通过承认自己的弱点和抑制野心来回避这种命运。这些海洋国家保留了海权模式的核心要素，它们依赖商业、舰队以及由商业精英主导的相对包容的寡头集团，同时避免与陆地大国起冲突。它们采取了克制、让步和建立联盟的现实政治手段，它们的主要武装力量是巡洋舰队而非战斗舰队，以此用来保护它们的贸易。

罗得斯是古代众多海洋国家之一，它是个面积小、国力弱、对自身状况有着清楚认知的贸易城市。在多德卡尼斯群岛（Dodecanese Islands）中，它是最大的一个岛屿，位于小亚细亚海岸附近，正好可以控制南边的埃及和腓尼基与北边的达达尼尔海峡和爱琴海之间的贸易路线。岛民们虽然讲希腊语，但却是波斯帝国的臣民，在萨拉米斯为薛西斯而战，直到雅典把他们从波斯的统治之下解放出来。伯罗奔尼撒战争期间，岛上的寡头们眼看着波斯又要控制这座岛了，赶忙投靠了斯巴达。公元前409年至公元前408年，该岛的结构发生了变化，三个小型贸易港口将它们的资源汇聚起来，把经济和政治权力转移到了罗得斯北端一个新的港口城市里。[1]在经历过一些内部纷争之后，此举为罗得斯创造了一个更为牢固的海洋身份。海洋国家的文化带来了经济资源，让罗得斯人建造了希腊世界里给人印象最为深刻的防御工事，把它那当时最先进的港口设施围在当中。它的共和政制被广泛地认为是古典世界里最优秀的政制之一，这种政制使寡头政治和民粹主义不至于走向极端，为发展海上贸易提供了必要

---

[1] R. M. Berthold, *Rhodes in the Hellenistic Age*, Ithaca, NY: Cornell University Press, 1984, 该书的论述被学界普遍接受，除非另有说明，本章均遵循该书的说法，见该书第21—22页。

的稳定。通过分享贸易利益，社会和谐得以加强，国家向贫困人口发放食物，富有的公民也常常斥巨资举行宗教仪式。它与同时代的雅典之间的相似之处并非巧合，罗得斯是当时最为国际化的城市之一，拥有引人注目的公共和私人建筑，还有令人印象深刻的艺术收藏。

海军保护这个岛屿及其转口贸易，它有出色的航海技术，又正好处在利凡特和爱琴海之间航线的中心位置，这使它可以通过转口贸易来获取资金以进口粮食和造船用的木材。罗得斯塑造了这一地区的商业，并控制着至关重要的埃及谷物贸易，海军船坞被严密地把守着，建造和驾驶军舰的都是罗得斯人。大多数男性公民有海军经验，很多人从事贸易。地位显赫的罗得斯人以当过普通水手为荣，但曾在陆军中服过役却不被看作值得夸耀的事情。部署在大陆领地上的陆军基本上都是雇佣兵，除非他们的城市遭到围攻，否则没有几个罗得斯人会愿意放弃贸易去服兵役。舰队司令——被称为nauarch——既有指挥海军的权力，又是高级政务官，还拥有缔结条约的权力。海军集中力量打击海盗，罗得斯的海洋法得到了广泛的遵守。

亚历山大大帝于公元前323年去世后，他的帝国分裂为三个相互竞争的大陆帝国：马其顿、塞琉古和埃及。这个小而富裕的岛国得到了独立的机会，它悄悄地赶走马其顿驻军，停止支付贡赋，并专注贸易。这种"自由"与后来热那亚和荷兰的政治模式惊人地相似，罗得斯成了银行业与金融业的中心，一个国际商业中心，这是希腊经济活动的一个重要特征。垄断埃及谷物的罗得斯在一个以粮食为主要商品的贸易网络中处于核心地位，这个网络横跨包括尼罗河、黑海和第勒尼安海在内的整个希腊语世界，从本都一直延伸到迦太基。为了向本都运输谷物，罗得斯不得不密切关注黑海贸易的瓶颈达达尼尔海峡。能够控制古代世界中最重要的大宗贸易意味着它采取了积极的行动，这使这座岛屿富裕起来，但也使它变得更为脆弱，任何对主粮贸易的威胁都可能破坏它的经济，使商人破产，动摇其政治体系。罗得斯太小，无法与大国竞争，只能依靠外交手段和大国之间的相互敌视来维持它的贸易。这个岛屿对希腊贸易体系是如此重要，以至于当它在公元前228年被地震摧毁时，所有大国都向它伸出了援手。

罗得斯越来越富有，它以金钱来获取战略优势，用现金、武器和物资支援盟友，并收买敌对国家。在一个以大规模陆地战争为主导的时代，罗得斯的财富具有重要的战略杠杆作用，它用钱来维持力量平衡和保护经济活动。与海盗的战争是"毫不松懈的"，而作为罗得斯财富之钥的埃及，在任何战略考量中都占据特殊地位。[1]只要希腊化世界一直保持平衡，罗得斯就会安全、繁荣。

罗得斯极力避免缔结有约束力的同盟，尽管托勒密埃及作为它最重要的贸易伙伴得到了它的另眼相看。然而，罗得斯对雄心勃勃的大国来说是一个有吸引力的目标，它们急于控制地区贸易并确保其海军的统治地位。公元前315年，马其顿统治者"独眼"安提柯（Antigonus 'the One Eyed'）需要一支海军来攻击埃及，他强迫罗得斯人为他提供部分船只。公元前306年，不知饱足的安提柯又派遣他的儿子"征服城市者"德米特里（Demetrius 'the besieger'）大举进攻罗得斯。由于有罗得斯海军、坚固的城墙和埃及的援助，这次进攻被打退了。不过，在这场战争中，马其顿保护了遍布希腊世界的罗得斯商人，并与罗得斯达成了妥协性和约，这表明安提柯希望与岛民们保持良好关系。为了纪念这次胜利，罗得斯人卖掉了德米特里制造的那些壮观的攻城器械，用这笔钱建造了"巨像"，这是一座高达100英尺的太阳神赫里阿斯（Hēlios）的青铜像，它既是一份引人注目的财富声明，又是一座宏伟的导航灯塔。[2]只要亚历山大的继承者们还在争夺他的遗产，罗得斯就能一直保持独立和繁荣。

当马其顿国王腓力五世利用埃及陷入衰落的机会，破坏了希腊化世界的稳定时，这种有利的局面结束了。罗得斯不顾一切地想要恢复平衡，并控制被马其顿鼓动起来的海盗活动，它把目光转向了罗马，希望它能制衡马其顿。罗马抓住这个机会，强迫腓力接受粗暴的、实际上是不合法的条件。通过小心翼翼地几面下注，罗得斯人在没有做出任何约束性承诺的情况下成为罗马的朋友。正如波利比乌斯所言，尽管与罗马合作了140年，但罗得斯从未与之结盟。"他们不想让任何统治者或国王觉得无法得到他们的援助或与之结盟，他们不希望与任何人捆绑在一起，也不希望与任何人订立誓言和条约，而是希望不受阻碍

---

[1] Berthold, *Rhodes in the Hellenistic Age*, pp.42–58.

[2] Naish, *Seamarks*, pp.15–24.

地从任何人、所有人那里获取利益。"[1]这句话清楚地说明了海权和海洋国家是如何看待世界的。

正如人们所料，罗得斯迫切希望第二次罗马—马其顿战争早日结束，以保护它在大陆上的领土，还有更重要的，结束由腓力鼓动起来的海盗活动，这是腓力所做的战争努力的重要一环。罗得斯人希望这个地区仍然由一群国家组成，这样他们就可以在其中发挥足够的影响力，以保护商业并抵制腓力和帕加马国王阿塔罗斯（Attalus）的野心。他们参与战争的首要目标是保护"亚洲所有市场和港口的自由"。岛民并不想损害马其顿，只想恢复往日的力量平衡，只要有这种平衡，亚历山大帝国的继承者们就无法对他们的贸易施加限制性、大陆化的影响。

在罗马进行的以大规模陆地作战为主的战争中，罗得斯贡献甚微，只执行了几次海洋控制任务和小规模登陆。它把力量集中在对腓力的克里特"盟友"进行反海盗作战上，因此，只对海军进行了部分动员。罗马和帕加马在海上不需要多少援助，而罗得斯的陆军士兵数量很少，大陆强国并不怎么信任自利的海洋国家所提供的援助。

当罗马与塞琉古开战时，罗得斯巧妙地攫取了更多的大陆港口。尽管罗得斯的战略作用有限，但它拥有了更多的领土，并控制了基克拉迪群岛，只有被罗马人积极利用起来的提洛岛除外。埃及的持续衰弱意味着昔日希腊化世界里三强并立的局面已经被罗马和塞琉古所主导的两极体系取代了，如果这两个大陆大国为了领土开战，岛民可以保持中立，但前提是它们不会损害罗得斯的贸易。然而，"如果有一方彻底打垮了另一方，地中海东部会再度落入单一国家的控制之下"。到那时"罗得斯可能会发现，它在外交上又一次无路可走了"。[2]对罗得斯来说，不幸的是，在缺乏第三方力量制衡这两个"大国"的情况下，它们极有可能走向殊死一战。

当塞琉古的安条克三世入侵希腊而罗马进行反击时，罗得斯保持中立，直到罗马舰队抵达提洛岛，此时塞琉古的军队已经被击败了。这个时候，罗得

---

[1] Polybius 30.5.6–8,转引自Berthold, *Rhodes in the Hellenistic Age*, p.233.

[2] Berthold, *Rhodes in the Hellenistic Age*, p.146.

斯人还以为，从来没有在东方停留的罗马只会惩罚安条克，然后撤军。公元前191年到公元前190年，罗得斯精强的海军分别在锡德（Side）和迈昂尼苏斯（Myonessus）取得了两场重大胜利。在第一场战役中，他们打败了汉尼拔的腓尼基舰队，在第二场战役中，他们把罗马人从自己的无能中解救出来。

在塞琉古战败并被解除武装后，罗得斯和帕加马就所占领港口的控制权争吵不休。罗马实施了一个聪明的折中方案：它把小亚细亚沿岸和邻近的海域交给罗得斯，但把达达尼尔海峡交给帕加马，从而让它控制了罗得斯在黑海的谷物贸易。现在罗马已经成了地中海地区的超级大国，"罗得斯在东方的独立和强大全靠罗马特许。如果元老院改变态度，罗得斯将会没有任何强大的盟友"。[1]海洋国家罗得斯的存在取决于一个大陆霸权帝国的心血来潮，这个帝国既不关心海洋问题，也不重视其独特的技术。虽然它与帕加马之间的争议仍然处在罗马的关注之下，罗得斯还是采取行动打破了帕加马对达达尼尔海峡的封锁，但这也破坏了它与帕加马的关系。

当罗得斯的军舰护送马其顿国王珀尔修斯（Perseus）从塞琉古王国迎娶新娘前来完婚时，这条如履薄冰的道路终于告一段落，此举是罗得斯对这两个希腊化君主国释放的善意，马其顿则以造船用的木材和黄金作为回报。罗马被触怒了，它开始支持吕基亚（Lycia）地区的独立运动，这个省份本是它最近授予罗得斯的。就在这个节骨眼上，公众意见打乱了罗得斯在外交上的正常算计。罗得斯民众对罗马人的傲慢深感不满，同时又对"希腊同胞"抱有同情之心，因此，他们支持珀尔修斯，珀尔修斯带着敬意与他们结交，而罗马人既无礼又专横。罗得斯的领袖们明白，在与罗马的战争中珀尔修斯将会失败，他们不想受牵连，然而民粹主义煽动者却在竭力推动亲马其顿的政治议程。最终，双方力量不相上下，罗得斯没有往珀尔修斯这座火坑里跳，但也没有向罗马提供援助。

像以往一样，在第三次罗马—马其顿战争中，罗得斯的外交政策将会受到经济利益的左右。战争中断了谷物贸易，迫使罗得斯乞求罗马准许他们进入西西里市场。随着经济损失的加剧，罗得斯向罗马和出征希腊的罗马军队派去了

---

[1] Berthold, *Rhodes in the Hellenistic Age*, p.166.

调停者，但当调停者抵达时，珀尔修斯已经在皮德纳（Pydna）被彻底击败了，罗马人以轻蔑的态度接待了这些使者。罗得斯人不顾一切地想要讨好罗马，一个暗示就让他们屠杀了亲马其顿的派系。在罗马，野心勃勃的元老们想要更多的战利品，他们要求开战。这个提议没有被采纳，但之后几年，元老院一直在施压，不论岛民如何恳求，都不允许罗得斯成为罗马的盟友。经历了一个世纪的中立和超然之后，罗得斯已经别无选择：它要么成为罗马的卫星国，要么被摧毁。罗得斯的中立依赖地区权力的平衡，而不是它自身的力量："使这种中立得以实现的那个世界最终在皮德纳战场上消逝了。"它成了罗马的被保护国。[1]一旦罗马于公元前146年摧毁迦太基和科林斯，建立起普世君主国，罗得斯就没有其他路可走。

罗马对提洛岛进行了开发，使之成为罗得斯的商业竞争对手，并收回了以前授予它的大陆领地，然而，这些明显带有敌意的行为在很大程度上不过是拥有绝对权力者的漫不经心之举。本都国王米特拉达梯（Mithridates）在整个希腊世界中发起对意大利商人的大屠杀时，罗得斯为他们提供了庇护。由于其经济模式和有限的规模，罗得斯对罗马的力量深有体会，它是罗马最忠实的臣民。

实际上，罗得斯被轻易地放过了，因为这个海洋国家太小，不足以构成威胁。公元前164年，罗马同意与它联盟，它没有被占领或掠夺，它被允许保留谷物贸易和一支庞大的商船队，并且在地区事务中享有一定程度的自由。在一个罗马普世君主国稳步将整个地中海世界纳入其版图的时代，为了保持经济繁荣，罗得斯选择了臣服。这个决定是理性的，对一个由商人、银行家和中间商管理的岛国来说，这是唯一的选择。罗马治下的和平比战争更有利于商业，战争总是会让海盗活动剧增。

尽管罗得斯的历史实际上在公元前164年就结束了，但它在名义上又独立了两个世纪：罗马帝国的规模太庞大，待在其首都的人完全注意不到边境上的一个小小定居点。只有在对付克里特海盗时，罗得斯参与了庞培那姗姗来迟的行动。公元44年，这座岛屿被归入亚洲行省的管辖之下，只是简单地维

---

[1] Berthold, *Rhodes in the Hellenistic Age*, p.199.

持着贸易。自公元前2世纪以来，贸易一直在下降，但这座城市仍然很富裕，其哲学和艺术对求学者和游客来说极有吸引力，是一座活生生的希腊文化博物馆。也许，罗得斯最伟大的艺术作品——雕塑《拉奥孔》（*Laocoön*）——体现出了文化的冲突、神的审判和繁荣的海洋国家走向毁灭，这不是一件偶然的事情。

就所有海洋国家而言，在帝国统治和民族国家时代，罗得斯的命运——被并入一个罗马行省——很具有代表性。在同质化的大陆文化模式中，阿马尔菲（Amalfi）、热那亚，甚至是威尼斯都将失去它们的自由和身份，这些模式憎恨、害怕海洋国家、海洋贸易商及其包容性的政治体系。罗得斯的经历将会在其他海洋国家身上重复上演。没有几个海洋国家能摆脱这样的桎梏，做到了这一点的就会成为真正的海权，而当海权的力量衰退时，它们又会做出跟罗得斯一样的选择。退让和顺从总比毁灭要好。

1653年，热那亚共和国议会提议，四个海权共和国——威尼斯、联省、英格兰和热那亚应该结为同盟。[1]尽管这个提议没有得到回应，因为当时英国和联省正处于战争状态，但它表明，寡头共和政治与海洋国家之间是有联系的。共和国即受法律约束的公共政府，它不一定是民主国家。孟德斯鸠（Montesquieu）认为共和国可以由贵族或寡头来统治，这种模式适用于所有真正的海权。他承认英国在1688年成为一个"共和国"，当时政治权力从国王手里转移到议会手里，使君主沦为世袭的虚君。

中世纪晚期和近代早期，欧洲的共和国大多是商业城邦，其中就包括威尼斯、热那亚和佛罗伦萨，它们利用古典文本对自己的选择做了解释。汉萨和佛兰德斯的港口城市也采用了类似的政府形式，但它们对古代历史的兴趣较低。这些以自身利益和特定形式的经济活动为主导的贵族共和国容易受到更大的君主制陆上强国的攻击，后者希望对它们的贸易征税。它们也容易被那些不能从政权那里得到多少好处的人的暴动所伤害，这些人试图重新分配财富。当民族国家和多民族帝国出现时，这些共和国的命运就如同风中残烛一般了。

有五个共和国——雅典、迦太基、威尼斯、荷兰共和国和英国——成为海

[1] Kirk, *Genoa and the Sea*, p.141.

权国家。其他共和国则因为太小，或是直接处于更大的陆上强国的威胁下而做出了另外的选择。中世纪的热那亚被群山环绕，没有一条大河将其与内陆地区连接起来，也没有足够的肥沃土地来养活它的人口，于是它出海去寻找食物和利益，并开辟了通往意大利北部和法国的陆上通路。在罗马的道路系统崩溃后，这个地点变得非常重要。虽然只是短暂地受到拜占庭的控制，但热那亚一直保持着和它的经济联系，直到1453年君士坦丁堡陷落。热那亚人通过海盗活动获得了经商用的资金，由于没有一个地区性的海权，他们建立了一个横跨地中海，一直延伸到攸克星，与西班牙、北欧和大西洋相连的贸易帝国。热那亚的人口基数只有威尼斯的一半，因为太小而不能取得海权地位。即使热那亚能够在海上击败威尼斯，它也缺乏内部稳定和收入来源来维持对海洋的控制。威尼斯完成了从海洋国家到海权的过渡，在拜占庭帝国的残躯上建起了一个岛屿帝国，而热那亚缺乏内部凝聚力和本国资源，实现不了这个过程。它为了贸易与比萨和威尼斯作斗争，夺取科西嘉岛以控制邻近海域，并向利古里亚扩张，在那里购买土地，把当地的精英并到自己国家来。

在热那亚，"自由"意味着贸易自由以及免于纳税，征税在中央集权国家里是不可避免的。[1]这种小国家的政治意图使热那亚成了派系冲突的牺牲品，它缺乏威尼斯那种强大的中央集权机构。当圣乔治国家银行于1444年停止交易时，它继续管理着这座城市的债务、征税、给投资者分红并掌管臣服于热那亚的城市和殖民地。这个国家是由一家银行的股东来运营的。热那亚人小心翼翼地向外国统治者隐瞒了这一事实，他们经常把统治权拱手让给这些外国统治者，同时利用这家银行来把真正的权力保留在寡头集团手里。热那亚差不多是个反国家（anti-state），它依靠的是私人财富、私人海军和雇佣兵。

---

[1] M. Salonia, *Genoa's Freedom: Entrepreneurship, Republicanism and the Spanish Atlantic*, Lanham, MD: Lexington Books, 2017.

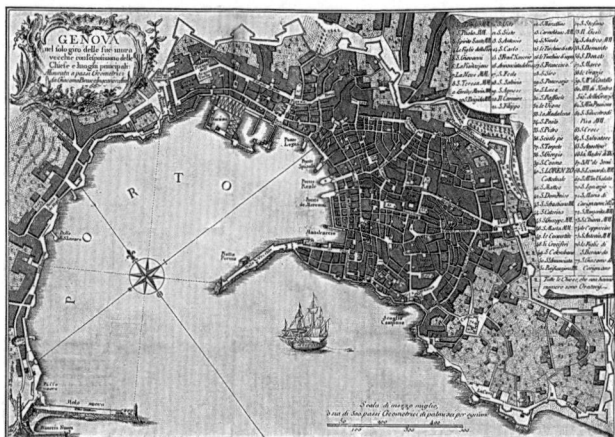

乔瓦尼·洛伦佐·圭多蒂（Giovanni Lorenzo Guidotti）于1766年绘制的热那亚地图

　　1435年至1528年间，相互敌对的派系不断争夺国家的控制权，引起了频繁、暴烈、破坏稳定的变化。只有一样东西稳定不变，那就是混乱。法国和米兰派来的行政官员总是满足不了热那亚人的经济需求，他们是群很有经济头脑的臣民，而本土的总督则屡屡被敌对派系赶下台。难怪威尼斯的秩序和稳定享誉整个意大利。[1]在1500年之前的半个世纪里，这两座城市的命运发生了根本性的分歧：威尼斯的贸易额增长到每年75万杜卡特[2]，而热那亚的贸易额则下降到只有12.5万杜卡特了。这种衰落始于1453年奥斯曼帝国攻占君士坦丁堡，热那亚因此失去了它的黑海帝国，而威尼斯于1474年收复了塞浦路斯。重新把贸易重心移回西地中海和北非的尝试遇上了伊比利亚、英国和法国商人的激烈竞争。这一贸易大多是在国家没有直接干预的情况下，用私人投资建造的大型卡拉克帆船来进行的。[3]缺乏政治凝聚力使热那亚的商业联系不断遭到海盗的破坏。相反，威尼斯则以外交手段和赔偿金保住了重要市场，其中就包括地中海的香

---

[1] S. A. Epstein, *Genoa and the Genoese: 958–1528*, Chapel Hill: University of North Carolina Press,1996, pp.266–271,276—279.

[2] 威尼斯铸造的一种金币，成色接近于足金，每枚重3.56克。——译者注

[3] Epstein, *Genoa and the Genoese*,p.272,此处引用了E. Ashtor, *The Levant Trade in the later Middle Ages*, Princeton, NJ: Princeton Unversity Press, 1983, pp.32–33.

料贸易，这种状况导致的后果之一是热那亚的造船业急剧衰退，从事海运及其相关工作的人口比例也大幅下降。正如史蒂芬·爱泼斯坦（Steven Epstein）所言："威尼斯找到了维持城市和平的方法，而热那亚却没有。"[1]由于国内的贸易不景气，热那亚银行家们开始向外国事业投资，其中包括葡萄牙对亚洲的探索，他们利用热那亚在里斯本、塞维利亚和加的斯的重要地位来寻找新机遇。热那亚航海家克里斯托弗·哥伦布（Christopher Columbus）发现美洲转移了这座城市的焦点，正如奥斯曼帝国重组了地中海东部的贸易一样，美洲的黄金改变了热那亚的经济。伊比利亚的贸易保护主义迫使热那亚商人在他们的体系内工作，很大程度上忽略了热那亚本身。[2]

1482年，阿拉贡的费尔南多（Ferdinand of Aragon）承认了他对热那亚银行业和商业网络的依赖，就在卡斯提尔王国动员军事力量以完成收复失地运动时，他的中央集权军事国家粉碎了阿拉贡和加泰罗尼亚（Catalonia）地区主要的经济行动者。他利用热那亚的海军和商业力量来确保贸易联系、资源流动和贷款。这些职能中的绝大部分被交给了外国承包商，费尔南多不容许西班牙的任何准独立地区作为一个海洋国家来运作——运营海洋国家的是商人和银行家，不是土地所有者和军阀，而正是后者管理着中央集权的西班牙国家。热那亚是外国，相对较远，而且政治上很软弱，如果它成了问题，也只需断绝与它的往来即可。[3]这种关系反映出了西班牙的发展。占领塞维利亚后，卡斯提尔人想要控制直布罗陀海峡，起初，"这些海军行动中所使用的军官和人员在早期主要是意大利雇佣兵，而许多年来，塞维利亚的传统海运贸易也还是掌握在穆斯林、比萨人或热那亚人的手中"。[4]

在热那亚保持海洋国家身份、以基本的海洋共和国模式来管理国家的同时，威尼斯创造了一种文化，以维持恩里科·丹多洛总督表现出来的海权野心。由于热那亚仍然是一个海洋国家，所以它没有把财富用在建设富丽堂皇的城市或进行公开展示上。热那亚没有成为一个大国的野心，因此也就不需要通

[1] Epstein, *Genoa and the Genoese*, pp.274-275, 280-281.

[2] Kirk, *Genoa and the Sea*, pp.3-15.

[3] Salonia, *Genoa's Freedom*, pp.92-97,125.

[4] J. H. Parry, *The Spanish Seaborne Empire*, London:Hutchinson, 1966, pp.39,43.

过艺术来展示自己的地位和身份，它没有发展出一个当地的艺术流派来体现海权文化。热那亚的艺术赞助人会雇用佛兰德斯以及意大利其他地区的人来制作一些平庸的艺术品。雅各布·布克哈特强调了热那亚对高等文化那种众所周知的轻蔑态度。"热那亚的例子以一种引人注目的方式表明，不安全的财富与庞大的贸易、内部的混乱与拥有遥远的殖民地是并存的。"[1]布克哈特忽略了这样一个事实，威尼斯拥有比热那亚大得多的海洋帝国，但它仍是一个秩序井然的国家，他没有认识到海洋的重要性，也没有认识到成为一个像热那亚那样的海洋国家会招致怎样的后果。热那亚精英们宁愿在狭窄的街道上为了家族的地盘而争斗不休，也不愿意通过展示文化而在政治世界里与其他国家竞争，他们没能创造出自己的形象来。

尽管佛兰德斯和荷兰艺术家中有一部分人——包括鲁本斯在内——在热那亚工作过，但他们中的大多数都是为北欧的赞助人服务的。利古里亚的岩石海岸和热那亚的港口为许多荷兰海洋画作提供了一种平淡无奇的背景。[2]精英们所进行的公开展示是家族性的，并不是为了国家。共和国的圣乔治官只有一个大房间，在壁墓中陈列着一些社会名流，一个世纪后，荷兰人也采用了这种模式。

当海洋国家热那亚依靠私人的主动精神而不是国家控制来制造影响时，海权大国威尼斯却被卷入了与比它更大的陆地强国的冲突中，它本可以回避这些无法取胜的冲突。随着地中海被少数几个强大政权瓜分，威尼斯开始转向陆地，这引起了大国的警惕，而热那亚成为神圣罗马帝国、法国和西班牙的被保护领。1522年，哈布斯堡王朝的军队洗劫了这座城市，"没有任何事件能比这更有力地说明外国统治和放弃自由的真正代价"[3]。热那亚在陆上大国的争斗中只是一个马前卒，它缺少金钱和人力来维持独立地位和贸易自由。它必须投靠一个阵营，并建立一个稳固的政府。1528年，热那亚与当时的霸主法国国王弗朗索瓦一世（Francis I）反目，因为他把萨沃纳港（Savona）建成了一个足以

---

[1] J.Burckhardt, *The Civilisation of Italy in the Renaissance*, London: Penguin, 1990, p.73.布克哈特承认，这种情况在安德烈亚·多里亚掌权之后发生了变化。

[2] Epstein, *Genoa and the Genoese*, pp.296-297; Kirk, *Genoa and the Sea*, p.101.

[3] Epstein, *Genoa and the Genoese*, p.314.

与热那亚竞争的经济中心，威胁到了热那亚存在的理由，此举与罗马开发提洛岛有着惊人的相似性。然而，热那亚与罗得斯不同，它还有选择的余地，因为它是在一个多极国家体系中运作的。

贵族出身的热那亚金融家和军事承包商安德烈亚·多里亚推翻了由法国撑腰的政府，并与神圣罗马帝国皇帝、西班牙国王卡尔五世结为同盟。多里亚在不寻求国家干预也不增税的情况下确保了热那亚的贸易自由和利润。法国的统治使热那亚商人被卡尔五世蒸蒸日上的帝国拒之门外，随着美洲黄金的涌入，这个帝国的力量正与日俱增，新同盟符合商业精英的利益。卡尔同意尊重热那亚的政制和经济利益，雇用多里亚的桨帆船队，任命多里亚来指挥他的地中海舰队，并且从热那亚银行借钱来支付舰队的费用。[1]这个约定使多里亚发了大财，并确保了他在热那亚的影响力。热那亚战舰使西班牙有能力应对法国和穆斯林的威胁，同时，热那亚在航海和金融方面的专业知识也有助于新大陆的开发。多里亚通过制定新宪法来维持国内秩序，这部宪法使政治权力牢牢地掌握在仅由贵族和富商组成的寡头集团手里，剥夺了其他人的政治权利，并降低了外国势力的影响力。任期为两年的总督只是个有名无实的首脑：所有重大决定都是由商业阶层做出的。最终，热那亚通过成为一个寡头制共和国实现了稳定，这是海洋国家典型的政治模式。多里亚以"自由"的名义——所谓自由，指的是贸易自由和尽可能少交税——重建了共和国，但他仍然留在幕后，主持着最高法院，以便维护支撑这个体制的法律。多里亚小心翼翼地把自己定位为人民的公仆，避免担任要职。

多里亚是西班牙哈布斯堡王朝的金融家和海军承包商，热那亚则是它的被保护领，不是一个国家。由于土耳其人从热那亚手里夺走了希俄斯岛（1566年），它的经济重心被迫西移，但西班牙的黄金流入了热那亚，使它的银行业获利甚丰。[2]热那亚在西属美洲的贸易和金融中占有很大份额。正如罗伯特·洛佩兹（Robert Lopez）所说的，"到费利佩二世时，这个骄傲的日不落帝国几乎成了热那亚的经济殖民地"。1638年，西班牙制定法规，把外国人排

---

[1] Salonia, *Genoa's Freedom*, p.122.

[2] Epstein, *Genoa and the Genoese*, pp.315-318, 329-330.

除在西属美洲之外，却独独忽略了热那亚人，三百年后，他们仍然活跃在帝国体系之中。[1]

热那亚不同寻常的政治结构，以及安德烈亚·多里亚所指挥的舰队由他自己的船只——这是他重要的私人资本资产——组成的事实，或许可以解释为什么他在战争中总是表现得犹豫不决。他用个人声望支撑起了一个缺乏实权的热那亚政权。国家是多里亚的生意，桨帆船是他的资本资产。威尼斯和荷兰共和国在公共仪式空间里赞美国家，多里亚却在一座为款待卡尔五世而建造的官殿中颂扬自己的个人地位，并强调他对哈布斯堡帝国的贡献。多里亚以尼普顿的形象出现，他让大海风平浪静，身边有一条画有其英勇祖先的走廊，卡尔则被表现为朱庇特的形象。一个代表金羊毛的标志把皇帝和他的海军上将连接起来，多里亚在1531年获得了这枚颁发给哈布斯堡帝国精英的勋章。[2]

多里亚的决定被证明是明智和及时的。在一个大国争乱的时代，独立的海洋国家没有生存空间，与最具经济吸引力的大国缔结长期关系维持了热那亚的经济活力。迫于无奈，它接受了帝国/西班牙的保护，以换取金融联系和进入新市场的机会。热那亚不再以战争和海军力量为实行国策的工具，它制定了更为广泛的海洋政策，以保全城市的经济和完整性。[3]为了避免被外国占领，它做了一个陆上大国的被保护领和代理商。它有选择的自由，因为它是在一个多极世界中运作的。如果有普世君主国出现，热那亚会被迫采取顺从的态度，就像罗得斯一样。热那亚没有国家海军，也没有国家主义的领土野心，它不会对马德里那种以陆地为中心的世界观造成威胁。热那亚的意识形态对西班牙没有威胁，因为它是一个弱小的被保护领，不是一个充满活力的海权国家。虽然热那亚和古代罗得斯一样，拥有一支小型巡洋舰队来保护贸易和打击海盗，但真正保护这座城市，使它免于遭受存在性威胁的是诸多大国从它身上感受到的共同利益。[4]

---

[1] 转引自Salonia, *Genoa's Freedom*, pp.139, 141.

[2] L. Stagno, *Palazzo del Principe: The Villa of Andrea Doria*, Genoa: Sagep, 2005, pp.1-54.

[3] Salonia, *Genoa's Freedom*, p.25; Kirk, *Genoa and the Sea*, pp.x-xi.

[4] Kirk, *Genoa and the Sea*, pp.100-101, 202.

热那亚的经济重心从海上贸易转向了银行业和金融服务。[1]虽说共和国没有钱，但热那亚却很富有，能够轻松地资助港口工程、城市防御甚至是战争。热那亚精英刻意决定在没有国家海军的情况下采取行动，他们利用其他手段来发挥国际影响。17世纪初，它与西班牙的联盟开始动摇，当时，西班牙王室暂停支付贷款利息，而且马德里还驳回了热那亚对海上主权的要求。只把热那亚共和国当作雇佣兵的承包商意味着西班牙帝国不再关心高效的船只和长期贷款。与此同时，更加廉价、高效的荷兰和英国航运及护航船队迅速取代了意大利船只的地位。[2]这些变化加速了热那亚从航运业向银行业的转变，尽管它保留了少量国有船只在西班牙和热那亚之间运送钱币，再经陆路运往佛兰德斯。热那亚把自己变成了一个转口港，用优惠的关税制度把贸易吸引到这个港口来，从而取代了本地的航运。这座城市在没有海军或商业航运的情况下取得了国际影响力。很快，它的港口里就挤满了荷兰船只，而英国人则利用了位于里窝那（Livorno）附近的另一个自由港。

随着西班牙的衰落，热那亚的地位也开始动摇。银行家们纷纷把资金撤出西班牙，1635年，议会拒绝与西班牙缔结同盟。就在威尼斯衰落为一个海洋国家的同时，热那亚通过完全放弃海洋而幸存下来。它太小太脆弱，做不出其他选择。由于没有共同的敌人——一个比商业竞争更为紧要的普世君主国，热那亚于1653年提出的共和国结盟计划失败了。英国和荷兰的战舰就在里窝那门口为了贸易大打出手，而让热那亚人为控制海洋而战也是难以想象的。热那亚没有足够的收入和资源来跟不断崛起的民族国家竞争，它只好逐步发展为一个自由港，以摆脱日益衰落的西班牙帝国的统治，寄希望于更广泛的经济体系能够保护自己不被大国接管。

西班牙的衰落使热那亚暴露在波旁王朝的力量之下，法国的军队、舰队和法国想要建立一个普世君主国的野心令大大小小的海洋共和国无处容身。它们的存在就冒犯了路易十四的尊严。如果热那亚想继续进行贸易和银行业务，它就必须承认自己的弱小。1684年，由于热那亚把它的几艘桨帆船卖给了西班

---

[1] Kirk, *Genoa and the Sea*, p.xii.

[2] C. Cipolla, 'The Economic Decline of Italy', in C.Cipolla, ed., *The Economic Decline of Empires*, London: Methuen, 1970, pp.196–215, at p.215.

牙，法国与它起了争执，法国舰队炮轰了这座城市。路易十四逼迫热那亚总督前往凡尔赛，就这座城市竟敢无礼得像一个独立国家一样行事而公开道歉。热那亚马上把它残余的一点海军处理掉了。[1]路易把总督受辱的场面制成挂毯，并把它送往罗马，以提醒教宗，天主教的欧洲大权在握者究竟是谁。当法国大使公开庆祝一位王子的诞生时，威尼斯共和国也收到了类似的饱含敌意的信息。[2]路易的高压手段反映出了他对共和国发自内心的仇恨和对海权的深刻厌恶。意大利的各个海洋国家都被警告不得阻挡法国霸业的推进。

尽管热那亚蒙受了屈辱，但它还是保持了独立的地位，因为法国和罗马不一样，它没有掌握海洋霸权。"英国、荷兰和西班牙舰队在地中海的活跃"限制了路易的势力，"共和国的力量并不在于它那支小小的桨帆船舰队——它可以轻易地同意解除其武装——而在于它的港口所能产生的利益"。[3]路易将会被"海权们"击败，再加上热那亚明显的"不设防"策略，这些因素保证了它的中立还能再延续一个世纪。法兰西共和国作为普世君主国罗马共和国真正的继承者，直接把热那亚并入了一个大陆超级大国。热那亚没能在1815年恢复它的独立地位，因为此时各共和国都处于被忽视的地位上，而且英国急于从法国手里夺走一个有用的海军基地。

虽说热那亚的经历强调了海洋国家的局限性，但它的生存时间和威尼斯海权国家一样长。这些寡头共和国激发了欧洲各地政治思想家的灵感——尤其是荷兰人，同时还对北欧海权国家的形成造成了重大影响。

人们往往会把葡萄牙当成一个海权，这种看法把拥有一个全球性的海洋帝国与取得海权这种文化身份弄混了。葡萄牙就像它那个更大的伊比利亚邻国西班牙一样，一直是个非常大陆化的国家，它缺乏包容性的政治、经济活力和对

---

[1] Kirk, *Genoa and the Sea*, p.x.

[2] Burke, *The Fabrication of Louis XIV*, pp.97–101,162;Baxter, *William III and the Defense of European Liberty 1650–1702*, p.212; Kirk, *Genoa and the Sea*, p.202.

[3] Burke, *The Fabrication of Louis XIV*, p.162.通过雅各布·布克哈特的评价我们可以充分理解这些手段的意义，他认为，撤销《南特敕令》是一种政治手段，目的是强行使国家统一。正如编辑戈特弗里德·迪茨（Gottfried Dietz）所观察到的那样，布克哈特认为路易统治下的法国是"第一个完美的现代国家的典范，它对几乎所有的文化分支都施加了最高的强制力"，他引用了布克哈特的论点，即路易的国家是一个"独立存在并只为自己存在的伪有机体"。J.Burckhardt, *Reflections on History.Indianapolis*, IN: Liberty Classics, 1979, pp.17, 136.

海洋的关注，无法构建海权身份。伊比利亚国家所占有的海洋帝国由王室独裁者来统治，他们重视宗教信仰胜于商业成功，强调大陆扩张高于海洋控制，并强制推行垄断性经济模式，破坏了人们的主动性和进取心。伊比利亚半岛上的君主们强迫所有经济行动者在一个以大陆事务为主导的体系中工作。

葡萄牙推行帝国主义政策的动力来自宗教狂热，这种狂热与重新征服北非有关，粮食不足和现金短缺也在鼓励它对外扩张。葡萄牙帝国的建立始于1415年它对休达（Ceuta）的占领，这是一座至今仍然掌握在伊比利亚人手里的摩洛哥城市。"航海家"亨利王子（Prince Henry 'the Navigator'）大力推动沿非洲西海岸向南航行以寻找砂糖、奴隶和黄金的活动，他为休达以及其他沿海飞地的扩张提供了资助。[1]当葡萄牙获得了亚洲香料贸易的控制权后，它那中央集权的指令性经济无情地利用这个机会充实了王室金库，使王室有钱在国内和北非实行各种事业。王室的垄断使香料的价格居高不下，交易量也没有增加，并把私营企业排除在香料贸易之外。

王室的控制扼杀了人们的主动性，减缓了决策的速度，并且用强大的宗教意图使帝国背上了沉重的负担，摧毁了新生的海权文化。1511年，葡萄牙占领了马六甲，这是亚洲最重要的贸易中心之一，但宗教偏见——葡萄牙人赶走了穆斯林商人——和王室的垄断很快就使这个港口变得毫无用处。[2]葡萄牙统治者为了满足自己的领土野心和宗教意图，利用海外贸易收益来资助他们在北非发动的十字军战争。宗教意图导致他们把对帝国及其殖民地上稀少的人口的控制权拱手让给了教会。这种可以追溯到1319年的王室/宗教伙伴关系没有给商人留下任何空间，而传教工作和商业贸易的格格不入影响了葡萄牙与穆斯林的贸易。[3]亨利王子通过基督骑士团（Order of Christ）来资助那些具有开拓性的远

[1] P. Russell, *Prince Henry 'the Navigator'*, New Haven, CT, and London: Yale University Press, 2000. 拉塞尔强调了亨利的生涯中那属于中世纪的、富于十字军骑士精神的一面，推翻了许多关于这位"航海家"的神话，包括那些关于他在萨格里什建立的航海学校的传说，见该书第6—7页。关于休达见该书第70页。

[2] Ng Chin-keong, *Boundaries and Beyond: China's Maritime Southeast in Late Imperial Times*, Singapore: National University of Singapore Press, 2016, P.18.

[3] R. Mathee, 'The Portuguese in the Persian Gulf: An Overview', in J. R. Marcris and S. Kelly, eds., *Imperial Crossroads: The Great Powers and the Persian Gulf*, Annapolis, MD: USNIP, 2012, p.7.

航，他是该骑士团的司库。葡萄牙帝国主义事业的终极标志是无处不在的红色十字架，在贝伦塔的墙壁和葡萄牙卡拉克帆船的船帆上，最显眼的就是它们。红色十字架是基督骑士团的徽章，这个骑士团是个具有强烈陆地意图的十字军组织，他们的意图在摩洛哥造成了血腥的结局。由于缺乏其他资金来源，葡萄牙的海上贸易被各宗教修会控制了。耶稣会士通过私人贸易来维持他们的海外前哨站，这些贸易，连同他们从王室手里获得的特权，必然会使普通商人处于不利地位。王室与教会的伙伴关系使葡萄牙发展不出包容性的政治制度来利用国家对海洋的探索和开发。国王把葡萄牙商人排除在政治权力和经济机会之外，而神职人员则为了达成自己的目的而对商人提供援助。

由于没有政治上有权势的商人，葡萄牙要依靠热那亚的银行家、商人和航运来为它的海外贸易出资并把进口商品从里斯本运到安特卫普，安特卫普的市场也处在热那亚银行的把持之下。[1]葡萄牙在亚洲长达一个世纪的统治终结于真正的海权国家荷兰之手，这绝非巧合，一个由相对包容的政治和开放的经济所塑造的共和国必须维持海洋帝国主义。

从亨利王子到唐·塞巴斯蒂昂（Dom Sebastian），葡萄牙国王和王子们的精神世界总是被骑士对战场荣耀的追求所主宰。阿维什王朝痴迷于荣誉、反异教徒的十字军以及葡萄牙势力的扩张。国王若昂二世（John Ⅱ）大力推动海上扩张，因为他认识到此举能够带来丰厚的经济回报。当他于1496年去世之后，"幸运儿"曼努埃尔一世（Manuel Ⅰ 'the fortunate'）把海外贸易的收入用于在国内提升自己的声望上，想以此来提高他在欧洲的地位。曼努埃尔"梦想成为所有基督徒的国王"，因此，他迎娶了费尔南多和伊莎贝尔的长女。这样，他们两人的儿子将继承伊比利亚半岛上的两个王国，实现阿维什王朝的野心。[2]但他的梦想随着妻儿的去世而破灭，之后，曼努埃尔利用亚洲的财富在国内推行中央集权，提升王室权力，并攻击摩洛哥。为了讨好西班牙，他驱逐了犹太人。许多犹太人移居到低地国家，这显示出了原生海权国家与大陆国家之间根本性的文化差异。曼努埃尔牺牲了海洋资本、航海科学、企业和活力的一个重

[1] Kirk, *Genoa and the Sea*, pp.12, 14, 46.

[2] E. Sanceau, *The Reign of the Fortunate King 1495–1521*. NewYork: Archon Book, 1969.

要来源，集中精力去追求大陆性目标，这使得葡萄牙永远不会成为一个专注于海外贸易和海洋帝国的海权。

亚洲的财富创造了一种为了提高威望而修建的建筑：位于贝伦（Belem）的塔和修道院，还有位于辛特拉（Sintra）的宫殿。"曼努埃尔式"风格最主要的特征就是索具和浑天仪，它们象征着葡萄牙对海洋的掌控。虽然曼努埃尔在贝伦修建的壮观塔楼长期以来一直被视为葡萄牙海洋活动的代表，但它其实是座到处装饰着十字架的基督教堡垒，保护着里斯本不受穆斯林袭击，塔古斯河对岸的一座神圣堡垒与它互为犄角。曼努埃尔式建筑的主要标志仍然是十字架，这象征着王室与教会专制主义的紧密合作。葡萄牙歌颂海权，却无法理解它。曼努埃尔的政权是宗教性的、专制主义的、大陆式的。[1]

问题的核心，正如约翰·艾略特（John Elliott）在西班牙哈布斯堡王朝身上观察到的，是一种充斥着"十字军理想"的文化，"由于收复失地运动和征服美洲的影响，这种文化习惯追求荣耀和战利品，而且还受到教会和贵族的支配，这使那些最不利于资本主义发展的理想得以延续"。[2]查尔斯·博克瑟（Charles Boxer）在商业航运的历史中找到了更多证据：

> 虽说葡萄牙帝国确实是个海运帝国，但它的母国并不总是有足够的水手和船只来应付自己的殖民贸易，有时候，部分商品是用外国（主要是英国）船只来运输的。[3]

尽管葡萄牙跨越重洋在亚洲和美洲建立了帝国，但它仍然保留着贵族式的陆地文化，在这种文化里，流血和土地远比不体面的航海贸易来得重要。

由于葡萄牙充当了旧知识和新观念的载体，而这些知识和观念又塑造了最

[1] P. Pereira, *Torre de Belém*, London: Scala, 2005, pp.17-22, 探讨了这座标志性建筑的目的和意义，它将绳索、绳结和导航仪器与鲜明的基督教符号结合在一起，修建在一个引人注目的位置，充当了里斯本的外围防御。

[2] J. V. Vivens, 'The Decline of Spain in the Seventeenth Century', in C.Cipolla, ed., The Economic Decline of Empires, London: Methuen,1970, pp.8 and 128.

[3] C. R.Boxer, *Four Centuries of Portuguese Expansion, 1415-1825*, Berkeley, CA: University of California Press, 1969, p.89.

后的两个海权国家，所以，它与海权之间的关系就变得更加扑朔迷离了。葡萄牙航海家精通希腊、犹太和阿拉伯的航海科学，把地中海和大西洋世界连接了起来，塑造了15世纪末欧洲的全球视野。[1]葡萄牙在建造远洋帆船方面是先驱者，为了与亚洲进行贸易，它建造了许多大型船只，但到16世纪末，它的设计和生产能力已经落后于与它竞争的那些强国了。葡萄牙无法建造很多船只，它的商业损失很大，对造船业和贸易的投资濒临枯竭。1555年，葡萄牙还出版了它在海战方面的第一部重要著作，多明我会修士费尔南多·奥利维拉（Fernando Oliviera）写的《新海上作战技术》（New Art of War at Sea）。尽管奥利维拉有航海经历，还拜访过亨利八世的宫廷，但他的作品深受天主教会正统观念的缔造者圣奥古斯丁（St Augustine）的影响，认为大海是一个"放荡"或令人腐败的处所，即便能够通过它来传播神的话语也是如此。[2]就像他在王室和教会的主子们一样，奥利维拉认为令异教徒皈依才是航海探险的主要目标。他的书只有一本留存下来了，这表明他的著作印刷量很小。[3]难怪殖民主义的战利品越来越多地落入更为世俗的国家手中。奥利维拉访问伦敦的那段时间可能开启了一种联系，这种联系将在都铎王朝末年戏剧性的海洋转向中获得蓬勃发展，在这一转向中，英国人利用了葡萄牙的海员、著作、海图和经验。这些资源中有许多是在1580年以后，通过"觊觎王位者"唐·安东尼奥（Dom Antonio）的流亡宫廷获得的。英国人从葡萄牙航海家那里得到了很多帮助，并且通过劫掠葡萄牙的卡拉克帆船获得了航海和商业方面的情报，之后又仔细地掩盖了葡萄牙知识输入的痕迹。奥利维拉与跟葡萄牙海员有过密切合作的沃尔特·雷利爵士（Walter Raleigh）在方法上有着深刻的不同，这一点颇具启发性。葡萄牙修士害怕令人腐败的大海，而雄心勃勃的英国人却预见到了国家依靠海洋获得繁荣的未来。

在雷利开始写作的时候，葡萄牙已经不再是一个独立的国家。1578年，国

[1] Boxer, *Four Centuries of Portuguese Expansion*, p.10.

[2] L. Th. Lehmann, 'The Polyeric Quest: Renaissance and Baroque Theories about Ancient Men of War', Ph.D thesis, Rotterdam, 1995, pp.59–60.

[3] F. Oliviere, *Arte de Guerra do Mar: Estrategia e Guerra naval no Tempo dos Descombrimentos*, (Lisbon: Edições 70 Lda, 2008), 可以见到这本书留存下来的一本副本以及经过现代排版的文本。其导言由A. S. 里贝罗（A. S. Ribeiro）撰写。

王塞巴斯蒂昂用亚洲贸易的收益征召军队，入侵了摩洛哥，这是一场陆地/意识形态性质的十字军战争，最后招致了灾难性的结果。塞巴斯蒂昂和许多葡萄牙贵族在阿尔卡塞尔—吉比尔（Alcacer-el-Kebir）战役中被摩洛哥军队杀死，摩洛哥军队同样也是靠信仰团结起来的。1580年，由于在人力、金钱和声望上蒙受了巨大损失，葡萄牙被费利佩二世的哈布斯堡世界帝国吞并了。[1]一旦受到哈布斯堡王朝的统治，葡萄牙帝国马上遭到了荷兰人的攻击。西班牙和葡萄牙一样，从美洲和亚洲榨取财富，以供其在欧洲进行战争。来自荷兰共和国和英国的武装商人富有活力，他们对伊比利亚人发起了挑战，伊比利亚人因而放弃了海洋，退回陆上固守其领土和堡垒。

葡萄牙的亚洲帝国被荷兰东印度公司这家股份公司打垮了，这凸显出了葡萄牙的软弱。荷兰东印度公司的资金来源一是抢劫葡萄牙船，二是阿姆斯特丹的股市，它得到了寡头制共和政府和前葡萄牙犹太人共同体的支持，正是这些犹太人把葡萄牙的专业知识传播开来。尽管遭受了这样的损失，葡萄牙文化仍然将领土控制和宗教问题置于海洋贸易之上。因为缺少资金、木材和熟练技工，它的造船业陷于停滞。由于船只和水手的供应有限，葡萄牙被迫放弃了通往北欧和地中海的重要贸易航线，把力量集中在亚洲、非洲和巴西的垄断市场上，即便在这些地区，大部分航运业务也是由外国人承包的。葡萄牙的独立战争进一步从海上抽走了本来就稀缺的资金和人力，使得葡萄牙的商业航运奄奄一息。这门生意落到了正同时与伊比利亚双雄交战的荷兰人手里，他们既抢劫葡萄牙货物，也受雇运输葡萄牙货物，巧妙地以这样的方式来获利。

西班牙统治葡萄牙的时期从1580年持续到1640年，在这一时期，葡萄牙重视的是通过殖民在欧洲以外的地区占领土地和获取资源，同时通过王室垄断来限制和控制贸易。卡斯提尔人对航海的蔑视，以及对十字军荣耀和绅士行为的痴迷，使葡萄牙人的态度变得更为僵化。1640年重新独立之后，葡萄牙急需获得保护，以免遭到西班牙和荷兰的攻击。英国通过王室联姻与它缔结了不平等的同盟关系，向它提供了安全保障。在英国的调停之下，西班牙及荷兰共和国与葡萄牙实现了和平，作为回报，英国获得了丹吉尔、孟买和进入葡萄牙市场

---

[1] Boxer, *Four Centuries of Portuguese Expansion*, pp.47-48.

的机会。[1]葡萄牙把海洋经济的实际控制权交给了英国，它最终成了一个海权帝国的一部分。里斯本被英国人当作了海军基地，英国军舰在这座城市里成了常见的风景，它从海上保卫着英国不断扩张的海洋帝国的侧翼。英国海军的物资和装备被存放在曼努埃尔国王在贝伦修建的大修道院的地下室里，那里还有一个空壁龛，静静地等候着塞巴斯蒂昂国王的归来。

1640年后，巴西的糖、烟草和黄金令帝国复兴了，王室垄断了这些商品的交易。1690年后，巴西的黄金在葡萄牙经济中占据了主导地位，但大部分黄金流向了英国，用于购买葡萄牙无法提供的商品和服务，并换取英国保护葡萄牙的欧洲部分及其帝国。葡萄牙没能建立起充足的海军力量或商业航运来满足其帝国需求，而它的繁荣却依赖于这个帝国。它的商业是靠外国人来进行的，而"在葡萄牙，参加海军不会给人增添任何声望"[2]。有了英国的制海权做后盾，即使其亚洲帝国在荷兰和英国的压力之下崩溃了，葡萄牙也得以继续剥削其殖民地长达一个世纪之久。到1740年，果阿成了昔日它在印度贸易中所占地位的最后一抹回忆。1700年之后，葡萄牙帝国的重心转移到了巴西——它在陆地上的权力基础，以及西非的奴隶贸易站，这些贸易站为巴西的种植园经济提供了劳动力。葡萄牙把它开发殖民地的大部分努力放在了巴西，直到19世纪20年代巴西的独立使帝国本身变得无足轻重为止。

1640年以后，耶稣会对葡萄牙帝国造成了重大影响，他们在王室的支持下，以贸易来资助他们的宗教工作。[3]蓬巴尔侯爵（Marquis Pombal）在18世纪60年代赶走了他们，严重削弱了这个缺乏世俗教育者和管理者的帝国。效率低下的王室贸易垄断失败了，这个垂死帝国最主要的经济出口变成了走私和非法贸易。利润不可避免地流向了英国，而不是葡萄牙。最后，连作为殖民地的巴西都在经济上超过了作为母国的葡萄牙。1792年，英国皇家特使和行政官员马戛尔尼伯爵（Lord Macartney）断定，葡萄牙只有把首都迁往里约热内卢才有未来。对充满活力的殖民地而言，葡萄牙反而成了一个弱小的附属物。当时马

[1] Boxer, *Four Centuries of Portuguese Expansion*, pp.49–53.

[2] 对葡萄牙作为英国的被保护国这段关系的经典研究请见：A. D. Francis, *The Methuens and Portugal, 1691–1708*, Cambridge: Cambridge University Press, 1966, p.268.

[3] Boxer, *Four Centuries of Portuguese Expansion*, pp.65–68.

戛尔尼正在出使中国的路上，想要打开那里的市场，他预测，严厉的"商业法规和限制"将迫使巴西人起来革命。这些垄断工具是为葡萄牙的大陆议程服务的。咄咄逼人的英国贸易和拿破仑战争加速了葡萄牙帝国的解体，而葡萄牙人缺乏维持这个帝国所必需的思维模式和人力。[1]

海洋帝国的衰落仅仅强调了一个事实，即葡萄牙从未将海洋置于国家政策或国家身份的中心。19世纪末，海洋终于在葡萄牙文化中占据了重要地位，作为重新编写的历史的一部分，英勇的航海家和殖民统治者被添加了进去。当萨拉查（Salazar）在曼努埃尔国王的贝伦塔旁修起一座法西斯纪念碑时，海洋地位的上升达到了高潮，这座建筑讲述了一个截然不同的故事。下至1580年，葡萄牙一直在利用从帝国中获取的利益来资助它在欧洲和北非实施的陆上行动，这反映出一种极为保守的文化，在这种文化中，土地和农业比贸易更有声望：就连经营奴隶种植园都比航海更"绅士"。只有与一个海权大国结成不平等的联盟，才能确保葡萄牙帝国的安全，这个大国可以保护葡萄牙的海外殖民地及其欧洲边境。作为回报，英国从葡萄牙手里获得了商业特权，以及葡萄牙无力捍卫的丹吉尔和孟买这两个重要的海上枢纽。葡萄牙海外帝国的特征将由农民出身的殖民者来塑造，他们乐于抛弃伊比利亚那僵化的社会秩序，来换取南美的开放空间。与四海为家的商人不同，他们定居下来，融入地方并发展出了一种本土的、大陆性的身份，使葡萄牙能够在失去海洋控制的情况下保住巴西。[2]

葡萄牙从来就不是一个海洋国家，更别说是一个海权了。它一直实行中央集权的指令性经济，为独裁君主和专制的普世教会服务。贸易的收益被用来巩固王室的专制统治和提升作为国家臂膀的教会的权力。它全然无意与商人阶级分享政治权力，在这个阶级里有许多外国人，这确保了葡萄牙首要的军事力量仍然是陆军，它保卫着与西班牙的陆地边界，并在北非征战。贵族式、陆地性的关注比参与海洋事务更重要。尽管葡萄牙保住了它的农业殖民地，但大部分贸易转口港落入了那些真正的海权手里，正是它们控制着贸易。

不论是在社会上，还是政治上，伊比利亚人都缺乏能力来利用海外扩张所

[1] Boxer, *Four Centuries of Portuguese Expansion*, pp.81-82, 87-88.

[2] Boxer, *Four Centuries of Portuguese Expansion*, p.54.

创造的机会，他们仍然热衷于王室垄断、传教工作和大陆性的法律控制，这些做法封闭了海洋，限制了他们的海洋帝国的发展，他们的航运业和银行业被佛兰德斯、荷兰和热那亚的承包商掌控了。就像圣奥古斯丁一样，他们也认为海洋是一个危险的地方，需要跨越它来从矿业和农业中获取利益。他们的亚洲和美洲帝国是他们渴望的欧洲和北非领土的替代品。总而言之，伊比利亚海洋帝国的核心是土地，而不是贸易，是信仰，而不是商业。这两个国家在本质上都是大陆国家。

虽然人们常常把海洋国家以及海洋帝国与海权混为一谈，但它们的基本现实是完全不同的。除了迦太基、威尼斯和昙花一现的荷兰共和国，大多数海洋国家并不渴望成为海权大国。相反，在多极的政治体系中，它们藏身于大陆大国的夹缝中成功地运转着。它们太小、太聪明或太四分五裂，因而无法成为大国，只能一直受海洋的支配——海洋是它们在经济上的存在理由，也是它们所拥有的政治影响力的来源。与海权国家一样，它们也尝尽了普世君主国的苦头，但它们没有海权国家那种抵抗普世君主国的能力。

更为关键的是，无论是海洋国家还是海洋帝国，都没有构建起海权身份：它们对海洋所做的文化反应体现了地理位置、信仰和陆地文化的古老现实。虽然如今海外帝国——例如，葡萄牙曾经拥有过的那个——已经不复存在，但海洋国家却获得了前所未有的重要性。当代海洋国家共同维护着使海权变得伟大的愿景——在经济、政治和知识上不断取得进步的意图。如果没有海洋国家，世界会变得更加灰暗，会丧失维持创造力的文化多样性和交流。路易十四痛恨它们，拿破仑消灭了它们，但我们应该庆幸它们仍然存在着。海洋国家身份仍然很活跃，尤其是在关于欧洲的性质和未来的辩论中。海洋国家拒斥集权化的、大陆式的限制性经济、政治模式，因为这些模式与它们的核心价值观相互冲突。

第七章

大陆国家的海军

THE CONTINENTAL NAVAL POWER

俄国海防铁甲舰"彼得大帝"号

罗得斯和热那亚由于规模太小或缺乏雄心而被排除在海权的范畴之外，葡萄牙则有意识地拒绝了它们所采用的包容性政治模式，以坚持大陆式的专制主义和指令性经济。这些国家都没有取得大国地位，因为它们缺乏成为海权或陆权的能力。相比之下，有相当多的大陆军事强国不仅取得了大国，甚至是超级大国的地位，而且还建立了用来获取制海权的舰队，以争夺海军霸权。有几个这样的国家——波斯、罗马、奥斯曼帝国、哈布斯堡王朝统治的西班牙和波旁王朝统治的法国——在本书中被描述为海权的敌人。在本章中，我把重点转移到另一个这样的国家身上，因为时至今日，世界上已经没有海权了：约翰·罗斯金列出的继承顺序在1945年被打断了。大陆军事霸权国家——超级大国取代了海权的位置，它们在马汉上校制海权概念的潜在效用指导下组建海军，争夺对海洋的控制权。这些霸权国家的大陆性意图与当代海洋国家——海权残存遗产的继承者——的海洋世界观互相冲突。

本章将以海权国家的概念——一种有意识的文化建设，涉及普遍的政治、经济和战略要素——来考察建设海军的野心在大陆军事大国中的发展状况，以检验我的方法是否正确，以及从这种方法中得出的结论是否有效。这些国家没有海权国家的局限性和弱点，它们规模庞大，基本上自给自足，其首要的战略工具是陆军。不论是国家还是经济，都控制在中央政府手里，经济行动者通常被排除在政治权力之外。俄国就像罗马和西班牙帝国一样，是个建立了一支强大的海军作为战略工具的陆上大国，它无意成为一个海权。虽说俄罗斯仍然是重要的海军强国，但它不是海权的现实却被那些只关注当前状况的研究所掩盖，这些研究强调了俄罗斯的例外主义和危言耸听的地缘政治，忽视了它的基础结构。然而一旦它的舰队停止出海，俄罗斯海军就不再是个威胁了，对它的研究被留给了历史学家，而他们对任何当前的状况都不关心。

借用雅各布·布克哈特对创建它们的国家所做的著名评述来说的话，海军是件"艺术品"，它是一种文化结构，有着无穷无尽的形式，这些形式反映了国家的本质，最好是通过考察海军在国家或帝国文化中所占有的地位来理解它。把彼得大帝的海军计划放到他的革命性政权背景之下来审视，能够解释他为什么创建了一支强大的海军，还能弄清他有没有试图把海权身份强加给那些居于内陆的人民。

俄罗斯对海洋的兴趣是它与西方建立联系带来的"最终副产品"。16世纪，俄罗斯人的扩张遇到了一系列障碍，使他们无法进入波罗的海、亚速海以及黑海和里海。而英国人则航行到了位于北极圈的阿尔汉格尔斯克，再从那里走到莫斯科去。伊凡四世（Ivan Ⅳ）想到了建立一支海军，鲍里斯·戈东诺夫（Boris Godunov）买来了船只，而罗曼诺夫王朝最初的几位沙皇建立了江河舰队，还建造了一艘可以进行远洋航行的船。然而，这艘船所代表的只是技术转移和管理升级，而不是文化流入。16世纪的俄罗斯对西方的宗教或世俗思想没有兴趣，它感兴趣的只有"实用的"知识。[1]脆弱的边境是它的战略重点，俄罗斯那令人印象深刻的人力资源登记册上几乎没有海员。蒙古的统治给俄罗斯留下了苦涩的遗产，其中包括独裁统治和强有力的教会，这使俄罗斯国家对人民

---

[1] J. H. Billington, *The Icon and the Axe: An Interpretative History of Russian Culture*, New York: Random House, 1970, p.113.

生活的方方面面都有巨大的影响力。

彼得一世（1672—1723）效法威尼斯、荷兰共和国和英国，建立了海军，修建了海军基础设施，并对国家的各个方面进行了改革。他的海军是一支永久性的、由国有军舰组成的部队，并配备了必要的船坞、基础设施、人员征募措施、后勤和管理来支持它们。[1]它马上就成了一种工具和国家权力的象征，然而，彼得所建立的并不只是一支海军，而是三支。前两支由小型舰艇组成，专注于在河流中以及亚速海和芬兰湾沿岸作战，最后一支则包含了能在开放水域作战的主力舰。前两支舰队被积极地应用于沿海/两栖作战中，往往能取得成功。而最后一支舰队基本上是用来展示力量的，它是模仿英国派去控制波罗的海的舰队而组建的，但很明智地不以与其交战为目标。

在彼得之前，俄罗斯没有海上传统，也没有多少俄罗斯人想要获得这种传统，最让人为难的是，要获得这种传统，他们就必须去那片让人害怕的、陌生的、邪恶的不毛之地上过活。在整个"彼得革命"中，没有什么能比彼得推动国家转向航海更重要，其他沙皇可能也在设法令国家现代化，但只有彼得，这个现代化的真正信徒，把他的国家带到了海上。毫不夸张地说，他是第一个驾船航行、跨海旅行、学习航海科学和实用技能、亲手建造船只、亲自指挥舰队的沙皇，更是第一个把俄罗斯的未来赌在海洋上的沙皇——他把帝国的新首都定在了海边，那是一座把威尼斯和阿姆斯特丹的特色融为一体的奇妙城市。

1720年颁布的《海军条例》（Naval Statute）可以说是他毕生成就的终曲，在这部条例中，彼得为他的海军计划创造了一个适宜的过去，他把俄罗斯海军发展史的开端追溯到了他的父亲沙皇阿列克谢（Alexis）那里。阿列克谢的计划激发了彼得的兴趣，并培养了少量的西方工匠，让年轻的彼得能够学习航海、几何和船舶知识。1693年，彼得在阿尔汉格尔斯克第一次见到了大海，当时阿尔汉格尔斯克是俄罗斯唯一的港口，他登上即将离开的英—荷商船队，跟着他们一起出海。1694年，他进行了第二次北极航行，这次航行的距离更远，回到陆地之后，彼得在沃罗涅日建立了一支舰队，准备在顿河和亚速海打

---

[1] 扬·格里特的著作，特别是《海军与国家》（Navies and Nations），对于理解这种欧洲现象及其与民主政治、商业扩张和民族文化的联系至关重要。

仕，1697年，他又乘船前往荷兰，想要学习有关海洋世界的知识。在他的现代化议程中，海洋处于核心地位，他是不计成本的。当他发现，荷兰人无法教他如何按照设计草图——技术转移最重要的工具——来建造船只时，他跑到了英国。1698年1月到4月，他在德特福德造船厂生活和工作，招募专家来建造和驾驶他的船只、教授航海技术和创建一支现代海军。彼得认识到了英国的海上优势，事实证明，这对他建设新海军来说至关重要，并且在俄罗斯的海军文化和海军王朝中留下了强大的亲英传统。彼得在英国参与了造船，还在斯皮特海德这个最能体现英国实力的地方目睹了一场模拟海战（英国传统的舰队检阅仪式通常都在斯皮特海德举行，国王会在此地检阅集结起来的皇家海军），并参观了一门大型臼炮的试射，这门炮被安装在一艘设计用来炮击沿海阵地的新军舰上。在德特福德，他与开明的海军军官们，其中包括卡马森侯爵（Marquess of Carmarthen）和约翰·本博（John Benbow），在当代海权国家的中心共度时光。当时，泰晤士河上到处都是公立的和私人的造船厂，可谓是这个以"造船、科学、海军技术和新政治制度"为特征的海权国家的缩影。大量私人拥有的商船队在这条河里来来往往，它们是充满活力的商业经济的命脉，甚至会跨越重洋前往遥远的印度和中国做生意。

彼得在德特福德的好友海军上将卡马森侯爵向他建议，让他在英国招募四类技术人才：精通军舰设计、建造和装备的熟练造船工人和高级工匠，一些"足智多谋的英国海军军官"，能够教导俄国人如何成为海员的英国水手，以及教授航海术的教师。无法确定彼得到底招募了多少人，其中有些人无疑是间谍。卡马森侯爵得到的回报是一份烟草合同，这反映出了当时的英国人对俄罗斯的兴趣。[1]

众所周知，彼得毁坏了赛耶斯庭园（Sayes Court）的花园和里面的东西，赛耶斯庭园是海军行政官员和海军至上主义作家约翰·伊夫林（John Evelyn）的住宅，约翰·本博把这座房子转租给了彼得。[2]威廉三世发现沙皇是位很难相

---

[1] L. Hughes, *Russia in the Age of Peter the Great*, New Haven, CT, and London: Yale University Press, 1998, p.25.

[2] S. Willis, *Admiral Benbow: The Life and Times of a Naval Legend*, London: Quercus, 2010, pp.236-246, 256.

处、相当迟钝的客人，他总是没完没了地谈论海军和木工活，这让威廉三世厌烦不已，但国王很聪明，他送给沙皇一艘漂亮的游艇，"皇家运输"号（Royal Transport），让彼得坐着它回家。[1]彼得第一幅重要肖像出自英国宫廷艺术家戈弗雷·内勒爵士（Sir Godfrey Kneller）之手，画中的他是一位全副武装的现代西方军人，这幅画明显是以海军为主题的。[2]

彼得来到英国的时候，它成为一个海权大国还没有多久，这时，它正在把巴夫勒尔—拉乌格之战的胜利与一个大规模造船计划结合在一起，这个计划的资金来自国债和英格兰银行。战时征召的军队已于1697年复员。英国的船只出没于所有海域，它在各个层次、所有方面都拥有充足的海洋知识储备，同时，这个政治国家已经接受了自己是个脱离大陆、属于海洋的独特国家的观念。

彼得在伦敦的经历对他建设海军和海上都城圣彼得堡到底有多大影响，我们只能全凭猜测，但在不到10年的时间里，他带领一个当时还几乎完全是内陆国的大陆国家实现了世界历史上最令人瞩目的"海军化"。同样重要的是，其他所有俄罗斯统治者都不曾以这样兴高采烈、毫无保留的方式去接受大海。彼得让舰队成为国家最优先的事项，他亲自动手、身先士卒，努力建立舰队，并从熟悉新鲜的海洋世界中获得了愉悦，这个世界是他改革行动的核心部分，正是这些因素使他与众不同。无法想象还有其他俄国领袖会在国家文件中吹嘘自己的造船技能。彼得了解海洋、船舰、海军及其在所有层面上具有的力量。他的独特之处在他去世之后不久就显现出来了——他一手建成的海军开始腐朽，其结构、人力资源和基础设施被忽视和遗忘。即使到了三百年之后的今天，彼得仍然是俄罗斯历史上最伟大的海军至上主义者，在他所缔造的这个国家的大部分地区，他是一个不受尊敬的先知。土生土长的圣彼得堡人弗拉基米尔·普京或许能理解这个问题，但他的海军愿景也仍然是个纸上谈兵的计划。

海军计划是彼得将俄罗斯从一个前现代、半亚洲的国家转变为现代西方强

---

[1] James Cracraft, *The Petrine Revolution in Russian Culture*, Cambridge, MA: Belknap Press/Harvard University Press, 2004, pp.45–52; Baxter, *William III and the Defense of European Liberty 1650–1702*, p.363.

[2] Cracraft, *The Petrine Revolution in Russian Culture*, p.54. 铠甲与以海军为主题的画面非常协调。当时，像本博这样的英国海军英雄在肖像画中都是穿着铠甲的。Willis, *Admiral Benbow*, p.253.

国的核心要素，这个过程吸引了当时的世界，之后也一直受到人们的关注。对这个过程的描述大多强调了海军在俄罗斯引进外来思想、技术和制度方面的核心作用。彼得重新塑造了俄罗斯的民族文化，使之能够在一个由全副武装、扩张成性的西欧国家主导的世界中生存下来，并繁荣发展。[1]他用毕生时间实现了这个目的：作于1725年的一幅版画为他的成就献上了悼词，就像内勒为这位英雄领袖所作的肖像画一样，这幅画里的彼得也以现代军人的形象出现，他身披甲胄，向穿着传统服饰、心怀感激的俄罗斯母亲提供了战舰、一座伟大的西方城市以及所有的现代化工具——技术、航海仪器、科学印刷品、地球仪和天球仪。[2]这幅寓意深远的画强调了海洋是现代化的重要媒介，创作它的画家是荷兰人。历史学家接受了彼得的说法，把海军看作革命的核心，但他们大多忽略了偶然性对最终结果所起的作用。

彼得是个很古怪的沙皇：他喜欢船只、水手和航海，还是懵懂少年时就学会了驾船，从他唯一的海港阿尔汉格尔斯克出发向西航行，以便更多地了解海洋。回国后，他以海军缔造者和造船工人的身份，先在南方的河流上，后来又在波罗的海上创建了舰队。如果有人说他对俄罗斯转向西方的贡献不是独一无二的，那就太荒谬了。17世纪时，俄罗斯要么现代化，要么灭亡，但建立海军的决定既不是自然形成的，也不是不可避免的，更不是大北方战争的迫切需要所催生的。俄罗斯不需要跨越任何海域就能征服中欧、斯堪的纳维亚、高加索或波斯。此外，俄罗斯海军规模的增长前所未有，只用了一个世代的时间就超越了当时大多数国家业已建成的海军。1700年，俄罗斯还无法进入波罗的海，但到1721年，俄罗斯舰队已经控制了这个海域，可以畅通无阻地将帝国军队送往斯德哥尔摩和哥本哈根。

然而，我们不应以西方或海洋的视角来解读这个过程。彼得不想建立一个海权国家。在30多年的时间里，他创造了足够多的海军力量，以各种形式为国家利益服务，但仅此而已。虽然他与海洋的接触一直蕴含着强烈的感情和个人色彩，但推动他的政策愿景具有战略性和功能性。令彼得创建海军舰队的是逻

---

[1] Cracraft, *The Petrine Revolution in Russian Culture*.

[2] Cracraft, *The Petrine Revolution in Russian Culture*, frontispiece.

辑和机遇，而不是他对船只抱有的那种孩子气的热情。他在1695年认识到了海军舰艇的必要性：他的军队无法攻克奥斯曼的亚速要塞，因为土耳其人可以通过海上对要塞进行补给。1696年，仓促建造出来的俄国舰艇封锁了要塞，迫使它投降了。这种实用主义的做法影响了彼得的海军愿景。[1]他修建凯旋门来庆祝胜利，门上刻有俄文版的恺撒格言："我来，我见，我征服"，他还铸造了一枚纪念章，上面有尼普顿臣服于沙皇的图案，这是装点彼得统治时期的众多经典海军象征符号中的第一个。通过这些外来象征，俄罗斯与昔日的罗马建立了一种联系——它们的志向是相同的，1721年，俄罗斯宣布自己为帝国，它与罗马之间的联系达到了最高峰。[2]急于让臣民牢记其丰功伟业的政权都喜欢卖弄借来的符号和古典语言，然而，这个设计还有更深层次的含义。和罗马人一样，彼得也不想成为尼普顿：他希望尼普顿向他的陆上帝国投降。

在亚速海获胜并没有使俄罗斯取得出海口。亚速要塞控制着顿河三角洲，而顿河流入的是较浅的、位于内陆的亚速海，要从亚速海进入黑海的话，必须穿过重兵把守的刻赤海峡，控制刻赤海峡的是奥斯曼人以及臣服于他们的克里木鞑靼人。无法穿过海峡的话，俄罗斯船舰的战略潜力就非常有限。尽管它们具有重要的象征意义，但在普鲁特河遭遇军事失败之后，彼得放弃了它们以及位于亚速和塔甘罗格（Taganrog）的新城镇。[3]彼得发现俄国在南方的力量有限，于是把注意力转向了波罗的海。1700年，在与奥斯曼人握手言和之后仅一天，他就向瑞典宣战了。[4]

战争在彼得的计划中扮演至关重要的角色。胜利——神的裁判——为他的统治和激进措施提供了正当性。这是一个循环的过程：俄罗斯的西化需要以战争为代价，而只有俄罗斯实现西化，它才能在战争中获胜。大北方战争的法律依据——俄罗斯对瑞典领土的古老主张以及最近瑞典对俄罗斯的侮辱——是无

---

[1] 对海军力量在彼得战略中所起作用的深刻评价，请参见W. C. Fuller, *Strategy and Power in Russia 1600–1914*, New York: Free Press,1992, pp.69–71.

[2] Hughes, *Russia in the Age of Peter the Great*, pp.3, 17–18.

[3] 1711年7月，第三次俄土战争期间，彼得大帝率领的俄军在普鲁特河附近被土耳其和鞑靼联军包围，俄军粮草不足，陷入困境，为避免被俘，彼得只好放弃了在此前的战争中从土耳其人手里夺取的土地。——译者注

[4] Hughes, *Russia in the Age of Peter the Great*, pp.27–28, 49, 82.

关紧要的。他的目标是获得波罗的海海岸，在彼得之前，罗曼诺夫王朝的几位沙皇就已经在尝试实现这个计划：他不会在这一点上妥协。他计划依靠丹麦来对抗瑞典海军，而俄罗斯则在陆地上推进。然而，才过了几个月，丹麦就因为军事失败和经济崩溃而向瑞典求和。[1]瑞典舰队保护着它的波罗的海沿岸帝国，这个帝国从丹麦海峡一直延伸到将来会成为圣彼得堡之处，彼得不得不在没有控制住任何一段海岸且没有一艘船的情况下对抗这支舰队。

在建造堡垒、海军军械库和新首都之前，彼得依靠陆军在波罗的海获得了立足点。1706年，尚处于筹划中的海军的重要性凸显出来。面对节节胜利的瑞典军队，彼得打算求和，除了放弃圣彼得堡之外的所有条件他都能接受。但卡尔十二（Charles XII）认为没有必要让步，于是战争延续了下去。[2]

彼得的决定既不符合俄罗斯人的思维，也不符合逻辑。他在涅瓦河三角洲上一个错综复杂、地势低洼、易受洪水侵袭的岛屿上建造了圣彼得堡，该处的地理环境与威尼斯相似，这不是件受人欢迎的事。涅瓦河每年都有差不多三分之一的时间处于封冻期，到了冬季，白昼时间极短，气温很低。贫瘠的土壤上只长得出灌木，无法从事农业。最重要的是，这个地方地势开阔，很容易受到来自海上的攻击。看起来，彼得似乎是故意选择这个地点，以便彻底发挥那个时代城市设计的所有潜力。无论是这座新建的大都市，还是用来控制海洋、使他的选择得以成立的海军，都是奢侈的、需要消耗大量资源的项目。在确定新首都的位置之后，彼得建造了一座让欧洲为之惊叹的城市：采用古典设计、气势恢宏的砖石建筑，宽阔笔直的街道，绿树成荫的大街，还有经过周密规划的运河，把不同的人群和城市功能分隔在城市的不同区域。[3]根据构想，这座城市要成为"带有几分荷兰风格的海军基地和贸易中心"，修建运河是参考了阿姆斯特丹和威尼斯的做法，而不是用来提供运输服务的。[4]彼得从这两座城市请来

[1] Hughes, *Russia in the Age of Peter the Great*, p.29.

[2] Hughes, *Russia in the Age of Peter the Great*, pp.31-32; C. A. G. Bridge, ed., 'Introduction' to *History of the Russian Fleet during the Reign of Peter the Great*, London: Navy Records Society, 1899, pp.xxi-xxii.

[3] J. Ceacraft, *The Petrine Revolution in Architecture*, Chicago, IL: University of Chicago Press, 1988, pp.150, 173, 179, 181.该地点平均每年爆发一次洪灾。

[4] Billington, *The Icon and the Axe*, pp.181-183.

了工程师，以确保运河系统的正常运转，但实际上，单靠道路交通网络就可以满足城市的需求。彼得的运河可能是不切实际的，但它们实现了一项重要的形象功能：它们使城市成了一座海上城市。干船坞和其他海运基础设施的建造参考了多种语言的文本，其中有一部分由彼得本人翻译成俄语，他还草拟了有关建筑和造船的文本。

建城工程开始于1703年，率先动工的有两处地方：科特林岛上的防御工事，也就是后来的喀琅施塔得，使城市得以建立的关键性防御堡垒，以及海军造船厂，这座新城市的基础项目。造船令彼得神魂颠倒：1688年至1725年间，俄罗斯建造了1200艘远洋船只。[1]早在还没有获得波罗的海海岸线的时候，彼得就已经创建了一个海军管理部门来管理这些产出。海军部对俄罗斯海军所有方面的活动都负有责任，它的总部设在后来被称为大海军部（Main Admiralty）的建筑群里。这个建筑群包含了造船厂、索具厂、堡垒、教堂、海军兵营、工人棚屋和高级军官住宅。它是涅瓦河岸边最主要的建筑，凸显了海军和新首都之间在结构上和哲学上的紧密结合。它还是"18世纪俄罗斯最大的工业综合体，把各种工业生产结合在了一起"。[2]1717年，这个既能充当工厂，也能宣示实力的综合体做好了向全世界展示自己的准备，具有宣传意味的版画被创作出来。现在，俄罗斯精英和外国政府都可以看到沙皇正在做什么了。为了突出沙皇个人与这个综合体的关系，画家罗斯特沃采夫（Rostvotsev）把一场皇家检阅也画了进去，让沙皇的旗帜飘扬在一艘桨帆船上。海军部的活力、秩序和产量引起了外国访客的注意，其中至少有一个人拿它与威尼斯军械库做了直接比较。在从威尼斯聘请来的熟练造船工人的帮助下，它生产了数以百计的桨帆船，这一点与军械库非常相似。用于制造战舰的橡木是从喀山顺流而下运过来的，路上要花两年时间。[3]

彼得的大海军部是海军革命的有力象征，它外部的浮雕采用了1700年时用过的图案，尼普顿把象征海权的三叉戟交给沙皇，沙皇则由智慧女神密涅瓦

---

[1] J. Ceacraft, *The Petrine Revolution in Architecture*, pp.119-121.

[2] Arcadius Kahan, *The Plow, the Hammer and the Knout: An Economic History of Eighteenth-Century Russia*, Chicago, IL: University of Chicago Press, 1985, pp.87-88.

[3] Ceacraft, *The Petrine Revolution in Architecture*, pp.208, 217, 220, 232.

（Minerva）和一位手持赫拉克勒斯棍棒的年轻俄罗斯女神陪伴。[1]在这座由运河、造船厂和仓库组成的新阿姆斯特丹的中心，彼得建起了一座大型造船厂，它是德特福德和军械库的混合体。海军部雇用了许多外国工程师和工匠，为1696年的亚速战役而召集起来的俄罗斯人员也被派到了这里。后来又从负责建造城市的技术人才中抽调了大量人手去支援海军部，这表明建立海军的优先度要高于其他任务。彼得去世后，海军丧失了优先权，18世纪30年代，工人都被调往南方，在第聂伯河和顿河上建造船只。十年之后，因为强行征调人力来应对另一场与瑞典的战争，劳动力会急速增加。[2]

彼得创造了一段历史来支持他的海军计划，他把自己的第一艘小船奉为"圣遗物"，把它画在了1720年《海军条例》那寓意深刻的卷首插画里面，这艘船被保存了下来，向大众展示。1720年9月，善于宣传的高级教士、大主教费欧凡·普罗科波维奇（Feofan Prokopovich）在圣彼得堡发表"赞美俄罗斯舰队的布道"（Sermon in Praise of the Russian Fleet）时，甚至对它进行了崇拜。它的版画散播着这样的信息：这艘小船奠定了战胜瑞典的基础，这表明帝国认可了海军力量是国家荣耀的源泉。1723年，彼得亲自驾驶这艘船沿着涅瓦河航行到海军部，以此来庆祝他的生日，海军部鸣放礼炮来迎接沙皇和他的船。正如法国大使所言，在所有旨在维持和增强其权力的项目中，沙皇"对他的海军给予了最细心的照顾"。彼得的船成了俄罗斯海军力量的象征，也是彼得革命的终极象征。1872年，彼得大帝诞辰200周年之际，罗曼诺夫王朝的第二位海军至上主义者康斯坦丁大公（Grand Duke Constantine Nikolayevich）在莫斯科检阅了这艘船，强调是海军"把俄罗斯提升为一个大国"[3]。当苏联人在第二次世界大战期间为彼得恢复名誉时，他们把这艘船放在了圣彼得堡中央海军博物馆里，这所博物馆位于涅瓦河上富丽堂皇的证券交易所里。

彼得引进西方的设计和技术，为海军部建造了现代化的防御工事，这一决定对这座城市的设计和建筑产生了重要影响。1700年时，古典的建筑风格已经

---

[1] Ceacraft, *The Petrine Revolution in Architecture*, pp.87-88; K. Zinovieff, J. Hughes, *Guide to St. Petersburg*, Woodbridge: Boydell & Brewer, 2003, pp.67-86.

[2] Kahan, *The Plow, the Hammer and the Knout*, pp.86-88.

[3] Cracraft, *The Petrine Revolution in Russian Culture*, pp.90-91.

被用在了莫斯科，使彼得能够以罗马方式来庆祝他在亚速取得的胜利。古典设计在西方是一种通用语言，能确保西方观察家承认俄罗斯是一个西方国家。被派往国外留学的俄国贵族对他们所见到的新世界赞誉有加。托尔斯泰伯爵（Count Tolstoi）在威尼斯学习航海，他认为这座城市"十分宏伟"，对其"华美而又和谐的建筑"赞不绝口。另一个俄国人根据帕拉弟奥著名的建筑学指南写了一份手稿。彼得重视意大利风格，他的宫廷圈子也追随这种品味，创造了一种新的俄罗斯权力语言，一种西欧人能够理解的语言。他的新都城明显是欧洲风格的。1710年，英国大使查尔斯·惠特沃斯（Charles Whitworth）指出了彼得的雄心壮志："有朝一日，它或许会成为第二个阿姆斯特丹或威尼斯。"尽管建立舰队被当作优先事项，但惠特沃斯注意到气候会构成挑战，并认为城市的防御能力不足。他把这座城市与威尼斯相提并论的看法可能来自彼得的密友缅什科夫亲王（Prince Menshikov），亲王宣称圣彼得堡将会成为一个旅游胜地，来这里的外国人会对俄罗斯的强大和威严惊叹不已。[1]居住在汉诺威的弗里德里希·韦伯（Friedrich Christian Weber）对此表示赞同，他告诉他的英国读者，这座城市是"一个世界奇观"[2]。

　　事实证明，缅什科夫的确有先见之明。1739年，威尼斯人弗朗西斯科·阿尔加罗蒂伯爵（Count Francesco Algarotti）来到这座城市，以满足他的好奇心。"壮观的运河"和停靠在喀琅施塔得的巨舰给他留下了深刻印象，这些巨舰中有一艘特别巨大，有三层甲板，为了向女皇致敬而被命名为"安娜"号（Anna）。然后他乘小艇沿着狭窄的河道前往圣彼得堡，"这条胜利之路，这条涅瓦河上的神圣之路，并未以拱门或庙宇来加以装点"，两岸只有与此地完全不相称的低矮灌木丛。之后，景色陡然一变，一座到处都是宏伟建筑的皇城迎面而来。然而，这堪比威尼斯的壮丽景观只有在水上看才是最震撼人心的。一上岸，阿尔加罗蒂就开始谴责沙皇那混合了意大利、法国和荷兰风格的建筑

---

[1] Cracraft, *The Petrine Revolution in Russian Culture*, pp.132-138, 151-153, 155, 196. 这句话是在1710年时说的。

[2] A. Cross, *By the Banks of the Neva: Chapters from the Lives and Careers of the British in Eighteenth-Century Russia*, Cambridge: Cambridge University Press, 1999, p.333, citing F. C. Weber, *The Present State of Russia: Volume 1*, London, 1723, p.4.

是"冒牌货"，嘲笑他的运河仅仅是个摆设。这个敏锐的威尼斯人很快就觉察到，他在远处看到的雄伟景象其实只是一堆设计拙劣、仓促建造的建筑而已。[1]俄国的巴洛克风格注重展示，然而，鉴于城市的选址和建城的速度，它的实质并没有那么动人心魄，这也许是不可避免的。彼得的城市就和他的海军一样，是个巨大的面子工程：这两者都是从根本上改变了俄罗斯的公众形象，但在一个世纪甚至是更长的时间里，它们对这座城市以外的人口几乎没有影响。彼得启动了俄罗斯西移的计划：但不论是在1725年、1825年还是1925年，这个计划离彻底完成都有很长一段距离。俄罗斯拒绝接受西方进步性的关键要素，这些要素与成为一个海权有关，例如，包容性政治和开放的经济，还有一种航海身份和想去探索国境以外的世界的好奇心。彼得把许多西方技术带到了他的国家——现代堡垒、军舰、航海设备、印刷机、地球仪和望远镜——但他只是把这些东西硬塞给了一个古老的现实。海权文化并没有在彼得的俄罗斯找到立足之地，因为在之前的几个世纪里，俄罗斯并没有为建立这样的文化打下基础。英国人花了两百多年的时间来精心打造一个真正的海权身份。彼得则想在短短二十年时间里硬逼着这个既无准备也无兴趣的国家吞下他的观点，而当它被噎住时，他就勃然大怒。"装扮成一个海权"与"成为一个海权"是两码事。

1709年，彼得在波尔塔瓦（Paltava）大败瑞典，而且瑞典在波罗的海的驻军遭遇了严重的瘟疫，此后，彼得终于完成了他的波罗的海计划。1710年，俄军攻占维堡，圣彼得堡海陆两侧的安全都得到了保障，俄军还占领了波罗的海诸省，使一些久负盛名的港口——包括里加和瑞维尔（Reval，塔林，Tallinn）在内——并入了俄罗斯版图，同时还得到了一位讲德语的服役贵族来指挥他的武装部队。

俄罗斯突然出现在波罗的海沿岸，这令其他海上强国大为惊慌："英国尤为执着，绝不容许瑞典完全崩溃，北方列强之间必须保持平衡。"[2]这种平衡能够阻止俄罗斯独占波罗的海的松脂制品。为了维持这一平衡，自1713年起，

---

[1] Ceacraft, *The Petrine Revolution in Architecture*, pp.228–229; J. Tredrea, E. Sozaev, *Russian Warships in the Age of Sail, 1696–1860: Design, Construction, and Fates*, Barnsley: Seaforth, 2010, p.115.对这艘船以及当时所有俄罗斯军舰短促的生命做了介绍。

[2] Hughes, *Russia in the Age of Peter the Great*, pp.41–42.

英国派遣皇家海军战斗舰队进入波罗的海，以阻止俄罗斯把西部海盆变为其内海的企图，并维护汉诺威的利益。俄罗斯的扩张主义难以与英国的海军力量抗衡。1725年，皇家海军出现在瑞维尔附近，使丹麦能够在石勒苏益格问题上反抗俄罗斯。这种展示海军实力的行为使俄罗斯人认识到了其波罗的海计划的界限。

林赛·休斯（Lindsey Hughes）在她对彼得统治时期的批判性调查中提出了一个很关键的问题："彼得重视他的海军吗？"她给出的回答比海军分析人士所做的更为清晰和深刻。海军很昂贵，但它从属于一个更高的、本质上属于陆地的目的。领土问题在彼得的考量中占据首要地位，这意味着亚速舰队最重要的作用是"抑制土耳其人和鞑靼人"，再加上1709年彼得出现在亚速，这些因素可能阻止了奥斯曼帝国在波尔塔瓦战役之前就插手干预大北方战争。几年后，彼得把亚速舰队当成讨价还价的筹码，为了不和土耳其人打一场棘手的战争而放弃了它。对一个大陆国家而言，海军舰队可能是有用的，但海权身份却不是这样。

波罗的海上的桨帆船舰队为俄军提供了机动性、火力支援和两栖作战能力，帮助它占领了芬兰的战略要地赫尔辛弗斯（赫尔辛基）。彼得任命海军上将费奥多尔·阿普拉克辛（Feodor Apraksin）为芬兰战役的总司令，这表明他认为海战才是这场战役的重点。1714年在汉科（Hangö）发生的桨帆船战斗使俄军得以占领芬兰首都奥波（图尔库），而1720年在格伦加姆的胜利则确保了奥兰群岛的安全。这些遭遇战更像是勒班陀之战，而非英国—荷兰舰队所进行的战斗，在圣彼得堡，人们为这些胜利举行了庆祝活动。这些胜利所代表的是波罗的海地缘政治进入了一个新时代，而不是高超的海军技术。俄罗斯的帆船舰队除了对已经削弱的瑞典军队进行两栖作战之外，几乎没有采取什么行动。虽然俄国可以自行建造桨帆船舰队，但彼得是依靠向西方国家，主要是荷兰，购买军舰并雇用技巧娴熟的人员来创建他的战斗舰队的。1713年以后，他所面对的是一个买方市场：西班牙王位继承战争的结束使得军舰、军官和海员严重过剩。从英国买来的船只通常保持原来的名字。彼得的主力舰里面有"不列颠尼亚"号（Britannia）、"朴次茅斯"号（Portsmouth）和"德文郡"号（Devonshire），这表明他有意把自己的舰队与世界最强海军的辉煌历史联系在一起。俄罗斯人仓促建造的舰船只能算是短期资产，他们买来的二手船也好不到哪里去。丹麦观察家格奥尔格·格伦德（Georg Grund）指出："这些船只的状况普遍都很差，自海军上将的座舰开始，所有船只都是纯用松木建造的，上面的铁质量也很差。沙皇本人在1710年承认，有四艘较老的船只已经不适合出海了。"

俄罗斯的帆船战斗舰队远远达不到西方的标准，只能靠数量来弥补质量上的差距。即便如此，俄罗斯在不到十年的时间里就建造了一支如此庞大的远洋舰队，这给人留下了深刻的印象，尽管它有明显的局限性，但它满足了彼得的需要。它使瑞典帆船无法阻止彼得的两栖推进，并且让他在这一地区获得了战略影响力。最终，海军成了保卫圣彼得堡滨海一侧的关键，还在1720年运送军队突袭了斯德哥尔摩的郊区。无论在什么情况下，俄罗斯的目标都是领土。沙皇刚拿下波罗的海中部，就马上在里海着手建立海军，重新部署人员和专家来攻击波斯。彼得的军舰再次被用来支援陆地进攻，专注领土扩张。[1]

彼得的挪威籍海军上将科尼利厄斯·克鲁伊斯（Cornelius Cruys）是一位重要的管理者和外籍人员招募者，他认识到，大北方战争的终结只是彼得海军计划的开始。"不仅要让整个欧洲，还要让亚洲的大部分地区都对我们的舰队敬畏有加，因此，必须让一切事情井然有序。"这支舰队将给予俄罗斯摧毁地区性海上强国的能力，就像罗马以压倒性的、主要由陆军构成的军事力量粉碎了罗得斯一样。各国组建帆船战斗舰队的目的可以从战列舰——尤其是巨大的、有三层甲板的一等战列舰——数量的迅速增加中看出来，这是海军力量、国家实力和帝国威严的最终象征。路易十四的"皇家太阳"号（Soleil Royale）、英国的"皇家主权"号（Royal Sovereign）、"不列颠尼亚"号（Britannia）和"胜利"号（Victory），这些战舰全都是宏大而华丽的宣言，它们中的任何一艘所拥有的火力都比整支俄国军队拥有的还多。波罗的海诸国很少建造这样的军舰，它们的海军主要是由吃水较浅的小型战舰组成。设计和建造一等舰是对海军设计师和造船工人的终极考验：彼得招募了曾在海上最大战舰"皇家主权"号上工作过的人。他还弄到了英国于1706年和1719年建造的一等舰的设计

---

[1] Hughes, *Russia in the Age of Peter the Great*, pp.83–86.

图，希望能够利用它们强大的象征意义。在彼得的指挥下开始建造的四艘一等舰中，有三艘以俄军在陆地上所赢得战役的名字命名，还有一艘则以沙皇本人的名字命名。这些作为皇权象征的船很少出海。[1]

俄国海军的发展与沙皇的生平和愿望密切相关。正如林赛·休斯所言，"与陆军不同，没有沙皇的持续关注，舰队几乎不可能存活下来"[2]。彼得本人也非常明白这一点。他在战后为维持波罗的海舰队并增强其力量、威望和专业素质所作的努力，是一个已经身患绝症的人为使他对俄罗斯未来的设想流传后世而作的无望挣扎。他需要一支可靠的海军部队来保障他在更大范围内所造成的影响能够留存下来，在一个没有航海传统的国家，这是一项艰巨的任务。为了提高海军水平，他坚持进行海上训练，每年都举行演习，亲自检查船只和设施；不合格的人将受到野蛮的惩罚。他用皮鞭强行推广皇家海军的职业文化。彼得不愿意——更准确地说是不能——把这项工作交给别人，直到离世，他都在孜孜不倦地推动海军计划。他因营救一名落水的水手而去世的故事可能并不真实，但这个故事反映出他与海军的密切关系所具有的深刻个人性质。

彼得每次出海都使用海军军衔，1712年，他第二次结婚时穿的是海军制服，一名外国出生的海军上将担任他的伴郎。"他用与舰队有关的符号和仪式来装点宫廷生活，在版画和勋章上有许多尼普顿的图案，还设立了纪念舰队'祖父'的节日。"以"圣彼得堡"为主题的画像很少有不包括船只的。其中最著名的一幅是A. F. 祖波夫（A. F. Zubov）于1716年创作的圣彼得堡全景画，这幅画把建筑物限制在画面中间的一条狭长地带里，而由水面构成的前景里则充满了船只。祖波夫于1714年创作的瓦西列夫斯基岛风景画中，在前景里占据最重要位置的是在汉科俘获的瑞典船只。[3]彼得时代的官方艺术作品中总是塞满了船，以表明它们的重要性，这一点被不厌其烦地加以强调，就像是想要通过这种艺术来把海洋文化灌输给一个极度大陆化的民族一样。彼得坚持让圣彼得

---

[1] Tredrea, Sozaev, *Russian Warships in the Age of Sail, 1696–1860*, pp.110–111.虽然沙皇参与了这些船的设计，但建造它们的是英国人。

[2] Hughes, *Russia in the Age of Peter the Great*, p.87.

[3] Hughes, *Russia in the Age of Peter the Great*, pp.82,87–88, plate 19; G. Kaganov, 'As in the Ship of Peter', *Slavic Review*, no.50 (1991), pp.754–767.

堡人乘着俄罗斯建造的西式船只和驳船去参加他举办的赛船会和海军庆典。他坚持使用西式船只，原因就跟他要求公共建筑使用西方风格，军队使用西式制服一样。他想和过去彻底决裂，但随着他的离世，这一意图也化为泡影了。

彼得的海军是因俄罗斯要在河流、湖泊和沿海地区采取行动而产生的，然而，海洋始终从属于俄罗斯对陆地和要塞的关注。虽说掌握两栖作战的能力会对扩张有帮助，但俄罗斯无须成为一个海权国家就可以进行领土扩张。彼得在1696年到1721年间取得的成功反映了他对两栖力量的掌控，他在水域边缘把陆军和海军结合起来，使他的帝国向西推进。通过海运来保证后勤使迄今为止都因道路不畅而举步维艰的俄罗斯军队能够采用现代战争手段，特别是需要消耗大量资源的围城战。在1721年后组建一支战斗舰队的决定同样是合乎逻辑的：彼得想要慑服周边强国，并遏制外来威胁。与海洋、船舶、水手和造船工人的个人接触使他完全有能力领导这一计划。然而，组建一支帆船舰队所需的资源是俄罗斯既没有，也无法生产的。彼得只能从外国雇用造船工人、工匠、水手和海军军官，他无法用皇帝敕令来克服俄罗斯文化中对海洋的深刻厌恶：在他所有的计划中，舰队始终是最依赖外国专家的，它需要不断地从外国输入资源才能维持其作战能力。彼得任命了值得信赖的俄罗斯人来领导军队，但他建立一支海军军官队伍的尝试失败了。不难理解他为什么要强迫外国专家签订终身服役的合约。英国间谍约翰·迪恩（John Deane）认为这是俄罗斯的一大弱点，"俄罗斯人显然不愿加入海军"，他将此归因于俄罗斯人"对海洋的厌恶"。没有几个俄罗斯贵族志愿加入海军，沙皇不得不亲自给大部分贵族写信敦促他们行动起来。下甲板人员的供给问题倒是通过军事手段得到了解决。"说到普通士兵的问题，水手是被征召入伍的，起初是从已经具备航海知识的沿海和沿河省份，后来也从其他地区征召，通常是由沙皇亲自下令"。海军步兵，或称海军陆战队，创建于1705年。海军的条例是基于翻译过来的外国文本制定的。[1]为了让他的计划能够维持下去，彼得从文化上对"老俄罗斯人"对于海洋的厌恶发起了猛烈的攻击。过去，以及狭隘的地方观念，统统要靠边站。他将通过

---

[1] Bridge, ed., *History of the Russian Fleet*, pp.84–89,102–105; Hughes, *Russia in the Age of Peter the Great*, pp.83–85.

敕令、示范和设计，不加区别、不分贫富地强迫所有的臣民接受大海和海军。和所有海洋之王一样，他的舰船是人们崇敬的对象；他赋予它们历史和身份，让诗人歌颂它们的荣耀，就像荷马史诗和北欧传说中英雄们所使用的武器那样。此外，海军和舰船也被结合到了彼得对俄罗斯文化所做的更广泛的改造之中。"'海军巴洛克风格'是彼得时代文化中的一个重要元素，它是另一个能把彼得的统治是'实用主义'统治的简单假设推翻的现象。"彼得明白，只有让一支与国家紧密相连的舰队与他正在塑造的新民族文化有机地结合在一起，才能使之持久。如果他再活15年或20年，这也许是可能的，或许他能培养出一个人选来继承他的大志。不管俄罗斯人有多讨厌海军及其花费，彼得都向他们证明了俄国在大陆上的扩张有赖于海军的支持。归根结底，俄罗斯海军所服务的是非常狭隘的军事目标：它并不是为了海洋控制、经济竞争或个人利益而配置的。彼得建造海军并不仅仅是为了满足自己的虚荣心。与同时代大多数政治家相比，他更为全面地理解了海陆军队之间的相互关系，这从他那粗鲁却引人注目的比喻中就可以看出来："只有陆军的统治者就好比独臂人，他得有支舰队才能凑齐两只手。"[1]

经历过1696年的亚速之战后，"陆海联合作战的价值总是盘旋在彼得的脑海中"。他利用海洋来强化他的陆地战略，这与陆军在制海权战略中的作用构成了一对镜像。1719年，在大北方战争行将结束之际，毁灭性的两栖攻击迫使虽然遭遇了失败，但仍然目空一切的瑞典求助于和谈。这些行动有赖于战斗舰队对海洋的控制，这给桨帆船舰队和登陆部队提供了掩护。彼得是一个狡猾、精于算计的战略家，他用规模、机动和联合作战来对抗敌人的战术力量。[2]他明白，尽管制海权在俄罗斯的战略中有着重要作用，但俄国并不需要成为一个海权。彼得大帝统治下的俄国将成为一个新罗马帝国。在现代的扎马之战——波尔塔瓦战役之后，俄罗斯海军使瑞典无法在波罗的海周围调动军队，只能让它那支寡不敌众的军队据守各地的堡垒。数量优势和海上机动使彼得得以按部就班地取得他想要的结果。

---

[1] Hughes, *Russia in the Age of Peter the Great*, p.89.

[2] Fuller, *Strategy and Power in Russia*, pp.69–71.

俄罗斯国力的局限性在1721年的和约中表露无遗。尽管芬兰的卡累利阿离圣彼得堡实在太近，令人担忧，彼得还是把已经抢到手的芬兰归还给了瑞典，俄罗斯没有足够的资金和人力来管理这个国家。如此疲弱的财政状况表明，关于彼得时代的俄罗斯有意与英国海军一较短长的说法应该只是俄罗斯的宣传或英国的危言耸听。1721年以后，尽管波罗的海舰队处于奄奄一息状态，但它还是维持着俄罗斯对瑞典和丹麦的支配，保护了这片内海的外围堡垒。黑海舰队在18世纪后期也扮演了同样的角色。

1721年之后，彼得把注意力转移到了里海对岸的其他机会以及对抗皇家海军上，但他无意采取对称的行动来应对英国人，那只是浪费资源而已。当英国部署舰队阻止他在波罗的海做进一步推进时，彼得依靠堡垒和军队来保护圣彼得堡。他的舰队可以用来压制地区强国，或许还能运送军队去保护丹麦海峡——几个世纪以来，俄国一直以能够做出这样的战略选择为目标，但这支舰队不会去挑战皇家海军。

彼得的成就固然伟大，但他无法使俄罗斯成为一个真正的海权，他也根本没有尝试过去做这件事。被他勾选出来的每一个海权选项，无论是海运资本、海军力量还是海洋文化，都只是凸显了这个问题。大陆性的军事独裁政权无法成为海权，只能拥有或多或少的强力海军舰队。如果不从根本上转向海洋，采取包容性政治和资本主义经济，这些海军就会一直受制于政治冲动、经济衰退和军事失败。荷兰共和国和英国所采取的这种混合模式，只有在政治变革把权力赋予那些掌握贸易和金钱的人之后才能起作用。彼得用来创造战略资源和赢得战争的重商主义式国家垄断，与海权国家的政治和经济基础是截然对立的。当代美国具有维持一支庞大海军的能力，这展现了长期实行包容性政治制度的价值，这一制度是英—荷传统的遗产，但现代的美国国家（body politic）就像彼得一样，只从纯粹的海军角度来看待舰队。

彼得革命的危机出现在患有结核病、没什么希望继位的皇太子阿列克塞（Alexis）身上，他是位软弱的王子，他母亲和妻子所属的"老"莫斯科家族对他有很大的影响力，他热衷于旧日的生活方式。彼得意识到了这些影响，警告儿子不要反对他，要求儿子支持自己。在阿列克塞因叛国罪受审时，他的情妇举报说，他声称，如果他成为沙皇，他将离开圣彼得堡，返回莫斯科，停止战争，与世界和平共处，最关键的是，他说"我不会让任何船只下水"——这可能是彼得听过的最令他震惊的话。皇太子憎恨彼得的计划、战争和西化的核心内容，作为反对派潜在的名义领袖，他不得不被剪除。沙皇对自己的家人和对自己的国家一样冷酷无情，他利用审判、刑讯、处死阿列克塞的机会来驱除身居高位的内部反对派。新道路就是唯一的道路，舰船要被保留下来。尽管如此，当彼得于1725年1月28日去世时，海军计划仍然没有完成。

除此之外，彼得也没能创建一支蓝水舰队来控制海洋，他只建立了护卫海上侧翼和进行后勤支援的舰队，以支持一支强大的军队，这支军队在1721年之前扩展并保卫了俄罗斯的陆地边界。彼得死后，俄罗斯控制了欧洲的东北部和中部，并恢复了对高加索、攸克星和中亚的进攻。彼得那个"两只手"的比喻非常重要，我们应当从其最终目标的角度来理解它，即通过陆军力量来加强俄罗斯帝国的控制：陆军是他的右手，重点始终是陆地。这个幅员辽阔的帝国是个新罗马。

尽管彼得在文化上是个激进的海军至上主义者，但他对更广泛的海洋领域显然只有有限的兴趣。海军力量只是他为了赢得战争而建立的国家中的一个要素。他在文化上所做的努力大部分都是对国内反对意见的回应。1903年，历史学家鲍威尔·米留科夫（Pavel Miliukov）认为彼得是为了舰队而发动了战争：实际上，舰队是赢得这些战争的一个重要工具。[1]彼得的计划并非徒劳无功：他的海军帮助他建立了一个大陆帝国，使他能够发动远距离的军事行动。彼得并没有在一个"宠物"计划上大手大脚地花钱，而是周密地控制着海军舰队的成本，采用廉价的解决方案，利用本国的物产，并避免与英国竞争。成功带来了新的问题，而他在1725年才刚开始着手解决这些问题。他新近建立起来的这个大国获得了一道海岸和一座滨海首都，如果他对英国在波罗的海的利益发起挑战，那他就得有一支强大得多的海军来保卫这道海岸。彼得承认，俄罗斯无法提供必要的技术和资源来应对海上威胁。

彼得的继任者实际上忽视了这个问题。痛苦的皇位继承过程在很大程度上

---

[1] Hughes, *Russia in the Age of Peter the Great*, p.466.米留科夫的观点似乎反映了当时对俄罗斯海军的宣传。

逆转了海军转向。在阿列克塞的儿子彼得二世（Peter Ⅱ）短暂的统治时期，圣彼得堡和海军都被他放弃了。到18世纪60年代，海军已经完全崩溃，以至于叶卡捷琳娜二世（Catherine Ⅱ）复兴海军时所采用的计划看起来和彼得最初的计划惊人地相似，同样要依赖外国的军官、造船工人和设计图纸。[1]

在除了舰队之外的所有领域，彼得治下的俄国对外国专家的依赖都被夸大了。在大多数领域，彼得可以靠培养本国人员技能的方法来取得进展，但海军与俄罗斯人的生活格格不入，只能靠外国人来创建和维持。在他去世时，海军计划仍未完成，或许它永远也无法完成——从1725年以来的俄罗斯和苏联海军力量的变迁来看，这一评估可能是正确的。俄罗斯/苏联从未试图成为一个海权国家：彼得并没有改变伊凡四世所创建的那个独裁、集权的战争国家，这个国家沉迷于领土扩张和防御深度。俄罗斯没有必要成为一个海权，但海军是有用的，它可以运输军队，从海上保卫俄罗斯的侧翼，还有最重要的，它能保护首都。

彼得倾注在圣彼得堡和海军身上的全部心血里面，对他的计划而言，最重要的是在科特林岛上修建起来的喀琅施塔得要塞和海军基地，这座岛位于圣彼得堡以西20英里。在彼得的新首都破土动工之际，那里的工程就已经开始了。如果没有喀琅施塔得，以及迫使远洋船只在堡垒炮火下航行的浅滩，圣彼得堡将无法防守，这座岛使建造这座城市成为可能。尽管喀琅施塔得是世界上最伟大的海军要塞，但对俄罗斯领袖来说，与皇家海军为敌仍然是一场噩梦。[2]1733年，俄罗斯舰队已经根本不适合出海了，而喀琅施塔得的700门大炮——安装在用芬兰花岗岩筑成的巨大堡垒里——反映出了大陆国家对海权、自由文化和政治包容的焦虑。

---

[1] 俄罗斯模仿皇家海军"胜利"号建造了8艘军舰：Tredrea, Sozaev, *Russian Warships in the Age of Sail, 1696–1860*, pp.151–155.

[2] Ceacraft, *The Petrine Revolution in Architecture*, pp.208–209,227.

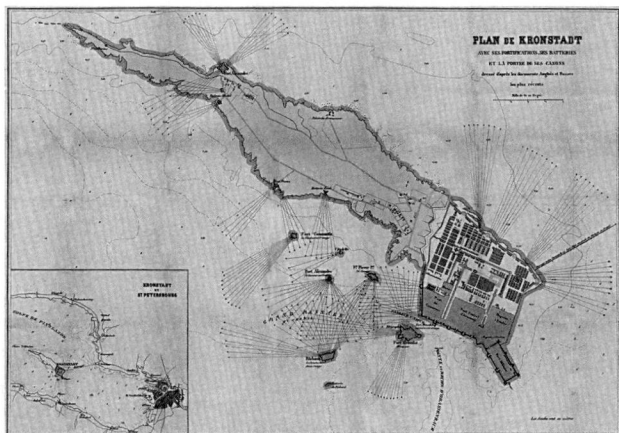

彼得时代俄罗斯实力的终极象征：喀琅施塔得的要塞建筑群，1853年

　　在1725年、1809年或1854年，俄罗斯无法与一流的敌手争夺波罗的海的控制权。这个一直存在的弱点限制了俄罗斯的扩张，并迫使历代沙皇不断重建和加固彼得建起来的要塞建筑群。1856年，英国人准备摧毁它，但俄国人仓促地接受了失败。在世界领先的工业和经济力量的支持下，英国海军的力量超过了彼得笨重的军事帝国，他那建立在农奴劳动基础上的指令性经济根本无法与工厂和蒸汽轮船相匹敌。[1]

　　尽管在许多西方分析人士眼里，俄罗斯的"西方之窗"圣彼得堡和彼得的新舰队是俄罗斯现代化的两大象征，但喀琅施塔得才是彼得时代俄罗斯实力的终极象征。彼得把喀琅施塔得打造成了一个堪为典范的城镇，这座城镇是按照网格模式建立起来的，有西式的建筑和绿树成荫的大道，主广场被一条"威尼斯式"的运河一分为二，以反映这座城镇在他的计划里所占据的中心位置。在彼得最喜欢的官殿——位于芬兰湾岸边的夏宫——能够把喀琅施塔得要塞的美景尽收眼底，这绝非偶然。夏宫透露了彼得的许多情况。他想待在海边，被海洋艺术包围着，住在一座朴素的荷兰建筑里，这座建筑还能俯瞰他首要的安全

[1]　A. D. Lambert, *The Crimean War: British Grand Strategy against Russia, 1853–1856*, Farnham: Ashgate, 2011.

系统。海景、海洋艺术和一座精美的图书馆都在强调夏宫属于一位钟爱海军的沙皇。它耸立在陡然向大海倾斜的高地上，过往的船只都能看到它，它的景观以大型喷泉、运河和美不胜收的花园为主，其灵感来自凡尔赛宫。这座仪式性的繁华宫殿是通往彼得首都的主要入口，是俄国的格林尼治。夏宫里最大的一座喷泉是为了庆祝战胜瑞典而修建的。[1]在大厅里有一幅尼普顿手持三叉戟，从一辆水上战车上俯视大海的壁画，这位专横的沙皇也是这样看待大海的，这幅画反映了他的雄心。[2]

夏宫展示了彼得是怎样利用海军文化把俄罗斯力量投射到海上的，他要挑战那些著名的海权，并改变其臣民的内陆心态。他离世后，海权符号仍在，它们鲜活的灵魂却已了无痕迹。这些符号被留在了一个自称为新罗马帝国的大陆国家里，它们叙说的是海军力量，而不是海权文化。彼得的计划与14世纪30年代到1688年间英国海权的发展形成了鲜明对比。英国人花了两个世纪的时间，才把海洋深深植入一个小小岛国的灵魂之中，这一时期，那种活跃的创造力是在国王和统治者的激发之下产生的，但在英国的政治经济制度发展出足以支撑起一个真正海权的能力之前，是私人企业一直维持这种创造力。

彼得可能把海权身份和海军力量混为一谈了。在沙皇抵达阿姆斯特丹时，约翰·德·威特建立的海权国家已是明日黄花，威廉三世统治的是一个高度军事化的共和国，这个共和国曾经在陆地上令法国寸步难进。虽然彼得弄来了海权艺术品和画像，以及其他一些更为实用的物品，并怀着一个狂热爱好者的激情炫耀它们，但他发起革命并不是为了改变俄罗斯的本质，而是有着更为现实可行的目标。他利用西方的战争、科学、建筑和工程方法来使俄罗斯现代化和变强大，在这个过程中，他打破了教会和旧贵族的权力，他把自己的措施推向极端，以便更好地保证它们取得成功：圣彼得堡或许是面朝大海的，但彼得的俄国不是。

彼得试图通过革命来使俄罗斯成为欧洲国家，把他继承下来的这个独一无二的欧亚国家的重心转向西方。但他的政治模式是独裁的，而不是包容性的。

---

[1] K. Zinovieff, J. Hughes, *Guide to St. Petersburg*, pp.382–390.

[2] Ceacraft, *The Petrine Revolution in Architecture*, p.197.

他钦佩的是路易十四，而不是威廉三世。他进行的最大挑战是重塑民族文化，以支持一个新的帝国主义国家，除此以外，他的工作都是些表面文章。这种情形所导致的结果是"文化工程上的一项尝试，很少有人会在这么短的时间里或这么大的范围内试着去做这样的事"[1]。他把被迫接受新文化的俄罗斯精英与无须接受现代化转向的俄罗斯人民分离开，正如路易十四计划以凡尔赛宫把他的贵族与他们的领地分离开一样。彼得在新文化中注入了强烈的古典寓意元素，他交替着成为赫拉克勒斯、皮格马利翁（Pygmalion）、马尔斯、尼普顿和朱庇特，还有开创古代帝国的英雄们，亚历山大、君士坦丁（Constantine）和尤利乌斯·恺撒（Julius Caesar），尤其是最后那位。彼得在新卢布上的肖像是古典罗马风格的，而在为了庆祝他于1716年短暂指挥四国联合舰队而铸造的勋章上，尼普顿的战车由四匹海马拉着，这或许会让人想起安东尼奥·维利奥（Antonio Verrio）画的《查理二世的海上凯旋》（*Sea Triumph of Charles II*），彼得可能在伦敦见过它。继承尼普顿职责的想法迎合了他的虚荣心。然而，俄罗斯的巴洛克风格并不是随意选取古典元素做成的大杂烩：它用艺术来强调彼得想要使俄罗斯成为新罗马的野心。当宣传家费欧凡·普罗科波维奇需要一个恰当的类比来描述波尔塔瓦战役的胜利时，他想到了第二次布匿战争。波尔塔瓦就是现代的扎马，它凸显了彼得野心的大陆军事性质，以及他海军计划所处的次要地位。[2]

1710年以后，本土艺术和外来艺术的结合加上强大的宗教元素，为圣彼得堡提供了和莫斯科一样强大的精神基础，但其意义更为重大。1705年，海军部造船厂的启用使这座城市成了彼得战略野心的核心。他要求俄罗斯贵族在涅瓦河上行驶时使用船帆而不是船桨，这反映了一种深刻的、务实的思想转向，让贵族们熟悉海军舰队的工具可能会使他们支持他的计划，而且还可能催生本国的海军军官。义务性的赛船会也起着同样的作用，即把新文化强加给不情不愿、心怀抗拒的人们。[3]彼得希望圣彼得堡既是他的首都，又是俄罗斯的阿姆斯

[1] Hughes, *Russia in the Age of Peter the Great*, p.203.

[2] Hughes, *Russia in the Age of Peter the Great*, p.207.

[3] Hughes, *Russia in the Age of Peter the Great*, pp.212-216, 265.

特丹，成为一座生机勃勃、精力旺盛的海洋城市。对熟悉伦敦和阿姆斯特丹那种开放社会的人来说，这一意图带来的问题是显而易见的。彼得无意与传统贵族分享权力，更不用说授权给本来就不存在的本国商业诸侯了。他的海洋城市属于帝国，不属于商业。

与此同时，彼得在海洋艺术和海景方面的品位凸显了他对阿姆斯特丹乃至深受荷兰影响的伦敦海洋文化的热爱。彼得用来装饰墙壁的大部分艺术品都是舶来品，其中包括他和妻子的肖像。城市景观画、风景画和海景画要么是从荷兰买来的，要么是专门定制的。除了伦勃朗（Rembrandt）、范·戴克（Van Dyck）和勃鲁盖尔（Breughel）等公认的大师，他对一些不太出名的荷兰艺术家也很欣赏，比如，在阿姆斯特丹给他上过绘画课的亚当·希洛（Adam Silo，1674—1760）创作的精细海洋艺术，还有以伦敦为活动基地的亚伯拉罕·斯托克（Abraham Storck）和雅各布·斯托克（Jacob Storck）兄弟创作的海景画。实际上，彼得没有时间吹毛求疵。1711年，他订购了"四十多幅"以"海战和各种海船、荷兰城镇和村庄的远景以及运河和船只"为主题的画像。风景画和其他类型的作品他也能接受。[1]他的艺术品位跟一位荷兰船长差不了多少，把水手对细节的敏锐观察力和对这门学科不加批判的热爱结合在了一起。查理二世的眼光很好，他把范·德·维尔德招到了伦敦。而二流作品就能让彼得满意了。彼得的品位让人回想起他在荷兰的日子——不论在海上，还是在岸上——这样的品位很适合被看作彼得海军计划的一个象征。海权绘画纯粹只是彼得个人的爱好，很少有俄罗斯艺术家起来响应海洋转向，因为会赞助这类作品的人极少。

作为彼得革命的必要组成部分，沙皇政权开始创作和传播西式画像，促进国家的欧洲化，并树立足以在国内外界定这个国家的新标志性景象——特别是圣彼得堡和军舰。至关重要的是，彼得用西方的官僚程序、数据收集和专业精神取代了旧式的，以教会为基础的教育体系和智识焦点。然而，他保留了一种旧式的指令性经济：印刷机以及它们印出来的文本和图画都控制在国家手里。[2]

---

[1] Hughes, *Russia in the Age of Peter the Great*, p.237.

[2] Cracraft, *The Petrine Revolution in Russian Culture*, pp.12–16, 254–255.

俄罗斯需要一种书面语言来传达沙皇的意愿，并向他的人民介绍新的制度、技术和思想。为了摆脱教会斯拉夫语不可避免的局限性，俄罗斯需要一套能被广泛接受的、有稳定规则的语法，以及大量的外来词汇。德语、法语，甚至是英语都遭到了掠夺，以便发展出一套可以适应不同活动领域的俄语词汇。1696年，牛津大学出版社出版了第一部俄语语法书，这部书深受沙皇的影响。海军是最需要一种新语言的地方，它使用荷兰语来进行指挥，采用了英国—荷兰的航海术语，并且依靠引进的技能来运转。外来词至关重要，因为俄语里没有合适的词汇。[1]

俄罗斯的"航海转向"是"一项非凡成就"，"光靠它就引发了一场巨大的词汇入侵"。这些外来词中有许多至今仍深深扎根在现代俄语中，其他的则填满了帆船时代之后的词汇表。这些词来自威尼斯、荷兰、法国和英国，它们涉及了造船、海军军衔、船舶管理和岸上设施。它们出现在彼得于1720年颁布的《海军条例》中，"将航海转向化为了法典"。在1696年的亚速战役中，彼得开始向海军发布书面指示，并随着海军规模和经验的增长不断更新和补充这些文献。他对规则的痴迷——痴迷于把西方的制度强加给他落后的国家——在《海军条例》中达到了顶峰。彼得把法国、荷兰、丹麦和英国的海军法典翻译成了俄语，印刷出来，并"从英国法典开始"对它们进行协调，如果没有合适的英国规则，则留白。[2]1722年，彼得和他的团队完成了《海军部和码头管理条例》，正如我在前面所说的，就是在这一条例中，他提出了他的著名主张，认为陆军只构成了一条手臂，统治者要组建海军才能拥有两条手臂。这个比喻强调了联合作战的重要性，这是彼得取得胜利的基础。

1720年的《海军条例》是本四开的大部头书，页数多达450页，收录了大量新词汇和新思想，在沙皇于1725年去世之前，曾几次以俄语、英语和荷兰语被重印。在接下来的一个世纪里，它在内容基本没有改动的情况下被反复印制，这种耐用性既反映了它最初的编纂工作做得彻底，也反映了彼得的继承者们对此缺乏兴趣。这本书的卷首插画是由意大利雕塑家、建筑师C. B. 拉斯特雷利

---

[1] Cracraft, *The Petrine Revolution in Russian Culture*, pp.3, 35, 39.

[2] Hughes, *Russia in the Age of Peter the Great*, p.85; Cracraft, *The Petrine Revolution in Russian Culture*, pp.50, 57, 61,引用了彼得1718年4月的指示。

（C. B. Rastrelli）设计的，他是圣彼得堡新生文化精英阶层中的佼佼者，而负责雕版的是荷兰艺术家彼得·皮卡尔特（Pieter Picart）。画面显示，象征着海军和陆军部队的符号、俄罗斯双头鹰、希伯来符号和六行经文包围着乘坐在那条著名的小船上、还是个小小水手的沙皇，这是他最初的水上探险，也是他领受"创造俄罗斯海军的神圣使命"之时。这一信息在序言中得到了加强。他已完成使命的意思非常明显：彼得建造的第一艘大型舰船是装备了50门大炮的"命定"号（Predestination）。[1]使用来自宗教和《圣经》的船只标志使施加于这个极端保守的内陆社会之上的新力量获得了合法性。

《海军条例》记录了俄罗斯漫长而失败的海洋史，以凸显彼得作为受命于神的绝对统治者在创建和指挥新舰队方面的关键作用。这一文本是用新的俄罗斯国家语言写的，在近200年后，我们仍能完全理解它，并以新的、经过简化的标准民用字体把它印刷出来。它与西方的类似文本有可比性。[2]在1708年到1725年间，俄罗斯至少出版了80部其他的海事书籍。其中很多是译著，包括25本关于战术旗号的专门书籍和供俄罗斯学生使用的学校教科书，还有一些贸易法规。"航海转向"的高潮出现在谢苗·莫尔德维诺夫（Semen Mordvinov）1748年的航海手册中，这本手册是由一名彼得时代的海军学院学员编写的，此人在法国接受了高等教育。在其他地方，俄罗斯的海军教育深受英国影响：1698年，彼得听从东道主的建议，从英国聘请了一些熟练的航海教师回国。他们带来了基本的阿拉伯数字和高等数学，为全方位的科学启蒙开辟了道路。亨利·法夸尔森（Henry Farquharson）花了41年时间来教育俄罗斯海军军官、天文学家和数学家，翻译文本，并为测绘和制图计划提供知识。正如安东尼·克罗斯（Anthony Cross）和詹姆斯·克拉克拉夫特所认为的那样，在效力于彼得的外国人中，他或许是最有影响力的。毫不夸张地说，他经营了30年的海军学院在整个罗曼诺夫时代一直是俄罗斯英语学习的大本营。彼得时期的俄罗斯文学与都铎时期的英国文学有着惊人的相似之处。这两个国家都通过翻译从更古老的海洋国家那里大量地借用词汇和思想，最终形成了真正的民族文学，但它

---

[1]　Cracraft, *The Petrine Revolution in Russian Culture*, pp.63–64.

[2]　Cracraft, *The Petrine Revolution in Russian Culture*, pp.69–70.

们当中只有一个成了海权国家。写于1720年之前的俄国海军史只有几篇庆祝彼得在海战中获胜的布道词，它们出自彼得的首席宣传家普罗科波维奇大主教之手，他给《海军条例》赋予了惊人的宿命感和神性。[1]

彼得还使用版画来传播海军文化，他委托工匠制作了圣彼得堡景观、舰船、海图、海战和胜利以及一部地图集的版画，这种现代化的艺术突出了喀琅施塔得的海军基地和要塞建筑群，它们是舰队的家园和守护城市外围的堡垒。这些图画是为了把帝国的力量铭刻在外国政府和俄国臣民的脑海中而制作出来的。它们在西方造成了激烈的反响，其程度超过了彼得的期望，甚至引起了英国的担忧，但在俄罗斯国内，海事议程却停滞不前。西方的艺术家很快就被俄罗斯人取代了，他们对西方设计进行了改造。有一幅画画的是1710年时250艘战舰从圣彼得堡驶往维堡，这幅画特别有震撼力，因为我们知道，就是这次远征确保了圣彼得堡的安全。[2]彼得不仅建造了这座城市，他还确保了整个欧洲都能看到它的画像，这些画向欧洲人传达了他的愿景所具有的现代性。18世纪80年代，当俄罗斯有取代法国成为新罗马之势时——这是大陆对海洋所能造成的最大威胁——最后一个海权大国的统治者乔治三世，得到了一幅罕见的圣彼得堡大海军部的版画。[3]

位于海上这一点支配着彼得建起的这座伟大城市：它是一个西式港口和海军基地。然而，这座城市和俄国海军一样，从近处细看就会大为减色。时尚的年轻绅士们去北方旅游时经常以约翰·帕金森（John Parkinson）的书为伴，帕金森说，他"第一眼看到这座壮丽的城市"就深感陶醉，"它的宏伟远远超过了我所见过的任何城市"，但他很快就认识到，市内建筑物的正面都很脆弱，"如果不好好照顾它，它必定会变得非常荒凉破败，墙表的灰泥会脱落，露出后面破旧的砖墙"。帕金森对这些"宏伟建筑"的评价同样适用于彼得建设海军的宏大野心，这两者具有很多共同特点。彼得去世50年后，受叶卡捷琳娜二世之命，贾科莫·夸伦吉（Giacomo Quarenghi）为圣彼得堡修建了许多建筑，

[1] Cracraft, *The Petrine Revolution in Russian Culture*, pp.79–87, 210–219.

[2] Hughes, *Russia in the Age of Peter the Great*, p.231.

[3] L. Salmina-Haskell, *Panoramic Views of St Petersburg from 1716 to 1835*, Oxfprd: Ashmolean, 1993, unpaginated.

这些建筑的规模和统一性使这座城市真正具备了帝国的恢宏。[1]但在这个过程中，圣彼得堡失去了它与海上城市所特有的那种混乱、不断演化的情形——就像阿姆斯特丹和伦敦的临水商业区那样——之间的联系，而正是这种情形一下子就把彼得迷住了。它成了体现陆地帝国伟大的不朽丰碑，在这样的城市里，平凡、诱发腐败的商业建筑和肮脏的港口生活是不受欢迎的，追逐金钱者在这里没有容身之处。其他试图展现帝国恢宏气象的城市——从罗马和华盛顿特区到巴西利亚和北京——与它有着明显的相似之处。与繁荣的海港相比，这些大陆式的首都所反映的是截然不同的国家愿景。当彼得着手在俄罗斯文化中塑造彼得革命的公众形象时，他脑海里所浮现的可不是这样的画面。

彼得敏锐地意识到了艺术的文化力量，这是西欧君主们展示自己的通用手段，他把复制凡尔赛、伦敦和阿姆斯特丹的大型画廊当成自己的事业。冬宫和夏宫的画廊特别让他自豪，在那里陈列着大量威尼斯、荷兰和佛兰德斯的海洋画，它们当中有许多被挂在彼得挚爱的夏宫里最显眼的地方。[2]由于受到法国的启发，他还建立了一家挂毯工厂，以创造出最高级的精英艺术。他的品位深受阿姆斯特丹和威尼斯的影响：他了解阿姆斯特丹，并认识到了它与威尼斯之间的联系，1698年时他可能匿名访问过威尼斯。[3]他被这座海洋城市迷住了，在图画、版画和地图上大量地使用它，动用工业来收藏它的形象。他把其中许多作品展示给公众看，以塑造俄罗斯人的品位。这座传说中的运河之城拥有海军力量、商业和文化，它让沙皇对梦想的追求变得更为炽热。彼得治下的俄国把威尼斯的奢华与展示同平实的荷兰输入品——船舶画像、造船工人和商人——结合在了一起。威尼斯人一直在制作用于庆祝的作品，描绘那些能体现权力和悠久历史的非凡场面，这些作品里充斥着船只和代表这个独特国家的符号，供

---

[1] Cross, *By the Banks of the Neva*, pp.279-280, 297.

[2] Ceacraft, *The Petrine Revolution in Architecture*, pp.189-190. 彼得搞到了一些范·德·维尔德的作品，却没有认识到它们的影响力。

[3] 沙皇曾计划对威尼斯进行国事访问，以之作为其欧洲之行的一部分，在维也纳逗留期间，他可能与好友缅什科夫亲王一起去拜访了威尼斯，缅什科夫亲王也是威尼斯艺术的赞助人之一。S. Androsov, 'Peter the Great's St. Petersburg: Between Amsterdam and Venice', in S. Androsov, I. Artemieva, I. Boele and J. Rudge, *Venezia! Art of the 18th Century*, London: Lund Humphries, 2005, pp.38-66.

王室首脑和高阶贵族使用。1697年，俄国与威尼斯共和国建立了商业和外交关系，之后彼得买下的威尼斯画至少跟荷兰画一样多。

彼得去世后，俄罗斯与威尼斯艺术之间的联系还是维持了下来，但他买来的画都被送进了仓库。1740年，他的女儿叶莉萨维塔（Elizabeth）即位时，让人把这些画修复并挂在一个新画廊里，这是为了纪念彼得所取得的进步而举行的大规模庆祝活动中的一部分。[1]更多的图画是通过圣彼得堡的意大利居民获得的，起初，它们只是用来装饰墙壁的，但很快它们就有了自己的文化意义。1753年，叶莉萨维塔制作了一系列版画来庆祝圣彼得堡建城五十周年，这些版画体现出了威尼斯人的艺术品位在表现圣彼得堡的威望与权势方面所造成的影响。圣彼得堡成了"北方的威尼斯"，这是彼得刻意为这座城市打造的另一个形象：在俄罗斯的海军力量和商业航运奄奄一息之际，他的女儿复活并强化了这个形象。这些版画中流传得最广的是两幅从涅瓦河上观赏圣彼得堡全景的画。尽管画上满是雄伟的建筑——冬宫、彼得保罗要塞及教堂、俄罗斯科学院，但在画面中占据首要地位的是一艘桨帆船，它的桨在有力地划动，船尾威严的武器凸显了王朝的意图。这个场景完全可能出现在圣马尔谷湾上，它是故意让人做出这样的推论的。[2]尽管叶莉萨维塔孝敬父亲，并且喜欢华丽的艺术，但她并不怎么关心彼得的海军，她的注意力完全集中在陆军身上。俄罗斯仍旧只想在陆地上耀武扬威，因此才有了圣彼得堡的这些画像。

当叶卡捷琳娜二世把圣彼得堡的文化语言从威尼斯海权改为经过修正的罗马古典主义时，英国艺术品取代了威尼斯画像的位置。[3]理查德·布朗普顿（Richard Brompton）在1782年时创作了一幅叶卡捷琳娜二世的肖像画，这幅画"有多重寓意，并且能看到远处的俄罗斯舰队"，而乔治·哈德菲尔德（George Hadfield）画的克里米亚风景画里则有塞瓦斯托波尔的新海军基地。约书亚·雷诺兹爵士（Sir Joshua Reynolds）没有去过俄罗斯，但他送给了叶卡

[1] I. Artemieva, 'Russia and Venetian Artists in the Eighteenth Century', in Androsov et al., *Venezia!*, pp.67–93.

[2] Ceacraft, *The Petrine Revolution in Architecture*, pp.224–225. 由E. 维诺格拉多夫（E. Vinogradov）雕版，M. I. 马哈耶夫（Makhaev）作画。萨米尔米纳-哈斯克尔，《圣彼得堡全景画》，图9、图10以及马哈耶夫的条目。这两位作者都忽略了船只的中心地位。

[3] Artemieva 'Russia and Venetian Aritists in the Eighteenth Century', pp.90–92.

捷琳娜一幅画，画的是婴儿时期的赫拉克勒斯，这与儿童时期就卓尔不凡的彼得联系在了一起，暗指俄罗斯帝国的迅猛发展。女皇非常欣赏雷诺兹，把他的《艺术谈话录》（*Discourses on Art*）翻译成了俄文，雷诺兹也为她的宠臣波将金亲王（Prince Potemkin）作过画。[1]当俄罗斯需要再次进行大规模海战时，对海洋画像的需求——彼得最重要的兴趣之一——必须得到满足。富有进取心的英国海洋画家理查德·佩顿（Richard Paton）把四幅以1770年俄国海军战胜土耳其舰队为主题的巨型画作送到了圣彼得堡，叶卡捷琳娜公开展出了它们。佩顿可能从参加过这些战斗的英国军官那里获得了第一手资料，把它们用在了作画中，他因为这些画获得了一枚金质勋章和1000英镑。[2]英国的海洋艺术显然被当成了庆祝俄罗斯海军复兴的工具。

彼得使海权文化短暂地、爆发性地侵入古老的俄罗斯身份之中，留下了奇特的遗产，它们迟来的、扭曲的复兴反映出了这位伟大沙皇的人格和他大力推广的海洋图像学所具有的力量。在后克里米亚战争时期，一次迟来的海洋转向终于开花结果了，在这个时期，重建和自由主义恢复了俄国与西方思想之间的联系，最终使俄罗斯接受了海洋，并开始支持本国的海洋艺术家。在一个经历了失败和国内动荡的时代，把俄罗斯视为航行在危险的革命和变革风暴中的第二方舟，这样的看法大受欢迎，这是一个在现代化的狂风暴雨中，对航行方向和历任沙皇的掌控权进行反思的机会。宗教思想强调通往孤岛和海边修道院的旅程，而伏尔加河船夫的自由为被压迫的人们带来了希望，这种希望正在大众文化中扎下根来，激进分子则不断地修订沉船的比喻，以应对迫在眉睫的灾难。

彼得也许可以从此时俄罗斯人的一些尝试中得到少许安慰，他们试图摆脱俄罗斯内陆身份的限制，冲破冰封的海洋，进入全球商业的开放海洋。这种想法的新颖性可以从伊凡·冈察洛夫（Ivan Goncharov）所写的海军故事《巴拉达

---

[1] Cross, *By the Banks of the Neva*, p.310, 315, 322–323; N. Penny, *Reynolds*, London: The Royal Academy,1986, pp.35–36, 51, 312–313, 349, 151.

[2] Cross, *By the Banks of the Neva*, pp.322–323, and A. Cross, 'Richard Paton and the Battle of Chesme', *Study Group on Eighteenth-Century Russia Newsletter*, no.14(1986), pp.31–37.这枚勋章现藏于大英博物馆。

号三桅战舰》（*Frigate Pallada*）中判断出来，这本书记述了从喀琅施塔得到彼得罗巴甫洛夫斯克的旅程，为一个不断扩大的俄罗斯读者群创造了一种"新文学类型——海上冒险"，而这时，离拉穆西奥、贾梅士（Camoens）、哈克卢特和雷利的时代还有三百年。"最简单地说，潜入深渊的形象只是反映了这样一个事实，即俄罗斯在19世纪初终于成了一个完全自觉的帝国。"[1]在一个充满不确定性和悲观主义的时代，海景代表着终极的自由、湮灭甚至是自我毁灭。俄罗斯人担心大海会淹没一切，用《圣经》中所说的大洪水终结所有的混乱和斗争。

这种启示录思想在任何其他地方都不如在地势低洼、易受洪水侵袭的圣彼得堡更能让人信服，在那里，一股强劲的东风就能带来一场洪水。1824年11月22日的特大洪水卷走了一万多人，摧毁了大半支照常停靠在喀琅施塔得的舰队，并破坏了海岸防御工事。[2]彼得、叶卡捷琳娜、亚历山大建起的坚固堡垒被大海推翻，让圣彼得堡暴露在皇家海军的威胁之下。大海使俄罗斯和它的"新"首都变得脆弱，对海的恐惧取代了昔日以莫斯科为首都时人们最担心的火灾。彼得的梦想改变了俄罗斯人的恐惧，使他们从害怕草原游牧民族和火灾变为害怕两栖入侵和洪水。"一个只在陆地上生活的民族会恐惧大海或许是可以预料的，他们发现大海的过程与他们痛苦地发现外部世界的过程是重合的。"当外部世界于1854年来到俄罗斯海岸边时，它引发了长达60年的深刻变革。在混乱中，俄罗斯发现了一位海洋艺术家：出生于克里米亚的浪漫主义者伊凡·艾瓦佐夫斯基（Ivan Aivazovsky）。他描绘出了尼古拉一世（Nicholas I）统治下的黑海舰队的英勇壮举，并把海洋带进了民族意识当中。[3]

最终，海权对沙皇的野心做了最后一击：军舰是彼得野心的关键象征，但它却成了革命的媒介。战列舰"波将金"号（Potemkin）和巡洋舰"阿芙乐尔"

[1] Billington, *The Icon and the Axe*, pp.361-365.

[2] Tredrea, Sozaev, *Russian Warships in the Age of Sail, 1696–1860*, p.216.几乎所有的军舰都只能作解体处理。

[3] Billington, *The Icon and the Axe*, pp.370-373.艾瓦佐夫斯基作品的数量和规模都极为庞大——例如，《暴风雨》（*The Storm*）强调了浩瀚大海中人类的脆弱，《九级浪》描绘了《启示录》中最后的洪水（《启示录》中并未提及洪水。——译者注）。近年来，由于俄罗斯寡头们大肆争抢旧制度时期的战利品，他那些激进民族主义画作的拍卖价格不断飙升。

号（Aurora）是一场革命的象征，这场革命将会放弃圣彼得堡，并屠杀具有民主思想的水兵[1]。在苏联的统治下，太空取代海洋，成了梦想的领域，承担起作为净化、解脱和自我毁灭象征的重负。[2]然而，在俄罗斯人的思想里，海洋仍然扮演着一种近乎神秘的角色：2014年，夺回塞瓦斯托波尔反映了这座英雄城市所具有的持久身份，在这里，曾有一百万俄罗斯人在两次大规模围城战中丧生。

事实上，彼得对俄罗斯文化的方方面面都造成了深远影响，除了他真正关心的海洋之外。尽管他极力推广这个信息，但俄罗斯人并没有被说服。这种失败的原因是经济上的。彼得的经济观点受到了塞缪尔·普芬道夫（Samuel Pufendorf）对英国贸易政策所做描述的影响，普芬道夫认为，英国把纺织品出口与造船业和海军力量结合了起来。俄罗斯大多数的出口商品——粮食、木材、铁和造船物资——体积庞大，按重量计算价值较低，而且不涉及复杂的制造工艺。不断改进的产品标准使俄罗斯的铁、亚麻和帆布在18世纪的大部分时间里主导了欧洲市场。在鼓励俄罗斯出口的同时，彼得采用了大陆式的重商主义经济模式。大北方战争后，他强行实施了一种保护主义模式，利用关税和进口替代来保护国内的工业和俄罗斯的资本。他对与俄罗斯产品竞争的进口产品征收37.5%的关税，同时对无法在本国获取的必需品，包括贵金属、书籍和治疗坏血病用的柠檬，实行免税进口。他想让俄罗斯成为亚欧贸易的中间人，从而不断推动向东方的勘探和扩张。[3]

彼得推行的是集权、专断和专制的经济政策，以便维持他那个不断扩张的军事国家。他不会与工商界人士分享政治权力。他不想创造一个商业阶层，只愿意从俄国的港口大量出口低价值产品，并收取关税。这个建立在土地和奴隶劳动基础上的社会产生不了可以用于创造商业财富或刺激贸易的闲置资本。俄罗斯商人没有资本，没有对自己财产的合法可执行权利，更没有政治代表和地位，他们的"士气和自尊"低下，无法创造出充满活力的海洋经济。俄罗斯商

---

[1]　1918年，苏维埃政府从彼得格勒迁至莫斯科，1922年12月正式把莫斯科定为苏联首都。1921年2月，曾在十月革命中发挥重大作用的喀琅施塔得水兵因对战时共产主义政策不满而发动兵变，遭到苏维埃政府镇压。——译者注

[2]　Billington, *The Icon and the Axe*, p.482.

[3]　Hughes, *Russia in the Age of Peter the Great*, pp.145-148; R. H. Fisher, *Bering's Voyages*, London: Hurst, 1977. pp.156-159.

人并不富裕，也没有过奢华的生活，他们害怕国家或贵族会夺走他们的财产。这对俄国民族文化的发展造成了重大影响。[1]彼得去世80年后，在俄国游历的英国牧师及评论人士威廉·考克斯（William Coxe）把俄国的落后归因于这样一个事实：大部分民众仍然处于"完全的附庸地位，除非人民的人身和财产安全能够得到充分保障，否则也无法对民族礼仪（意义文化）做任何有效改变"。毫不足怪，沙皇尼古拉一世把这本书禁了。[2]在很大程度上，是战争的需要推动了工业的发展：武器、制服、装备、火药和军舰都是由国家制造的。乌拉尔地区的炼铁厂不断发展，但由于缺乏资本和竞争，它们只能依靠落后的方法和不熟练的奴隶劳工。俄罗斯缺乏现代化道路，国内经济靠的是河流运输。

彼得把经济生活的大多数方面置于国家的控制之下，并保留了农奴制，这削弱了俄罗斯。中央集权式的控制有利于保障就业，稳定价格，但它不鼓励竞争和创新。为了赢得战争，经济得到了调整，1721年后，彼得制定了一个重商主义的、自给自足的方针，同时通过出口来充实国库。这种做法在前工业时代很有效，利用了俄罗斯的优势，但缺乏有机发展和进步的能力。帝国的经济基础停滞了一个多世纪，因为俄罗斯一直未能产生或持续保有关键的技术，尤其是在造船、冶金和武器制造方面。它要靠进口商品和外国工匠来满足战略需求。这个问题在海事部门中尤为严重。彼得想让全俄罗斯的商业汇聚到圣彼得堡来，但试图把贸易从现有的中心（如阿尔汉格尔斯克）转向别处，这样只会破坏内部格局，麻织物的贸易走不到北极圈外去。最终，圣彼得堡成为俄罗斯最大的商业中心，通过运河控制着进出口，这些运河把圣彼得堡与一直延伸到伏尔加河、乌拉尔河和里海的广阔经济腹地连接了起来。[3]

波罗的海成了俄罗斯出口的焦点：谷物、木材、亚麻、大麻、铁、沥青、钾碱焦油和毛皮被换成了现金、西方工业制品和殖民地的产品，其中就包括卡马森侯爵的烟草。商船和水手都来自荷兰和英国，而不是来自俄罗斯本国。俄

---

[1]　Kahan, *The Plow, the Hammer and the Knout*, p.167; Hughes, *Russia in the Age of Peter the Great*, p.149.

[2]　Cross, *By the Banks of the Neva*, p.352, from W. Coxe, *Travels into Poland, Russia, Sweden and Denmark*, 5th, edn, London, 1802, vol.III, pp.193, 135, 131, 158.

[3]　Hughes, *Russia in the Age of Peter the Great*, pp.150–155; Kahan, *The Plow, the Hammer and the Knout*, pp.136, 247–249.

罗斯没有奉行重商主义的海运政策，它没有利用关税壁垒或补贴来建立一支商船队，而是把航运交给了这些海上强国。没有重要的远洋运输，俄罗斯就无法为一支有效的帆船海军提供熟练的人手。少数自愿选择航海生活的俄罗斯人很快就意识到，他们在西方船只上得到的待遇更好。[1]正如阿卡迪乌斯·卡亨（Arcadius Kahan）观察到的那样，远洋商船"在俄罗斯经济史上只是个微不足道的部分"。除了在沿海地区以外，俄罗斯从来没有拥有过一支重要的商船队。由于缺少资本和技术，跟西方航运业竞争很不合算，这使得西方航运业主宰了俄罗斯的对外贸易。起初占据最大份额的是荷兰人，但到了18世纪40年代，英国人已经接管了这个市场。此外，卡亨还认为，俄罗斯的"《航海条例》是愚蠢的，因为俄罗斯的海上对外贸易存在着难以克服的缺陷：商品未经标准化，缺乏质量规范，最重要的是，相对缺乏资金"。高昂的营业成本和压迫性的官僚机构阻碍了俄罗斯商业航运的发展，而俄罗斯的贸易资金则主要来自外国的预付货款和贷款。

西方的船只造得更好，也更便宜——即便是那些用俄罗斯木材在阿姆斯特丹组装的船只也是如此，同时，俄罗斯海员缺乏关键技能。俄罗斯只在与造船技术更为落后、海员更少且资本短缺的国家进行贸易时提供航运服务。沿海航运还是在用古老的、本土的方法进行。卡亨的大陆性观点——缺乏远洋航运没有妨碍俄罗斯的经济发展——认识到了能在俄罗斯催生商业海运的唯一理由是长期的经济利益或"政治威望"，但他明显低估了缺乏熟练海员导致海军实力不足而产生的战略危险。彼得死后一个世纪，俄罗斯海军仍然要靠把招募来的生手和外国雇佣人员结合起来的办法维持运转，跟彼得在世时没有什么区别。同样严重的问题是，俄罗斯没能发展出一个重要的国内造船业来：只有政府的海军设施掌握了相关的专业知识，这主要是因为国内需求太少。[2]

缺乏国内商业航运业具有重大的战略意义。俄罗斯与其最大客户英国之间的贸易反映的是双方的经济利益，而不是政治联系。18世纪10年代初以降，战争始终处于一触即发的状态，英国人把俄罗斯经济当成了目标。英国乐于保持

---

[1] Bridge, ed., *History of the Russian Fleet*, p.109.

[2] Kahan, *The Plow, the Hammer and the Knout*, pp.285-286, 295-298.

与俄罗斯之间的贸易收支逆差，以确保能获得重要的海军物资——木材、大麻、亚麻、沥青、焦油和生铁。伦敦的银行与俄罗斯有很多业务往来，而俄罗斯公司（Russia Company）[1]则把贸易跟银行业及俄罗斯商品的消费者联系起来了，特别是英国海军部。18世纪20年代，皇家海军维持着波罗的海的势力均衡，以免俄罗斯垄断这些物资的供应，同时英国也在积极寻找替代性的物资来源。1734年签订的《英俄通商条约》（Anglo-Russian Trade Treaty）使英国获得了海军物资和其他初级产品，在18世纪余下的时间里向俄罗斯经济注入了2500万英镑，并帮助俄罗斯发展了出口。1766年签订的条约对英国不那么有利，但仍确保了它的战略需求。大部分俄罗斯商品都是由英国船只运往英国或其他国家的。反过来，英国则向俄罗斯提供了奢侈品和殖民地的产物。当通商条约于1786年到期时，经济和战略理论家约翰·辛克莱爵士（Sir John Sinclair）提出，英国必须通过在国内生产或在其他地方购买物资的方式来摆脱对俄罗斯供应的依赖。[2]

1793年签订的新通商条约向英国敞开了黑海贸易的大门，但这个条约在1800年被沙皇保罗（Paul）终止了，英国主宰俄罗斯市场的时代一去不复返。这种状况反映了俄罗斯不断增长的经济重要性，以及1807年至1812年间英国对波罗的海谷物、木材和松脂制品的依赖所造成的战略压力。1815年之后，英国的经济和帝国政策削弱了这种依赖。外交大臣卡斯尔雷子爵（Lord Castlereagh）认为加拿大可以代替波罗的海，于是对关税做了调整以促进加拿大的林业发展。[3]

18世纪时，英国缓慢却显著地丧失了它在俄罗斯市场中的优势，这表明它们之间的关系正在恶化。当俄罗斯以军事力量击败瑞典和土耳其并关闭地区市

---

[1] 又称莫斯科公司，是英国于16世纪中期成立的一家从事俄罗斯贸易的股份制特许公司，它从英国国王那里获得了商路和俄国市场的垄断特权，还从俄国沙皇那里获得了海关关税的豁免权和各地赋税免征权。原本在欧洲处于边缘地位的俄罗斯正是通过该公司的活动进入西方世界的。——译者注

[2] Kahan, *The Plow, the Hammer and the Knout*, pp.197-203; Cross, *By the Banks of the Neva*, pp.355-356.

[3] Cross, *By the Banks of the Neva*, pp.47-49; J. Davey, *The Transformation of British Naval Strategy: Seapower and Supply in Northern Europe, 1808-1812*, Woodbridge: Boydell Press, London: Faber, 2012, ch.1;关于加拿大的木材和松脂制品，请参见A. D. Lambert, *The Challenge: Britain Against America in the Naval War of 1812*, London: Faber, 2012, p.388; 关于木材政策，请参见A. D. Lambert, *The Last Sailing Battlefleet,1815—1850*, London: Conway, 1991, pp.108-124.

场时，英国认识到，不断扩张的俄罗斯帝国将在各地以高关税壁垒妨碍英国的竞争。然而，英国的贸易对俄罗斯的社会经济结构来说仍然是至关重要的：1801年，由于与英国之间的贸易突然中断，沙皇保罗死于非命。十年之后，加入拿破仑的"大陆体系"所带来的灾难性后果促使他的儿子冒险与法国开战。尽管俄罗斯仍然是一个军事大国，但这些事件表明，俄罗斯要靠英国的购买力来保持国内经济的流动性，并为这个沙皇帝国的野心提供资金。英国的政策制定者看到了自给自足的经济、海军力量与重建喀琅施塔得之间的联系，它们是尼古拉一世统治时期的主要特征——尽管土耳其问题总是在报纸上占据着头条的位置——而且它们得到了必要的回应。英国政治家和战略家们知道，俄罗斯在波罗的海仍然像1703年时一样，难以抵御海军力量的攻击，因此，他们制定了海军和经济战略，以最大化自己的力量，这是英国传统的有限海上经济战战略的一部分。1855年，英国就是通过实行贸易禁运以切断资本供应，进而导致俄罗斯破产的方法打败俄罗斯的。[1]阻断出口和威胁要炮轰圣彼得堡的制海权战略决定了"克里米亚"战争的结局。

在18世纪，英国制造商为俄罗斯提供了关键服务。他们在圣彼得堡市内开办了索具工厂，在喀琅施塔得拥有锯木厂。英国企业家威廉·戈姆（William Gomm）对俄罗斯做了一个非常英国化的评价，说它"未能把自己的资源转变为大型商船队和海军，从而把这个国家转变为一个重要的海上强国"[2]。俄罗斯忽视海洋，也无意为转变为一个海权国家而建立海上基地。戈姆的观察是一项持续分析的一部分，这凸显了英国对俄罗斯海军、帝国和首都的关注有多密切。当俄罗斯成为一个欧亚军事大国，具备了相当重大的外交影响力时，英国政治家认识到，彼得的大陆式重商主义经济将限制他们进入俄罗斯的国内市场，控制出口，并取消中间商。彼得很清楚，波罗的海的海军物资对英国这个海权国家来说是至关重要的：他曾目睹这些物资涌入阿姆斯特丹和伦敦的景象。他也明白它们对波旁王朝海军的价值，他以在经销俄罗斯产品的加的斯等港口设立

---

[1] Kahan, *The Plow, the Hammer and the Knout*, p.166.

[2] Cross, *By the Banks of the Neva*, pp.68, 73–78, citing Kaplan, 'Russia's Impact on the Industrial Revolution in Great Britain',in *Forschungen zur Osteuropaischen Geschichten*, vol. XXIX, Berlin, 1981, p.9.

领事馆的方式利用了海军物资的外交影响力。[1]虽然这些国家装出一副对彼得的舰队印象深刻的样子，但他们都知道，这支舰队远远比不上皇家海军。尽管俄罗斯实行了强有力的服务来支持军队，但英国拥有用来控制海洋的蓝水舰队和用来保护充满活力的海洋经济的巡洋舰队，这是俄罗斯没有的。

如果说彼得的海军计划能够幸存下来表明他的工作具有永久性，那么俄罗斯那部周而复始、总是以悲剧收场的海洋史所讲述的就是一个完全不同的故事了。俄罗斯舰队是从外国进口的，它被强加给了一个坚定的大陆民族，他们很少接触海洋，对海洋也毫无兴趣。正如彼得只能强迫俄罗斯人出海一样，后来的政权也不得不依靠敕令来让他们留在海上。当这种压力因为战争、破产或帝国失去对海洋的兴趣而消散时，海军就会陷入混乱，不再适于航海。[2]彼得死后，俄罗斯只留下了少量舰队，刚好能够震慑住摇摇欲坠、心神不定的波罗的海敌国。[3]此后，俄罗斯不再追求拥有更多的舰队，直到叶卡捷琳娜二世跟奥斯曼帝国及瑞典开战时，才重新开始向英国学习如何建设海军。舰队在很大程度上仍然是支防御部队，致力于保护圣彼得堡和波罗的海各省的安全。[4]

这不应被理解为一种批评。俄罗斯仅需足够支配波罗的海的海军力量即可。1721年之后，瑞典已被击败并受到威逼，不足为惧，而且丹麦也在帮助俄罗斯压制瑞典。1721年的和约签订之后，已经找不到什么非得耗费巨资维持海军的理由了，海军之所以能够继续扩大，靠的仅仅是沙皇的意志。其后的俄罗斯政权重视的是其核心安全利益——陆上防御和向南扩张。他们缺乏与皇家海军竞争的野心和资源，全靠喀琅施塔得的要塞来把皇家海军挡在圣彼得堡之

[1] Hughes, *Russia in the Age of Peter the Great*, p.56.

[2] Cracraft, *The Petrine Revolution in Russian Culture*, p.94, citing M. S. Anderson, *War and Society in Europe of the Old Regime, 1618–1789*, London: Fontana, 1988, pp.94, 96, 99.

[3] 关于彼得去世后继续留用不适航的战列舰之事，参见Tredrea, Sozaev, *Russian Warships in the Age of Sail, 1696–1860*, pp.115–117.还可参见W. Sharp, *Life of Admiral Sir William Symonds*, London: Longmans, 1856, pp.238–251.

[4] Cracraft, *The Petrine Revolution in Russian Culture*, pp.94–95, citing J. Glete, *Navies and Nations: Warships, Navies and State Building in Europe and America, 1500–1860*, Stockholm: Almqvist and Wisksell, 1993, pp.196–197, and his essay in J. Black, ed., *War in the Early Modern World*, New Haven,CT, and London: Yale University Press, 1999, pp.44–46,这篇文章强调了彼得对战斗舰队的谨慎运用，这与他在芬兰极为大胆地运用沿海舰队配合陆军行动的做法形成了鲜明的对比。

外。彼得二世通过把首都迁回莫斯科来减少威胁。到18世纪20年代末，舰队停泊在喀琅施塔得，大部分船只连索具都没有，完全被忽视，也没有船员。舰队大都腐朽不堪，难以修复，而彼得竭尽全力才创造出来的基础人力资本，用来操控同样由他创造出来的国家力量的伟大象征——舰队——的俄罗斯海员，也四分五裂，有的人回到了沿海地区，还有的则登上西方商船出海去了。到18世纪40年代，从外国招募来的领导班子实际上已经消失了，海军处于奄奄一息的状态。[1]彼得的海军只剩下了一个还能发挥功效的要素——提供了安全和核心基础设施的要塞群，围绕它是有可能建立一支新舰队的。

圣彼得堡为俄罗斯打开了一扇门，输入了欧洲的商品、人才、金钱乃至思想。它是维持现代化进程的关键，只要它还是首都一天，俄罗斯就会致力于成为欧洲国家，哪怕为了保护它的安全必须付出很高的成本。1997年，为了纪念俄罗斯海军成立300周年，后苏联时代的俄罗斯在莫斯科河上为彼得树立了一座出自祖拉布·采列捷利（Zurab Tsereteli）之手的华丽纪念雕像，以此来向罗曼诺夫王朝的遗产致敬。在这座巨大的雕像上，彼得被塑造成了国家的舵手。21世纪的普通莫斯科人会如何看待这次航海转向，目前尚不清楚，我们也不知道这座雕像是否反映了出生于列宁格勒（现为圣彼得堡）的普京总统在海军方面的雄心。在广大俄罗斯人民的心目中，圣彼得堡从来都不曾取代过莫斯科的地位，第三罗马的文化力量经受住了沙皇与其他意识形态——包括海洋在内——的露水姻缘。海洋、船只、战役和海图的画像，连同海军部大楼、造船厂、军舰和海上堡垒，都是外国的舶来品，由外国的匠人创作，或是在他们的启发下产生，并借鉴了外国的模式。然而，它们成了这样一个过程的载体：沙皇所采用的新近经过标准化的、更有效率的语言和字母，以及把西方科学、军事和海军文本翻译成俄语的行为——这在这个民族身上留下了最持久的印记——确保了老莫斯科人用彼得的新语言来表达他们的意见。[2]

尽管大陆国家的分析人士们对彼得的海军革命有着非常深刻的印象——他们只能模模糊糊地理解这个现象，只是在计算他的军舰数量，而不是评估它们

---

[1] Cross, *By the Banks of the Neva*, pp.176-177.

[2] Cracraft, *The Petrine Revolution in Russian Culture*, pp.301-309.

的战斗力——但英国和威尼斯的评论家却透过现象看穿了这场革命的本质。他们理解沙皇无意将俄罗斯改造成一个海权国家，他们对圣彼得堡的解读方式也完全不同，强调的是喀琅施塔得的防御工事，而不是它的舰队。他们知道彼得的计划是罗马式的，它与路易十四对普世君主国和帝国地位的追求之间有强烈的共鸣。

英国人的评估揭示了彼得的计划和他们自己的海权国家之间的关键区别。彼得的舰队明显不如英国皇家海军，但作为一支庞大军队伸向海洋的那只手，它构成了严重的地缘战略挑战，这支军队似乎有意吞并所有的王国，并控制它们的贸易。新近统治了英国的汉诺威王朝诸王在德意志北部地区有着重大影响力，而当俄罗斯军队开进该地区时，他们威胁要停止波罗的海地区与英国之间的贸易，此举深深地刺痛了这个最后的海权国家。

彼得日益增长的权力迫使英国人评估他的野心。1705年，新上任的英国驻圣彼得堡大使注意到了"沙皇有多热爱航运业"，建议他的政府允许沙皇征募英国的造船工人，沙皇最喜欢的就是英国工匠。英国造船工人和军官是最适合安插到俄罗斯报道海军前景的人选。[1]1725年，在彼得的波罗的海舰队中担任舰长的约翰·迪恩强调了沙皇在创建海军、处理河滨和沿海事务以及为新帝国建设一支合适的海军的长期计划中发挥的核心作用。俄罗斯控制着波罗的海，其船只配备了出自本国的桅杆、船坞、帆、锚和缆绳。然而，只有在"人员充足"的情况下，它们才是强大的。[2]值得注意的是，俄国舰队的总吨位数并不比瑞典甚至是丹麦的大多少，但是俄国有更多的战列舰。[3]战列舰和巡洋舰之间的平衡反映了彼得想要控制波罗的海的愿望，也反映了他对海军的其他任务没有兴趣，例如贸易防御、渔业保护以及在领海以外的殖民地海域执行巡逻等。一支战斗舰队可以确保俄罗斯的战略利益，为新的沿海省份，尤其是圣彼得堡提供外交影响力和安全保障。由于俄罗斯的出口商品是用英国和荷兰的商船来运送的，由买方承担风险，在伦敦或阿姆斯特丹投保，他无须担心保护贸易问

[1] Cracraft, *The Petrine Revolution in Russian Culture*, pp.54—56.

[2] Bridge, ed., *History of the Russian Fleet*, p.114.这份一直叙述到1725年的手稿被存放在PRO SP XCI 9, ff107中，它证实了迪恩是报告的作者。D. Bonner-Smith, *Mariner's Mirror*, vol.XX, 1934, pp.373—376.邦纳-史密斯当时是海军部的图书馆长。

[3] J. Glete, *Navies and Nations: Warships, Navies and State Building*, Table 22/24, pp.235—236.

题。这些海上强国阻止了瑞典损害俄罗斯的出口。迪恩还对这个计划固有的弱点进行了反思：彼得的投入、精力，以及最重要的，他的一心一意，是不可替代的。只有彼得才能取得这么大的成就，而他的海军从来不曾成为俄罗斯身份的核心。他的去世标志着俄罗斯海军力量所能达到的最高峰。

从根本上来说，俄罗斯从未发展出成为一个海权国家所必需的政治方法、经济政策和文化认同，而海权曾经是、现在仍然是一种有意识的选择。强大的专制集权倾向，以及在一个靠步行行军来扩张的帝国中，大陆领土压倒一切的重要性使海洋边缘化了——即使是对一个具有独特海洋意识的沙皇来说也是如此。此外，正如迪恩所观察到的，"纪律制度是专横和暴力的，俄罗斯的下级军官对待士官非常恶劣"。尽管在战争后期，沙皇让各个级别的人自愿去英国和荷兰的舰队中服役，但他还是没能得到多少海员："因为俄罗斯人普遍厌恶海洋。"[1]迪恩看到的是一群意志消沉的人，他们被专横的权力弄得无精打采。差劲的伙食使他们容易患上坏血病，而斋戒则让他们虚弱得无法工作。迪恩发现，一旦出了海，他的手下干劲十足。但是，彼得专横的命令使军官和船员们因为"恐惧、无知和困惑"而瘫痪，他们可能会因为恐慌或无能而炸掉自己的船，其概率不比他们对敌人造成损害低。迪恩估计，俄罗斯海军难以再有进一步的发展。沙皇建造了许多船只，"但在过去的四年里，他的水手，准确地说，应该称之为所谓的水手，并不多。他每年都要花费大量的精力来训练他的士兵，并使他的舰队保持目前的水平，但他这样的付出却很少，甚至完全没有得到回报，这必定会耗尽他的财富，使他变得不那么可怕"。一切都取决于即将到来的波斯战争：如果局势逆转，"他的许多——如果不是绝大部分的话——伟大事业将会毁于一旦"。海员的短缺、他们有限的技能和许多船只糟糕的适航性使海军只能在"距离沙皇拥有的海岸不远之处"活动。[2]虽然俄罗斯人愿意继承罗马的衣钵，但他们缺乏使罗马人在海上所向披靡的效率、冷酷以及——也许是最为关键的——专业精神。

迪恩的报告使他获得了喀琅施塔得总领事的职位，但他很快就被当成间谍

---

[1] 这份报告显然是一份情报简报。

[2] Bridge, ed., *History of the Russian Fleet*, pp.103-104, 116, 126-127.

驱逐出境了。[1]他不会是最后一个被派往外交部门观察潜在对手活动的海军军官。喀琅施塔得和圣彼得堡在俄罗斯海军力量和海上贸易发展中所发挥的核心作用使得英国的商务代理——他们在两国之间蓬勃发展的贸易关系中起着至关重要的作用——处于提供情报的理想位置。海军工程师塞缪尔·边沁（Samuel Bentham）曾以科学调查为名，为海军部董事会执行过一项侦察欧洲西北部海军和海军设施的任务，1780年，在这项任务行将结束之际，他来到了俄国。边沁发现，许多俄罗斯船只"状况不太好"。叶卡捷琳娜二世在黑海开始了一项海军计划，刻意让人联想起彼得在波罗的海所做的工作，但这并不意味着俄罗斯已经成了一个海权。正如英国驻圣彼得堡大使查尔斯·惠特沃思爵士（Sir Charles Whitworth）在1791年所强调的那样，俄罗斯仍然是一个极其大陆化的军事国家。女皇和波将金亲王希望获得阿穆尔河流域的贸易，但俄罗斯"不打算用除了征服之外的任何手段从其他国家那里获取利益"[2]。1899年，前海军情报部门主管、海军上将西普里安·布里奇爵士（Sir Cyprian Bridge）准备出版约翰·迪恩的报告，他把这份报告与当时英国对俄罗斯海军崛起的担忧联系在了一起。布里奇对大北方战争的分析非常深刻：瑞典这个海洋国家在大陆战争中过度扩张了。当彼得意识到这一点时，他袭击了他们资源不足的舰队，同时在波兰和乌克兰牵制住了瑞典军队。在获得了波罗的海的控制权后，他左右了战争的进程，席卷了瑞典帝国彼此孤立的各个部分。[3]彼得比卡尔十二想得更周全，卡尔十二把一切都赌在了一场军事作战上。如果卡尔用他的舰队和军队重新夺回圣彼得堡，他就能以较低的成本获得波罗的海的控制权。最后，布里奇警告英国不要在大陆上过度扩张。

彼得从未试图把俄罗斯变成一个海权。这位自封的罗马皇帝专注于陆地扩张和绝对权力，他所奠定的海洋基础完全是为海军而不是海运服务的，俄罗斯缺乏商人和资本家来推动经济，缺少商船和水手来推动出口，也没有一个包容

[1] Cross, *By the Banks of the Neva*, pp.50–53. See D. K. Reading, *The Anglo-Russian Commercial Treaty of 1734*, NewHaven, CT, and London: Yale University Press, 1938, pp.96–97.

[2] R. Morriss, *Science, Utility and Maritime Power: Samuel Bentham in Russia, 1779–1791*, Farnham: Ashgate, 2015, pp.51–52, 59, 219–221.

[3] Bridge, 'Introduction', *History of the Russian Fleet*, p.xxii.

性的政治体系来维持企业发展。彼得的指令性经济、中央集权国家和绝对权力的维持，与他在居住于荷兰和英国时所了解到的海运企业及海权身份是不相容的。虽然彼得在第一次西行时可能没有意识到海权的深层文化根源，但当他于20年后重返荷兰和法国时，他非常清楚地认识到了商人、人民议会、贸易和权力之间的协同作用。1717年，被他选中带回去的是法国君主专制的工具：路易十四的挂毯，作为专制统治基本资产的科学院和政府公报，而夏宫及其华美的花园是由来自凡尔赛的法国建筑师设计的，法兰西学术院还为一座模仿太阳王的类似雕像制作的巨型彼得骑马像上的铭文提供了建议。[1]彼得想要成为的是"新恺撒"路易十四，而不是"现代汉尼拔"威廉三世。他建立了一支强大的海军来支持陆军，这使他从根本上实现了他在陆地上的目标。他的经济观点是重商主义的，而不是资本主义的，因为这个国家拥有丰富的原材料和不熟练的劳动力，但极度缺乏现金和信贷。[2]他把商业航运交给了真正的海权。

俄罗斯舰队和太阳王的舰队一样，是一种有用的资产，而不是国家军事力量的核心。当彼得强迫他的人民出海，强迫一个被奴役的内陆农民阶层在海上服役时，他重新发现了一个古老的真理。水手与士兵和劳工不一样，不能强迫他们行动，也无法用恐惧来控制他们。要提高他们的专业性，就必须让他们成为自由人，而不是拴在桨上的划船奴隶；没有自由就没有海军，因为海军是由人而不是船来定义的。即使没有预先存在的、自然的海洋文化，彼得也想创造出一批航海人口来，但他失败了。他或许是为俄罗斯建起了一扇朝向西方的窗户，但他很难让人民透过这扇窗户去看世界，更不用说让人们在把它与世界联系起来的大海上航行了。他去世之后50年，叶卡捷琳娜二世不得不根据一份主要由外国专家提出的草案重新组建舰队，以对付奥斯曼土耳其和瑞典的二流海军，这表明，依靠独裁者的意志建立起来的海军在他们死后是无法继续存在的。尽管俄罗斯战胜了一些二流和三流的对手，而且偶尔还会派出一支大型舰队前往波罗的海以外的地方，但英国人坚定地认为，俄国不是个一流的海军强国，这一现实反映了它根本性的弱点。问题不是船只，也不是海军将领，而是

---

[1] Burke, *The Fabrication of Louis XIV*, p.172; Ceacraft, *The Petrine Revolution in Architecture*, pp.158, 185.

[2] Ceacraft, *The Petrine Revolution in Architecture*, p.18.

海员和文化。正如海军上将乔治·科利尔爵士（Sir George Collier）所说，俄罗斯"永远不会成为一个伟大的海事强国（Maritime Power）"[1]。即使是在冷战的高潮时期，苏联舰队——俄罗斯帝国史上最令人印象深刻的海军力量——从根本上来说，仍然是一种防御性的资产，与彼得的海军在观念上几乎没有什么区别。苏联舰队的缔造者、海军元帅谢尔盖·戈尔什科夫（Sergei Gorshkov）强调，舰队要在更广泛的战略努力范围内执行防御性的军事功能。舰队的存在是为了防止海基部队影响俄罗斯的陆地利益。他认识到了大陆问题占据绝对的主导地位。他的红色舰队出海是为了追捕北极星潜艇，以及"保卫我们的祖国"，而不是为了争夺对海洋的控制权。俄罗斯舰队偶尔发动的突袭——不论是对对马，还是对叙利亚——可能会成为头条新闻，但它所遵循的基本原理并没有改变。[2]

与其他大陆军事霸主一样，彼得治下的俄国用海军来执行陆上任务，依靠要塞和陆军来应对英国海权的挑战。归根到底，不断得到加强的喀琅施塔得要塞已经表明了俄罗斯海军的主要作用是充当战略防御力量。俄罗斯对战斗舰队的使用非常谨慎，通常只用于防御，还经常牺牲它来解救基地或领土。俄罗斯海军在重大冲突中所采取的典型行动可以从1854年至1855年间的塞瓦斯托波尔、1904年至1905年间的旅顺港和1942年至1943年间的塞瓦斯托波尔看出来。虽然这些战斗最后都以失败告终，但这几个海军基地的英勇防御得到了人们的颂扬。俄罗斯人了解他们海军计划的实际情况。19世纪的最初10年里，在圣彼得堡的滨水区建起了一座大型证券交易所。交易所外面立着一对船头纪念柱，它们是模仿罗马的盖乌斯·杜伊里乌斯船头纪念柱建造的，上面装饰着从俘获的桨帆船上拆下来的冲角，这是海权国家毁灭的标志。在命运的安排下，这座建筑后来成了海军博物馆，记录着俄罗斯对海权的抵抗。

圣彼得堡证券交易所短暂而无效的存在凸显了这样一个事实：俄罗斯——不论它以何种形式出现在历史当中——过去不曾，将来也永远不会，成为一个

---

[1] Cross, *By the Banks of the Neva*, p.222.克罗斯引用了1775年一份基于查尔斯·诺尔斯（Charles Knowles）论文的报告。"海事"一词具有特定的含义，指的是国家对海洋的彻底投入。

[2] S. G.Gorshkov, *The Sea Power of the State*, Annapolis, MD: USNIP, 1979, pp.135, 178-179, 189, 217, 253, 281.（引文位于此页）。感谢牛津大学2017年度哈德逊研究员、皇家海军克里斯·奥弗莱厄蒂上校（Captain Chris O'Flaherty RN）对戈尔什科夫的思想进行了成果丰硕的讨论。

海权。作为一个以莫斯科为中心、幅员辽阔的陆上帝国，俄罗斯把建立第三罗马普世君主国的神秘宗教梦想与蒙古占领和无休止的西方入侵所造成的苦涩遗产结合在了一起。这些经验强调了安全与稳定、可防御的边界、坚固的堡垒和缓冲地带的首要地位。彼得并没有试图去改变这一现实。他以高超的技术运用海军力量来加强他的军事行动，并在海上建起了一座西式城市，把他的国家与发展国家所需的科学、技术和机械联系起来。然而，他统治时期不朽的象征既不是圣彼得堡，也不是海军，而是喀琅施塔得的大型要塞，正是这座防御堡垒令建造圣彼得堡和海军变得可能。彼得的天才之处在于他分清了该借用什么、该复制什么、该忽略什么。尽管他个人对海洋有着深深的迷恋，但他还是选择了路易十四和罗马帝国的军事专制主义，俄罗斯文化中至今仍留有他独特的印记。

第八章

英国：最后的海权

ENGLAND:THE LAST SEAPOWER

输入的海权：1688年威廉三世在托贝（Torbay）登陆，约瑟夫·马洛德·威廉·透纳作

    彼得大帝想对俄罗斯文化进行激进的重新定位，把海洋纳入其中，他的失败凸显出了一个现实：海权国家是不可能在一夜之间建成的。英格兰/不列颠海权国家的建立花费了200多年的时间。[1]15世纪30年代时，英格兰人已经开始争论是否要把百年战争时期对大陆领土的野心转换为一种海权模式，虽说做这样的争论为时尚早。[2]这个时候英格兰的商务范围还很有限，而且地处海岛之上也没有给它带来任何战略利益。中世纪的舰船无法控制北方的海洋，而缺乏可以击沉敌船的武器使他们几乎没有阻止入侵的能力。事实证明，地中海的桨帆船不适合在波涛汹涌、变幻莫测的英吉利海峡航行，而笨重的帆船又缺乏火力。

---

[1]   这一过程足以成为一个全面研究的主题，在本书中只能进行概述。G. O' Hara, *Britain and the Sea since 1600*, Basingstoke: Palgrave Macmillan, 2010, and J. Scott, *When the Waves Ruled Britannia: Geography and Political Identities 1500–1800*, Oxford: Oxford University Press, 2011, 这两本书对近50年来，在英国人有关战争、政策和身份方面的写作中占据主导地位的以欧洲大陆为中心的方法提出了重要的、独特的纠正。

[2]   G. F. Warner, ed., *The Libelle of Englyshe Polycye*, London: Oxford University Press,1926, p.xvi.

除非它的海军能够确保这座岛的安全并控制贸易，否则海权身份对它而言既不现实也没有用。此外，英格兰国王并不想与那些可能会帮助他们维持一支强大舰队的商人分享权力。尽管有这些障碍的存在，勃艮第—佛兰德斯的海洋文化还是对英格兰的政策造成了影响。国王爱德华四世（Edward Ⅳ）对佛兰德斯的海洋艺术印象深刻，但他动荡不安的生涯清楚地表明，当时的英格兰海军无力保卫不列颠群岛。不论是在国内，还是在国外，英格兰人都在陆地上为了争夺土地而发动战争。

能装载对舰用大炮的三桅横帆船以及采用平铺法制造的大型卡拉克帆船开发出来以后，海权终于成了一个选择。这些军舰改变了战略背景，在爱德华死后成为他女婿的亨利七世（Henry Ⅶ）建造了两艘这样的船——"摄政"号（Regent）和"君主"号（Sovereign），还在可供入侵者利用的锚地附近修建炮台来控制这些地点，设下重重防御，以防再有人像他自己那样入侵英格兰[1]。这些措施具有重要的战略意义，但它们改变不了由信仰、土地和王权铸就的文化。此外，英格兰并非不列颠唯一的王国。即使控制了海洋也阻挡不了苏格兰人在16世纪和18世纪发动的入侵。在西边，爱尔兰的大部分地区仍然处于英格兰的控制之外，这对敌对势力来说是绝好的机会。亨利七世为寻找欧洲以外的贸易做了第一次小小的努力。亨利八世试图重振中世纪时英格兰对欧洲的野心，但他的顾问枢机主教沃尔西（Cardinal Wolsey）和托马斯·莫尔爵士（Sir Thomas More）认识到，以神圣罗马帝国的规模和力量，再加上刚刚获得了布列塔尼的法兰西民族国家，英格兰王国根本无法生产与它们争雄所必需的资源。与此同时，人文主义转向和活字印刷术使英格兰人获得了海权先驱们的知识和文化财富。希腊著作是一个关键的载体，而佛兰德斯海洋艺术则提供了一种新的权力语言。敏锐的英格兰人意识到，地处海岛之上给了他们选择的机会，大陆国家是没有这种机会的。如果英格兰能够依靠海洋来抵御欧洲的威胁，它就可以选择把注意力集中在遥远的陆地上。安全与经济紧密相连。安特卫普主导

---

[1]　1471年，兰开斯特家族的亨利六世被约克家族的爱德华四世杀死，兰开斯特家族的继承人亨利七世被迫流亡法国，1485年8月，他在法国资助下渡海入侵英格兰，击败了爱德华四世之弟理查三世，成为英格兰国王。之后为了巩固自己的地位，他又娶了爱德华四世的女儿，使兰开斯特家族和约克家族合并，开创了都铎王朝。——译者注

着英格兰的羊毛和布料出口，哈布斯堡王朝对它的控制深刻地影响了莫尔的《乌托邦》（*Utopia*），这本书大肆鼓吹岛国、希腊语和三桅帆船的文化优越性。[1]尽管莫尔对普世罗马教会的坚定信仰使《乌托邦》带有折中的倾向，但事实证明，它是有预见性和说服力的。

当亨利八世把英格兰移出欧洲体系时，他奠定了一个海权国家的基础。他宣布他的王国是一个完全由自己做主的帝国，不受任何更高的世俗权威的支配，在他的王冠之上又加上了一重皇冠。随后，他与泛欧洲教会的精神权威决裂，成了英国教会的最高领袖，从此，英格兰教会虽然还是天主教的，但不再受罗马管辖。目前还不清楚亨利在多大程度上认识到了他的做法与威尼斯的做法之间的联系。为了保护他新缔造的国家免遭外国入侵，亨利创建了一支常备的皇家海军。这支海军由装备着重炮的优质军舰组成，为首的是"天佑亨利"号（Henry Grace à Dieu），它是英国历史上的第一艘标志性战舰。此外，他还在沿海地区修建了要塞，并创造了一种艺术，这种艺术以青铜火炮把舰船、要塞和皇家权威联系在了一起。亨利精心设计了一条通往伦敦的凯旋之路，以此来进一步展示他的海军，这条路线在1522年首次被使用，目的是给来访的卡尔五世留下深刻印象。游行队伍从蒂尔伯里和格雷夫森德的两座要塞出发，经过伍尔维奇和德特福德的皇家造船厂、格林尼治宫和伦敦塔，最后抵达白厅。[2]

亨利八世时期，海权的资金来自被解散的修道院，解散修道院之举充实了皇家金库，还为国防计划提供了木材、石料和青铜。帮助海权实现的是律师和商人，他们成了新体系的关键利益相关者，构成了一个新的贵族阶层，如果这个国家回归昔日的信仰，找回与欧洲的旧联系，那么他们将会失去自己的一切。1545年至1546年，亨利的舰队挫败了法国的入侵企图，并打破了地中海桨帆船强大无匹的神话，控制了英吉利海峡。既然制海权战略能够确保英格兰不

[1] A. D. Lambert, *Crusoe's Island*, London: Faber, 2016, pp.8–11.

[2] S. Thurley, 'The Vanishing Architecture of the River Thames', in S. Doran and R. Blyth, eds., *Royal River: Power, Pageantry and the Thames*, Greenwich: Royal Museums, 2012, pp.20–25,所引内容位于第20页。关于皇家造船厂建筑的纪念性，请参见：J. G. Coad, *The Royal Dockyards 1690–1850*, Aldershot: Scolar Press, 1989, and D. Evans, *Building the Steam Navy: Dockyards, Technology and the Creation of the Victorian Battlefleet, 1830–1906*, London: Conway, 2004.

受较大国家的威胁，那么孤悬海外就成了件值得庆贺的事情。亨利用来把他的王国重新定义为一个海权帝国的语言深刻地影响了当时的文化。海权在伊丽莎白时代语言的演变过程中造成了深刻影响。莎士比亚不仅把亨利八世关于英格兰是一个完全由自己做主的帝国的说法重新搬了出来，还和他的同侪一起塑造了一种海权的屈折语，里面到处都有涉及海洋的地方，其范围远远超出了从权力和荣耀到沉船和天文导航法这些明显的海洋观念。[1]水手对都铎王朝晚期文化的显著影响所反映的是当时人们对无敌舰队的担忧，对黄金的期望——它诱使雷利前往圭亚那，以及认为国家的未来在海上的预感——它给了莎士比亚创作《暴风雨》（*The Tempest*）的灵感。

当卡尔五世把西班牙王国与神圣罗马帝国合并时，英格兰所面临的威胁的性质就很清楚了。在卡尔统治期间，西班牙为自己量身打造了一个帝国身份——新罗马，这一信息可以为它征服美洲、建立帝国提供正当性，还可以通过信仰和权力来把卡尔那些差异巨大的领土统一起来。[2]大卫·卢弗（David Lupher）指出，卡尔的退位切断了西班牙和神圣罗马帝国之间的直接联系，在这之后，它的帝国身份被削弱了，但这个身份仍然是西班牙帝国主义最重要的主题之一，它强调陆地军事力量，淡化海洋的关键作用。在卡尔五世的统治下，西班牙哈布斯堡王朝认为，作为现代罗马帝国，它命中注定要统治地中海，消灭帝国的竞争对手。这种意识形态影响到了对突尼斯的征服、歌颂权力的艺术和入侵英格兰的计划。和其他许多大陆帝国一样，西班牙把伟大与无休止的侵略战争联系在一起，就像古代世界里那些古老帝国一样。[3]

西班牙的努力在1535年取得了相应的罗马式成效，在这一年，卡尔五世发动了大规模的两栖作战，从穆斯林手中夺取了北非海盗的根据地突尼斯。皇帝从全欧洲调集的部队拥有超过350艘船和一支庞大的野战军，比他儿子50年后派出的那支舰队更加强大：它的规模足以征服英格兰。卡尔不仅自然而然地以罗

---

[1] A. F. Falconer, *Shakespeare and the Sea*, London: Constable, 1964, p.2; *Cymbeline*, 3.1.13; 另见A. F. Falconer, *A Glossary of Shakespeare's Sea and Naval Terms including Gunnery*, London: Constable, 1965. 作者亚历山大·福尔克纳是一名海军军官，后来做了英语教授。

[2] D. A. Lupher, *Romans in a New World: Classical Models in Sixteenth-Century Spanish America*, Ann Arbor, MI: University of Michigan Press, 2003, pp.176,186.

[3] J. Sureda, *The Golden Age of Spain*, New York: Vendome Press, 2008, p.148.

马模式来看待他的事业，把自己当成是当代的西庇阿·阿非利加努斯，还对突尼斯离迦太基废墟如此之近感慨万分。他这场战役是"古罗马记忆和荣耀的化身"。[1]卡尔用古迦太基的画像来装饰格拉纳达的皇宫，十年之后，他还定制了一套由12张挂毯组成的挂毯画，以之纪念这场远征给王朝增添的荣誉，这套挂毯是由随军艺术家在诗人和历史学家的帮助下设计的。[2]这些歌颂荣耀的画像建立了一种流传后世的经典海外征服模式，它们变成了哈布斯堡帝国的图腾，起初被拿到布鲁塞尔，后来又被放在马德里的阿尔卡扎，向人们展示。第二套挂毯属于卡尔的妹妹葡萄牙太后，她把这套挂毯留给了她的儿子。塞巴斯蒂安国王渴望荣耀，发动了自己的突尼斯战役，结果招来灭顶之灾。1581年，费利佩二世在主持葡萄牙议会的时候展出了这套以突尼斯战役为主题的挂毯。而当哈布斯堡王朝把这些挂毯收起来时，英格兰人则把埃芬厄姆男爵霍华德定制的精美挂毯挂在上议院的墙上，以此纪念他战胜了西班牙无敌舰队，霍华德曾经见过突尼斯战役的挂毯。在1834年整座建筑毁于大火之前，每当上议院就战争、权力和政策问题展开辩论时，这些挂毯都在静静地充当背景。这些盎格鲁—佛兰德斯的杰作长期以来一直是英国海权的终极视觉表现。

在费利佩二世与英格兰的长期战争[3]以及他与奥斯曼帝国的冲突中，自比罗马仍然很有效，奥斯曼帝国也自诩为罗马帝国的继承者。1586年，教士和异端裁判官贝纳迪诺·德·埃斯卡兰特（Bernardino de Escalante）提出了征服英格兰的计划。他曾在英格兰王国待过14个月，为他的主子费利佩二世皇帝服务，他对突尼斯战役的挂毯和李维的著作应该是很熟悉的。1591年，尽管第一支无敌

---

[1]　在卡尔担任西班牙国王和神圣罗马帝国皇帝期间，西班牙形成了一种意识形态，把自己当成了新罗马。这种构建起来的身份有助于证明帝国征服美洲和北非的正当性。这两个战场是有联系的：阿兹特克帝国的征服者埃尔南·科尔特斯（Hernán Cortés）在北非结束了他的军事生涯。虽然在费利佩二世时期，西班牙人自比为罗马已经不那么常见了，但在与英格兰的长期战争中，这一比喻仍然具有强大的影响力。

[2]　Sureda, *The Golden Age of Spain*, pp.43–49; Horn, *Jan Cornelisz Vermeyen: Painter of Charles V and his Conquest of Tunis*.

[3]　由于宗教、私掠船等问题，英格兰与西班牙之间于1585年爆发战争，时断时续的战斗一直持续到1604年。1588年，英格兰曾取得重大胜利，击退了来犯的西班牙无敌舰队，不过，此后它在战争中一直处于下风。而西班牙虽占有优势，但多次派出无敌舰队入侵英格兰都无果而终。两国于1604年签订和约，西班牙承认英格兰的新教政权，英格兰答应不再介入西班牙与荷兰的冲突，双方停战，两国都因此战而蒙受了巨大的经济损失。——译者注

舰队失败了，埃斯卡兰特还是号召再组织一支舰队入侵英格兰，他有意识地把西班牙和英格兰之间的斗争比作布匿战争。他熟知罗马历史，知道在雷古鲁斯的远征失败之后，西庇阿取得了成功。西班牙是新罗马，而且"只有对英格兰的直接进攻才能阻止伊丽莎白和她的臣民支持荷兰、蹂躏东西印度群岛、攻击西班牙的港口和船只"[1]。西班牙不断增长的国力和财富为反宗教改革提供了军事力量，因此有必要将伊丽莎白统治时期的皇家海军发展成一支技术先进的海洋控制舰队，依靠炮击和航海技艺来打败敌人。这支舰队击败了1588年夏天进入英吉利海峡的西班牙两栖特遣部队，这场战役与神圣的裁决、卓越的技能和一位既非王族也非贵族的民族英雄结合在一起，成了英吉利国家的奠基神话。弗朗西斯·德雷克（Francis Drake）及其狂热的新教信仰强调了英格兰与天主教欧洲的差异，并向英格兰人展示了一个广泛地向商业开放的海外世界。理查德·哈克卢特和沃尔特·雷利在图书馆里强化了德雷克在海上做的事情，塑造了一部海权的历史和神话，有意识地把英格兰的成功与前辈国家联系起来，纳入修昔底德的古典海权议程中去。[2]维多利亚时代的作家们则喜欢把伊丽莎白时代与他们自己的全球优势联系起来，他们没有意识到都铎王朝是在自觉地创造海权身份，也没有意识到其最终取得成功所具有的偶然性。在击败无敌舰队与1688年荷兰入侵以及英国海权国家的最终形成之间有长达一个世纪的动荡和麻烦，在这100年当中到底会发生什么是不确定的。

从宗教改革到1604年之间，英格兰很少有机会向来访的君主表达自己的文化身份。然而，伊丽莎白女王曾经三次在伦敦城的圣保罗大教堂举行游行，以庆祝海军所取得的决定性胜利。伊丽莎白故意模仿罗马的凯旋仪式，把缴获的战利品和军旗展示在圣殿里。1604年恢复和平后，丹麦国王克里斯蒂安四世（Christian Ⅳ）率领一支由巨舰组成的舰队访问了伦敦。詹姆斯国王（James Ⅰ）的这位内弟也雇用了荷兰艺术家来表现海权，这自然启发了极为重视礼

---

[1] G. Parker, *The Grand Strategy of Philip II*, New Haven, CT, and London: Yale University Press, 1998, pp.27, 275.

[2] 哈克卢特借鉴了拉穆西奥的作品，而雷利则利用了修昔底德的作品，这些书对于伊丽莎白时代那些爱读希腊著作的英格兰精英们——从女王和她的首席大臣们到帝国的术士约翰·迪伊——来说是耳熟能详的，他们都读过阿尔都斯版的希腊经典著作。

仪的詹姆斯，他创造了一个新的国家权力象征——巨舰"皇太子"号（Prince Royal）。[1]这艘新船摒弃了西班牙战争的教训，把重点放在了庞大的舰身和强大的火力上，而在西班牙战争中，英国船只强调的是快速、灵活。查理一世用令人惊叹的"海上主权"号把这一模式推向了极限，它是查理时代寓言和艺术的至高杰作，神话和魔力环绕着这艘世界上最强大的战斗舰。

由于缺乏足够的财力来维持保卫王国所需的海军力量，都铎王朝依靠私营企业来支持舰队。然而，不论是伊丽莎白，还是她那位来自斯图亚特王朝的继承人，都不愿意与不断崛起的强大经济集团分享权力，而伦敦金融城就是由这个集团形成的，没有这一让步，金融城不打算为君主提供海军经费。因此，英格兰虽然获得了舰船、海权的艺术和建筑、一位海洋民族英雄和一个合适的奠基神话，但它缺乏必要的政治结构和经济手段来维持海权身份。17世纪时的政治动荡其实就是一个身份问题，英国要在君主专制和主张平等的寡头政府之间做出选择，前者执着于宗教正统性、土地财富和稳定，后者则以商业财富和海外贸易为主导，愿意运用制海权战略来挑战地理位置和人口构成的限制，以取得大国地位。建立新身份的最初尝试撞在专制王权的礁石上沉没了。约翰·塞尔登在《海洋封闭论》中提出的法律证据——英格兰国王统治邻近海域已达600年之久——通过查理一世的巨舰"海上主权"号体现了出来，建造这艘船所耗费的资金来自使国家陷入严重分裂的税收。[2]没有议会的支持，查理就不能发展新身份，也无法保卫海洋，而议会则对查理宣称专制王权至高无上深感不安。

测试英国海权模式的任务落到了一个寡头共和国的肩上，它用第二笔横财——被没收的王室和保王党的地产——建立了欧洲最大的战斗舰队。这支舰队控制了英吉利海峡，迫使海上贸易大国荷兰共和国放弃了它的部分贸易。这个弑君的共和国打破了专制王权的魔咒，展示了如何调动国家的潜在力量来改善安全和促进经济发展。正如朱利安·科贝特所言，1650年，英吉利共和国的

---

[1] M. Bellamy, *Christian IV and his Navy: A Political, and Administrative History of the Danish Navy, 1596-1648*, Leiden: Brill, 2006, pp.37,156. Plate 4.艾萨克·艾萨克斯1623年的《声音的寓言》（*Allegory of the Sound*）为后来的英国古典海权主题提供了一个明显的模型。另见Strong, *Henry Prince of Wales and England's Lost Renaissance*, pp.57-59, 插图11—14。

[2] A. R. Young, *His Majesty's Royal Ship: A Critical Edition of Thomas Heywood's 'A True Description of his Majesties Royall Ship'*, New York: AMS Press, 1990. 杨没有提到修昔底德和伯里克利。

舰队使英格兰成了地中海地区的一个重要强国。它在海上摧毁了最后一支保王党军队，惩罚了巴巴里海盗，还威逼西班牙和葡萄牙服从英国的要求：

> 此后，国家海军将成为一支由政府船只组成的正规部队，专为进行战争而建造并维护……历史上第一次，保护商船队几乎被当成了正规海军存在的主要目的，在英国人的思维中，整个海军战略发生了深刻的变化……
>
> 我们忘记了，一旦保护商船队被视为海军的责任，那么，主要的商业路线就成了海军战略的主线，而贸易路线的交叉点也会成为海军战略的焦点。尽管战略家们为了让公众和财政部赞同他们的观点，自然而然地以商业术语来书写它们，但我们绝不能忘记他们真正的目的是通过支配主要贸易路线和占据可以作为海军基地的焦点来控制海洋。[1]

再也没有回头路可走了：从此以后，无论谁登上王位，伦敦金融城都将受到海军的保护。海军为金融城服务，而金融城则向海军提供必要的资金。

新的战略重点是商业和海洋控制，这些重点通过一艘新的标志性舰船得以体现出来，它所表达的是英国的军事力量和控制海洋的冷酷决心。克伦威尔效法亨利八世和查理一世，用"纳斯比"号（Naseby）来表现他的个人野心和一个全新的、截然不同的国家。查理一世用撒克逊国王埃德加（Edgar）指挥七个国王的雕像作为他那艘巨舰的船首像，而"纳斯比"号的船首像则是身披铠甲的骑兵克伦威尔践踏着七名敌人。

英吉利共和国通过建立一支使用大型舰船和可以最大限度提高火力的线形战术来专门从事战斗的海军，并组建一支专业的军官队伍，确保了它对海洋的控制。这些发展增强了海军的战略力量，它们成了一个有抱负的大国的恰当象征。查理二世在1660年复辟时发现，这个新身份已经在他的臣民中扎下了根，在他的统治期间，他一直在努力平衡想要建立一个专制的天主教国家的个人野心与海权带来的经济机遇和安全利益。但正如路易十四和彼得大帝发现的那

---

[1] J. S. Corbett, *England in the Mediterranean: A Study of the Rise and Influence of British Power within the Straits, 1603–1713*, vol.1, London: Longman and Co., 1904, pp.196–197.

样，从根本上来说，这两种身份是不可调和的。由于不愿与议会分享权力，查理无法调动资源来维持海军。他以克伦威尔的"纳斯比"号为旗舰，只是匆匆忙忙地把它改名为"皇家查理"号，它象征着一个此时尚未确定其身份的临时国家。1667年，约翰·德·威特的海权舰队俘获了"皇家查理"号，凸显了使英国舰队落入人手不足之处境的政治僵局，也暴露了复辟政权未能围绕海权建立政治共识的状况。查理拥有一支强大的舰队，但议会不信任他，不给他足够的资金来运用这支舰队。

正如白金汉公爵（Duke of Buckingham）在第三次英荷战争中所言，海权逻辑不容忽视：

> 毫无疑问，英国的利益在于贸易，因为只有贸易才能使我们富有或安全，没有强大的海军，我们就会成为邻国的猎物，而没有贸易，我们既不会有水手，也不会有船只。[1]

国王希望他的海军能从荷兰手中夺取足够多的贸易，使他可以甩开议会自行其是，但事实证明，荷兰舰队实力坚强，在1672年至1674年间第二次拖垮了他。

由于无法打破政治僵局，查理将注意力转向了海权的语言。查理熟悉其先辈的皇家海军艺术，以及当代荷兰共和国和法国的文化潮流，他把自己比作海洋之主尼普顿，与他的表哥、自比为朱庇特和罗马皇帝的路易十四"相映成趣"。查理把海权的文化中心搬到了北海的这边，并且开始在格林尼治建造一座新宫殿，把这里当成伦敦的仪式性入口，因为他需要"一个用来举行外交入境式的礼堂"[2]。1672年4月，当德·威特的"真正自由"共和国垮台时，查理邀请荷兰海员、商人和技艺精湛的工匠前往英国。两位威廉·范·德·维尔德都接受了他的邀请。查理付给他们每人每年100英镑的聘用金：老威廉负责画他的舰船，小威廉给这些画上色。此外，海军大臣、约克公爵詹姆斯（James, Duke of York）也每年给他们一人50英镑。他们创作的每幅画像都将另行付费。

---

[1] George Villiers, 2nd Duke of Buckingham, *A Letter to Sir Thomas Osborn*, London, 1672, p.11.

[2] Thurley, 'The Vanishing Architecture of the River Thames', in S. Doran and R. Blyth, eds., *Royal River: Power, Pageantry and the Thames*, pp.20-25, 引文位于第25页。

查理还在皇后馆里为他们提供了一间工作室，皇后馆是格林尼治宫殿建筑群的一部分，这样的资助大大超过了荷兰人在他们的祖国所获得的任何赞助，哪怕是在荷兰海权、商业和帝国的鼎盛时期也是如此。作为回报，他们在英国逐渐发展为一个海权国家的过程中，把国王的舰队变成了权力和荣耀的图腾。英国同时获得了海军力量和文化上的领导权，这两者通过"巨舰"这一标志性力量，不可分割地交织在一起。

皇室和精英阶层的赞助对创造英国自己的海洋艺术来说是至关重要的，与联省不同，英国中产阶级中没有多少私人买家。莉萨·贾丁（Lisa Jardine）曾把英国人的做法描述为"掠夺"共和国的文化财富，但这样的评价忽略了有意识模仿的深层含义。英国人所做的远不止是获取艺术品，海洋艺术的迁移是海权转移的一个组成部分。

老威廉·范·德·维尔德做了英国的官方战争艺术家，1673年，他在斯霍内维尔德（Schooneveld）附近的战场上航行，就像他一年之前跟随荷兰舰队出海一样。查理意识到"海洋之主"需要伟大的艺术，就于最后一场大战役之前把威廉召了回来，在王室视察舰队时带上了他。此事让小威廉画出了一幅能体现王室统治威严的杰作。老威廉还为约克公爵詹姆斯设计了以海战为主题的挂毯画。[1]小威廉为英国人创造了一种新的造像手法，用风暴中的船以及从船尾俯视旗舰的视图取代了荷兰人喜欢的平静的航行场景。英国人对船只经受暴风雨这一场景的偏爱可能反映了时世的艰辛，而从船尾俯视——"观赏军舰时最为壮观、独特的视角"——则强调了王室的权力、海军的英勇以及高级军官在国家荣誉词典中所占据的突出地位。[2]威廉把英国的大型军舰视为特殊的和标志性的，这反映出了英国海军的象征主义，这种象征主义可以追溯到1539年的《亨利八世在多佛登船》（*The Embarkation of Henry VIII at Dover*）。起初，这些画对王室的意图起到了促进作用，但在1688年之后，它们所表现的是国家的意图，

---

[1] *King Charles II visiting the fleet in the Thames Estuary, 5 June 1672. R. Daalder, Van de Velde and Son: Marine Painters*, p.145,图位于第154页。

[2] Sir Richard Edgecumbe: R. Daalder, *Van de Velde and Son: Marine Painters*, p.163.这一趋势可以从海军上将爱德华·拉塞尔爵士（Sir Edward Russell）向小范·德·维尔德，以及海军上将乔治·宾爵士（Sir George Byng）向彼得·莫纳米（Peter Monamy）大量订购画作中看出来。

因为国王把皇家海军的控制权让给了伦敦金融城。王室的赞助促使英国复辟时期的显要人物雇用范·德·维尔德父子来装饰他们的房子，接受了海权的新语言。

1673年，这些"新式"画像的早期作品被安放在了劳德代尔公爵（Duke of Lauderdale）的住所汉姆屋（Ham House）里，公爵是王室的主要顾问之一。[1]雷默尔特·达尔德（Remmelt Daalder）认为，国王兄弟重视范·德·维尔德父子的作品是因为"它们更为日常的方面，也就是准确地描绘船只和海上事件的能力"，这一观点低估了王室的野心，以及这些用来向英国观众传达海权信息的图画所造成的影响，它们塑造了一种至今仍未衰落的英国品味。

单单一种权力语言满足不了查理。在1674年与荷兰议和之后，他用安东尼奥·维利奥创作的绝妙巴洛克式寓言缓和了一场没有结果的冲突所带来的失望。在《查理二世的海上凯旋》中，国王乘坐着尼普顿的战车，胜利之神追随着他，在他头顶上方，一顶皇冠衬托着一行拉丁文"全天下海洋之主"。斯图亚特王朝对海上主权的主张是两次英荷战争爆发的主要原因。维利奥让查理成了海上的路易十四，他的作品装饰在温莎城堡的国家外交大厅里。[2]《查理二世的海上凯旋》使用了路易十四宫廷中的艺术语言，与范·德·维尔德父子创作的那些朴素的画形成了鲜明对比，但这两者的结合改变了海权的文化史。

查理努力争取海上主权的举动没能打动议会，议会拒绝让他自由地使用国家资源。复辟时期的英国是一个富国，也是一个弱国。斯图亚特王朝的海权身份强调的是王家威严，而非商业扩张。詹姆斯二世发现，英国人不会追随他恢复天主教信仰或是这一信仰所支撑的欧洲专制制度，这些议程与真正的海权身份是不相容的。在詹姆斯二世倒台时，将王冠与舰队联系在一起的标志性舰船，与手持三叉戟的海上女武神不列颠尼亚——英国海权的帕拉斯·雅典娜——一起，成了这个国家的象征。詹姆斯为英国构建海权身份所做的贡献就

---

[1] Daalder, *Van de Velde and Son: Marine Painters*, pp.142-143.

[2] 那不勒斯人安东尼奥·贝利奥利用巴洛克风格中丰富的寓言式古典主义来强调君主的国际地位。C. Brett, 'Antonio Verrio (c. 1636 - 1707): His career and surviving work', *The British Art Journal*, vol.10, no.3, (Winter/ Spring 2009-2010), pp.4-17.查理没付《查理二世的海上凯旋》的工钱：詹姆斯二世替他付了，在1688年时。

是打破了几十年来使这一进程陷入瘫痪的僵局，由一个天主教王朝来统治英国的前景迫使它在专制主义和寡头政治之间做出选择。拥有大量地产的精英和伦敦金融城把王冠交给了有一半斯图亚特血统的荷兰执政和他信仰新教的斯图亚特妻子，作为回报，他们分享了政治权力。商业阶层决定致力于海权。威廉三世意识到，伦敦是另一座阿姆斯特丹，但比阿姆斯特丹更大，于是他妥协了。他需要英国的资金和资源来抵制路易十四的普世君主国，而这两座海权城市都害怕路易十四的重商主义经济政策。在5年时间里，英国依靠革命这一解决方案创建了君主立宪政体、国家银行和国家债务，通过释放财政力量和国家决心的巨大储备，英国成了一个真正的海权，而威廉那两位奉行专制主义的舅舅一直无法触及这些储备。1690年，英国舰队在比奇角（Beachy Head）遭遇惨败，詹姆斯二世和他的法国盟友可以轻易地入侵英国，在这种情况下，第一笔国债被用在了重建战斗舰队上。

在比奇角，路易十四的海军再现了盖乌斯·杜伊里乌斯的胜利，粉碎了英荷海军的舰队，确保了对海洋的控制。如果法国人懂得制海权的意义，他们本来是能赢得战争的。通过占领通往英吉利海峡的西方通道，法国可以利用受到战斗舰队保护的私掠船来摧毁英荷两国的贸易，迫使它们出来战斗或投降。但法国没有这样做，反而把时间浪费在准备入侵并推翻英国上。英国人没有过于惊慌，而是调动他们的财政力量，在路易集结军队之前重建了战斗舰队。1692年，英国皇家海军在巴尔夫勒—拉乌格击败了法国舰队，并很快就从一支偏重于战斗的舰队转型为一支全能型的海洋控制舰队，增加了大量用来保护贸易的船只，迅速把重点转移到了护航上面。[1]它已经变成了海权国家的海军，下议院在投票通过1708年的《护航和巡洋舰法》（*Convoys and Cruisers Act*）时强调了这一点，该法案把保护贸易纳入了法律。海军服务于伦敦金融城而不是国王。作为回报，金融城为威廉在欧洲打仗提供了资金，支持他利用这场战争发展欧洲以外的贸易，并粉碎了复兴的安特卫普所造成的商业威胁。威廉的继任者们没有对这一新秩序提出异议。

---

[1] P. Crowhurst, *The Defence of British Trade 1689–1815*, Folkestone: Dawson, 1977, ch.2: 'The Organisation of Convoys and their Departure', pp.43–80.

对国债的投资促使伦敦金融城和拥有地产的精英阶层致力于革命这个解决方案：一位恢复了天主教地位的君主是不会偿还这笔钱的。由于贵族和资本都致力于维护新秩序，只有那些没有土地和身无分文的人才会支持流亡的斯图亚特王朝。尽管有内部的反对和外部的敌人，不列颠的海权还是繁荣了250年，在这250年中，人们一直在对这个国家的性质和身份进行思考，把过去和现在融合起来，形成了一个海权概念和议程的连续统一体。

英国通过采用共和模式成为海权国家，这种模式把国王变成了世袭的虚君，以掩盖伦敦金融城对地产利益的支配。要成为一个真正的海权国家，英国就必须把有钱人与权力的终极工具联系起来：当查理二世和詹姆斯二世的海军成为伦敦金融城的海军时，金融城打开了自己的金库。新的政治模式释放出了前所未有的资源，用以维持恰当的海上战略。虽然新制度的第一位君主，荷兰执政，促进了这一进程，但在此之后，新制度就不再需要王室的领导了。这是至关重要的，因为，正如约翰·德·威特所观察到的，世袭制度往往无法产生合适的领袖。英国人采用了海权国家的寡头政治结构，同时又保留了作为虚君的国王，并保持了土地贵族的地位。虽然英国人的新政治模式有相当大的一部分是从荷兰人那里学来的，但他们创造了一种结构，使资本家能够与制造业和开放的贵族阶层分享权力。[1]贵族阶层保持开放使资本家能够把商业利润转化为地产，从而取得精英阶层的地位。

当重整旗鼓的英荷舰队在巴尔夫勒击败了法国人时，他们追击太阳王的残余舰队，把它们赶进了诺曼底北部的浅海湾。在瑟堡和拉乌格，他们烧毁了几艘巨舰，其中就包括路易那艘标志性的旗舰"皇家太阳"号。小范·德·维尔德和亚伯拉罕·范·迪斯特（Abraham van Diest）都捕捉到了这样一个时刻：路易十四的海军野心，与他建立普世君主国的希望一起烟消云散了。[2]这一强力的海权胜利宣言与迦太基的毁灭形成了鲜明对比，而后者正是路易打算施加于战

---

[1] Brandon, *War, Capital, and the Dutch State*. p.35.

[2] 小范·德·维尔德曾为爱德华·拉塞尔海军上将——也就是后来的奥福德伯爵（Lord Orford）、同盟舰队司令、1688年革命的领导者之一——作过画，画了他的旗舰、他在拉乌格取得的胜利以及其他一些能表明拉塞尔之荣耀的场面。他的住宅里仍保存着这些画当中的5幅：Daalder, *Van de Velde and Son: Marine Painters*, p.170-175.

败的海权身上的。

在1688年到1713年间的两场大战中，英国成了"独一无二的海权"[1]。海权打破了路易把法国变成新罗马的野心，促进了英国的贸易，扩展了它的海洋帝国。随着荷兰共和国的衰落，威廉以及在他于1702年去世后掌握大权的英国大臣们把制海权从英荷联盟转移到了英国手里，由它独占。在以剥夺国王权力的方式成为一个海权之后，议会于1697年通过了和平时期的第一个法案，遣散了威廉的军队，以防其成为王室独裁统治的工具。与荷兰不同，英国的安全依赖于它的战斗舰队，而不是军队和堡垒。[2]这一决定确保了在1702年战端再开时英国牢牢控制着海洋，而它所动员的陆军则主要是雇佣兵，收钱打仗的专业部队。反对王权的政治家们很喜欢这种方法，它也呼应了其他海权的选择。在150年后的克里米亚战争中，英国仍在招募雇佣军。议会决定，英国对同盟战争的贡献将是海军和经济上的，而不是陆军上的。即使是在1793年到1815年那场关系到国家存亡的大冲突中，英国也没有实行征兵——除非是为了防御本国——更没有试图组建一支大陆军。相反，它稳步提高税收，以维持一个典型的海权国家那昂贵的战略工具——用来控制海洋的战斗舰队，以及用来保护英国贸易安全的巡洋舰队。[3]选择是成为一个海权的基本要素，威廉懂得海权的商业规则和战略逻辑。在1697年到1702年这段短暂的和平时间里，他不遗余力地为自己的国家争取商业利益，在波罗的海部署舰队，想要通过允许波旁家族登上西班牙王位来制定瓜分条约，以确保英荷两国的殖民地领土和商业利益。战争爆发的原因是路易低估了海权国家保护贸易和维持法比边境的决心。[4]

尽管威廉三世需要以海军来充当威慑力量，但他并不需要他舅舅的艺术宣传："光荣革命"把海权奉为了新政治制度的核心。他最关心的是抵抗法国在

---

[1] Mahan, *The Influence of Sea Power upon History*, p.225.

[2] C. E. Levillain, 'William III's Military and Political Career in Neo-Roman Context, 1672–1702', *The Historical Journal*, vol.48 (2005) pp.321–350 at pp.337–339.

[3] P. O'Brien, 'Fiscal Exceptionalism: Great Britain and its European rivals from Civil War to triumph at Trafalgar and Waterloo' in D.Winch and P.O'Brien, eds., Oxford: Oxford University Press, 2002, p.250; J. Brewer, *The Sinews of Power: War, Money, and the English state, 1688-1783*, Cambridge, MA: Harvard University Press, p.90.

[4] Baxter, *William III and the Defense of European Liberty 1650–1702*, pp.367–388.

陆地上的霸权。威廉和玛丽把查理二世在格林尼治还没建完的宫殿改造成了一所供衰老海员使用的医院，也不再雇用范·德·维尔德父子。身为天主教徒的维利奥被迫辞职，然而，新图像学已经站稳了脚跟，艺术家们找到了其他赞助人：不仅"定制船只画像风靡一时"，而且，维利奥也再次成为皇家画师。[1]海权身份已经在英国扎下根来，小威廉·范·德·维尔德于1704年创作的那幅威风凛凛的画——《"皇家主权"号》（*Royal Sovereign*）就是例证。

新世纪之初，海权的艺术语言在格林尼治克里斯托弗·雷恩（Christopher Wren）爵士海军医院彩绘大厅的天花板上得到了淋漓尽致的表达，把查理自我吹捧的宫殿变成了一个对国家而言很重要的声明。为了最大限度地发挥影响力，英国新海权身份的这个开放性的侧舷被安置在伦敦的仪式性入口处。这家医院为英国海权提供了一个大部分是借来或偷来的文化核心，而彩绘大厅纪念的是保卫了海洋三叉戟的舰队，协助保卫三叉戟的科学家们占据着一幅图画的边缘，而图画中心是威廉三世和玛丽王后的胜利——1688年革命的成功和路易十四的天主教专制主义的失败。捐助者名单揭示了王室的赞助、金融城人士的财富和詹姆斯二世党人被没收的地产是怎样资助这座巴洛克风格的宫殿收容老迈、伤残海员的，这些人曾经为了替汉诺威王朝把斯图亚特王朝挂在嘴上的海上主权变成现实而战斗和受苦。国王、国家和财富以一种把大海置于英国身份核心的慷慨姿态团结起来，一起庆祝大陆帝国主义、詹姆斯二世党人的专制主义和波旁王朝重商主义经济学的失败。[2]由于海洋艺术要遵循权力的现实，所以艺术家必须是英国人。弗朗西斯·桑希尔爵士（Sir Francis Thornhill）既是因为他的才能，也是因为他的国籍而被选中的。

作为伦敦的仪式性入口、充满活力的海权文化的艺术体现以及一处很受欢迎的旅游景点，彩绘大厅需要一本导游手册。桑希尔1726年写的《对格林尼治

---

[1]　贝利奥在伯利为埃克塞特伯爵（Earl of Exeter）设计的"天堂之屋"是他的代表作。J. Musson, 'Laughing with the Gods: The Heaven Room at Burghley', *Country Life* (5 July 2017), pp.80–84; Daalder, *Van de Velde and Son: Marine Painters*, p.166.

[2]　B. Ford, ed., *The Cambridge Cultural History of Britain: Seventeenth-Century Britain*, Cambridge: Cambridge University Press, 1989.该书既没有提到贝利奥和他的画作特点，也没有提到范·德·维尔德父子。S. Thurley, *Hampton Court: A Social and Architectural History*, New Haven, CT, and London: Yale University Press.1992.

皇家医院中的绘画的说明》（*An Explanation of the Painting in the Royal-Hospital at Greenwich*）用法语和英语对这些寓言性的展示进行了解释。[1]虽说这座华丽的大厅很少被用在用餐上，但在每年的威廉三世生日这天，这里都会举行餐会。

在从汉诺威到伦敦的旅途中，乔治一世（George Ⅰ）在格林尼治上了岸，在那里，尚未完工的彩绘大厅给他上了一堂英国例外论的大师课。在这个国家里最华美的巴洛克式宫殿里居住着衰老的海员，这强调了英国是一个海权，而不是一个大陆国家，海军地位远远高于陆军。[2]汉诺威王朝向海权屈服后，他们就被画在了西墙上。[3]乔治所统治的国家已经扩大了很多，把苏格兰和爱尔兰也包括了进来。联合王国的这些新地区从来没有完全接受海权的愿景。苏格兰低地人中的大多数在《1707年联合法案》（*1707 Act of Union*）中找到了机会和利益；而拥护詹姆斯二世的高地人则不然，就像许多爱尔兰人一样，他们也成了一个问题。以天主教信仰为主的社区抵制以新教和海权为基础的英国身份，保留了与罗马的联系和天主教对海洋的厌恶。在都铎王朝的领土——英格兰和威尔士——之外的地区，海权身份的影响充其量只能说是不均匀的。在1707年之后很久，皇家海军仍然只属于英格兰，正如一个世纪后圣文森特伯爵（Earl St Vincent）对苏格兰军官的蔑视所表明的那样。

这个新国家以及它那反映地产和资本利益的寡头政府所具有的海权价值观，就像过去的海权一样，引发了大陆专制政体的仇恨和恐惧。到1713年，不列颠已经成为欧洲大国，它的舰队从最近获得的位于直布罗陀和米诺卡岛上的基地出发，控制着西地中海，剩下的舰队则限制了俄罗斯在波罗的海的野心。海军力量促进了经济的扩张，使欧洲大陆的竞争保持平衡，并分散了对手的注意力。英国人会像前几个世纪的威尼斯人一样，在欧洲政治上投入大量精力：两者都想要建立一个稳定、平衡的国家体系，在这个体系中，这两个强国的独

---

[1] J. Bold, *Greenwich: An Architectural History of the Royal Hospital for Seamen and the Queen's House*, New Haven, CT, and London: Yale University Press, 2000, pp.95-104, 145.

[2] 英国海洋艺术家、出身于海峡群岛的彼得·莫纳米绘制了乔治到来的场景：F. B. Cockett, *Peter Monamy 1681-1749 and his Circle*, Woodbridge: Antique Collectors Club, 2000, pp.52-53, 55.

[3] Bold, *Greenwich*, pp.132-172.

特地位能够得到保障，它们的贸易也将保持繁荣。

　　尽管汉诺威王朝的君主们作为神圣罗马帝国的选帝侯，也是德意志政治的重要参与者，但不列颠海权国家的主要利益攸关方，包括伦敦金融城在内，拒绝了让欧洲成为主要政策焦点的任何企图。反对乔治二世（George Ⅱ）和罗伯特·沃尔波尔（Robert Walpole）的"爱国者"以博林布鲁克子爵亨利·圣约翰（Henry St John, Lord Bolingbroke）为他们思想上的领袖，强调海权和帝国才是"不列颠"的未来，四面受敌、脆弱不堪的"区区选帝侯领"不值一提。对热衷于古典主义的博林布鲁克来说，修昔底德是政治家和将军最理想的导师。[1]在他1738年写的《爱国的国王之思想》（*The Idea of the Patriot King*）中，他要求以英雄君主为榜样对国家进行重建，伊丽莎白女王就是一个好榜样。使国家伟大的工具是"足以遮蔽海洋的舰队，依靠工业回报把财富带回国内，在智慧的指引下把援助或恐怖带到国外，只要海浪仍在翻滚，海风仍在吹拂，它们就能成功地维护不列颠的权利和荣誉"。

　　正如艾萨克·克拉米克（Isaac Krammick）所观察到的，"《统治吧，不列颠尼亚》（*Rule Britannia*）这首歌似乎就是源于这些文字"，因为这两段文本都是为聚集在威尔士亲王弗雷德里克（Frederick, Prince of Wales）身边的"爱国者"反对派而写的。[2]《统治吧，不列颠尼亚》是英国非正式的国歌，它既是为"爱国者"，也是为庆祝海军在加勒比海取得的荣耀而写的。对作家、诗人和剧作家詹姆斯·汤普森（James Thompson）来说，这种观点，尤其是强有力的海权主题，并不新鲜。1727年，受英国海员在加勒比海被西班牙海岸警卫队逮捕一事的刺激，汤普森写了一首名为《不列颠尼亚》（*Britannia*）的诗，堪称海权的圣歌：

　　　　这是你的荣耀，是你的智慧：

　　　　这是你与生俱来的权力，

　　　　将它赋予你的是命运，

---

[1]　Lord Bolingbroke, *Letters on the Use and Study of History*, Letter V.

[2]　I. Krammick, *Bolingbroke and his Circle: The Politics of Nostalgia in the Age of Walpole*, Cambridge, MA: Cambridge University Press, 1968, pp.34-36.

就在命运让最坚定的国家永远统治海洋之时。[1]

汤普森在一位来自德国的新国王登上英国王位之时写下这首诗，此事绝非巧合。这是给国王的一个公开提醒：他父亲在格林尼治所领略到的海权身份仍然是这个国家的意图。1730年，汤普森在一部以迦太基人为主角的悲剧《索福尼斯巴》（*Sophonisba*）中加入了古典文献，把海权与历史结合起来，塑造了一个不断演变的身份。[2]英法两国在进行辩论时常常会提起迦太基。《统治吧，不列颠尼亚》不仅歌颂了海军——帝国的荣耀，还使伦敦金融城成为国家身份的中心。[3]1713年以后，英国的知识分子把他们的新发现与过去的海权联系起来了，但是他们不愿意进一步探究他们处境的深层意义。这项任务落在了一个法国人肩上。1704年，路易十四那以罗马为原型的野心在布伦海姆战役中破灭了，这令孟德斯鸠男爵夏尔·德·塞孔达（Charles de Secondat, Baron Montesquieu）大吃一惊，他试图通过对当代政策的经典范例进行比较，来为波旁王朝的失败寻求一种哲学上的解释。孟德斯鸠搬到了伦敦，对英国的制度展开了研究，博林布鲁克的论辩作品一问世，他就立刻沉迷其中。这些作品极力主张通过一种以贸易为动力、以海军力量为依托的海权政策来保持欧洲的均衡，不要参与欧洲的竞争，博林布鲁克拿古代和当代进行类比，以此来论证他的主题。[4]

---

[1] B. Simms, *Three Victories and a Defeat: The Rise and Fall of the First British Empire, 1714–1783*, London: Penguin, 2007, pp.204-207.西姆斯把欧洲当成英国作为一个帝国崛起的关键，这一主张是有根据的，但他把英国对欧洲那种基本上是消极的意图和它对除此之外的世界那种异常积极的态度混为一谈，低估了伦敦金融城、东印度公司和其他商业利益对国家政策的影响。

[2] 索福尼斯巴在第二次布匿战争最后阶段的危机中被嫁给了年长的努米底亚国王（索福尼斯巴原本被许配给了努米底亚王子马西尼萨，但在第二次布匿战争的最后阶段，为了使努米底亚国王西法克斯不倒向罗马，迦太基人把她嫁给了西法克斯。马西尼萨大怒，遂与大西庇阿结盟，打败了西法克斯与迦太基的联军，为了替祖国拉拢马西尼萨，索福尼斯巴又主动嫁给了马西尼萨。但她的计谋被西庇阿识破，西庇阿让马西尼萨交出她。马西尼萨不忍索福尼斯巴被罗马人杀死，于是送毒酒给她，索福尼斯巴从容服毒自尽。——译者注）。Miles, *Carthage Must Be Destroyed*, p.309.

[3] D. Armitage, *The Ideological Origins of the British Empire*, Cambridge: Cambridge University Press,2000.p.173. 1945年，路易斯·蒙巴顿伯爵（Lord Louis Mountbatten）在新加坡接受日本投降时曾演奏了《统治吧，不列颠尼亚》。A. Jackson, *The British Empire and the Second World War*, London: Continuum, 2008, p.459.

[4] Krammick, *Bolingbroke and his Circle*, pp.148-149; H. T. Dickinson, *Bolingbroke*, London: Constable, 1970, pp.305-306.

孟德斯鸠认为英国是现代的迦太基,一个商业共和国把一支强大的海军与一个由商人阶层控制的政治体系结合在一起,使国家能够获得深层的经济资源来维持长期战争,并产生了一个有权力的公民阶级。这些优势使得英格兰打败了新罗马普世君主国。[1]

孟德斯鸠不带丝毫讽刺意味地把英国描述为一个共和国。他了解英国的运作方式,也明白在1688年到1714年间,英国是如何从一个边缘国家变成了一个大国,而专制主义的法国则表现出了巨大的劣势。只有"共和国"才能长期维持对海上贸易和海军力量的必要关注。孟德斯鸠选择以迦太基作为分析英国的模型,这揭示了法国野心的潜在现实以及他对李维的解读。一个半世纪后,美国海军军官兼战略家阿尔弗雷德·塞耶·马汉上校提出了一种以六个条件为基础的制海权理论模型。它只不过是法国人对博林布鲁克思想所做分析的一种详尽阐释罢了。[2]事实证明,马汉在维多利亚时代的英国特别受欢迎,因为他呼应了英国的文学经典名著,并支持了英国当时的战略思想。

孟德斯鸠的分析对法国的文化、战略和海权思想产生了深远影响。法国人把不列颠非人格化为一个如同迦太基一样的"他者",因为它是一个被商业文化和"店主之国"背信弃义的政治所"腐蚀"的海权。它必须被"毁灭"。在1790年之后,共和党人慷慨激昂的长篇演说中完全没有任何原创的东西,其他的大陆帝国对这种语言的运用也是如此。尽管法国人的评论带有侮辱性意图,是对孟德斯鸠理性分析的一种曲解,但事实证明,这些评论完全无效。英国人对于以迦太基为先辈感到很自豪,这一次轮到全欧洲的大陆帝国在火焰中覆灭了。虽然英国人是新迦太基人,但18世纪的英国贵族与罗马共和国的精英阶层一样,都是拥有大量地产的人,享有政治权力,并要求学校和大学把荣誉、正直和勇敢等古典美德教给他们的儿子。他们把自己描绘成罗马元老,以此来强

---

[1] P. Rahe, *Montesquieu and the Logic of Liberty: War, Religion, Commerce, Climate, Terrain, Technology, Uneasiness of Mind, the Spirit of Political Vigilance, and the Foundations of the Modern Republic*, New Haven, CT, and London: Yale University Press, 2009, pp.3-61, esp.p.59.雷利是头一个把这两者联系起来的人,他在《世界史》(1614年)第二册中写道:"在罗马人和迦太基人的战争中海权所具有的重要性可以从英格兰和西班牙之间的斗争中看出来。"

[2] Mahan, *The Influence of Sea Power upon History*, pp.25-89. 19世纪的法国理论家也令马汉受益匪浅,特别是泽维尔·雷蒙德(Xavier Raymond)。

调自己的美德，这些美德能证明他们反对想要攫取更多权力的腐败大臣和国王是正当的。像罗马元老一样，他们反对普遍权力和民粹主义的民主——因为它们会削弱国家，并夺走他们的特权。然而，他们的托加长袍和神庙只是表象，他们心里明白英国不是罗马，于是巧妙地修改了论点，把以贸易和海事为业的人——和他们一起分享政治权力的人——纳入他们乐意与之通婚而不是加以拒绝的家庭之列。在乔治一世到四世时期的英国，土地、金钱和贸易结合在了一起，以抑制民粹主义政治所造成的文化威胁：这些人认为，推翻折中的寡头政治一定会导致不列颠国家的崩坏。汉尼拔想必能理解这种想法。

　　欧洲列强总是高估了英国为保护汉诺威的安全而牺牲海权的意愿。在乔治三世（George Ⅲ）于1760年继位之后，德国与英国的联系逐渐消散了：乔治从未离开过英格兰南部。他是一位英国国王，喜欢海图、航海和科学。他的"帝国"是不列颠的，而不是神圣的或罗马的，他还任命了一位官方海洋艺术家。事实证明，这些选择对于国家文化的发展至关重要。[1]它们经历了美国独立战争的严峻考验，当时，这个拥有大量土地和人口、将会迅速成为罗马帝国的国家起义了。不列颠海权国家得到了一个惨痛的教训：帝国在1763年赢得的荣耀掩盖了一个基本的现实——英国已经极度衰弱了。[2]英国缺乏政治凝聚力和陆军力量来镇压起义或保住其领土。面对法国、西班牙和荷兰的攻击，英国放弃了美国的殖民地，专注保护加勒比海上那些盛产砂糖的岛屿、印度以及极具战略价值的直布罗陀要塞。只要保住了这些地方，法国和西班牙的经济枯竭就会带来和平。1783年后，它所建立的帝国明显没有"其短命的前身那么大陆化"。[3]在1793年到1815年间，周而复始的战争蹂躏了整个欧洲，英国人把精力集中在对

[1]　Simms, *Three Victories and a Defeat*, pp.469–473; J. Marsden,ed., *The Wisdom of George Ⅲ*, London:Royal Household, 2004; A. Russett, *Dominic Serres R.A. 1719–1793*, Woodbridge: Antique Collector`s Club, 2001.

[2]　1763年，英国与法国签订了《巴黎和约》，七年战争结束。法国把它在北美大陆的绝大部分殖民地割让给英国，并撤出了印度，英国从而成为在海外拥有最多殖民地的国家。英国虽然获胜，但战争时期庞大的军费支出使其财政捉襟见肘，不得不增加北美殖民地的税收，此举最终引发了美国独立战争。在法国、荷兰等欧洲国家的支援下，美国打败了英国，两国于1783年签订《巴黎条约》，英国承认了美国的独立。——译者注

[3]　S. Conway, *The War of American Independence, 1775–1783*, London:Longmans,1995; V. T. Harlow, *The Founding of the Second British Empire 1763–1793, Vol. Ⅱ : New Continents and Changing Values*, London: Longmans, 1964.

海洋的控制上，这是岛国获得安全和经济优势的关键，与此同时，他们与盟国合作，尽可能地限制法国的扩张。他们孤军奋战了很长一段时间，等待经济上的消耗和法国占领的影响促使其他国家重新卷入这场冲突。最终，拿破仑的泛欧洲帝国被推翻了，英国军队回到祖国。他们不想成为一个大陆强国。

法国政治家没有清楚地理解孟德斯鸠的意思，他们以为把英国人称作"迦太基人"是一种侮辱。拿破仑还另加上一句"店主之国"，他大概不知道，所有海权国家都是"店主之国"。孟德斯鸠的观点在英吉利海峡两岸都将引起共鸣，直到拿破仑退位，来自大型港口利物浦的议员、未来的英国首相乔治·坎宁（George Canning）在1814年1月10日就已经预料到了这一事件。坎宁把他的选民和迦太基人联系在了一起：

> 我认为，我们有理由庆幸，在这场比布匿战争更大的战争中，在这场敌人把自己比作现代的罗马、把英格兰比作现代的迦太基并常常对此洋洋自得的战争中（至少，从这层意义上来说，两者有可比性，即现代迦太基的彻底毁灭同样被认为是它的对手变得伟大所不可或缺的因素）——我认为，我们有理由庆幸，与他们给我们指定的原型不同，我们没有因内部纷争而把注意力从全力支持一场生死攸关的斗争上转移开；我们没有遭受痛苦，也没有以争吵来使我们的顾问分心或限制我们对武器的运用。[1]

他对法国的战争目标与英国的存亡息息相关所做的强调具有重要意义。[2]长期

---

[1] 坎宁在利物浦的演说，1814年1月10日：G. Canning, *Speeches of the Right Hon. George Canning delivered on Public Occasions in Liverpool*, Liverpool: Thomas Kaye, 1835, p.106,演讲全文位于第81—112页。

[2] L. Colley, *Britons: Forging the Nation 1707–1837*, (New Haven,CT,and London: Yale University Press, 1992)本书强调了战争和海外贸易在创造英国国家身份中的核心作用，以及这一身份在1793年到1815年间维持对大革命和拿破仑统治时期的法国所做的全面战争努力中所起到的作用，这场战争主要是在海上进行的。M. Lincoln, *Representing the Royal Navy: British Sea Power 1750–1815*（Aldershot: Ashgate, 2003）考察了对乔治一世到四世时期之海军所做的有争议的解释，并强调了该组织在国家生活中的核心作用。A. D.Lambert, *Nelson: Britannia's God of War*（London: Faber and Faber, 2004）考察了这位英国民族英雄、一个海上强国的图腾是如何被构建起来的。T. Jenks, *Naval Engagements: Patriotism, Cultural Politics, and the Royal Navy 1793–1815*, Oxford: Oxford University Press, 2006,在具体的海军语境中进一步发展了坎宁的方法。

以来，法国一直是个对英国的身份造成了深刻影响的"他者"，但在1713年之后，它不再像路易十四统治时期那样渴望建立"普世君主国"了。大革命和帝国复苏了这一威胁，并将其与加剧了英国的焦虑情绪和加强了阶层和地区之间凝聚力的激进社会议程融合在一起。坎宁的演讲赞扬了这种凝聚力，他运用古典知识和对公众舆论的敏锐反应，强调了这座大型港口城市在人们盼望的胜利中所起的作用。坎宁"总是倾向于指向公众舆论已经倾向的方向"，这让他的话具有了特殊的意义。[1]

　　并不是只有在法国人侮辱英国人时才使用这个类比。在汉诺威王朝统治时期，圆形海港得以重现。皇家造船厂按照宏伟、古典的形式被重建，巨大的砖石建筑被当作艺术和典范记录下来，以提醒国王并确保这些昂贵的工程成为威慑力的一部分。在这个海权国家的神经中枢——白厅，建起了一座古典风格的海军部大楼，这代表着采取行动的政治意愿，而英国的海军艺术捕捉到了每一轮新的胜利。[2]1793年到1814年间，约瑟夫·马洛德·威廉·透纳开发了一种艺术语言来表现英国海权在反对拿破仑军事帝国主义中的作用，对范·德·维尔德父子描绘出的海权做了进一步深化。[3]透纳重画了小威廉·范·德·维尔德1704年创作的《"皇家主权"号》，把这艘巨舰打造成了新时代的国家象征。他在20年后创作的皇家海军"胜利"号三联画和气势恢宏的《特拉法尔加》（*Trafalgar*）表现出了挑战和应战、战胜一切困难、基于海军力量的安全以及为了这场胜利付出的高昂代价——他的画成了乔治·戈登·拜伦（George Gordon Byron）称颂纳尔逊为"不列颠尼亚战神"的先声。此外，他还和坎宁一起庆祝英国的"迦太基式"胜利，拓展了克劳德·洛兰（Claude Lorrain）的艺术语言。1843年，年轻的约翰·罗斯金在提到透纳1815年的巨作《狄多建立迦太基，或迦太基帝国的黎明》（*Dido building Carthage, or, the Dawn of the Carthaginian Empire*）时，强调了成为一个海权的含义：

[1]　R. Muir, *Wellington: Waterloo and the Fortunes of Peace, 1814–1852*, New Haven,CT,and London: Yale University Press, 2015, p.106.

[2]　关于范·德·维尔德之后的英国海洋艺术，请参见E. Hughes, ed., *Spreading Canvas: Eighteenth-Century British Marine Painting*, New Hevan, CT.and London: Yale University Press, 2016.

[3]　F. G. H. Bachrach, *Turner's Holland*, London:Tate Gallery, 1994.特龙普是最受欢迎的主题。

前景中的主要对象……是一群孩子在让玩具帆船出航。画家巧妙地选择了这一事件，来表达作为未来伟大之源泉的主要志趣，它比忙碌的石匠或全副武装的士兵造成的喧嚣更优先，听到别人对它的描述和看到它一样足以让人理解它的重要性——这与绘画技术无关；匆匆数笔就能把这一思想传达出去，告诉知识分子，其效果与色彩的精妙表现并无二致。这样的思想是远远高于一切艺术的，它是最高级别的史诗。

罗斯金拿这种深度与克劳德·洛兰画的《希巴女王的出航》（*Seaport with the Embarkation of the Queen of Sheba*）进行了对比，正是这幅画激发了透纳的灵感。[1]虽然透纳希望自己的艺术才能被评价为足以与克劳德比肩，但他与他的法国前辈有着截然不同的使命感。[2]克劳德对作为文化和身份的海权毫无兴趣，因为他的赞助人看不上海洋，而透纳则以日出时分的地中海港口来赞颂英国在击败海权的最新敌人拿破仑的过程中所起的作用。随着英国的海权身份逐渐催生出一个工业时代来，未来辉煌的预兆也从1815年这幅画中孩子们的玩具变成了《战舰"蛮勇"号》（*The Fighting Temeraire*）[3]中的蒸汽轮船。

透纳花了50年的时间来描绘海权，他结合古典准则，发展出一种在《战舰"蛮勇"号》中达到高潮的独特视图。这幅画不仅抓住了英国海权即将从木制军舰转向工业动力的那一刻，而且它始终是英国的终极图景。透纳不是唯一一个看到了这种联系的英国人。1845年，英国与法国在外交上起了争端，此时正值蒸汽动力军舰快速发展的时期，这场争端在英国引发了一种害怕入侵的恐慌情绪。负责国防的军械总监乔治·默里爵士（Sir George Murray）告诫他的

---

[1] J. Ruskin, *Modern Painters: Vol. I*, London: Smith, Elder, 1843.在库克和韦德伯恩的"图书馆版"中，把这段文字放在了第三卷的第112—113页上。克劳德的作品已经挂在伦敦国家美术馆里了。一种类似的现代解读请见E. Shanes, *Young Mr Turner: J. M. W. Turner, A Life in Art. The First Forty Years, 1775–1815*, New Haven, CT, and London: Yale University Press, 2016, pp.454–456.

[2] 透纳把这幅画交给了国家美术馆，要他们把它挂在克劳德的画对面。他们始终遵循了这个指示。

[3] 全名为《被拖去解体的战舰"蛮勇"号》，画面为一艘小小的蒸汽轮船正拖曳着庞大的木制军舰"蛮勇"号。"蛮勇"号曾在特拉法尔加战役中立过战功。——译者注

老朋友陆军总司令惠灵顿公爵（Duke of Wellington）说，法国人：

> 把自己想象成现代的罗马人，而且一直怀有这样的想法——事实将证明，在我们的国家里攻击我们，就像当年对付迦太基人那样，是粉碎这个国家长期以来一直享有，并让他们受到羞辱的优势最有效的方法。[1]

尽管这种认为国家到了生死关头的焦虑引起了害怕入侵的恐慌情绪，但这种情绪很快就平息了，不会有一场现代的扎马之战。海军的动员和新图腾——海权计划的顶峰，纳尔逊纪念柱和特拉法尔加广场——的落成，恢复了英国人的信心。纳尔逊在赢得胜利的那一刻去世，国家为他举行了隆重的葬礼，这确立了他作为不列颠战神的地位，他为伦敦金融城的利益做出了巨大贡献，伦敦金融城把他神化了。1830年到1837年间的英国国王是纳尔逊的老战友威廉·亨利王子（Prince William Henry），也就是威廉四世（William Ⅳ），国家、君主制和舰队的协同就此形成。英国王室将以杰出的表现在海上服役，直到20世纪仍是如此。未来的国王乔治六世参加了日德兰战役，完成了君主制与海权的协作，这是一个自1714年就开始的历程。

透纳对科学、工业和技术的赞赏——一目了然地体现在《战舰"蛮勇"号》中——改变了海权身份的语言。在对海权进行有力的评价之后五年，1856年，年纪稍长的批评家、诗人和哲学家约翰·罗斯金在一首歌颂海洋社会集体成就的赞歌中，把木制战舰放在了海权文化的中心位置：

> 总而言之，作为一个群居动物，人所创造出来的最令人尊敬的东西，莫过于一艘主力舰。在没有帮助的情况下，单靠他自己，他能做出很多比主力舰更好的东西，他能写诗和画画，也能创造其他可以集中体现他最优秀之处的东西。但是，作为一个群居动物，以交替的锤击和相互的默契，敲打出他在这些群居动物中为了获取或生产所必需的东西，那么主力舰就

---

[1] Murray to Wellington, 19 September 1845: WND 2/132/82. Wellington Papers, Hartley Library, University of Southampton.

是他最好的作品。他把他身为人类的耐心、常识、先见之明、实验哲学、自制力、守序和服从的习惯、千锤百炼的手工劳动、对野蛮元素的蔑视、粗豪的勇气、精细的爱国心和对神之审判的平静期待，都放在了300英尺长、80英尺宽的空间里。我很庆幸自己生活在这样一个时代，能够看到这样的东西产生。[1]

仅凭这一成就，他就认为自己所处的世纪是值得尊敬的。罗斯金认为，从原始的木筏到现代的汽船，船的进化过程见证了人类精神中某种与生俱来的奇妙之处。毫无疑问，伯里克利、汉尼拔、恩里科·丹多罗和约翰·德·威特已经预见到了这样的情绪。

　　然而，罗斯金已经落后时代了。在1856年，权力的语言正在转向铁和蒸汽，很快，木制战舰就将成为一段回忆。19世纪的英国需要一种新的海权语言来容纳工业的发展。这一发展用钢铁巨兽取代了"天佑亨利"号、"海上主权"号和"胜利"号，例如"勇士"号（Warrior）、两艘"无畏"号（Dreadnought）和"'非凡的'胡德"号（Mighty Hood），这些船把海军力量、工业优势和国家目的表述为精心设计的钢铁宣言。"勇士"号把旧木制战舰的造型元素与凶狠的黑漆设计结合在了一起，以强调它的规模和力量。19世纪70年代建造的铁甲舰"无畏"号是座漂浮的钢铁堡垒，它最引人注目的地方是四门重炮和两个细长型的烟囱，它们体现出了机械的力量。费舍尔男爵（Lord Fisher）主持建造的"无畏"号战列舰于1906年下水，这是艘划时代的军舰，它也采用了细长型的烟囱，把这两艘除此之外截然不同的船联系起来了。[2]"无畏"号成了爱德华七世时代风格的标志，并引发了一场重大的军备竞赛。皇家海军舰艇"胡德"号的烟囱、艉楼、炮塔和桅杆之间的间隔经过仔细的安排，使它具有了一种精心设计的优雅，它还有前所未见的舰身长度，至

---

[1]　J. Ruskin, *Harbours of England*, London: Smith, Elder, 1856, p.25.该书介绍了一系列英国港口的风景画，这些画都是按照透纳的画雕版的。

[2]　对该标志性舰船的讨论，请参见A. D.Lambert, 'The Power of a Name: Tradition, Technology and Transformation' in R. J.Blyth, A.Labert and J. Rüger, eds., *The Dreadnought and the Edwardian Age*, Farnham: Ashgate, 2011, pp.19–28.

于它的速度和火力更毋庸赘言。在任何情况下，"巨"舰最重要的功能都是威慑。[1]它们把力量与历史结合在了一起，其历史悠久的名字载满了意义和神话，是战斗荣誉的目录，它们每一英寸的建筑都像陆地建筑一样经过精心设计。这是一座力量的剧场，查理一世清楚这一点。

透纳生前没能看见海上新秩序的出现，但它们就是那艘拖曳着"蛮勇"号的小汽船的直系子孙，"蛮勇"这个名字被传给了一艘无畏级战列舰，它所在的舰队向纳尔逊的海军以及其他可以追溯到1588年的英雄舰艇致了敬。这些选择是故意的，它们迫使正在崛起的德意志帝国海军直面皇家海军的历史。这种做法所造成的影响显而易见：1916年6月，德皇威廉二世（Wilhelm Ⅱ）咆哮道，"特拉法尔加的魔力正在破灭"。他错了。25年之后，"胡德"号在1941年的帝国日[2]被悲惨地击沉，这似乎预示着不列颠海权的终结，但仅仅几天之后，"俾斯麦"号（Bismarck）就被追上并击沉了。[3]

不列颠海权之所以经久不衰，是因为它把岛国的战略优势与领土和资源的增长结合起来，使苏格兰，在某种程度上也使爱尔兰，成为兼具经济活力和人口增长的国家。在美国革命中厮杀的两方都建立了自己的土地帝国，这反映出了一种发展重心从军用和商业港口向内地转移的趋势，因为殖民者寻求土地，而帝国的竞争对手则试图颠覆英国的优势。彭德雷尔·穆恩爵士（Sir Penderel Moon）声称："英国人把他们对印度的统治归功于法国人，因为正是法国的榜样和竞争在不知不觉中把他们引向了征服之路。"[4]1776年以前，英国在北美的扩张大大增加了它的战略影响力、航运能力和人力资源，就像20世纪上半叶自治领所起的作用一样。殖民地、金钱和工业确保了英国在欧洲列强面前永远不会相形见绌，甚至是在面对那些人口远超英国的强国时也是如此，这在很大程度上是因为欧洲国家从来没有把它们的资源集中起来攻击这个不合常规的海

---

[1]　J. Rüger, *The Great Naval Game: Britain and Germany in the Age of Empire*, Cambridge: Cambridge University Press, 2007.

[2]　Empire Day，英联邦日的旧称，为每年的5月24日。——译者注

[3]　1941年5月24日，"胡德"号在丹麦海峡拦截德国的"俾斯麦"号战列舰时，被其击中弹药库，舰体断裂，迅速沉没，全舰官兵几乎全部遇难。英国皇家海军立刻调集大量军舰对"俾斯麦"号进行追击，于5月27日将其击沉。——译者注

[4]　Sir P. Moon, *The British Conquest and Dominion of India*, London: Duckworth, 1989, p.11.

权国家。即使是在1779年到1782年之间，新的"康布雷同盟"也只有长期以来一直与帝国为敌的三个国家参加：法国、西班牙和荷兰共和国。欧洲其余部分更加关心局部的领土问题。帝国在资源、人力、财力、工业和物资上的稳步增长，解决了海权相对规模这个由来已久的问题。帝国使不列颠能够与法国等较大的国家，其至是大型陆地帝国的战略力量相抗衡。

从1688年到1945年间，英国在一个多极的国家体系内努力阻挠不断出现的在欧洲建立普世君主国的企图，用金钱和海军力量来维持反霸权的联盟，这一策略弥补了它在军事上的弱点。除了为数不多的几个离岸海军基地之外，英国对欧洲的土地并无野心，英国一贯主张维持现状，反对激进的变革，这一立场吸引了追求类似目标的盟友。专制、独裁的欧洲列强既不能联合起来摧毁英国，也无法控制海权的工具——商业、意识形态和政治——在暗中四处传播，因为它们彼此之间的对抗比它们对海外岛民的任何憎恶都要深得多。只有在被一个霸权国家所控制时，欧洲才会成为一个严重的威胁，这是拿破仑都未能达成的伟业。但还有一个比这大得多的威胁，那就是试图超越英国的折中方案，把包容性政治推向平等的民主制度的国家。英国的政治精英一直都理解民主的危险性，他们中的大多数人都受过古典教育，对柏拉图和修昔底德的了解比对本国历史的还要深。从1832年开始，选举权逐渐扩大，但这是一个缓慢的、旷日持久的过程，因为立法者们知道，每一次让步都会削弱国家的能力，使它无法专注权力、利润和身份。最终，不列颠海权国家将在20世纪之初被美利坚合众国摧毁，美国是一位置身于欧洲国家体系乃至世界秩序之外的竞争对手。此外，美国是作为盟友而不是公开的敌人摧毁了英国的力量，就像英国在1689年到1713年间削弱了荷兰一样。自1782年以来，经常有人以令人振奋的术语来解读英美关系，丘吉尔在他的《英语民族史》（*A History of the English Speaking Peoples*）中也使用了这样的术语，认为有一种基于语言、法律、包容性政治和事业的共同身份在成长，这个新生共和国的庞大规模使得领导权不可避免地、和平地从位于欧洲边缘的小小岛上王国那里转移到了大西洋彼岸那个强大得多的国家手中，由于英国在与德国进行的两场全球战争中付出了巨大代价，这一进程大大加快了。这种乐观的后见之明歪曲了驱动着一个海权帝国和一个大陆军事国家世界观的根本文化差异、不同的性格和野心。不论是在过去，还是在现在，这两个国家都是截然不同的。从本质上来说，这种差异是一个自我塑造的文化和身份的问题。

虽然这两个国家都是伟大的战略性海军强国——当代的美国海军可能是世界历史上最强大的海军——但它们的目标截然不同。1890年，阿尔弗雷德·塞耶·马汉承认，美国的制海权是战略和政策选择的产物，任何拥有海岸、资金和人力资源的国家都能做这样的选择。自安德鲁·杰克逊（Andrew Jackson）当选总统后，美国就再也没有表现出过任何想要成为一个海权国家的兴趣。[1]

位于美国革命核心位置的文化差异重塑了英国和美国的身份。英国人从这场革命中学到了海权的一个古老教训：要维持对殖民者精英的控制是困难的，因为他们的政治和经济意图与母国并不相同，他们关注的是土地。因此，英国重新把重点放在海洋控制和商业上，进入了亚太地区。当新的殖民地要求自治时，它答应了，作为回报，占帝国政府开支几乎全部的帝国驻军被撤走了。不用维持军队，英国就无须颁布《印花税法案》（Stamp Act），也没有强制执行它的力量。美国人则走向了另一个方向。尽管美国人也像英国人一样对维持常备陆军感到担忧，但他们需要常备军来清除美洲原住民，占领他们的土地，并对付奴隶起义。[2]陆军一直是美国的高级军种。许多美国人梦想着统治一个大陆，很少有人认为他们的未来在海上。1800年后，民主共和党把目光投向内陆，以理想化的罗马共和国和想象中的法兰西共和国为榜样，却对这些专制的榜样所推行的极权主义、军国主义计划视而不见。共和党人令美国坚定地成为一个大陆强国，其国防结构自1947年以后由陆军和空军来主导。美国从法国和1871年以后的德意志帝国那里学来了欧洲大陆的知识和文化模式。从美国军队的训练方法、美国大学的结构以及美国工业的性质中可以找到这些联系的蛛丝马迹。美国的战争方式本质上是德国模式的资源密集型版本：重视火力、先进

---

[1] A. Roland, W. J. Bolster and A. Keyssar, *The Way of the Ship: America's Maritime History Re-envisioned, 1600–2000*, Hoboken, NJ: John Wiley and Sons Inc., 2008,把美国海事时期的终结定在1817年。

[2] R. H. Kohn, *Eagle and Sword: The Beginnings of the Military Establishment in America*, New York: Free Press, 1975.

的技术、庞大的后勤、详细的计划和"决定性"的战斗，但这支军队的目标尚不明确。美国的食物、燃料和99%的原材料能够自给自足，是世界上最大的市场，与加拿大和墨西哥的资源和市场密切相连。看起来，它并不怎么需要对外贸易或庞大的陆军。海洋的确是次要的：它不能体现或代表这个国家，无论它对沿海居民有多大的吸引力。自它诞生以来，在其差不多一半的历史里，美国都把自己的海军部队控制在最低限度以内，甚至不止一次差点废掉这支舰队。独立之后，它卖掉了海军，内战之后，它让海军自生自灭，20世纪40年代末，陆军和空军几乎摧毁了海军。[1]

美国成立之初，英国政治家担心，这个由港口和海洋贸易主导的国家可能会成为一个海权，与英国竞争。1794年，美国成立了一支海军，用来执行海权的经典任务——保护国家航运不受海盗侵害，这一任务在接下来的50年里仍然具有重要的意义，因为美国没有组建用来控制海洋的战斗舰队。相反，美国不再关注海洋。在法国大革命和拿破仑帝国时期的战争中，美国商人穿过英国的封锁线向法国运送货物，因而发家致富。当英国逮住了这些破坏封锁的美国人时，托马斯·杰斐逊（Thomas Jefferson）和詹姆斯·麦迪逊（James Madison）的民主共和党政府为了维护和平，禁止了海外贸易，他们在别处寻找美国的未来。1803年，杰斐逊从拿破仑手里获得了北美的一大片土地，这就是"路易斯安那购地案"（Louisiana Purchase），此举把美国从一个以繁荣的大西洋港口城市为中心的海上贸易国家转变为一个渴望抵达太平洋海岸的大陆强国。杰斐逊憎恨东北部的船主和商人，到1812年，当美国入侵加拿大和西属佛罗里达时，船只和海洋已经降为一个次要问题了。这两场入侵都以失败告终，使得忽视海军的麦迪逊政府不得不依靠私掠船，这是弱小海军力量的战略选择。皇家海军通过护航、巡逻、封锁和攻击沿海地区战胜了这一威胁，随后又在南部各州发动奴隶和美洲原住民对美国进行抵抗。拿破仑倒台后，英国人占领并烧毁了华盛顿特区，使美国人认识到，制海权在熟练的人手里是件可怕的武器。生于美国的英国海军军官爱德华·布伦顿（Edward Brenton）在1812年的战争中表现出

---

[1] P. E. Pedisich, *Congress Buys a Navy: Economics, and the Rise of American Naval Power, 1881–1921*, Annapolis, MD: USNIP, 2016; J. Barlow, *The Revolt of the Admirals: The Fight for Naval Aviation 1945–1950*, Annapolis, MD: USNIP, 1994.

色，他提醒美国人，他们没有实现任何战争目标，而且：

当它控制海洋时，大不列颠有能力通过刺激和帮助它心怀不满的臣民来震撼美洲大陆。如果它像最初计划的那样，从英格兰派两万人渡海而来，那么弗吉尼亚奴隶的起义对南部各州来说可能会是致命的。[1]

1812年的战争以维持战前的状态而告终，在《根特条约》（*Treaty of Ghent*）和1815年的维也纳会议中，英国阻止了任何针对制海权的工具——经济封锁和强制征召水手的权力——所进行的讨论。因此，在接下来的80年里，英国的海军力量主导了美国的战略思维，它把国防开支集中用于美国的喀琅施塔得上。[2]

1815年，一个破了产并且颜面扫地的共和党政府求助于媒体，以求赢得一场眼见就要失败的战争。在这一过程中，它以一种强有力的新身份取代了它与英国之间的文化联系，这个身份给它带来了无穷的机会，还解决了给这个国家留下深刻伤痕的种种问题，其中包括奴隶制、美洲原住民的未来和平等的民主制度。英国人意识到了美国那刺耳的必胜主义论调、持续不断的侵略鼓声以及民主政治所造成的公然威胁。新生的自给自足的大陆文化厌恶海洋，因为它对海洋没有什么需求。[3]虽然透纳那幅以迦太基人为主题的画激发了托马斯·科尔（Thomas Cole）的灵感，使他在19世纪30年代创作了由5幅画组成的《帝国兴衰》（*The Course of Empire*），向纽约观众讲述了一个与迦太基的命运很相似

[1] E. P. Brenton, *The Naval History of Great Britain*, London: Henry Colburn, 1825, vol.5, pp.199–205, and A. D. Lambert, 'Winning without Fighting: British Grand Strategy and its Application to the United States, 1815 - 1865', in B. Lee and K. Walling, eds., *Strategic Logic and Political Rationality: Essays in Honour of Michael J. Handel*, Newport, RI: United States Naval War College, 2003, pp.164–195.

[2] Lambert, 'Winning without Fighting', p.176.

[3] A. D. Lambert, 'Creating Cultural Difference: The Military, Political and Cultural Legacies of the War of 1812', in A. Forrest, K. Hagemann andM. Rowe, eds., *War, Demobilization and Memory: The Legacy of War in the Era of Atlantic Revolutions*, London: Palgrave Macmillan, 2016, pp.303–319.

的故事，但科尔巧妙地把焦点从海上转移到了陆地上。[1]积极追求"天定命运"（Manifest Destiny）这种大陆性的目标反映了在1812年的灾难中形成的美国文化身份。大陆性的美国是另一个决心称霸整个大陆的罗马共和国，在人力、财力和工业爆炸式增长的支持下，它表现出了令人震惊的攻击邻国的倾向。1846年到1848年间，美国从墨西哥那里抢走了从亚利桑那州直到加利福尼亚州的大片领土。也难怪拉美和南美国家害怕它们强大的邻居。[2]美国的民族英雄都是陆军军人，其中有好几位成了总统，而美国的文学和艺术也转向了内陆，新首都的建设强调了这一转变，它是这个新国家里面一座人工设计的城市，被战略性地设置在一条边缘航线的终点处。然而，1815年后的虚张声势掩盖了一场根深蒂固的身份危机，直到内战（1861—1865）把北方文化强加给了南部和西部，这场危机才得以解决。需要用武力来维护联邦凸显了这个快速扩张的国家最重要的现实：它最大的威胁不是外来侵略，而是内部不和。在身份同质化过程中，海洋——它已经是只存在于东北部的一个次要主题了——与海军及远洋商船队一起，在事实上消失了。[3]美国仍把海军力量用在外交和促进贸易上，在这方面最著名的例子就是1852年海军准将马修·佩里（Matthew Perry）迫使日本"开国"，但它是在一个由皇家海军支配的海洋世界里、在一个由内部事务主导的时代里这样做的。

1815年以后，边疆控制了美国文化和身份的形成。弗雷德里克·杰克逊·特纳（Frederick Jackson Turner）说："一片自由土地的存在、它的不断缩小以及美国开拓者的西进解释了美国的发展。"杰克逊所说的边疆对美国文化的影响与地中海对希腊文化的影响是一样的。[4]开放的边疆和自由土地的诱惑解

[1] W. H. Truettner and A. Wallach, eds., *Thomas Cole: Landscape into History*, New Haven, CT, and London: Yale University Press, 1994. 科尔的画与透纳的"迦太基画像"之间的联系是很明显的。这组画的标题来自Lord Byron's *Childe Harold*, pp.91-92.

[2] D. Loveman, *No Higher Law: American Foreign Policy and the Western Hemisphere since 1776*, Chapel Hill, NC: University of North Carolina Press, 2010, pp.100-114.

[3] Roland, et al., *The Way of the Ship*.

[4] F. J. Turner, 'The Significance of the Frontier in American History', in J. M. Faragher, ed., *Rereading Frederick Jackson Turner*, New Hevan, CT. and London: Yale University Press, 1998, pp.30-60, at pp.33, 43 and 59. 一个以安德鲁·杰克逊总统（大陆扩张的主要倡导者）的名字命名的人提出这样的观点并不令人惊讶。

释了为什么美国背离了早期英格兰/不列颠殖民者的海洋文化，离开海岸前往边疆的移民是苏格兰/爱尔兰人和德国人，而不是英格兰人：边疆使他们成了美国人。海洋让位给了边疆的暴力和陆上探险，库克船长（Captain Cook）让位给了梅里韦瑟·刘易斯（Meriwether Lewis）和威廉·克拉克（William Clark）。一旦边疆从文化上来说被关闭了，美国就开始到国外去寻求建立帝国。[1]1906年，美国帝国主义的杰出倡导者、美国建立一支庞大新海军的主要推动者马汉计划写一本书，探讨"领土和商业扩张对美国历史的影响"，想把特纳的理论带到海上和太平洋对岸。扩张将取代制海权成为这个国家的驱动力。到1913年，这个计划仍然只是个雏形，留存至今的只有一些概要。马汉发现证据的数量令人望而生畏，而且已经有人在对这个领域进行研究了。[2]他可能意识到了，任何此类作品都将凸显美国的大陆性例外主义，以及作为文化和身份的海权与美国未来的发展毫无关系。

在帮助推翻拿破仑的大陆帝国主义后，英国表现出了典型的海权意识。英国政治家没有在欧洲大陆上占据任何领土。在牢牢地掌握住了海权工具之后，英国利用其影响力塑造了一个稳定、和平、平衡的欧洲国家体系，以防法国或俄罗斯再次尝试建立霸权，并使欧洲大陆向英国商业开放。英国只保留了几处离岸的岛屿基地，马耳他、科孚岛、赫里戈兰岛和毛里求斯，后者曾经与开普敦相连，控制着欧洲和亚洲之间的贸易。英国不想把其占领区域扩展到非洲内陆去，相反，它迫使阿尔及尔结束了对欧洲水手的奴役，并粉碎了大西洋上的奴隶贸易。英国利用技术、资金和力量创造了第一个全球化经济，它以武力或金融手段打破贸易壁垒，开创了资本流动的新形式，发明并铺设了第一个全球通信网络——海底电报电缆，并用它来建立新的市场。英国创造了一个世界经济来维持使其成为大国的海权舰队。1815年后，对英国全球主导地位的唯一威

[1] Faragher, ed., 'Introduction', *Rereading Frederick Jackson Turner*, p.10.

[2] Mahan to Jameson, 21 July 1913:R.Seager and D.D.Macguire, *Letters and Papers of Alfred Thayer Mahan*, 3vols., pp.504-505; Seager, *Alfred Thayer Mahan*, p.596.马汉和特纳彼此认识：Seager, Alfred Thayer Mahan, pp.438-439, and Seager and Macguirem, Vol.3, pp.240 and 244。特纳在美国海军战争学院办过讲座，该学院就是从1903年起马汉撰写制海权论文的地方。R. A. Billington, *Frederick Jackson Turner: Historian, Scholar, Teacher*, New York: Oxford University Press, 1973, 486.

胁是法国与俄罗斯或美国之间的联盟，法国是欧洲唯一拥有远洋海军的大国，而俄罗斯和美国则是拥有大量舰队的大陆国家，这就是为什么英国的部长们要把美国人排除在维也纳和平进程之外的原因。英国政治家帕麦斯顿子爵（Lord Palmerston）认识到了美国的潜力、远大目标和平等的民主制度所带来的威胁。[1]帕麦斯顿深知诸如"天定命运"之类的竞选口号主要是针对国内民众的，1812年战争期间，他曾在政府部门任职，对美国的扩张主义进行了仔细监视，阻止了美国从西班牙手中夺取古巴的企图，绝不能让控制着加勒比海的哈瓦那要塞和港口落入美国人手里。

尽管相互猜疑，目标也截然不同，但英美之间还是维持了和平，因为美国人害怕英国的制海权，而英国人也无意获取更多的大陆领土。两国的政治领袖都更关心贸易而不是战争，通过威慑来实现有限的目标是典型的海权行为。在1815年到1861年间，英国和美国之间有很多争端，但是：

> 两国的政治家总是在设法避免战争。过去，问题从未严重到如此地步，以至于理智的判断、明确的外交信号和及时的让步都无法避免一场对双方都没有好处的冲突。在确保了加拿大的安全并将西班牙人留在古巴之后，英国不太可能在剩下的问题上继续展开斗争，这不是因为它不能，而是因为这样做会削弱它在欧洲保护更重要利益的能力。[2]

然而，英国正在发生变化。战胜拿破仑之后，随之而来的是经济困难、改革的政治要求和增加选民的压力。旧的政治制度优待贵族和富有的商人，在很大程度上排斥中产阶级和工人阶级。它为有钱有势的人提供了充分的机会，使他们能够在政坛上出人头地。公立学校确保了富商之子能被吸收到一个由准贵族精英组成的寡头统治集团中去。开放的精英阶层使英国的制度得以演化，适应新的财富和权力形式，同时避免了僵化的等级制度和封闭的精英阶层所引发

---

[1]　第二代帕默斯顿子爵亨利·约翰·坦普尔（1784—1865），1805—1828年在政府任职，1830—1841年、1846—1851年担任外交大臣，1855—1865年担任首相。（应为第三代帕默斯顿子爵。——译者注）

[2]　Lambert. *Winning without Fighting*, p.177.

的爆炸性怨恨，它实行的不是民主。英国的政治家研究古代雅典，在他们的演说中引用古希腊文献以排斥下层阶级，但他们对采用雅典的民主制度毫无兴趣。聚集在威斯敏斯特的立法者们就是整个政治国家。[1]1832年的《大改革法案》（*Great Reform Act*）使富裕的中产阶级获得了选举权，这是因为下台已经有半个世纪的辉格党急于确保他们党派的优势。在接下来20年的大部分时间里，辉格党在政府中掌握了权力杠杆，并利用改革来保住它们。然而，扩大选举权和取消安全席位长期以来都是想往上爬的政治家才使用的手段，现在它们迫使政治家把注意力集中在国内问题上。后来，选举权的扩大持续削弱了海权在英国公众生活和对海军的政治支持中的关键作用。到1884年，越来越多的人意识到，这个政治国家已经忘记了海军力量对海权国家来说是至关重要的，这促使英国采取了一种引人注目的新方法。在海军断断续续的支持下，危言耸听的报纸进行煽动，发起了长达40年的宣传运动，使海军力量始终保持在政治议程的首要位置。在伦敦金融城的支持下，这场运动为一个更加民主的时代创造了民粹主义的海军至上思想。[2]但随着20世纪的改革不可阻挡地走向成人普选，这种情况变得越来越难以维持。

18世纪的政治家以及他们所代表的政治阶层所共有的海权愿景在20世纪没能延续下去，此时选举权的范围扩大了许多，选民们的注意力都集中在了经济福祉和福利国家上。古代雅典曾利用民主来产生和维持海权，正如马汉所担心的那样，现代民主被证明不适合维持海权身份和用来取得制海权的海军。1890年，他指出，"无论必要与否，民选政府一般都不喜欢军费开支，而且有迹象表明，英国倾向于放缓步调"[3]。马汉的话反映出了他对美国过度民主的厌恶，这种厌恶也为英国的政治家和舆论塑造者所共有，他们自行看清了现实。除了美国舰队之外的"西方"舰队当前的状态证明了马汉的评价，即民主制度几乎没有给海权留下空间。

---

[1] D. Ahn, 'From "jealous emulation" to "cautious politics": British Foreign Policy and Public Discourse in the Mirror of Ancient Athens （ca. 1730—ca. 1750）' in D. Onnekink and G. Rommelse, eds., *Ideology and Foreign Policy in Early Modern Europe*（1650–1750）, pp.93–130.

[2] 这种方法被广泛效仿，尤其是在德国和美国。

[3] Mahan, *The Influence of Sea Power upon History*, p.67.

美国内战期间，联邦政府差点与英国开战。美国军舰"圣哈辛托"号（San Jacinto）违反国际法，逮捕了英国"特伦特"号（Trent）邮轮上的乘客。英国出动了一支舰队准备攻击纽约，并且禁止对联邦出口印度硝石，硝石是火药的重要成分。亚伯拉罕·林肯（Abraham Lincoln）总统立即做出了让步。这场危机是这一时期英美关系的缩影：英国人通常会在一些小问题上退让，但在事关其重大利益的情况下它会迅速采取行动，这些利益中就包括了国际法。[1]

内战于1865年结束后，英国观察家承认，美国的力量源于军事和工业动员，而非海军力量，美国海军遭到抛弃更能说明问题。随着美国致力于关闭内部的边疆、开发国内资源和发展工业力量，海军逐渐淡出了人们的视线，成了一堆奄奄一息的过时木制炮艇，勉力对抗着智利等拥有更强大舰队的地区强国，以维护美国利益。[2]马汉指挥的就是这些船只中的一艘。

当英国人努力应对美国军事力量的政治后果，包括围绕亚拉巴马州主权产生的争议时，他们又回到了关于帝国兴衰的老话题上。从19世纪40年代起，他们开始以一种可以被视为具有现代性的形式来使用海权的概念，考察过去的海权国家，如雅典和威尼斯，希望能够避免爱德华·吉本（Edward Gibbon）在美国革命时期雄辩地论述过的那种帝国的"衰落"。[3]就连刚刚获得选举权的学生和殖民地居民都参与了这场讨论。新的"维多利亚时代海洋神话"出现了，把经过简化的过去投射到了现在，作为当前和未来政策的指南。[4]是特拉法尔加战役阻止了法国的入侵，这一最令人印象深刻的神话确保了人们去崇拜而不是审视这场战役。[5]这次又是一位法国人提供了批判性的见解。亚历克西·德·托

---

[1] John Thaddeus Delane to William Howard Russell, 11 November 1861, in *History of 'The Times'*, Vol.II, London: Times Newspapers, 1939, p.373. 乔治·班克罗夫特（George Bancroft）于1846年到1848年间担任美国驻伦敦大使，帕默斯顿和德莱恩对他都很熟悉，他通过鼓励受过教育的美国人对另一场战争的结果持有不切实际的看法来制造历史，促使美国在1812年战争中取得了胜利的神话广为流传，导致了英美之间的对立。

[2] Loveman, *No Higher Law*, pp.140–149.

[3] E. Gibbon, *The Decline and Fall of the Roman Empire*. 这本书写于美国革命战争期间，旨在提供一个帝国衰落的模型，教育当时的英国政治家。R. Porter, *Gibbon*, London: Weidenfeld & Nicolson, 1988.

[4] Behrman, *Victorian Myths of the Sea*, pp.91–109.

[5] A. D.Lambert. 'The Magic of Trafalgar: The Nineteenth-Century Legacy', in D. Cannadine, ed., *Trafalgar in History: A Battle and its Aftermath*, London: Palgrave,2006, pp.155–174.

克维尔（Alexis de Tocqueville），一位上承孟德斯鸠的可敬思想家，他在英国的自由主义精英中有许多朋友。1835年，他在《论美国的民主》（*Democracy in America*）一书中预测，俄罗斯和美国将主宰下个世纪。把东方的专制大国与正在崛起的西方共和国配成一对，当作主宰过去和未来的力量，意味着现在是由英国主宰的。[1]《论美国的民主》将影响自由主义思想达数十年之久。[2]在那些对德·托克维尔的预言进行认真思考的人当中，剑桥大学历史学教授约翰·罗伯特·西利（John Robert Seeley）把帝国的起源追溯到了都铎王朝。[3]通过推翻"关于这个主题所流行的那些纯属通俗、浪漫和幻想的观点"，他试图"清楚地提出需要加以研究的确切问题"。西利对海权理论做出了重大贡献，他认为，作为帝国，英国比法国更有优势，这反映了岛国所具有的专注海洋和避免卷入代价高昂的欧洲事务的能力。[4]在1883年出版的《英国的扩张》（*The Expansion of England*）一书中，西利和德·托克维尔一样，把身为海权的英国与"巨大的政治集合体"俄罗斯和美国进行了对比，他用这个词指代那些依靠"减少了时间和空间所造成的困难的现代发明"而缔造的帝国。[5]这两个国家都是领土绵延不绝的陆地强国，但"在它们两者之间，还有同样辽阔，但并非绵延不绝，有海洋从各个方向流过其中的大不列颠存在，就像与世界相连的威尼斯一样，它也是以海洋为街道的"。

虽然海权产生了重要的政治和文化成果，但它们可能转瞬即逝。尽管雅典和威尼斯辉煌一时，但它们都被更大的陆上强国压垮了。西利认为，只有一个"更大的不列颠"才能与新兴的超级大国竞争。他警告说，认真投入欧洲事务

---

[1] H. Brogan, *Alexis de Tocqueville: A Life*, New Haven, CT, and London:Yale University Press,2006,p.274.

[2] A. de Tocqueville, *Democracy in America*，1835年由隶属于辉格党的知识分子亨利·里夫（Henry Reeve）翻译成英文出版。

[3] M. Bentley, *Modernizing England's Past: English Historiography in the Age of Modernism 1870–1970*, Cambridge: Cambridge University Press, 2005, pp.70-75,对构成了西利作品之背景的维多利亚时代晚期帝国状况做了论述。J. Burrow, *A Liberal Descent*, Cambridge: Cambridge University Press, 1981, pp.231-250.

[4] D. Wormell, *Sir John Seeley and the Uses of History*, Cambridge:Cambridge University Press, 1980, pp.41-42; J. R. Wormell, *Sir John Seeley and the Uses of History*, London: Macmillan, 1883, pp.1, 43,89-97.

[5] 蒸汽轮船、铁路和电报。

将对大英帝国构成严重威胁，"我们迟早会失去印度，因为欧洲的某些战争迟早会迫使我们撤回英国军队"[1]。

《英国的扩张》在两年之内售出了8万册，启发了从罗斯伯里伯爵（Lord Roseberry）和约瑟夫·张伯伦（Joseph Chamberlain）到W. T. 斯特德（W. T. Stead）、阿尔弗雷德·米尔纳（Alfred Milner）、塞西尔·罗兹（Cecil Rhodes）和马汉的众多政治家、记者和帝国建设者。[2]西利所使用的这种结合多个学科来解决问题的方法预示着现代方法的产生。他谨慎、巧妙地使用海权，产生了巨大的影响。英国读者对马汉1890年出版的《海权对历史的影响》一书大加赞赏，因为通过西利，他们已经倾向于接受这样的观点了。[3]

西利所谓的"更大的不列颠"，即大英帝国各自治领、殖民地和附属国之间在政治和经济上更为紧密的联系，只是种幻想而已。正如1776年的事件所证明的，把罗马式的绝对统治强加给遍布全球、杂乱无章的岛屿、港口和内陆地区，是根本不可能的，也是没有用的。直到19世纪70年代中期，英国政治家们都还把帝国视为一个需要分担、然后卸下的负担：在让帝国变得文明、稳定和民主之后，他们就会把治理和防务这一代价高昂的任务推给殖民者或当地人。如果说殖民定居点是第一批获得自治权的地方，那么其他殖民地也只要达到必要的政治成熟就可以获得自治。这是一个明智的决定。在20世纪的战争中，加拿大、澳大利亚、新西兰、南非和各殖民地自愿提供的援助改变了英国的战略力量。自治领拥有共同的价值观和遗产：无须强迫它们提供支持。与陆地帝国相比，海洋帝国所采用的联邦结构一直较为宽松，像迦太基和北美这样的殖民地都逐渐演变成了独立的国家。在这两个案例中，把政治权力移交给地方当局都催生了在税收和贸易等关键问题上自治、赋予律师和商人管理城市和省份之权的愿望。试图把罗马式的中央控制强加于普遍具有商业思维的大英帝国，这引发了叛乱。1782年之后，英国人极力避免与当地人的感情产生冲突。英国是

---

[1] Seeley, *The Expansion of England*, pp.288, 291-292, 300-301.

[2] Wormell, *Sir John Seeley and the Uses of History*, pp.129, 154-156, 179-180.

[3] Seager, *Alfred Thayer Mahan*, pp.68, 205, 430, 642.马汉在19世纪70年代读了西利写的一部研究基督的书《看这个人》（*Ecce Homo*），他认为西利以及其他一些人对他的海权理论有所启发。马汉的《亚洲问题》中对俄罗斯的恐惧就是受到了西利的启发。

新迦太基，而不是新罗马，它缺乏人力、资源和绵延不断的大片领土，无法成为罗马。新罗马的身份被美国占去了。英国人喜欢用罗马帝国的文化语言来维持他们的自我形象，特别是纳尔逊纪念柱和白厅的帝国风格建筑，但他们最关心的是防止新罗马帝国的出现。

即使是倡导只在最低限度内维持大英帝国的人也明白，有些事情必须由中央来加以控制。海权过去是、现在仍然是不可分割的：必须对其进行集中指挥，并以一支紧密配合的部队来兑现它。为达成此目的，英国认识到，一些关键地点必须由帝国直接加以控制，这些地点包括百慕大、哈利法克斯、直布罗陀、马耳他、毛里求斯、亚丁、开普敦、亭可马里、新加坡和香港。它们有坚固的防御，还有良好的通信设备、干船坞和海军设施，控制着它们使一个海权帝国能够在陆地帝国的周边有效地运作。

约瑟夫·张伯伦试图在对帝国关税的偏好和更紧密的政治联盟基础上，打造一个西利所说的那种凝聚力更强的帝国，但这是没有成功希望的。英国的经济是资本主义的，它利用海外投资收入来为进口提供资金，伦敦金融城主导着世界经济。英国仍然是个准城邦，伦敦则是一个全球性的威尼斯或阿姆斯特丹。制造业在国民经济中只是一个替代方案。张伯伦的伯明翰无法取代作为主要经济利益来源的伦敦金融城。哈尔福德·麦金德（Halford Mackinder）在1904年发表了强有力的论辩文章《历史的地理枢纽》（*The Geographical Pivot of History*），试图吓唬这个国家，让它把自己的文化从海权转向大陆帝国。[1]他的朋友朱利安·科贝特提出了一种复杂得多的方法，即建立一个由独立国家组成的"海洋联邦"，各国共同依靠对海洋的掌控来实现安全和繁荣。科贝特的思想反映了英国独特的海权文化，这种文化可以在无法实行直接统治后把目标转化为维持制海权。美国革命之后，英国把地方自治权给了澳大利亚、加拿大、新西兰和南非的殖民地，建立了一个"联邦"，维持着它的是以经济关系和海洋控制为基础的共同利益，而非军事力量。[2]1945年后，由于英国失去了大国地

---

[1] H. J. Mackinder, 'The Geographical Pivot of History', *The Geographical Journal*, vol. XXIII (1904).

[2] J. S. Corbett, 'The Sea Commonwealth', in A. P. Newton, ed., *The Sea Commonwealth and other Essays*, London: J. M. Dent and Sons, 1919, pp.1-10.

位，这些观念也随之发生演变，从而在很大程度上维持了科贝特所寻求的文化和战略上的联系。

关键一点是，英国必须做出明确选择，就像所有海权大国都曾经做过的那样，要么蜕变为一个二流的、以土地和人民为基础的、领土连成一片的"罗马式"陆地帝国，要么竭尽全力去建设一个由港口、海上航线和商业组成的不断扩张的海洋帝国。前一个选项是种普遍的倾向，凸显了人类社会、文化和身份与陆地息息相关的本质特性，第二个则需要以政治和战略逻辑为基础，有意识地去选择变得与众不同。1782年以后，英国小心翼翼地避免在建立一个不断扩张的领土帝国上投入太多资源，除了印度。迅速地准许加拿大和澳大拉西亚实行地方自治避免了殖民者发动暴乱，损害占有这些领土对宗主国之价值的局面。此外，对帝国几乎所有职责的防卫都是以制海权战略为基础的。只要控制了海洋，英国就能确保印度的安全，也能向波罗的海投放军队来对抗俄罗斯。[1]靠着攻击美国的贸易和沿海城市可以保住加拿大。[2]法国对英国殖民地——更准确地说，是对英国的流动贸易——所施加的压力可以通过占领法国殖民地、破坏法国的贸易以及对法国海岸进行积极封锁来抵消。这三种手段都是针对经济承受力而实施的有限战争。英国无意摧毁任何竞争对手，它只想独占全球贸易所带来的利润和红利。[3]帝国在东方的领土——从亚丁到香港——构成了一道弧线，帝国靠着印度的军队和资源来维持它，即使在那个时代，帝国也缺乏可资调遣的陆军兵力来从事一场严重的陆上冲突。第二次布尔战争（1899—1902）暴露了这些局限性，就像叙拉古暴露了雅典的局限性一样。1902年之后，与日本结盟以及与法国、俄罗斯改善关系取代了对陆军进行全面改革的企图，这绝非偶然。这些协议使英国能够集中精力来解决爱德华七世时代最为严重的短期问题——德意志帝国的霸权野心。德国和过去那些一开始就抱有称霸欲望的欧

[1] A. D. Lambert, '"This Is All We Want" : Great Britain and the Baltic Approaches 1815-1914', in J. Sevaldsen, ed., *Britain and Denmark: Political, Economic and Cultural Relations in the 19th and 20th Centuries*, Copenhagen: Tusculanum, 2003, pp.147-169.

[2] Lambert, *Winning without Fighting*.

[3] A. D.Lambert, 'Wirtschaftliche Macht, technologischer Vorsprung und Imperiale Stärke: GrossBritannien als einzigartige globale Macht: 1860 bis 1890', in M. Epkenhans and G. P. Gross, *Das Militär und der Aufbruch die Moderne 1860 bis 1890*, Munich: Oldenbourg, 2003.

洲强国一样，很快就发现英国会不惜一切代价来阻止这种野心。法国与俄罗斯在1815年到1904年间是帝国最大的两个威胁，自1892年以来也是它的两个盟友，这些暂时性的联系是英国为了让德国人接近不了斯凯尔特河河口而付出的代价，但是，就像经过重新部署的皇家海军重新回到欧洲水域一样，这些联系并没有反映出任何具有永久性的东西。皇家海军的重新部署使一些人回想起了罗马军团被召回的历史，但事情并不像他们所担心的那样，它也不是帝国终结的预兆[1]。英国的思想家们已经在设计一种更为开放的帝国结构，在这一结构里，政治权力被移交给了自治领。爱尔兰仍然是个问题，但在欧洲的战争行将爆发之际——这迫使英国去面对引发这个世纪第一场全球战争的那些经济和外交问题——这个问题也快要得到解决了。

1890年到1914年间，英国政府把民众当中的海军至上主义提升到了一个自从伯里克利时代以来前所未见的高度，并以此来对抗德意志帝国日益壮大的海军力量。[2]英国的海权被动员起来，是为了阻止这个新近崛起的大国寻求称霸大陆的野心，而不是与它一决雌雄。[3]它与拿破仑帝国的相似之处是显而易见的，也是令人担忧的，尤其是它那大规模的海军建设，其目的是在德国控制欧洲并为计划的下一阶段奠定基础时把英国挡在欧洲之外。只有在皇家海军毁灭之后，世界强国（Weltmacht）才能实现。英国舰队的规模越大，德国发动进攻的可能性就越小。1890年以后，海权作为公众娱乐的惊人发展表明，在减税、养老金和福利金问题分散选民注意力的情况下，有必要让不断扩大的选民群体理解这一信息。在维多利亚时代结束时，海权的成本呈指数级增长，这使人们对该计划的有效性产生了怀疑，并鼓励英国努力从帝国和自治领那里获取支持。然而，英国还面临着另一个威胁，那就是美国的力量和野心。德国已然有成为欧洲霸主之势，而美国已经是美洲的霸主了。

---

[1]　罗马于公元43年征服不列颠，统治该地达360多年。到5世纪初，衰弱的罗马为了保护欧洲腹地，召回了驻守不列颠的军团。410年，罗马城被蛮族攻陷并洗劫，476年，西罗马帝国灭亡。——译者注

[2]　海军表演在帝国剧院中的竞争力请参见 Rüger, *The Great Naval Game.*

[3]　J. G. C. Röhl, *The Kaiser and his Court: Wilhelm II and the Government of Germany,* Cambridge: Cambridge University Press,1994, pp.162-189, 特别是第174—176页, 谈到了德国称霸的野心。

在19世纪末，英国和美国的发展方式截然不同，虽说它们共同的经济利益总是大过政治分歧。它们没有必须一战的理由，但它们在贸易和影响力上的差异越来越大。为此，美国终于在19世纪90年代重建了海军。[1]"新"组建的美国海军是"罗马式"的，服务于一个大陆大国的利益。与罗马海军一样，它也是为了赢得战争和投送陆军部队而建造的，不是用来执行保护贸易安全这种"旧"式的海军使命。[2]在接下来的50年里，西边这个原生的罗马式共和国利用战斗舰队和经济压力来挑战不列颠这个"迦太基式"的海权。美国海军通过把重点放在大陆陆军式的"决战"概念上，在规模和战斗力两方面上接近了皇家海军。美国国会的习惯加强了这种做法的地位，它经常会从预算中把较小的项目削减掉。这支"新"海军从来就不是一支海权海军，因为海洋早已不再是美国经济、国家或文化的中心，而且它也缺乏必要的贸易防御能力。

1898年，美国用海军把西班牙人赶出了古巴，确保了它对加勒比海地区的控制。英国减少了在该地区部署的海军，让美国来负责该地区的治安。这种做法很有典型性：只要能保证英国的航运安全，政府就乐于削减成本、转移资源，以应对其他挑战。与此同时，美国占领了菲律宾，在亚洲建立了一个帝国。在这里，皇家海军确保了让美国而不是德国来继承昔日的西班牙帝国。在吞并夏威夷之后，美国的领土横跨太平洋，一直延伸到了亚洲，它的干涉主义倾向表现得越来越明显，令中国和日本惊愕不已。实际上，英国和美国开始把它们的战略性制海权结合起来，英国把欧洲地区的主要责任扛了起来，帮助美国应对来自德国和俄罗斯的潜在挑战。作为回报，美国确保了西半球的安全，并在亚洲起着越来越重要的作用。马汉认为这种伙伴关系对美国的利益来说是至关重要的。

这种两国拥有共同未来的判断使马汉忽视了1897年第一次海牙和平会议上美国政府对其代表团的指示，该指示维持了美国削弱或终结制海权之战略意义的旧立场。按照马汉的预判，美国在20世纪需要这些工具，它会与英国结盟来

---

[1]　"新海军"的第一个外交用途是迫使巴西做出经济让步。S. C. Topik, *Trade and Gunboats: The United States and Brazil in the Age of Empire*, Stanford, CA: Stanford University Press, 1997.

[2]　M. R. Shulman, *Navalism and the Emergence of American Naval Power: 1882–1893*, Annapolis, MD: USNIP, 1993.

对抗日益崛起的陆上强国德国。美国需要与英国合作，即使它没有分享英国的海权文化。[1]

1914年8月，英国参加了第一次世界大战，想要把德国军队从明显可以当作入侵英国之基地的比利时赶出去，并阻止德国支配欧洲大陆。这两个目标都对维持英国的全球地位至关重要，但它们并不是攸关英国存亡的。英国挺过了拿破仑对欧洲的征服，也经受住了他的海军从斯凯尔特河上发起的威胁。英国的战略以近两个世纪得来不易的经验为基础，像往常一样，起初它把重点放在海洋控制和商业上，打算再打一场旷日持久的经济消耗战。海权、补给和资金将会是主要作战工具：对欧洲的任何军事承诺都将受到严格限制。然而，1914年的政治家们听任这种承诺从有限走向无限，给本来就很紧张的战时经济增加了前所未有的负担，同时还要求自治领和殖民地提供更多的人力。1914年至1918年间，欧洲盟国和帝国的支持使英国在阻止威廉二世建立霸权的过程中发挥了主导作用，但这个海权国家为此付出了沉重代价，把自己的"侧腹"暴露在了一个完全不同的竞争对手眼前。

1916年，为了在欧洲取得胜利，英国决定征召大批士兵加入大陆军，此举毁掉了英国海权国家。[2]为了支持一场还有选择余地的欧洲战争，全球力量和国内基地之间的长期联系被切断了。在1797年、1803年和1807年时，英国也面临着同样的选择，并始终坚持了海权模式、制海权战略、经济战和全球安全。1916年的决定是现代的西西里远征，自此以后，英国就再也不是以前那个海权国家了。英国对一战的记忆比其他任何战争都深刻，因为这是它第一次以一个陆军大国的身份采取行动，而这场战争所造成的前所未有的人员伤亡摧毁了爱德华七世时代的自信。索姆河和帕斯尚尔改变了英国：大规模的军事参与和前所未有的损失使英国人原本不怎么关心的陆军变成了一个能够挑战皇家海军至高无上地位的国家机构。虽然这让英国的将军们和法国的政治家们称心如意，但它摧毁了一个大国。1688年到1713年间荷兰所做的战争努力与1917年到1945年间英国所做的有着惊人的相似之处。在这两个案例中，过于强大的盟国都以

---

[1] A. 安德森（A. Anderson），未发表的博士学位论文；L. M. Gelber, *The Rise of Anglo-American Friendship, 1898–1906*, Oxford: Oxford University Press, 1938, pp.134–135.

[2] D. French, *British Strategy and War Aims: 1914–1916*, London: Unwin Hyman, 1986, pp.103–112.

金钱和资源迫使较弱小的伙伴退出了大国行列。这两个大国都是通过陆地战争从经济走向了破灭：它们赢得了战争，但失去了未来。它们之间最主要的区别在于：英国把制海权交给了美国，而美国并不是一个海权国家。

为了资助它的战争努力，英国抛售了它在海外的投资，纽约的贷款被收回，来之不易的海外市场也被牺牲了，承担大陆性的军事责任总是会对海权国家造成损害。打一场这样的战争就够糟糕的了，更不用说在30年之内打了两场，这使英国无法保持它的大国地位。到1945年时，它已经没有资金、基地和资源来控制海洋了，就像身为岛国的英国从荷兰人手里抢走了对海洋的控制权一样，美国人利用大西洋和太平洋所提供的战略纵深来观察发生在欧洲的事件，并耐心等待。在两次世界大战中，美国都把英国视为一个需要在战略和经济上击败的对手，虽说它选择以财政工具来达成它的目的。

1914年，美国决定保持中立，继续与英国、法国和德国进行贸易。尽管伍德罗·威尔逊（Woodrow Wilson）总统的政府认为德国军国主义对美国的利益构成了严重威胁，但它同样也下定了决心要终结英国在全球贸易中的主导地位，并削弱那支控制海洋的过于强大的海军。这些工具威胁着美国的商业扩张，英国的经济战阻止了美国对德意志帝国的出口证明了这个事实。为了确保这种情况不再发生，为了创造一个能让美国资本主义安全发展的世界，威尔逊开始削弱英国的战略力量。海权国家的终结是这一决定的副产品。

1917年4月，美国对德国宣战，当时德国试图煽动墨西哥，让它夺回19世纪40年代被美国占去的领土。美国的参战强化了英国的经济战，而美国军队造成的威胁也对战争于1918年末结束有帮助。德国战败后，威尔逊将和谈进程视为抨击英国立场的一个机会，他打算利用美国1916年和1918年制定的大规模海军建设计划来迫使英国放弃稽查中立国船只和对敌对势力实行封锁的主张。根据这些计划，在美国要建造的军舰中，最大的是6艘战列巡洋舰，它们的名字分别是"列克星敦"号（Lexington）、"萨拉托加"号（Saratoga）、"突击者"号（Ranger）、"宪法"号（Constitution）、"合众国"号（United States）和"星座"号（Constellation），其中有两个名字来自美国对英国的军事胜利，有三个名字来自曾捕获过英国船只的舰船，还有一个来自第一艘从一个大国——

这里指的是法国——那里俘获了同级别船只的美国军舰。[1]选择这些名字并非偶然：它们反映了威尔逊及其继任者们的意图。美国把海军力量最大化以制衡英国，威胁要以一场昂贵的军备竞赛来争夺海洋的控制权。这种公然的敌意贯穿了两次世界大战之间的那段时间，1942年之前，美国订购的每一艘航空母舰都使用了一个带有反英意味的名字。这一选择具有重要的文化意义：在美国军舰中，只有航空母舰不是由国会来赋予一个乏味的、陆地性的名字。

1919年，威尔逊把他的意图带到了欧洲，引发了一场英美之间的"巴黎海战"，导致两国在巴黎和会上的关系恶化。在打倒了德国"军国主义"之后，威尔逊决心结束英国的海军至上主义——这是产生于柏林的一种粗糙的刻板印象，主要源于拿破仑的言辞，制造这种印象的目的是把美国的注意力从德国发动战争和犯下战争罪行的事实上引开，这些罪行包括在被德国占领的比利时虐待平民和不加警告就击沉商船。威尔逊想消除一切阻碍美国资本获胜和美国民主制度输出的障碍。[2]他依靠的是海军建设和粗暴的经济杠杆。1914年，英国对美国进行了大量投资；到1919年，经济平衡已经逆转。美国从保持中立中获益匪浅；英国则因战争物资和在纽约市场上筹集贷款来支援法国和俄罗斯而欠了美国的债。威尔逊认为英国不会冒引发海军军备竞赛的风险，对一位大陆政治家来说，这是一个合乎逻辑的假设。但他错了：英国不认为海权是个可以凭逻辑来计算的问题。英国首相劳合·乔治（Lloyd George）揭穿了威尔逊的虚张声势，他指出，签字同意放弃封锁权的首相在几小时之内就会被赶下台。威尔逊先是闪烁其词，接着又接受英国加入他的"国际联盟"计划，以此作为挽回面子的退路。他所使用的这个名词实际上来自海权理论家朱利安·科贝特为海军部撰写的一份备忘录。科贝特认为，一旦威尔逊的联盟建立起来，海上交战权问题就会变得毫无意义。尽管威尔逊会否认英国人对他的思想有任何影响，但这种说法可能会被驳回。[3]英国在接下来的20年里仍然保持着海上强国的地位和

---

[1] 美国立法规定，大型巡洋舰应以各州的名字命名。

[2] W. J. Reissner, *The Black Book: Woodrow Wilson's Secret Plans for Peace*, Lanham, MD: Lexington Books, 2012.

[3] A. Link, ed., *Woodrow Wilson Papers: Volume 55*, Princeton, NJ: PrincetonUniversity Press, 1982, pp.160-162.

海权身份。

1922年的《华盛顿条约》（*Washington Treaty*）避免了爆发一场把日本也卷进来的大规模海军军备竞赛的可能性，该条约把全世界的海军力量限制在了一个符合美国而非英国意愿的水平线上。这个较低的水平表明，美国国会不愿意提供资金。[1]美国既不需要也不想要一支全球性的海洋控制海军，但它最担心的是，英国不应该有这样一支舰队。通过削减英国海军力量的规模，华盛顿会议降低了1922年到1941年间海军在世界政治中的战略分量和外交影响。对一个依赖全球贸易的海权来说，这一弱化是显而易见的。在1927年于日内瓦和1930年于伦敦举行的后续限制军备会议上，英国竭力要求拥有更多的巡洋舰来保护它的贸易。美国人无视了这一主张，因为他们不想把钱花在造船来保护本来就不存在的航运上。美国的巡洋舰是为了舰队战而建造的，而英国则依靠它们来控制海上航线。对美国来说，"首屈一指的海军"既是用来刺激国内消费的政治口号，也是用来制衡英国的外交工具。20世纪30年代末，作为"新政"经济刺激计划的一部分，美国又开始建设海军，以降低国内的失业率。这个选择反映了富兰克林·D. 罗斯福（Franklin D. Roosevelt）的个人兴趣。作为威尔逊政府的海军助理部长，他完成了威尔逊摧毁最后一个海权国家的计划。

虽然英美两国在这一时期避免了公开冲突，但它们的分歧在很大程度上反映了这两个国家在文化、利益和观念上的深刻差异，当法西斯、共产党和日本帝国攻击它们的邻国时，这种分歧严重削弱了民主国家。直到1940年6月法国沦陷后，美国才承认了问题的严重性。作为回应，它向英国提供了刚好够用的资金、军火和机器，让英国能够继续进行战争，同时又剥夺了对英国来说至关重要的经济和战略资产，以确保英国无法复原。[2]这种在意识形态上对英国帝国主义感到担忧的情绪可以一直追溯到托马斯·杰斐逊身上，它使美国人对更严重的危险视而不见。罗斯福没能理解苏俄对美国构成的战略威胁。1941年12月，日本偷袭珍珠港，美国终于卷入了这场战争。到此时为止，皇家海军已经打了

[1] Pedisich, *Congress Buys a Navy*.

[2] D. Todman, *Britain's War: Into Battle 1937–1941*, New York: Oxford University Press, 2016, 对丘吉尔过于乐观的描述进行了尖锐的驳斥。

30个月的全球战争，确保了关键的海上航线。[1]一旦参战，美国海军就导致了一个"军工联合体"和长期采购计划的诞生，在政治上很难对它们叫停。[2]

到1945年，美国海军已经超过了皇家海军，单枪匹马地赢得了太平洋海战。然而，靠海军取胜总是种有限的手段，对高度大陆化的美国国家来说太有限了。美国希望以压倒性的军事力量在海陆两个战场上取得胜利。当罗马与迦太基交战时，在海上取胜只是决定性的军事行动和"无条件"投降的前奏。1944年，一支庞大的美国军队在欧洲登陆，与苏联军队一起彻底地打败了德国。美国陆军还计划以同样的方式侵入日本，但这一计划最终被一种更为"全面"的新战争方式所取代。美国陆军航空部队未能通过常规的战略轰炸打败日本，然而，原子弹使陆基航空兵变成了一种决定性的武器。美国用投下原子弹的方法实现了罗马在第三次布匿战争中通过攻城所取得的成果。关于是否有"必要"使用这种武器的持续争论暴露了"全面"战争这种大陆式的军事概念和"有限"战争这种海权概念之间的根本性战略对立。是否有可能通过海上封锁迫使日本投降并不重要：美国必须用压倒性的陆基力量打出致命一击来取胜。通过制海权来获取胜利需要耐心和妥协，而实行民主制的美国在文化上没有能力做到这一点。压倒性的力量会鼓励人们采取不加限制的手段，尤其是罗斯福出于政治动机提出的"无条件投降"口号，它确保了战争变成一场毁灭。大多数战争都是以谈判告终的，但罗斯福治下的美国就像古罗马和拿破仑治下的法国一样，更喜欢简单粗暴地向垂死的国家发号施令。

一旦战争结束，这种隐含的事实就会变得显而易见。1947年，美国陆军航空部队成了一个独立的军种，致力于以战略核轰炸来实现全面战争这种现代概念。然后，它与它的母军种陆军联合起来，摧毁了作为一支作战部队的海军，这可能是对海军战时大规模建设计划的回应。空军将接管所有航空兵，而陆军则可以得到海军陆战队。[3]在缺乏强大的海军对手的情况下，美国无法找到一个

---

[1] A. Boyd, *The Royal Navy in Eastern Waters: Linchpin of Victory 1935–1942*, Barnsley: Seaforth, 2017,彻底摧毁了关于皇家海军衰落的旧神话。

[2] J. R. Davidson, *The Unsinkable Fleet: The Politics of U.S. Navy Expansion in World War II*, Annapolis, MD: USNIP, 1996.

[3] Barlow, *The Revolt of the Admirals*.

战略概念来证明海军是有用的：保护海上航线和贸易算不上理由。由新成立的国防部所推动的反海军计划到1950年时已经取得了很大的成功。1950年6月爆发的朝鲜战争——它是场"有限的"战争，而且在很大程度上是场海上战争——拯救了美国海军和海军陆战队，就像冷战给了美国一个可以对抗的敌人一样。苏联舰队的崛起激起了一场和平时期的海军建设，其规模前所未有，美国把这场建设一直维持到了今天，它自那时起一直控制着海洋，所拥有的海军力量超过了其他所有海军的总和。

1945年之后，英国不再是一个战略性的海上强国了。这是不可避免的：美国的战时政策确保了英国会以彻底破产的状态结束战争，并迅速失去对帝国体系的控制，而这个帝国体系维持了它的远洋海军并为其提供了存在理由。与此同时，英国人也不再向自己讲述那些历史悠久的海权故事，它们是坚实的事实和鳞次栉比的著名建筑的强大基础，就是它们塑造和维持了英国自都铎王朝以来的海权文化和身份。英国评论家们没有探讨1939年到1945年间发生的事情的真相，而是退回到对战时灾难做寓言式解读上，把"威尔士亲王"号（Prince of Wales）的沉没和新加坡海军基地的陷落当作虚弱和失败的象征。这种损失在武装冲突中其实是很常见的。1782年"皇家乔治"号战舰的沉没和米诺卡（Minorca）要塞的失陷也是灾难性的，而其战略影响同样有限。大多数分析人士承认，1939年到1945年间，皇家海军的表现非常出色，英国并没有在战争中被打败：使它屈服的是对海权的战略要害所进行的压倒性经济攻击，这些要害在17世纪90年代就已经形成了。美国人借给它的金钱和物资都带有精心设计的附加条件，英国决策者承认美国将是具有支配地位的海军强国，因为英国没有钱与其竞争，而且，没有帝国，他们也没有非要跟美国竞争的理由。此外，美国不会对英国的生存造成威胁，相反，它可以保护英国的海上商路。英国动用其最后的外交信誉和资源，促使美国做出了有约束力的承诺，答应保护西欧免受苏联迫在眉睫的威胁，于1948年成立了北约。即使只是在名义上，这也确保了"制海权"这把三叉戟被移交给了一个西方民主国家联盟，是这个联盟保护了这些国家的安全，而不是一个遥远的、有可能奉行孤立主义的大陆超级大国，它也许不会做这样的事情。

英国人并没有完全理解这个教训。1956年，英法两国试图从埃及新成立的民族主义政府手里夺回它们共同拥有的苏伊士运河的控制权，但由于美国的经济压力，这一企图破灭了。而就在50年前，美国为了建造另一条大型跨地峡运河，单方面建立了一个新国家。苏伊士运河危机结束了一个挥之不去的幻想，即英国还有可能保留它10年前曾行使过的全球权力的一部分。英国决策者匆忙放弃了对"苏伊士以东"的投入，并削减了海军采购。如果美国阻止英国用海军来维护其国家利益，那拥有海军就没有意义了。

1956年以后，西方的制海权被削减为中等规模的海洋国家所做出的集体努力，这些国家都受到美国那纯属大陆性的意图控制。尽管有苏伊士运河危机，英国在美国领导的联盟中仍占有重要地位，因为这两个强国一致认为，苏联威胁到了它们的利益。皇家海军专注于执行海上强国的传统任务——保护贸易和海洋安全，而美国海军则专注于海战和投送军队，这是大陆国家海军的"军事"使命。20世纪70年代初，衰落、摇摇欲坠的后帝国时代的英国抛弃了自己的历史，抛弃了把英联邦中拥有各种文化传统的英国人联系起来的深厚文化和家庭纽带，加入了欧洲经济共同体，这是一个大陆性的保护主义团体，有着与英国截然不同的经济和政治关切。

随着英国经济的复苏，英欧关系中的裂痕不断加深。英国希望能够自由地在世界范围内运作，并保留其独特的机构，而欧洲则敦促它融入欧洲，人们将此与19世纪德国通过建立关税同盟走向统一相提并论是难以避免的。英国不肯使用欧元，不加入免护照自由通行区，最终拒绝了欧洲一体化的政治计划，当今的欧盟就是通过这个计划形成的。在英国退欧的喧嚣之下，隐藏着一些显著的文化差异，这些差异可以追溯到亨利八世拒绝欧洲的控制（不论是世俗的还是宗教的）、击败西班牙无敌舰队以及一个全球帝国的建立。英国还是与众不同的，因为经过精心设计的海权身份在接纳另一种欧洲身份的尝试中幸存下来了，在这种欧洲身份里，百年战争比海洋帝国的遗产（如英联邦）更重要，比数百万具有帝国或后帝国时代传统的人在现代英国的存在更重要，比英国在世界贸易中的重要地位、伦敦的特拉法尔加广场和1982年的马尔维纳斯群岛战争[1]

---

[1] 又称"南大西洋战争"。英国与阿根廷因马尔维纳斯群岛（英称福克兰群岛）归属起的一场战争。——编者注

都要重要。

英国与威尼斯和荷兰一样，对衰落的过程进行了控制。这些国家一旦失去自己的帝国，它们就太过虚弱，无力维持使它们成为大国的优势海军。雅典和迦太基只是在导致帝国灭亡之失败的性质上有所不同。把海军霸权移交给美国相对来说没有那么痛苦，因为尽管这两个国家对全世界的海洋有着根本不同的看法，但意识形态的协同确保了它们不会对彼此构成攸关存亡的威胁。破产的英国没有经过多少挣扎就放弃了海军霸权，因为这一霸权被交给了一个以它通常——虽然确切地说，并不总是——能够接受的方式来使用它的强国。最后一个海权大国就这样离开了国际舞台。此后的世界属于超级大国，它们是幅员辽阔的大陆国家，也是自给自足的军事帝国，它们关注的是陆上、空中和宇宙空间里的力量。在冷战时期，海洋扮演的是一个边缘化的战略角色，是一个需要确保的"侧翼"和一条需要保护的补给线。尽管当代的美国拥有庞大的作战海军，但它是按照陆地强国的模式来思考和行动的，英国则并非如此。这种至关重要的区别有助于解释在过去的两个世纪里，这两个大国之间的关系是如何演变的，在这段时间里，英国接受了"相对衰落是不可避免的"这一事实，走上了旧日的海权曾经走过的道路，同时把全球权力的重担转交给了美国。最终的权力转移发生在一个由三次全球性冲突所主导的世纪中叶，在这些冲突中，德国和苏联所造成的生存威胁使英国和美国的利益相互一致。这些威胁来自大陆，而不是海洋。在对抗潜在的霸权国家时，英国需要大陆上的联盟伙伴来承担军事负担。美国将是最后一个这样的盟友。

然而，海军力量仍在边缘地带发挥着重要作用。1982年，美国的支持使英国在马尔维纳斯群岛冲突中占据了明显优势。当欧洲"盟国"拒绝提供炮弹时，美国介入，向英国提供了空对空导弹、外交掩护等。作为回报，英国同意不把阿根廷打得太惨。1991年，在第一次海湾战争结束时，只有皇家海军和美国人一起作战，这是一段深刻、长期的联系和交叉训练的明确标志。冷战结束后，随着全球贸易的繁荣，全球的平衡又重新倒向了海洋，这使得控制海上交通在今天和以往一样重要。

第九章
今天的海权
SEAPOWER TODAY

焚毁海权：1946年美国在比基尼环礁所进行的原子弹试验

　　虽然海权大国已经不复存在，但海洋国家和大陆霸权之间历史悠久的竞争一直持续到了21世纪。自1945年以来，基本上由海权国家的政治、经济和知识遗产所塑造的西方自由世界在美国的保护伞下，一直保持着战略性的制海权，这使得海洋国家和其他全球性的经济行为体能够以相对较低的成本和极小的战略风险发挥海权的作用。当代的海洋国家——以海洋为其身份和经济核心的国家——有日本、荷兰、丹麦、英国、挪威和新加坡，而且它们并不孤单。这些国家把绝大部分力量投入国际海洋贸易中，海洋身份在它们的文化中占据重要地位，当对海洋的和平利用受到威胁时，它们将率先做出反应。它们的选民在多大程度上愿意接受这种地位所造成的经济成本和人身危险仍不确定。很显然，它们需要这样做，但是有许多可能威胁到它们的危险是常规海军对付不了的。自1945年至今，西方海权一直面临着霸权主义大陆帝国持续的敌意。

　　苏联、俄罗斯或中国对西方国家的战略性海洋控制的任何挑战，都只存在于危言耸听者的脑海中，他们把数字与能力、吹嘘与兑现混为一谈。苏联舰队的建立是为了保卫俄罗斯帝国免受西方两栖部队、航空母舰和20世纪60年代的北极星导弹的攻击，建造它不是为了挑战西方对海洋的控制。1989年后，苏联海军瓦解了，因为它与俄罗斯的存亡毫无关系：近年来，俄罗斯海军的复苏所反映的是出生于圣彼得堡的总统的个人观点，而非现实需要。当代的俄罗斯不再像彼得大帝时期那样渴望成为一个海权，它仍然依赖于指令式经济和一种专制统治形式。2014年，普京总统占领克里米亚，收复了位于塞瓦斯托波尔（Sevastopol）的海军基地，它是国家英雄主义的一个有力象征。在这个过程中，他严重地损害了俄罗斯海军复兴的前景。如果我们认识到俄罗斯从来就不是一个海权，而且海洋对俄罗斯的核心安全问题而言从来都不是至关重要的，那么这个选择就完全合乎逻辑，普京的选择是有代价的。作为回应，两艘法国制造的直升机航空母舰被禁止卖给俄罗斯，它们被卖给了埃及。2017年，普京放弃了他的航空母舰建造计划：俄罗斯唯一能够建造航空母舰的造船厂在乌克兰，制造船用燃气涡轮的工厂也在那里。现代的俄罗斯军舰与其沙皇时代的前辈们一样，使用着同一批国家英雄主义的名字，这种联系强调了俄罗斯一而再，再而三地打算维持一支强大海军的事实，这是一个无休止的创建、遇阻、解体和重建的循环。

在俄罗斯占领了克里米亚，并对乌克兰东部的"分离主义者"提供支持后，它受到了有效的经济制裁，这从本质上来说就是现代化的海上经济战。在全球石油价格减半的推动下，制裁把俄罗斯推入了衰退，导致普京采取一系列适得其反的自给自足措施来打击世界贸易。俄罗斯能承受这样的代价多长时间，以及海权能在多大程度上利用民主问责等价值观，仍有待观察，自萨拉米斯之战以来，这些价值观一直是海权武器库中最强力的武器。

俄罗斯、中国和美国都太大、太强了，它们无法依赖海权，海权是种明显很古怪的身份，它的战略重要性是有限的。虽然美国在建国之初是一个海洋国家，在大西洋经济圈中运作，但它通过征服和购买获得了一个大陆，从而改变了它的身份。现代美国是从战略而不是文化的角度来看待海洋的。冷战结束之后，美国海军回想起1948年时的遭遇，只得赶紧寻找一个新的海上"威胁"来避免被肢解。中国舰队不断扩大，在技术和战略上与前苏联舰队惊人地相似，这引起了相当大的恐慌，并帮助维持了海军的预算。这是必要的，因为美国对海洋安全没有明显的需求，对全球航运也没有多大兴趣。它也不比中国更像个海权国家。这两个国家都不符合阿尔弗雷德·塞耶·马汉在1890年用来定义海权（sea power）的标准。它们幅员辽阔，本质上是领土连续不断的陆上强国/帝国，在几乎所有领域都拥有非同小可的国内资源基础。美国对国内页岩气储备的开采可能凸显了这一点，它鼓励美国采取越来越独立的经济政策。这两个国家都拥有巨大的国内天然气储量，这将使它们在烃类燃料方面实现有效的自给自足。尽管看起来两国都有可能维持甚至继续发展各自的海军，但它们这么做是出于外交和战略上的目的，它们都不把保护海洋贸易视为自己的一项核心任务。

与俄罗斯一样，中国也没有到它沿海地区以外的地方去争夺海洋控制权的野心。中国的舰船和言论都是为其国内议程服务的，它对海洋的态度一直是非常消极的，几千年来莫不如此。只要中国仍然是一个幅员辽阔、子民众多的陆地帝国，它就永远不可能成为一个海权，对它来说，天命的要旨就是养活人民，维持国内秩序。海洋是如此的不重要，或者说是如此的危险。中国有三支互不统属的舰队，对外统称为中国人民解放军海军（PLAN），但它们彼此是独立运作的。19世纪末，清帝国也采用了同样的方法来加强其对海军的政治控制，结果造成了灾难性的后果。

中国在以出口为导向的制造业基础上，创造了高速增长的经济，通过提高生活水平来满足人民。在18世纪，同样注重内部稳定的中华帝国政府把贸易限制在广州这一个港口里进行，这个港口离北京非常遥远，从而阻断了西方人和本地人之间的接触，还可以在必要时完全停止贸易。如今，在国家贷款的推动下，持续了数十年的出口拉动型增长使民众就业得到了控制，但工资上涨和结构性低效降低了中国的竞争优势，而政府还没有创造出足够多的高价值制造业来对此进行弥补。任何一个国家，如果其海军只是其军队在海上的附属物，那么很显然，它既不是一个海权，也对支配海洋不感兴趣。

虽然中国有漫长的海岸线，也有着同样漫长的海上活动历史，但它的陆地边界比这要长得多。从历史上看，这道边界是它与它不稳定和好斗的邻国共享的。尽管在19世纪，来自海上的侵略使中国政府蒙受了羞辱，但它没有被这些侵略者推翻，而从陆地上来的侵略者则屡次达成了这一伟业。近20年来，由于中国的宣传和哗众取宠的西方著作竞相改写事实，中国的海洋史已成为一个有争议的领域，这引发了一场有关中国海上议程的辩论，在这场辩论中，人们对修昔底德的海权概念采取了毫不关心的态度。中美两国的评论人士都经常以海权一词来描述拥有庞大海军的国家。

几十年来，由于郑和率领的"宝船船队"所进行的惊人远航，人们一直认为中华帝国对海洋和中国以外的世界是感兴趣的。帝国所进行的这些为期短暂的冒险活动在多大程度上可以证明国家深刻地参与了海洋事务，目前还不清楚。幸运的是，学术研究推翻了这种假象。中国的皇家档案提供了充分证据，证明郑和根本不是耸人听闻的文学作品中所说的中国哥伦布，他和他的舰队是被派去以致命的力量镇压移居外国的中国海上商人的，这样做的目的是保护中国的"朝贡"体系以及由这一体系维持的与外国的外交关系。本来就没有什么"失去的机会"：郑和的使命有着极为消极的意义。他的主人永乐皇帝把首都迁到了北京，以接近首要的安全威胁和政策重点，也就是长城以北的游牧民族军队。因为成本超过了回报，"宝船船队"被取消了。在帝国时代晚期，中国的海上活动是理性的、合乎逻辑的、有限的。中国是一个幅员辽阔的大陆帝国，更关心内部稳定，而不是对外关系，它担心对外贸易会带来不稳定，因为这会在世俗和精神层面上引入外国思想，并使商人集聚起个人财富，而这些人是在儒家社会体系中居于最下层的社会不稳定因素。当时和现在一样，中国是被国内需求驱使加入贸易的：在18世纪，它需要进口粮食，在21世纪，它需要进口财富。

对美国和中国而言，无论这两国的海军规模有多大，它们都无法声称自己是一个海权。它们在提出针锋相对的主张时所使用的术语反映出了这个最重要的事实。它们都把海洋大陆化了。海洋空间的大陆化将以大陆单一文化一统天下的单调局面来取代自由、选择和进步。纵观历史，会选择海权的一直都是拒绝这种选项的较小的海洋国家。消除使这一选择成为可能的不受统治的海洋空间，可以为建立一个全球性的国家铺平道路，把海权身份留给三流的运作者、超级大国的附属国。然而，无论是哪个大陆大国成了普世君主国，都很快就会有海上野蛮人来敲响它的海门。

在西方集体中，海陆身份之间的断层线正在浮出水面。唐纳德·特朗普

（Donald Trump）民粹主义式的保护主义向西半球传递了一种孤立主义的信息，而英国决定退出大陆保护主义式的欧盟则是在向相反的方向发展。英国的决定反映了许多意图，但在它的最深处潜藏着的是一种海权文化的残余，一种认为1588年和特拉法尔加是构建国家身份过程中的重要里程碑的意识，这种身份反映了英国长期致力于海权的历史，在这种身份中，透纳的小汽船仍然是一个意义重大的象征。欧盟是一个不负责任的保护主义体系，它使大多数的成员国陷入贫困并变得幼稚，只有德国的工业获得了利益，其目的是把古老的、文化各不相同的国家整合成一个单一的整体，从而使21世纪的欧洲陷入了一个变成关税同盟（Zollverein）的危险。按照目前的发展轨迹来看，欧洲将成为一个帝国，而不是一个国家——作为海权遗产的自由民主国家。当代海权面临的问题可以从地中海的难民/移民危机中看出来，欧洲的政治家没能就政策达成一致，使得国防军和警察部队没有得到明确的指示。欧洲海军可以控制相关的海上通道，就像他们在索马里海域曾做过的那样，但在政治家们就他们所期望的结果达成共识之前，海军得不到这样的指令。欧盟内部因此而引发的政治紧张，清楚地表明了由大陆国家组成的集团无力把握海洋问题。

这不是对中国、俄罗斯、欧洲或美国所做决策的批评，这些幅员辽阔的国家不可能成为海权，它们必须把陆地放在最优先的位置上来考虑。任何批评所针对的都是那些企图制造这些国家可能是海权这一错觉的人。

中国之所以重要，是因为当代海洋国家所面临的最大挑战是海洋空间逐渐大陆化，对海洋的使用权日益受到限制。《联合国海洋法公约》把领海和专属经济区的范围扩大了，这提供了一个法律框架，通过缩小"公海"来挑战历史悠久的无害通行权。大陆国家的战略总是试图利用沿海要塞、水雷和限制性条约来减少来自海洋的威胁。海洋国家必须采取共同行动来确保海洋对贸易保持开放，就像它对外交和战争保持开放一样：没有海上通道，它们的政治和经济模式都将破产，它们的价值观也是如此。日本在增强自卫队的影响力和能力的同时，采取了一种引人注目的海洋战略姿态。

海权的未来取决于西方自由国家联盟的凝聚力。当美国还在继续提供高端作战能力的时候，西方国家对海洋的控制的战略组成部分就是安全的，这使海洋国家得以繁荣发展并保护了全球的共同利益。这种情况不应该被认为是理所当然的：美国不是一个海权，而且已经显露出要恢复20世纪20年代孤立主义的迹象。然而，美国的超级大国地位取决于它在全球范围内不依赖东道主国家的支持采取行动的能力，这使海军成了关键，不依靠它，美国是做不到这一点的。在一个不确定的时代，最重要的是"西方"的海洋国家要把美国降低参与造成的能力缺口补上，既要支持该体系，又要保护它所维护的利益。

　　海洋国家的存在与全球经济的活力密切相关，它们一贯如此。贸易使控制海上交通成为值得为之奋斗的目标，也使经济战——无论以何种形式展开——成为一种有用的战略工具，这就是中等规模的强国选择这种身份的一个重要原因。海上贸易、资本形成和现代西方民主增税官僚权力之间的联系无须在此重述。我觉得，也无须重申海事行为体——不论是国家行为体还是非国家行为体——在创造日益广泛的全球化经济方面所发挥的作用，这些行为体是通过先进的通信手段以及安全的、法律上可强制执行的交换手段联系在一起的。海洋国家仍然需要依靠外部的资源、粮食、原材料、资金和燃料来维持其经济，而大陆超级大国在很大程度上是靠内部资源、其自给自足的议程和旨在为内部目的服务的指令性经济来维持的，它们对国际交流的兴趣有限。目前，是大陆国家美国提供了海军力量和战略威慑力，使"西方"免受各种敌对行为者的攻击，但不要认为这种慷慨是无限制的或免费的，基本上可以自给自足的美国想要它的盟国提供支持，并保留了退回到孤立状态的权利。在自由民主的资本主义体系仍然在海洋占据主导地位时，它就保有使用制海权战略来影响对手的选择权，自修昔底德以来，这一战略几乎没有改变。它始于外交、威慑和警察职能——包括经济制裁，随后是经济战和从海上投送军队。海洋国家将继续建造和运营海军，以保护其重要的国家利益，并充当美国领导的西方国家集团中的一员。虽然海洋国家不会选择战争，因为战争对商业不利，但它们可能会发现，就像它们的海权先驱一样，它们没有其他选择。它们必须共同地、集体地维护无害通过大陆化的海洋空间的权利——以免被马汉称之为"大公的"海洋消失。这是西方应该作为一个集体行动来承担的使命，它与商业活动有关，并不是一种军事威胁。

结论

CONCLUSION

纪念海权的英雄们：大雅茅斯的纳尔逊纪念柱

虽然最后一个海权大国在20世纪40年代消失了，但海权国家的文化遗产在当代世界里仍是极为重要的，在这个世界里，实行自由、包容政策的"西方"国家为了贸易、文化和安全，通过海洋与全世界建立联系。这些国家不仅是像布克哈特所说的那样，是件"艺术品"，而且它们的身份还反映了那些深刻影响西方自由主义意识形态发展的海权国家所做出的选择。一个海权——在古希腊语中称之为"thalassokratia"——是一个有意识地选择在国家和海洋之间建立和维持一种根本关系的国家，从政治包容性到法治，这种关系贯穿了国家生活的所有领域，这样做的目的是取得大国地位。这是一种文化选择，不是海军力量的问题。[1]这一选择是由包容性政治——实行民主制或寡头政治的共和国——

---

[1]　《牛津英语词典》忽略了身份的问题。它把海权定义为：1．"一个在海上具有国际控制力或影响力的民族国家或国家。"2．"一个民族国家（或者，就普遍情况而言，多个民族国家）进行海上战争的实力和效率。"

促成的。这些国家依靠海上贸易来进口包括食物在内的必需品，并以艺术、建筑、船舶和文字来表现它们的选择。一旦创造了这种人为身份，就必须通过不断的重复来维持它，慢慢地把它融到国家身份里，同时还要不断对它加以调整来适应新的现实。勒班陀战役之后，由于威尼斯共和国从教宗—哈布斯堡王朝的盟友变为了法国盟友，再加上奥斯曼帝国的扩张，它迅速地修改了此战的信息。同样的，特拉法尔加的成就被放大，以便用不列颠所取得的胜利来取代英格兰击败无敌舰队的荣耀，这场胜利把苏格兰和爱尔兰也纳入了新的身份。当这一信息开始消退时，海权所面临的考验是，关键的经济利益集团——"伦敦金融城"及其前身——是否有能力调动必要的政治支持来维持这一计划。

海权的敌人一直是大陆霸权帝国，主导它们的是军事力量、专制统治、陆地帝国主义和指令性经济。它们害怕海权那具有包容性的、开明的意识形态，想要用它们在陆地上和海上的武装力量来摧毁这一文化挑战。正如沃尔特·雷利爵士认识到的，布匿战争依然代表着这些不同文化之间的终极冲突：罗马毁灭了迦太基文化，因为它对罗马政治体系造成了严重挑战。1672年，路易十四入侵荷兰共和国时，他也抱有同样丝毫不加掩饰的意图，而拿破仑，这位终极的现代普世君主，很快就把"迦太基人"当成了一个侮辱性的词，他在1797年消灭了威尼斯的舰队和文化，并计划对英国采取同样的行动。德意志帝国再次重复了法国人的侮辱，嘲笑英国是一个受商业驱动的"迦太基"式海上强国，这注定会在下一场"布匿战争"中落败。第一次世界大战爆发时，这种论调变得歇斯底里，无意中暴露出了德意志帝国称霸欧洲大陆的"罗马"式野心。这一次，制海权同样导致了新罗马帝国的失败。[1]现代大陆霸主仍然不民主，实行集权式的经济，滥用法律程序，并围绕军事力量和对被征服民族的统治来塑造其文化身份。这些宏伟帝国中最新的一个——苏联失败了，它被遏制开明的政治和经济所需的非凡努力摧毁了。它不会是最后一个这样的帝国。

把制海权定义为一种任何一个拥有海军的国家都能实施的战略，从而将其与海权——一个相对较弱的国家的文化核心，这个国家把海洋维度放在其身份

---

[1] M. Stibbe, *German Anglophobia and the Great War, 1914-1918*, Cambridge: Cambridge University Press, 2001, pp.33, 64, 67, 70-71.

的中心位置，并进而寻求实现不对称的影响——区别开，这可以提醒我们文化差异在国家身份构建中的重要性，即便是在"不列颠"与"欧洲"这么拥挤的空间里，也是如此。海权国家依靠海上交通来保障安全和繁荣。它们建立了商业帝国——从提洛同盟到现代的跨国公司——以维持昂贵的舰队，并凭借商业财富（其中大部分与海上贸易有关）与世袭和土地权力相结合的政治崛起。它们让海军凌驾于陆军之上，并把它们在陆地上的足迹限制在战略性的基地和经济性的转口港上，它们拥有滨海的首都和海上的英雄，使海洋成为它们文化的中心，并保持着推动探索和发现的与生俱来的好奇心。这些特点使雅典的帝国模式有别于波斯，迦太基的有别于罗马，英国的有别于俄罗斯。大陆列强在陆地上扩张，通过军事征服获得领土。由于实力相对较弱，海权不得不把目光投向别处，它们追求的是贸易而不是征服，获得的是具有战略价值的岛屿和飞地，而不是省份。当海权国家忘记这一事实时——它们当中的绝大多数都忘记了——会有惨痛的教训来让它们回想起自己的弱点。这些国家之所以选择海权，是因为它们缺乏成为大陆大国的规模和分量。

在当代已经没有海权大国了，但这些国家塑造了西方自由世界，并给它们的继承者留下了强有力的先进遗产，现代海洋国家强调政治包容性、法治、自由市场经济、海外贸易、弥漫着咸水味道的文化身份（从文学和艺术到民族英雄和纪念碑）、滨海的首都和压倒一切的好奇心（一种乐于旅行、学习和交流思想的意愿）。大多数开放的社会都在口头上支持雅典的政治遗产，但很少有人了解海权与包容性政治之间的关键联系。柏拉图对海洋维度的厌恶扭曲了这一论点，现代的海洋国家应该重视海权的传统，即自由开明的政治、外向型的经济和全球参与，以便更好地认识到它们与大陆军事强国之间的区别。

罗马和迦太基世界观之间的断层线在今天仍然和汉尼拔时代一样，能够引起人们的共鸣，不仅如此，海权国家和大陆国家在政治结构、经济、文化产出和所构建的身份上的区别，还为许多研究领域提供了重要见解。若要理解1890年到1911年间阿尔弗雷德·塞耶·马汉和朱利安·科贝特爵士两人为何会就制海权战略提出截然不同的思想，最好的办法是认识到科贝特生活在一个处于鼎盛时期的海权国家里，海军力量是它主要的战略工具，海洋是其国家身份的核心要素，而马汉并非如此。在一个海权国家里生活和工作的现实主宰了约瑟夫·马洛德·威廉·透纳的作品，他的艺术风格形成于英国与法兰西共和国及法兰西帝国进行长达20年的生死斗争期间，法国的领袖们把这场斗争当作是布匿战争的重演。透纳的回应是把迦太基重新塑造为一个海权典范，强调了海权文化和制海权战略在打败拿破仑的过程中所发挥的作用。他的艺术作品影响到了对昔日海权国家之衰落模式和意义的探索，这一探索深刻地影响了英国的知识生活，直到1945年为止。艺术家和辩论跨越时间和空间引起人们的共鸣，为我们把过去、现在和未来综合起来做出了独一无二的贡献。

在本研究中处于核心地位的5个国家创造了独特的海权身份，以获取大国的地位，因为它们没有足够的规模和人力资源来抵抗恪守常规的大陆大国。所有这些国家都比较弱小，其经济繁荣和粮食供应实际上全靠海运贸易，失去对海洋的控制将使它们面临彻底的毁灭。它们以成为海军强国的方式来解决这个弱点，并在创建一支适宜舰队的过程中逐渐演变为海权国家，以最大限度地发挥其相对优势。英国转向大海，是因为它面临着来自欧洲霸权国家日益增长的威胁，既有世俗的，也有宗教的。这种因为弱小而不得不采取的消极选择在较大的国家无法或不愿维持击败皇家海军所需的昂贵海军计划时，一直都是有效的。最早的一批海权大国——雅典和迦太基，在它们的舰队被击败的同时被消灭了，并且被憎恨和害怕海权的普世君主国吞并了。在对这些先驱进行研究之后，威尼斯、荷兰共和国和英国以更娴熟的技巧对它们的衰落过程进行了控制。

海权国家的战略强调有限的战争，它们利用联盟来防止"普世君主国"的出现。而当大陆列强转变为军事超级大国时，海权国家就无法与之竞争了。迦太基之所以被毁灭，是因为当时只有一个超级大国，而最后三个海权能够选择在相对较为平衡的安全结构中扮演海洋国家的角色，它们可以对这些结构造成一定的影响，但无法主导它。英国之所以能够推迟这一选择，是因为它把岛国的地理位置和财富与一个全球帝国的人力和资源结合起来了，这些优势使欧洲北岸的一个小岛在1945年之前一直保持着大国地位。最后，经济崩溃、帝国的丢失和原子弹的出现终结了作为海权国家的英国，使得美国可以凭借其经济和工业力量把制海权战略从海权身份中分离出来。

海权国家创建了贸易帝国，利用海洋把港口和海军基地连接起来——它们是海洋经济和战略的节点——同时避免在陆地上过度扩张。在一些地区，相继而起的海权帝国会相互重叠。科孚岛曾是雅典、威尼斯和英国的海军基地，而欧洲与亚洲之间贸易的要冲开普敦则由葡萄牙人建立、荷兰人开发、英国人占领。当海权创建陆地帝国时，就像英国在印度所做的那样，它们对海权概念而言都是很古怪的，而且往往是为了商业目的而运作的。不管这些陆地帝国有多成功，它们都造成了文化上的混乱，会引发大陆列强的敌意，并使海权误用其战略资源和高估其军事实力。

海权来自具有包容性的政治体系——实行寡头政治的共和国，在那里，商人和资本家与土地贵族和受到宪法约束的统治者分享权力。政治包容使国家能够调集资源，不论在和平时期还是在战争时期都可以维持成本高昂的海军。海权的海军以保护贸易为主要目的，并拥有一支威慑性的战斗舰队作为后盾。大陆大国的海军与商业航运或贸易没有联系，它们专注于与敌方舰队进行"决战"和投送军队。海权国家有海洋英雄、文化、仪式和艺术，与海事有关的词汇在它们的语言里很突出，它们愿意与更广阔的世界打交道，并试图去了解遥远的国度。

海权国家喜欢通过有限的战争、海军力量、专业军队和联盟来维持现状，它们往往对战争的好处看得清清楚楚，总是强调商业利益，它们的战略偏好经常因为需要与遵循大陆议程的盟国合作而受到影响。在拿破仑时代，英国依靠的是经济战争、外围行动和对盟国的广泛经济支持，而不是大规模的军队。在20世纪，它作为一个大陆大国参加了两次全面战争，除了维持占主导地位的海军之外还进行了征兵，调集了大规模的军队，结果因为人力和经济成本而破产、崩溃。现代英国在由大陆问题所主导的联盟体系中扮演一个中等强国的角色，这或许可以解释为什么英国政治家们会追随美国卷入徒劳无功的大陆冲突，尤其是在阿富汗，英国不到那里去才能得到最显著的利益。

海权身份仍然很重要，尽管它已经成为西方的集体财产，而不是单个国家的专属。然而，它缺乏可以追溯各海权大国的心无旁骛的专注和清晰明了的阐述。由于海权身份与制海权战略的分离，这一问题更严重了。60年来，西方海洋国家一直依靠美国海军来保障海洋安全。它们不再对自己的海上安全负责，未能维持或发展海洋身份、国家对海洋的关注以及保护它们的海上利益所必需的舰队，这一失误很严重，因为海洋身份一直都是构建起来的。它们需要不断得到更新：现代概念的"海盲症"表明国家和政府没能维持这一身份。虽然海外贸易、资源依赖和海军预算之间曾经有着相互促进的作用，但现代世界却把自由使用海洋视为理所当然的，认为航运服务与国家政策完全无关。在这种情况下，正如马汉所预料的那样，民主的扩大削弱了国家与海洋之间的联系，使大陆列强得以与海洋国家竞争。

像古代的罗得斯、近代早期的热那亚和后海权时代的威尼斯这样比较小的海权国家在历史上一直存在：以海洋为中心的政治体作为商业中心、海军承包商和银行家运转于多极的政治体系中。它们的文化与海权有许多共同之处，但没有取得大国地位的规模和雄心。今天，这样的国家依然和海洋保持着密切联系，海洋在它们的国民经济产出中占有很大的比例，它们非常依赖海外的资源，从事与航运、海洋经济利益、石油及天然气、渔业、风力发电、造船厂、码头、港口、国际金融等与海洋经济活动相关之职业者在劳动力中所占比例相对较高。无法对这种联系做准确计算，因为它还包含了文化、身份、历史和神话等无形的东西，但不管怎样判断，它首先都不是一种军事上的计算。自1945年以来，海洋国家不断增加，这是因为，除了少数显著的例外，自由地将海洋用于商业目的的权利没有受到质疑。海洋国家不控制海洋，运送粮食、燃料和原材料的船只实际上是无保护的，它们往往处于民族国家的控制之外。许多海洋国家依靠国际法和共同利益的结合，而不是海军力量，来确保海运活动不受其他国家或非国家行为者的阻碍。事实上，当代大多数海军在和平时期的任务都与陆地问题有关，从反弹道导弹防御到打击海盗、毒品贸易、武器走私和人口贩运等。自1945年以来，保护海上贸易很少成为一个问题，20世纪80年代末的油轮战，以及打击索马里海盗就是西方采取此类行动的高潮。

自16世纪以来，海洋控制一直是由西方自由主义国家单独或联合行使的，这种情况不太可能改变。朝鲜、基地组织和伊斯兰国（ISIS）或许都对自由民主的世界秩序深恶痛绝，但它们缺乏在海上挑战这一秩序的能力。正如彼得大帝所认识到的那样，这种能力既昂贵又难以获得。作为替代，基地组织袭击了世界贸易中心，它是一个强有力的象征，象征着传播了民主、个人自由、政治问责、法治和自由选择之意识形态的商业活动。海洋一直是激进和危险思想的载体。柏拉图和孔子想要远离海洋，但人类进步的方向始终与他们的期望相反，朝向了海洋和包容，远离了极权主义政治那种面向内部的停滞状态。

海权仍然是重要的，因为全球政治的大断层线最后总是会落到陆地和海洋国家截然不同的性质上来。当代"西方"与其对手之间的紧张关系反映出了以威权统治、意识形态一致性、指令性经济、封闭的边界和可以追溯到古代哲学家对海洋作为破坏稳定的思想之载体的根深蒂固的焦虑为特征的大陆体系与以包容性政治、开放外向的社会、法治、个人自由和经济机会为特征的海权国家遗产之间深刻的文化差异。停滞与进步、封闭的思想与开放的海洋之间的紧张关系，是人类历史上最强大的动力。它在今天仍然和在罗斯金写下那不朽的文句时一样重要，即使我们已经无法重新获得他那种绝对信念了。海权仍是一个被构建起来的身份，它跨越时间和空间不断演化。认识到这一过程的连续性，使我们能够理解我们——不论我们是谁——是如何走到现在的。未来永远属于海权，但这一身份依然有待于人们的选择。

致谢

在任何一部手稿即将出版的时候，作者都会回到开头，反思别人——共事的学者、学生、家人和朋友——对自己的帮助，在这个令人愉快的松散分类中，第一个和最后一个指的往往是同一批人。此外，作为一名历史学家，我非常清楚地认识到，我还欠了那些已经过世的人的"债"，这笔"债"是在回顾他们于很久之前为了与我们非常不同的读者而写下著作时欠下的。这些作者的思想和论点贯穿了本书，它们是后世作品的基石。我无法当面感谢他们，只希望他们不会因为我对他们作品的理解而太生气。

学术界里的许多朋友和同事在与我辩论时分享了他们的观点，给我提供了新鲜的材料和明智的建议。我对他们感激不尽，但想要毫无遗漏地致谢是愚蠢的。我首先要感谢的是我的老朋友约翰·费里斯（John Ferris），他对这一论点的反复思考比任何人都多，他提供了合理的建议、清晰的判断和诚实的批评。我另一位多年的朋友比阿特丽斯·霍伊泽尔（Beatrice Heuser）也是如此，还有理查德·哈丁（Richard Harding），他们三位都在远远超出历史范畴的领域内分享了自己的专业知识，并指出了文本中的韵律。我的同事艾伦·詹姆斯（Alan James），很高兴能与他一起在伦敦国王学院讲授海军历史课程，他阅读了原稿，并以他那令人愉快的、略带嘲讽的超然态度和我探讨了把法国和英国分离开的许多事情。我非常感谢他以及战争研究系的支持。玛丽亚·福萨洛、拉里·费雷罗（Larrie Ferreiro）和吉杰斯·隆美尔塞阅读了与他们专业领域相关的章节草稿，纠正了我的错误并提供了极好的建议。迈克尔·塔珀（Michael

Tapper）和凯瑟琳（Catherine Scheybeler）通读了全书，而且，尽管有相反的指示，凯瑟琳还是对倒数第二稿进行了校对，发现了比作者所预料的更多的录入错误和差错。还有更多的朋友和同事直接或间接地帮助我把最初的前提变成了一个连贯的论点，我只希望他们不会对最终的结果太过失望。

也要感谢保罗·肯尼迪（Paul Kennedy），40年前，就是他鼓励我追求自己兴趣的，已故的布莱恩·兰夫特（Bryan Ranft）教会我的远比我当时意识到的要多，劳伦斯·弗里德曼爵士（Sir Lawrence Freedman）让我在最好的部门工作，就是在这里，我写了这么一本书，还有他的继任者们，他们把独特的跨学科研究精神保持下来了。我在战争研究系里的许多同事用文字、思想、时间和此地独特的友情支持了这个计划，但没人比得上阿莱西奥·帕塔拉诺给我的支持，他是位研究东亚及其他地区海权身份的学者，还有马库斯·福克纳（Marcus Faulkner）和卡洛斯·阿尔法罗·扎福特扎（Carlos Alfaro Zaforteza），他们为另一种选择——海军强国的大陆模式做了辩护。

这本书是建立在其他人的学术研究——著作、论文和其他产出——的基础上的：从一个档案资料来源中引用的引文是从另一个计划中借用的，因为它如此完美地表达了论点。如今，各种在线资源——书籍、期刊和数据——对这样的研究有着极大的帮助，这些资源对那些从卡片索引、铅笔和打字机的时代开始工作的人来说真是不可思议。在现代做学术研究，障碍变得更少了，但这种丰富性以不同的方式向我们发起了挑战。设定界限已经成了一个大问题，在这本旨在引发争论的书中，我选择了简明扼要。我非常清楚这一选择所带来的明显局限性，但如果不这样做，这个计划将会耗尽作者的精力、超过研究卓越框架（Research Excellence Framework，REF，下一轮预定从2021年开始）的时间线并让读者失去耐心。

在耶鲁大学出版社伦敦办事处团队的大力协助下，朱利安·卢斯（Julian Loose）再次监督了这本书从委托出版到成书的整个过程，理查德·梅森（Richard Mason）以高超的技巧修正了难以避免的由作者造成的晦涩之处。尽管朋友和同事们为本书尽了最大的努力，本书仍有很多不完美之处，这些地方都由我个人负责。

在完成这个计划的过程中，我的家人一直陪伴我，他们坚定不移的支持对我来说是必不可少的。这一支持的意义和它的重要性难以言喻。

安德烈·兰伯特
2018年4月5日于裘园

附录

作为文化的海权：概念的备忘录

APPENDIX

- 按照布克哈特的观点，它们是有意识地创造出来的"艺术品"。
- 这一过程是全国性的，控制在中央政府手里，反映了一个把商业和资本与土地和社会地位结合在一起的寡头精英集团的共同抱负。
- 在国家的经济和财政生活中，它们注重海上贸易和商业收入。
- 它们实行寡头型/开明的政治，文化先进且外向。
- 它们赋予商业阶层很大的政治权力。
- 它们把海军放在比陆军更优先的地位上。
- 它们通过立法来建立、保护或改善海事和海军的资源基础——无论是船舶、海员、原材料还是贸易路线。
- 它们积极打击海盗——这既是贸易的障碍，也是保险费率上升的原因。
- 它们非常依赖核心贸易路线，为此，它们不惜一战。
- 它们利用海军力量来保护贸易，为商业航运护航。
- 它们乐于与其他国家进行贸易——但会利用经济手段打压危险的竞争对手。
- 它们在海外取得了一批数量有限的基地，要么作为帝国的前哨，要么通过它们建立联盟，为海军部队提供关键的后勤和战略设施。这些基地都有坚固的防御工事，重点防御来自陆地的进攻。
- 在战争中它们采用以经济封锁为基础的有限战略——因为它们没有足够的军事力量来实施致命一击。

- 在战争中，它们雇用雇佣兵或依赖盟友，用金钱而不是人力在陆地上作战。
- 它们只能在同时存在着多个陆上强国的战略背景下有效地运作，因为：
  ◦ 海权一旦被卷入大规模的关乎存亡的陆上战争，就会被击败；
  ◦ 它们终究无力抵抗真正的大陆霸主。

术语表

GLOSSARY

大陆或军事强国（Continental or military power）：一个政治单元，可能是国家，也可能是帝国，它专注于以陆地和陆军（包括陆基空军）为基础的战略。

民主制（Democracy）：一种以民众的选举权为基础的政治制度。古典时代的雅典运用这种制度（只有成年男性公民有权投票）建立了海权国家。为了维持民众对海战活动的支持，选举权范围被放宽了，划桨手也获得了选举权，这让柏拉图和修昔底德大为震惊。现代民主国家的选举权更为广泛，但却不太热衷于海权和海军，马汉预料到了这种情况。

大国（Great power）：基于其军事力量、人力、财富和资源的总体状况，在1945年之前的世界秩序中处于最高地位的国家；海权总是通过与基于陆地的强国不同的资产组合——它们强调金钱和海军力量——来获取这种地位。

身份（Identity）：个人、群体或国家所构建的自我形象。在本书中，这个词指的都是国家的身份。身份既不是由外部因素强加于国家的，也不是国家的一个有机组成部分，它是一个永远处于争议之中的结构，反映了过去与现在、不同的目的与意图之间的互动。海洋或海权身份是非同寻常的，因为它与家庭、部落、信仰或土地全都没有关系。因此，创造和维持它特别困难。海权身份是通过政治行动和公共事业创造出来的，这包括雕像和宫殿、造船厂和船坞、海军演习和庆典、对艺术和文学作品进行资助，以及人们自身的利益、海上活动的规模、压倒性的威胁和精心策划的公关活动。伯里克利深知这一过程的奥妙，亨利八世、约翰·德·威特、彼得大帝和海军上将费舍尔男爵也是如此。他们都知道这是一项艰巨的任务，因为一直以来陆地身份才是"正常的"。

海洋帝国（Maritime empire）：大陆国家在海外的领土所构成的帝国。

海洋强国（Maritime power）：拥有以海洋为基础的强大经济和一支以保护海上贸易为重点的精锐海军的国家。

海军强国（Naval power）：拥有庞大的、可能占据统治地位的海军部队。这一概念通常与关注海战和寻求"决定性"胜利，以之作为大陆战争的先导联系在一起。

寡头政治（Oligarchy）：由相对较小的精英团体来主导国家的政治制度，不同的利益团体通过政治辩论来协商如何分配权力。那些控制着海洋的寡头共和国和海洋国家必然会在某位宪法规定的国家元首、某位总督或某位国王的领导下，把土地和商业财富结合起来。

共和制（Republic）：对权力实行共享的政治制度。正如孟德斯鸠所强调的，这个定义包括君主立宪制，比如1688年之后的英格兰/不列颠。

海洋控制（Sea control）：行使制海权，对海面施加控制，以确保它可以被用来入侵敌对国家或摧毁其海上贸易，并阻止敌人采取这些行动。

海权（Seapower）：中等规模的强国有意识地创造的一种身份，试图利用海洋强国在战略和经济上不对称的优势，使它们有机会跻身于大国之列。这一愿望的关键指标包括实行寡头/共和制政治模式，赋予商业精英以权力，重点关注海军而非陆军，发展一种充满海洋气息的文化，以及采取与大陆国家全然不同的模式。它是一种构建出来的身份，需要无休止的重复和重申。虽然这些想法、政策和意图相对简单，但人们常常利用典范性的先驱者来转移对激进变革的批评，并在陷入衰退时提供对未来趋势的洞察。

制海权（Sea power）：以优越的海军力量支配海洋所取得的战略优势。其基本定义是由阿尔弗雷德·塞耶·马汉在1890年提出的。它可以掌握在任何拥有必要的资源和政治意愿的国家或联盟手中。

海洋国家（Sea state）：一个由海洋主导的国家，以海洋为其经济活动、安全和文化的基础，但由于缺乏规模、资源或政治意愿，从而无法成为或并不想要成为一个大国。与海权不同的是，这种身份所反映出的往往是潜在的现实，而不是有意识的构建，虽说它常常也是通过精心设计才发展出来的。最后三个海权大国在失去了与当代大国或超级大国竞争的能力之后，演变成了海洋国家。当代的海洋国家包括英国、丹麦、荷兰共和国、新加坡和日本，它们全都把绝大部分精力用在海洋经济和战略活动上——包括银行业、保险业和金融业，它们的主要城市都在大洋或大海边上，实行自由包容的政治，在保障海洋运输的安全方面发挥着积极的作用。

超级大国（Superpower）：1945年之后的美国和苏联，这两个帝国式的国家拥有比"大国"多得多的资源，它们与跟它们相似的国家结成大联盟并担任领导。在它们的主导下形成了双极的世界秩序。苏联解体之后，美国成了唯一的超级大国。

普世君主国（Universal monarchy）：一个试图支配相关政治世界之绝大部分的帝国。薛西斯宣称要建立它；虽说为期短暂，亚历山大大帝实现了它；罗马尝试了它。这些例子给大陆统治者们——从查理曼到希特勒——提供了制定计划的灵感。海权国家总是反对这种政治模式，不论是在政治上还是在精神上，因为这种模式与它们的存在及其政治和经济自由完全不相容。

图片信息
PICTURE INFORMATION

彩图

1. 晚期米诺斯文明的壁画，描绘了一支舰队进港，圣托里尼岛，1550年。akg-images/jh-Lightbox_Ltd./John Hios.

2. 伯里克利（Pericles）的大理石胸像，上面刻着"雅典人克山提波斯（Xanthippus）之子伯里克利"，这是罗马人根据希腊原作仿制的，约公元前430年。

3. 三列桨座战船（trireme）"奥林匹娅丝"号（*Olympias*）的复制品正在航行，波罗斯岛，1988年8月。这张照片由保罗·利普克（Paul Lipke）摄制。感谢剑桥大学沃尔夫森学院三列桨座战船信托档案馆（the Trireme Trust Archive at Wolfson College, Cambridge）提供照片。

4. 迦太基城复原图，迦太基国家博物馆（Carthage National Museum）。达米安·恩特威斯尔（Damian Entwistle）。

5. 《勒班陀之战，1571年10月7日》（*The Battle of Lepanto, 7 October 1571*）。英国国家海洋博物馆（National Maritime Museum），格林尼治，伦敦。凯尔德基金（Caird Fund）。

6. 《安德烈亚·多里亚》（Andrea Doria），威廉·亨利·福斯（William Henry Furse，1466—1560）作。英国国家海洋博物馆，格林尼治，伦敦，格林尼治医院藏品。

7.《阿姆斯特丹，水坝广场与市政厅和新教堂》（*Amsterdam, Dam Square with the Town Hall and the Nieuwe Kerk*），杨·范·德·海登（Jan van der Heyden）作，1667年。

8.《科内利斯·德·特龙普的前旗舰"黄金狮子"号在阿姆斯特丹前面的IJ湾上》（*Cornelis de Tromp's Former Flagship the 'Gouden Leeuw' on the IJ in front of Amsterdam*），小威廉·范·德·维尔德（Willem van de Velde the Younger）作，1686年。

9.《一艘英国护卫舰在塔古斯河波涛汹涌的水面上经过贝伦塔》（*An English Frigate in Choppy Waters in the Tagus passing the Belem Tower*），约翰·托马斯·塞雷斯（John Thomas Serres）作，18世纪初。

10.《喀琅施塔得和圣彼得堡全景》（*Panoramic View of Cronstadt and St. Petersburg*），19世纪。

11.《九级浪》（*The Ninth Wave*），伊凡·艾瓦佐夫斯基（Ivan Aivazovsky）作，1850年。

12.《威廉三世国王》（*King William III*），约1695年。照片版权属于英国国家肖像馆（National Portrait Gallery），伦敦。

13.《多佛》（*Dover*），理查德·威尔森（Richard Wilson）作，1747年。耶鲁大学英国艺术中心（Yale Center for British Art），保罗·梅隆（Paul Mellon）藏品。

14.《皇家造船厂的几何规划图》（*Geometrical Plan of his Majesty's Dockyard*），皮埃尔·查尔斯·卡诺特（Pierre Charles Canot）作，1753年。耶鲁大学英国艺术中心，保罗·梅隆藏品。

15.《"胜利"号从特拉法尔加归来，在三个位置》（*The Victory Returning from Trafalgar, in Three Positions*），约瑟夫·马洛德·威廉·透纳（J. M. W. Turner）作，约1806年。耶鲁大学英国艺术中心，保罗·梅隆藏品。

16.皇家海军"伊丽莎白女王"号（HMS *Queen Elizabeth*）航空母舰在直布罗陀。戴夫·詹金斯（Dave Jenkins）。

17.一架F-35闪电II从美军"朱姆沃尔特"（*Zumwalt*）舰上空飞过，

2016年。美国海军官方网页，采自United States of America PO2 George Bell / U.S. Navy.

18. 美国和中国海军舰艇共同执行军事行动，2013年。美国海军官方网页，采自United States of America 130909-N-ZZ999-001/ U.S. Navy。

文中插图

前言001　皇家海军"胡德"号（*HMS Hood*）。摄制者：艾伦·C. 格林（Allan C. Green，1878—1954），修复者：亚当·库尔登（Adam Cuerden）。

导言003　汉尼拔·巴卡（Hannibal Barca）的大理石胸像。照片版权属于费顿出版社（Phaidon Verlag），维也纳—莱比锡。

正文001　腓尼基军用桨帆船，前700—前692年，从辛那赫里布（Sennacherib）西南宫殿中发掘出的石板碎片。照片版权属于大英博物馆信托管理人（The Trustees of the British Museum）。

031　《萨拉米斯之战》（*The Battle of Salamis*），威廉·冯·考尔巴赫（Wilhelm von Kaulbach）1862年。巴伐利亚州州议会（Bayerischer Landtag）。

069　《狄多建立迦太基》（*Dido Building Carthage*），爱德华·古德尔（Edward Goodall）作，根据约瑟夫·马洛德·威廉·透纳的作品制版，1859—1860年。耶鲁大学英国艺术中心，保罗·梅隆藏品。

100　军械库，威尼斯。照片摄制者：卡罗·纳耶（Carlo Nayer）。

121　雅各布·德·巴尔巴里（Jacopo de' Barbari），《威尼斯景观》（*View of Venice*），1500年。约翰·R. 范·德里普基金（John R. Van Derlip Fund），明尼阿波利斯艺术学院（Minneapolis Institute of Art）。

150　阿姆斯特丹海军弹药库和司令部。荷兰文化遗产局（Rijksdienst voor het Cultureel Erfgoed）。

159　丹尼尔·斯塔帕特（Daniël Stalpaert）于1662年绘制的阿姆斯特丹地图，包含阿姆斯特丹全景图。阿姆斯特丹大学图书馆（University of

Amsterdam Library）。

203 《罗得斯巨像》（*The Colossus of Rhodes*），约翰·伯恩哈德·菲舍尔·冯·埃拉赫（Johann Bernhard Fischer von Erlach）作，1721年。

212 乔瓦尼·洛伦佐·圭多蒂（Giovanni Lorenzo Guidotti）于1766年绘制的热那亚地图，出自《对美丽的热那亚及其周边地区的描述》（*Description des beautés de Génes et de ses environs*），1773年。

227 俄罗斯帝国海军铁甲舰"彼得大帝"号（*Petr Velikiy*）。保罗·巴希尔森（Paul Basilson）。

247 《喀琅施塔得及其防御工事平面图，它的炮台以及它的火力覆盖范围，根据最新的英国和俄罗斯文件》（*Plan de Kronstadt avec ses fortifications, ses batteries et la portée de ses cannons dressé d'après les documents anglais et russes les plus récents*），巴黎，1853年。

271 《奥兰治亲王在托贝登陆》（*The Prince of Orange Landing at Torbay*），W. 米勒（W. Miller）根据约瑟夫·马洛德·威廉·透纳的作品所作的版画，1859年至1861年。英国国家海洋博物馆，格林尼治，伦敦。

320 美国在比基尼环礁进行的一次核武器试验，1946年。美国国防部。

327 约翰·塞尔·科特曼（John Sell Cotman）所作的蚀刻版画，画面上是为了纪念纳尔逊子爵而在大雅茅斯修建的圆柱，1817年。耶鲁大学英国艺术中心，保罗·梅隆藏品。

参考文献

REFERENCE

Addison, J. *The Present State of the War and the Necessity of an Augmentation*. London, 1707.

Ahn, D. 'From "jealous emulation" to "cautious politics": British Foreign Policy and Public Discourse in the Mirror of Ancient Athens (ca. 1730–ca. 1750)', in D. Onenkink and G. Rommelse, eds., *Ideology and Foreign Policy in Early Modern Europe (1650–1750)*. Farnham: Ashgate Press, 2011, pp. 93–130.

Allen, P. C. *Philip III and the Pax Hispanica, 1598–1621: The Failure of Grand Strategy*. New Haven and London: Yale University Press, 2000.

Anderson, M. S. *War and Society in Europe of the Old Regime, 1618–1789*. London: Fontana, 1988.

Androsov, S. 'Peter the Great's St. Petersburg: Between Amsterdam and Venice', in Androsov et al., eds., *Venezia!*, pp. 38–66.

Androsov, S., Artemieva, I., Boele, I. and Rudge, J., eds. *Venezia! Art of the 18th Century*. London: Lund Humphries, 2005.

Armesto, F. F. *Civilisations*. London: Macmillan, 2000.

Armitage, D. *The Ideological Origins of the British Empire*, Cambridge: Cambridge University Press, 2000.

Artemieva, I. 'Russia and Venetian Artists in the Eighteenth Century', in Androsov et al., eds., *Venezia!*, pp. 67–93.

Bachrach, F. G. H. *Turner's Holland*. London: Tate Publishing, 1994.

Barlow, J. *The Revolt of the Admirals: The Fight for Naval Aviation 1945–1950*. Annapolis, MD: USNIP, 1994.

Baxter, S. B. *William III and the Defense of European Liberty 1650–1702*. New York: Harcourt, Brace, 1966.

Behrman, C. F. *Victorian Myths of the Sea*. Athens, OH: Ohio University Press, 1977.

Bellamy, M. *Christian IV and his Navy: A Political and Administrative History of the Danish Navy, 1596–1648*. Leiden: Brill, 2006.

Bender, J., with an introduction by Davies, J. D. D. *Dutch Warships in the Age of Sail, 1600–1714: Design, Construction, Careers and Fates*. Barnsley: Seaforth Publishing, 2014.

Bentley, M. *Modernizing England's Past: English Historiography in the Age of Modernism 1870–1970*. Cambridge: Cambridge University Press, 2005.

Berthold, R. M. *Rhodes in the Hellenistic Age*. Ithaca, NY: Cornell University Press, 1984.

Bevan, R. *The Destruction of Memory: Architecture at War*. London: Reaktion Books, 2016.

Billington, J. H. *The Icon and the Axe: An Interpretative History of Russian Culture*. New York: Random House, 1970.

Billington, R. A. *Frederick Jackson Turner: Historian, Scholar, Teacher*. New York: Oxford University Press, 1973.

Bindoff, S. T. *The Scheldt Question to 1839*. London: Allen and Unwin, 1945.

Black, J., ed. *War in the Early Modern World*. London: Routledge, 1999.

Blackman, D. and Rankov, B., eds. *Shipsheds of the Ancient Mediterranean*. Cambridge: Cambridge University Press, 2013.

Blösel, W. 'Thucydides on Themistocles: A Herodotean Narrator?', in Foster and Lateiner, eds., *Thucydides and Herodotus*, pp. 216–36.

Bold, J. *Greenwich: An Architectural History of the Royal Hospital for Seamen and the Queen's House*. New Haven, CT, and London: Yale University Press, 2000.

Bolingbroke, Lord. *Letters on the Use and Study of History*. London, 1779.

Bonner Smith, D. 'Note', *The Mariner's Mirror*, vol. XX (1934), pp. 373–6.

Boxer, C. *The Dutch Seaborne Empire*. London: Collins, 1965.

Boxer, C. R. *Four Centuries of Portuguese Expansion, 1415–1825*. Berkeley, CA: University of California Press, 1969.

Boyd, A. *The Royal Navy in Eastern Waters: Linchpin of Victory 1935–1942*. Barnsley: Seaforth Publishing, 2017.

Brandon, P. *War, Capital, and the Dutch State (1588–1795)*. Leiden: Brill, 2015.

Braudel, F. *The Mediterranean in the Age of Philip II*. London: Collins, 1973.

Braudel, F. *The Mediterranean in the Ancient World*, London: Allen Lane, 2001.

Brenton, E. P. *The Naval History of Great Britain*. London: Henry Colburn, 1825.

Brett, C. 'Antonio Verrio (*c.* 1636–1707): His Career and Surviving Work', *The British Art Journal*, vol. 10, no. 3 (Winter/Spring 2009–10), pp. 4–17.

Brewer, J. *The Sinews of Power: War, Money, and the English State, 1688–1783*. Cambridge, MA: Harvard University Press, 1988.

Bridge, C. A. G., ed. *History of the Russian Fleet during the Reign of Peter the Great*. London: Navy Records Society, 1899.

Brogan, H. *Alexis de Tocqueville: A Life*. New Haven, CT, and London: Yale University Press, 2006.

Broodbank, C. *The Making of the Middle Sea: A History of the Mediterranean from the Beginning to the Emergence of the Classical World*. London: Thames and Hudson, 2013.

Brown, P. F. *Venetian Narrative Painting in the Age of Carpaccio*. New Haven, CT, and London: Yale University Press, 1988.

Brown, P. F. *Venice and Antiquity*. New Haven, CT, and London: Yale University Press, 1996.

Bruijn, J. R. *The Dutch Navy of the Seventeenth and Eighteenth Centuries*. St John's, Newfoundland: IMEHA, 2015 (1992).

Bryce, J. *The Holy Roman Empire*. London: Macmillan, 1901.

Bull, G. *Venice, the Most Triumphant City*. London: Folio Society, 1981.

Bulut, M. 'The Role of the Ottoman and Dutch in the Commercial Integration between the Levant and Atlantic in the Seventeenth Century', *Journal of the Economic and Social History of the Orient*, vol. 45 (2002), pp. 197–230.

Burckhardt, J. *The Civilisation of Italy in the Renaissance*. London: Penguin, 1990 (1860).

Burckhardt, J. *Recollections of Rubens*. London: Phaidon, 1951.

Burckhardt, J. *Reflections on History*. Indianapolis, IN: Liberty Classics, 1979.

Burke, P. *The Fabrication of Louis XIV*. New Haven, CT, and London: Yale University Press, 1992.

Burke, P. *Venice and Amsterdam: A Study of Seventeenth-Century Elites*. London: Polity Press, 1994.

Burrow, J. *A Liberal Descent*. Cambridge: Cambridge University Press, 1981.

Campbell, T. *Threads of Splendour: Tapestry of the Baroque*. New Haven, CT, and London: Yale University Press, 2007.

Canning, G. *Speeches of the Right Hon. George Canning delivered on Public Occasions in Liverpool*. Liverpool: Thomas Kaye, 1835.

Capp, B. *Cromwell's Navy: The Fleet and the English Revolution 1648–1660*. Oxford: Oxford University Press, 1990.

Carboni, S. 'Moments of Vision: Venice and the Islamic World, 828–1797', in Carboni, ed., *Venice and the Islamic World*, 828–1797 pp. 10–35.

Carboni, S., ed. *Venice and the Islamic World 828–1797*. New Haven, CT, and London: Yale University Press, 2007.

Carpenter, R. *Beyond the Pillars of Hercules: The Classical World Seen through the Eyes of its Discoverers*. London: Tandem Books, 1963.

Chrivi, R., Gay, F., Crovato, M. and Zanelli, G. *L'Arsenale dei Veniziani*. Venice: Filippi, 1983.

Cipolla, C. 'The Economic Decline of Italy', in Cipolla, ed., *The Economic Decline of Empires*, pp. 196–215.

Cipolla, C. *The Economic Decline of Empires*. London: Methuen, 1970.

Clark, G., ed. *Sir William Temple's Observations Upon the United Provinces of the Netherlands*. Oxford: Clarendon Press, 1972.

Coad, J. G. *The Royal Dockyards 1690–1850*. Aldershot: Scolar Press, 1989.

Cockett, F. B. *Peter Monamy 1681–1749 and his Circle*. Woodbridge: Antique Collectors Club, 2000.

Colley, L. *Britons: Forging the Nation 1707–1837*. New Haven, CT, and London: Yale University Press, 1992.

Collini, S. *Matthew Arnold*. Oxford: Oxford University Press, 1988.

Concina, E. *A History of Venetian Architecture*. Cambridge: Cambridge University Press, 1998.

Conway, S. *The War of American Independence, 1775–1783*. London: Longman, 1995.

Corbett, J. S. 'The Capture of Private Property at Sea', *The Nineteenth Century* (June 1907), reprinted in A. T. Mahan, ed., *Some Neglected Aspects of War*. Boston, MA: Little Brown, 1907.

Corbett, J. S. *England in the Mediterranean: A Study of the Rise and Influence of British Power within the Straits, 1603–1713*. London: Longman and Co., 1904.

Corbett, J. S. 'The Sea Commonwealth', in A. P. Newton, ed., *The Sea Commonwealth and other Essays*. London: J. M. Dent and Sons, 1919, pp. 1–10.

Corbett, J. S. *Some Principles of Maritime Strategy*. London: Longman, 1911.

Cracraft, J. *The Petrine Revolution in Architecture*. Chicago, IL: University of Chicago Press, 1988.

Cracraft, J. *The Petrine Revolution in Russian Culture*. Cambridge, MA: Belknap Press/ Harvard University Press, 2004.

Cross, A. *By the Banks of the Neva: Chapters from the Lives and Careers of the British in Eighteenth-Century Russia*. Cambridge: Cambridge University Press, 1999.

Cross, A. 'Richard Paton and the Battle of Chesme', *Study Group on Eighteenth-Century Russia Newsletter*, no. 14 (1986), pp. 31–7.

Crowhurst, P. *The Defence of British Trade 1689–1815*. Folkestone: Dawson, 1977.

Cunliffe, B. *Europe between Oceans: Themes and Variations 9000 BC–AD 1000*. New Haven, CT, and London: Yale University Press, 2008.

Daalder, R. *Van de Velde and Son: Marine Painters*. Leiden: Primavera Press, 2016.

Davey, J. *The Transformation of British Naval Strategy: Seapower and Supply in Northern Europe, 1808–1812*. Woodbridge: Boydell Press, 2012.

Davidson, J. R. *The Unsinkable Fleet: The Politics of U.S. Navy Expansion in World War II*. Annapolis, MD: USNIP, 1996.

Davies, J. D. 'British Perceptions of Michiel de Ruyter and the Anglo-Dutch Wars', in J. R. Bruijn, R. P. van Reine and R. van Hövell tot Westerflier, eds., *De Ruyter: Dutch Admiral*. Rotterdam: Karwansaray, 2011, pp. 122–39.

de Jong, M. 'Dutch Public Finance During the Eighty Years War: The Case of the Province of Zeeland, 1585-1648', in van der Hoeven, ed., *Exercise of Arms*, pp. 133–52.

de Moor, J. A. ' "A Very Unpleasant Relationship": Trade and Strategy in the Eastern Seas: Anglo-Dutch Relations in the Nineteenth Century from a Colonial Perspective', in Raven and Rodger, eds., *Navies and Armies*.

de Tocqueville, A. *Democracy in America*. English trans. by H. Reeve. London, 1835.

Dickinson, H. T. *Bolingbroke*. London: Constable, 1970.

Diehl, C. 'The Economic Decline of Byzantium', in C. Cipolla, ed., *The Economic Decline of Empires*. London: Methuen, 1970.

Docter, R., Boussoffara, R. and ter Keurs, P., eds. *Carthage: Fact and Myth*. Leiden: Sidestone Press, 2015.

Doran, S. and Blyth, R., eds. *Royal River: Power, Pageantry and the Thames*. Greenwich: Royal Museums, 2012.

Epstein, S. A. *Genoa and the Genoese: 958-1528*. Chapel Hill, NC: University of North Carolina, 1996.

Evans, D. *Building the Steam Navy: Dockyards, Technology and the Creation of the Victorian Battlefleet, 1830–1906*. London: Conway, 2004.

Fabre, D. *Seafaring in Ancient Egypt*. London: Periplus, 2005.

Falconer, A. F. *A Glossary of Shakespeare's Sea and Naval Terms including Gunnery*. London: Constable, 1965.

Falconer, A. F. *Shakespeare and the Sea*. London: Constable, 1964.

Fantar, M. H. *Carthage: The Punic City*. Tunis: Alif, 1998.

Faragher, J. M., ed. *Rereading Frederick Jackson Turner*. New Haven, CT, and London: Yale University Press, 1998.

Fenlon, I. *The Ceremonial City: History, Memory and Myth in Renaissance Venice*. New Haven, CT, and London: Yale University Press, 2007.

Fisher, R. H. *Bering's Voyages*. London: Hurst, 1977.

Ford, B., ed. *The Cambridge Cultural History of Britain: Seventeenth-Century Britain*. Cambridge: Cambridge University Press, 1989.

Foster, E. *Thucydides, Pericles, and Periclean Imperialism*. Cambridge: Cambridge University Press, 2013.

Foster, E. and Lateiner, D., eds. *Thucydides and Herodotus*. Oxford: Oxford University Press, 2012.

Francis, A. D. *The Methuens and Portugal, 1691-1708*. Cambridge: Cambridge University Press, 1966.

Fremantle, K. K. *The Baroque Town Hall of Amsterdam*. Utrecht: Haentjens Dekker and Gumbert, 1959.

French, D. *British Strategy and War Aims: 1914-1916*. London: Unwin Hyman, 1986.

Fuller, W. C. *Strategy and Power in Russia 1600-1914*. New York: Free Press, 1992.

Fusaro, M. *Political Economies of Empire in the Early Mediterranean: The Decline of Venice and the Rise of England 1450-1700*. Cambridge: Cambridge University Press, 2015.

Gaastra, F. S. *The Dutch East India Company: Expansion and Decline*. Zutphen: Walberg Pers, 2003.

Gabrielsen, V. *Financing the Athenian Fleet: Public Taxation and Social Relations*. Baltimore, MD: Johns Hopkins University Press, 1994.

Gabrielsen, V. *The Naval Aristocracy of Hellenistic Rhodes*. Aarhus: Aarhus University Press, 1997.

Gabrielsen, V. 'Rhodes and the Ptolemaic Kingdom: The Commercial Infrastructure', in K. Buraselis, M. Stefanou and D. T. Thompson, *The Ptolemies, the Sea and the Nile: Studies in Waterborne Power*. Cambridge: Cambridge University Press, 2013.

Gelber, L. M. *The Rise of Anglo-American Friendship, 1898-1906*. Oxford: Oxford University Press, 1938.

Georgopoulou, M. *Venice's Mediterranean Colonies: Architecture and Urbanism*. Cambridge: Cambridge University Press, 2001.

Gerding, H. 'Carthage', in Blackman and Rankov, eds., *Shipsheds of the Ancient Mediterranean*, pp. 307–19.

Gilbert, F. 'Venice in the Crisis of the League of Cambrai', in Hale, ed., *Renaissance Venice*, pp. 274–92.

Glete, J. *Navies and Nations: Warships, Navies and State Building in Europe and America, 1500–1860*. Stockholm: Almqvist and Wisksell, 1993.

Glete, J. *War and the State in Early Modern Europe: Spain, the Dutch Republic and Sweden as Fiscal-Military States, 1500–1660*. London: Routledge, 2002.

Goldsworthy, A. *The Fall of Carthage: The Punic Wars, 265–146 BC*. London: Cassell, 2000, p. 69.

Gomme, A. W. *A Historical Commentary on Thucydides: Volume One*. Oxford: Oxford University Press, 1958.

Gooch, G. P. *History and Historians of the Nineteenth Century*. London: Longman, 1913.

Gould, J. *Herodotus*. London: Weidenfeld & Nicolson, 1989, pp. 102–5.

Gorshkov, S. G. *The Sea Power of the State*. Annapolis, MD: USNIP, 1979.

Gristwood, S. 'A Tapestry of England's Past', *History Today*, vol. 60, no. 9 (2010).

Grote, G. *History of Greece*, 12 vols, London, 1849.

Grotius, H. *The Freedom of the Seas or The Right which Belongs to the Dutch to Take Part in the East Indian Trade*. New York: Oxford University Press, 1916.

Guilmartin, J. *Gunpowder and Galleys: Changing Technology and Warfare at Sea in the Sixteenth Century*. Cambridge: Cambridge University Press, 1974.

Hale, J. R., ed. *Renaissance Venice*. London: Faber, 1973.

Halkos, G. E. and Kyriazis, N. C. 'A Naval Revolution and Institutional Change: The Case of the United Provinces', in *European Journal of Law and Economics*, vol. 19 (2005), pp. 41–68.

Harlow, V. T. *The Founding of the Second British Empire 1763–1793, Vol. II: New Continents and Changing Values*. London: Longmans, 1964.

Harris, W. V. *War and Imperialism in Republican Rome 327–70 BC*. Oxford: Clarendon Press, 1979.

Hewison, R. *Ruskin's Venice*. New Haven, CT, and London: Yale University Press, 2000.

History of 'The Times', vol. II. London: Times Newspapers, 1939.

Horden, P. and Purcell, N. *The Corrupting Sea: A Study of Mediterranean History*. Oxford: Basil Blackwell, 2000.

Horden, P. and Purcell, N. 'The Mediterranean and "the new Thalassology"', in *American Historical Review* (June 2006), pp. 722–40.

Horn, H. J. *Jan Cornelisz Vermeyen: Painter of Charles V and his Conquest of Tunis*. New York: Davaco Publishers, 1989.

Howard, D. *The Architectural History of Venice*. New Haven, CT, and London: Yale University Press, 1980.

Howard, D. 'Venice and the Mamluks', in Carboni, ed., *Venice and the Islamic World 828–1797*, pp. 72–89.

Howard, D. and McBurney, H., eds. *The Image of Venice: Fialetti's View and Sir Henry Wotton*. New Haven, CT, and London: Yale University Press, 2014.

Hughes, E., ed. *Spreading Canvas: Eighteenth-Century British Marine Painting*. New Haven, CT, and London: Yale University Press, 2016.

Hughes, L. *Russia in the Age of Peter the Great*. New Haven, CT, and London: Yale University Press, 1998.

Israel, J. I. *The Dutch Republic: Its Rise, Greatness and Fall, 1477–1806*. Oxford: Oxford University Press, 1995.

Jackson, A. *The British Empire and the Second World War*. London: Continuum, 2008.

Jacobsen, K. and Jacobsen, J. *Carrying off the Palaces: John Ruskin's Lost Daguerreotypes*. London: Quaritch, 2015.

Jenks, T. *Naval Engagements: Patriotism, Cultural Politics, and the Royal Navy 1793–1815.* Oxford: Oxford University Press, 2006.

Jenkyns, R. *The Victorians and Ancient Greece.* Oxford: Basil Blackwell, 1980.

Kaganov, G. 'As in the Ship of Peter', *Slavic Review*, vol. 50 (1991), pp. 754–67.

Kahan, A. *The Plow, the Hammer and the Knout: An Economic History of Eighteenth-Century Russia.* Chicago, IL: University of Chicago Press, 1985.

Kirk, T. A. *Genoa and the Sea: Policy and Power in an Early Modern Maritime Republic, 1559–1684.* Baltimore, MD: Johns Hopkins University Press, 2005.

Kohn, R. H. *Eagle and Sword: The Beginnings of the Military Establishment in America.* New York: Free Press, 1975.

Krammick, I. *Bolingbroke and his Circle: The Politics of Nostalgia in the Age of Walpole.* Cambridge, MA: Harvard University Press, 1968.

Lambert, A. D. *The Challenge: Britain Against America in the Naval War of 1812.* London: Faber, 2012.

Lambert, A. D. 'Creating Cultural Difference: The Military, Political and Cultural Legacies of the War of 1812', in A. Forrest, K. Hagemann and M. Rowe, eds., *War, Demobilization and Memory: The Legacy of War in the Era of Atlantic Revolutions.* London: Palgrave Macmillan, 2016.

Lambert, A. D. *The Crimean War: British Grand Strategy against Russia, 1853–1856.* Farnham: Ashgate, 2011.

Lambert, A. D. *Crusoe's Island.* London: Faber, 2016.

Lambert, A. D. *The Last Sailing Battlefleet, 1815–1850.* London: Conway, 1991.

Lambert, A. D. 'The Magic of Trafalgar: The Nineteenth-Century Legacy', in D. Cannadine, ed., *Trafalgar in History: A Battle and its Aftermath.* London: Palgrave, 2006, pp. 155–74.

Lambert, A. D. *Nelson: Britannia's God of War.* London: Faber and Faber, 2004.

Lambert, A. D. ' "Now is come a Darker Day": Britain, Venice and the Meaning of Sea Power', in M. Taylor, ed., *The Victorian Empire and Britain's Maritime World 1837–1901: The Sea and Global History.* London: Palgrave Macmillan, 2013, pp. 19–42.

Lambert, A. D. 'The Power of a Name: Tradition, Technology and Transformation', in R. J. Blyth, A. Lambert and J. Rüger, eds., *The Dreadnought and the Edwardian Age.* Farnham: Ashgate, 2011.

Lambert, A. D. ' "This Is All We Want": Great Britain and the Baltic Approaches 1815–1914', in J. Sevaldsen, ed., *Britain and Denmark: Political, Economic and Cultural Relations in the 19th and 20th Centuries.* Copenhagen: Tusculanum Press, 2003, pp. 147–69.

Lambert, A. D. 'Winning without Fighting: British Grand Strategy and its Application to the United States, 1815–1865', in B. Lee and K. Walling, eds., *Strategic Logic and Political Rationality: Essays in Honour of Michael J. Handel.* Newport, RI: United States Naval War College, 2003.

Lambert, A. D. 'Wirtschaftliche Macht, technologischer Vorsprung und Imperiale Stärke: Gross Britannien als einzigartige globale Macht: 1860 bis 1890', in M. Epkenhans and G. P. Gross, *Das Militär und der Aufbruch die Moderne 1860 bis 1890.* Munich: Oldenbourg, 2003.

Lane, F C. 'Naval Actions and Fleet Organization, 1499–1502', in J. R. Hale, ed., *Renaissance Venice.* London: Faber, 1973, pp. 146–73.

Lane, F. C. *Profits from Power: Readings in Protection Rent and Violence-Controlling Enterprises.* Albany, NY: State University of New York Press, 1979.

Lane, F. C. *Venice: A Maritime Republic.* Baltimore, MD: Johns Hopkins University Press, 1973.

Lawrence, C. 'Hendrick de Keyser's Heemskerck Monument: The Origins of the Cult and Iconography of Dutch Naval Heroes', in *Simiolus: Netherlands Quarterly for the History of Art*, vol. 21, no. 4 (1992), pp. 265–95.

Lehmann, L. Th. 'The Polyeric Quest: Renaissance and Baroque Theories about Ancient Men of War'. PhD thesis, Rotterdam, 1995.

Levillain, C.-E. 'William III's Military and Political Career in Neo-Roman Context, 1672–1702', *The Historical Journal*, vol. 48 (2005), pp. 321–50.

Lewis, B. 'The Arabs in Eclipse', in Cipolla, ed., *The Economic Decline of Empires*, pp. 102–20.

Lincoln, M. *Representing the Royal Navy: British Sea Power 1750–1815*. Aldershot: Ashgate, 2003.

Link, A., ed. *Woodrow Wilson Papers: Volume 55*. Princeton, NJ: Princeton University Press, 1982.

Livy, *The Histories*, trans. E. S. Shuckburgh. London: Macmillan, 1889.

Loveman, D. *No Higher Law: American Foreign Policy and the Western Hemisphere since 1776*. Chapel Hill, NC: University of North Carolina Press, 2010.

Lowry, M. *The World of Aldus Manutius*. Oxford: Basil Blackwell, 1979.

Lupher, D. A. *Romans in a New World: Classical Models in Sixteenth-Century Spanish America*. Ann Arbor, MI: University of Michigan Press, 2003.

McDonald, M. P. *Ferdinand Columbus: Renaissance Collector*. London: British Museum Press, 2004.

MacGillivray, J. A. *Minotaur: Sir Arthur Evans and the Archaeology of the Minoan Myth*. London: Jonathan Cape, 2000.

Mackinder, H. J. 'The Geographical Pivot of History', *The Geographical Journal*, vol. 23 (1904).

Mahan, A. T. *The Influence of Sea Power upon History 1660–1783*. Boston, MA: Little, Brown, 1890.

Mahan, A. T. *The Problem of Asia*. Boston, MA: Little, Brown, 1900.

Mahan, A. T., ed. *Some Neglected Aspects of War*. Boston, MA: Little, Brown, 1907.

Markoe, G. *The Phoenicians*. London: British Museum Press, 2000.

Marsden, J., ed. *The Wisdom of George III*. London: Royal Household, 2004.

Mathee, R. 'The Portuguese in the Persian Gulf: An Overview', in J. R. Marcris and S. Kelly, eds., *Imperial Crossroads: The Great Powers and the Persian Gulf*. Annapolis, MD: USNIP, 2012.

Meiggs, R. *The Athenian Empire*. Oxford: Oxford University Press, 1972.

Miles, R. *Carthage Must Be Destroyed: The Rise and Fall of an Ancient Civilisation*. London: Allen Lane, 2010.

Momigliano, A. 'Sea-Power in Greek Thought', in *Secondo contributo alla storia degli studi classici*. Rome: Storia e Letteratura, 1966, pp. 57–68.

Moon, Sir P. *The British Conquest and Dominion of India*. London: Duckworth, 1989.

Moro, F. *Venice at War: The Great Battles of the Serenissima*. Venice: Studio LT2, 2007.

Morrison, J. S. *The Athenian Trireme: The History and Reconstruction of an Ancient Greek Warship*. Cambridge: Cambridge University Press, 1995.

Morriss, R. *Science, Utility and Maritime Power: Samuel Bentham in Russia, 1779–1791*. Farnham: Ashgate Press, 2015.

Muir, R. *Wellington: Waterloo and the Fortunes of Peace, 1814–1852*. New Haven, CT, and London: Yale University Press, 2015.

Murray, W. M. *The Age of the Titans: The Rise and Fall of the Great Hellenistic Navies*. Oxford: Oxford University Press, 2012.

Musson, J. 'Laughing with the Gods: The Heaven Room at Burghley', *Country Life* (5 July 2017), pp. 80–4.

Naish, J. *Seamarks: Their History and Development*. London: Stanford Maritime, 1985.

Ng Chin-keong, *Boundaries and Beyond: China's Maritime Southeast in Late Imperial Times*. Singapore: National University of Singapore Press, 2016.

O'Brien, P. K. 'Fiscal Exceptionalism: Great Britain and its European Rivals from Civil War to Triumph at Trafalgar and Waterloo', in D. Winch and P. K. O'Brien, eds., *The Political Economy of British Historical Experience, 1688–1914*. Oxford: Oxford University Press, 2002, pp. 245–65.

O'Hara, G. *Britain and the Sea since 1600*. Basingstoke: Palgrave Macmillan, 2010.

Oliviera, F. *Arte de Guerra do Mar: Estrategia e Guerra naval no Tempo dos Descombrimentos*. Lisbon: Edições 70 Lda, 2008.

Onnekink, D. 'The Ideological Context of the Dutch War (1672)', in D. Onnenkink and G. Rommelse, eds., *Ideology and Foreign Policy in Early Modern Europe (1650–1750)*. Farnham: Ashgate Press, pp. 131–44.

Ormrod, D. *The Rise of Commercial Empires: England and the Netherlands in the Age of Mercantilism*. Cambridge: Cambridge University Press, 2003.

Osborne, R., ed. and trans. *The Old Oligarch: Pseudo-Xenophon's Constitution of the Athenians* (Lactor). Cambridge: Cambridge University Press, 2004.

Paine, L. *The Sea and Civilisation: A Maritime History of the World*. London: Atlantic Books, 2013.

Parker, G. *The Grand Strategy of Philip II*. New Haven, CT, and London: Yale University Press, 1998.

Parkinson, C. N. *War in the Eastern Seas, 1793–1815*. London: Allen and Unwin, 1954.

Parks, G. B. 'Ramusio's Literary History', in *Studies in Philology*, vol. 52, no. 2 (1955), pp. 127–48.

Parry, J. H. *The Spanish Seaborne Empire*. London: Hutchinson, 1966.

Patalano, A. 'Japan as a Maritime Power: Deterrence, Diplomacy and Maritime Security', in M. M. McCarthy, ed., *The Handbook of Japanese Foreign Policy*. London: Routledge, 2018.

Pedisich, P. E. *Congress Buys a Navy: Economics, and the Rise of American Naval Power, 1881–1921*. Annapolis, MD: USNIP, 2016.

Penny, N. *Reynolds*. London: The Royal Academy, 1986.

Pereira, P. *Torre de Belém*. London: Scala, 2005.

Picard, G. C. and Picard, C. *The Life and Death of Carthage*. London: Sidgwick and Jackson, 1968.

Pitassi, M. *The Navies of Rome*. Woodbridge: Boydell and Brewer, 2009.

Porter, R. *Gibbon*. London: Weidenfeld & Nicolson, 1988.

Pottle, E. A. *Boswell in Holland, 1763–1764*. London: Heinemann, 1952.

Rahe, P. *Montesquieu and the Logic of Liberty: War, Religion, Commerce, Climate, Terrain, Technology, Uneasiness of Mind, the Spirit of Political Vigilance, and the Foundations of the Modern Republic*. New Haven, CT, and London: Yale University Press, 2009.

Raleigh, W. *History of the World*. London, 1614.

Rankov, B. 'Roman Shipsheds', in Blackman and Rankov, eds., *Shipsheds of the Ancient Mediterranean*, pp. 30–54.

Raven, G. J. A. and Rodger, N. A. M., eds. *Navies and Armies: The Anglo-Dutch Relationship in War and Peace 1688–1988*. Edinburgh: John Donald, 1990.

Rawlings L. *The Ancient Greeks at War*. Manchester: Manchester University Press, 2007.

Reading, D. K. *The Anglo-Russian Commercial Treaty of 1734*. New Haven, CT, and London: Yale University Press, 1938.

Reinhold, M. 'Classical Scholarship, Modern Anti-Semitism and the Zionist Project: The Historian Eduard Meyer in Palestine', *Bryn Mawr Classical Review* (May 2005).

Reissner, W. J. *The Black Book: Woodrow Wilson's Secret Plans for Peace*. Lanham, MD: Lexington Books, 2012.

Reynolds, C. G. '"Thalassocracy" as a Historical Force', in *History and the Sea: Essays on Maritime Strategies*. Columbia, SC: University of South Carolina Press, 1989.

Richmond, H. W. *The Navy in India, 1763–1783*. London: Ernest Benn, 1931.

Robinson, E. *Democracy beyond Athens: Popular Government in the Greek Classical Age*. Cambridge: Cambridge University Press, 2011.

Robinson, M. S. *The Paintings of the Willem van de Veldes*. London: Sotheby's and the National Maritime Museum, 1990.

Rodger, N. A. M. *The Safeguard of the Sea: A Naval History of Britain. Volume One: 649–1649*. London: HarperCollins, 1997.

Rodgers, W. L. *Naval Wars under Oars*. Annapolis, MD: Naval Institute Press, 1940.

Röhl, J. G. C. *The Kaiser and his Court: Wilhelm II and the Government of Germany*. Cambridge: Cambridge University Press, 1994.

Roland, A., Bolster, W. J. and Keyssar, A. *The Way of the Ship: America's Maritime History Re-Envisioned, 1600–2000*. Hoboken, NJ: John Wiley and Sons Inc., 2008.

Rommelse, G. 'Een Hollandse maritieme identiteit als ideologische bouwsteen van de Ware Vrijheid', in *Holland Historisch Tijdschrift*, vol. 48 (2016), pp. 133–41.

Rommelse, G. 'National Flags as Essential Elements of Dutch Naval Ideology, 1600-1800', forthcoming.

Rommelse, G. and Downing, R. 'The Fleet as an Ideological Pillar of Dutch Radical Republicanism, 1650-1672', in *The International Journal of Maritime History*, vol. 27, no. 3 (2015).

Rowen, H. H. *John de Witt Grand Pensionary of Holland, 1625-1672*. Princeton, NJ: Princeton University Press, 1978.

Rüger, J. *The Great Naval Game: Britain and Germany in the Age of Empire*. Cambridge: Cambridge University Press, 2007.

Ruskin, J. *Harbours of England*. London: Smith, Elder, 1856.

Ruskin, J. *Modern Painters: Vol. I*. London: Smith, Elder, 1843.

Ruskin, J. *Praeterita*. Oxford: Oxford University Press, 1978.

Ruskin, J. *The Stones of Venice Vol. I: The Foundations*. London: Smith, Elder, 1851.

Ruskin, J. *The Stones of Venice Vol. II: The Sea Stories*. London: Smith, Elder, 1853.

Russell, M. *Visions of the Sea: Hendrick C. Vroom and the Origin of Dutch Marine Painting*. Leiden: Brill, 1983.

Russell, P. *Prince Henry 'the Navigator'*. New Haven, CT, and London: Yale University Press, 2000.

Russett, A. *Dominic Serres R.A. 1719-1793*. Woodbridge: Antique Collector's Club, 2001.

Salmina-Haskell, L. *Panoramic Views of St Petersburg from 1716 to 1835*. Oxford: Ashmolean, 1993.

Salonia, M. *Genoa's Freedom: Entrepreneurship, Republicanism and the Spanish Atlantic*. Lanham, MD: Lexington Books, 2017.

Samotta, I. 'Herodotus and Thucydides in Roman Republican Historiography', in Foster and Lateiner, eds., *Thucydides and Herodotus*, pp. 345-73.

Sanceau, E. *The Reign of the Fortunate King 1495-1521*. New York: Archon Books, 1969.

Savoy, D. *Venice from the Water*. New Haven, CT, and London: Yale University Press, 2012.

Schama, S. *The Embarrassment of Riches: An Interpretation of Dutch Culture in the Golden Age*. London: Collins, 1987.

Schulz, J. 'Jacopo de' Barbari's View of Venice: Map Making, City Views, and Moralized Geography before the Year 1500', *The Art Bulletin*, vol. 60, no. 3 (1978), pp. 425-74.

Scott, J. *When the Waves Ruled Britannia: Geography and Political Identities 1500-1800*. Oxford: Oxford University Press, 2011.

Seager, R. *Alfred Thayer Mahan: The Man and his Letters*. Annapolis, MD: USNIP, 1977.

Seager, R. and Macguire, D. D. *Letters and Papers of Alfred Thayer Mahan*, 3 vols. Annapolis, MD: USNIP, 1975.

Seeley, J. R. *The Expansion of England*. London: Macmillan, 1883.

Shanes. E. *Young Mr Turner: J. M. W. Turner, A Life in Art. The First Forty Years, 1775-1815*. New Haven, CT, and London: Yale University Press, 2016.

Sharp, W. *Life of Admiral Sir William Symonds*. London: Longmans, 1856.

Sherman, W. H. *John Dee: The Politics of Reading and Writing in the English Renaissance*. Amherst, MA: University of Massachusetts Press, 1995.

Shulman, M. R. *Navalism and the Emergence of American Naval Power: 1882-1893*. Annapolis, MD: USNIP, 1993.

Sicking, L. *Neptune and the Netherlands: State, Economy, and War at Sea in the Renaissance*. Leiden: Brill, 2004.

Simms, B. *Three Victories and a Defeat: The Rise and Fall of the First British Empire, 1714-1783*. London: Penguin, 2007.

Skovgaard-Petersen, K. *Historiography at the Court of Christian IV: 1588-1648*. Copenhagen: Museum Tusculanum Press, 2002.

Sondhaus, L. 'Napoleon's Shipbuilding Program at Venice and the Struggle for Naval Mastery in the Adriatic, 1806-1814', *Journal of Military History*, vol. 53 (1989), pp. 349-62.

Sonnino, P. 'Colbert', *European Studies Review* (January 1983), pp. 1-11.

Spengler, O. *The Decline of the West*, 2 vols. London: Allen and Unwin, 1926.

Stadler, P. A. 'Thucydides as a "Reader" of Herodotus', in Foster and Lateiner, eds., *Thucydides and Herodotus*, pp. 39–63.

Stagno, L. *Palazzo del Principe: The Villa of Andrea Doria*. Genoa: Sagep, 2005.

Starr, C. G. *The Influence of Sea Power on Ancient History*. Oxford: Oxford University Press, 1989.

Stibbe, M. *German Anglophobia and the Great War, 1914–1918*. Cambridge: Cambridge University Press, 2001.

Strachan, M. *The Life and Adventures of Thomas Coryate*. London: Oxford University Press, 1962.

Strong, R. *Henry, Prince of Wales and England's Lost Renaissance*. London: Thames and Hudson, 1986.

Sureda, J. *The Golden Age of Spain*. New York: Vendome Press, 2008.

Taylor, M. *Thucydides, Pericles, and the Idea of Athens in the Peloponnesian War*. Cambridge: Cambridge University Press, 2010.

Thurley, S. *Hampton Court: A Social and Architectural History*. New Haven, CT, and London: Yale University Press, 2003.

Thurley, S. 'The Vanishing Architecture of the River Thames', in Doran and Blyth, eds., *Royal River*, pp. 20–5.

Todman, D. *Britain's War: Into Battle 1937–1941*. New York: Oxford University Press, 2016.

Topik, S. C. *Trade and Gunboats: The United States and Brazil in the Age of Empire*. Stanford, CA: Stanford University Press, 1997.

Toynbee, A. J. *Hannibal's Legacy: The Hannibalic War's Effects on Roman Life*. London: Oxford University Press, 1965.

Tracy, J. D. 'Herring Wars: The Habsburg Netherlands and the Struggle for Control of the North Sea ca. 1520–1560', *The Sixteenth Century Journal*, vol. 24, no. 2 (1993), pp. 249–72.

Tredrea, J. and Sozaev, E. *Russian Warships in the Age of Sail, 1696–1860: Design, Construction, and Fates*. Barnsley: Seaforth Publishing, 2010.

Truettner, W. H. and Wallach, A., eds. *Thomas Cole: Landscape into History*. New Haven, CT, and London: Yale University Press, 1994.

Turner, F. J. 'The Significance of the Frontier in American History', in Faragher, ed., *Rereading Frederick Jackson Turner*, pp. 30–60.

Turner, F. M. *The Greek Heritage in Victorian Britain*. New Haven, CT, and London: Yale University Press, 1981.

Unger, R. W. *Dutch Shipbuilding before 1800*. Amsterdam: Van Gorcum, 1978.

van der Hoeven, M., ed. *Exercise of Arms: Warfare in the Netherlands (1568–1648)*. Leiden: Brill, 1998.

van Eyck van Heslinga, E. S. 'A Competitive Ally: The Delicate Balance of Naval Alliance and Maritime Competition between Great Britain and the Dutch Republic 1674–1795', in Raven and Rodger, eds., *Navies and Armies*, pp. 1–11.

van Loo, I. J. 'For Freedom and Fortune: The Rise of Dutch Privateering in the First Half of the Dutch Revolt, 1568–1609', in van der Hoeven, ed., *Exercise of Arms*, pp. 173–96.

van Vliet, A. P. 'Foundation, Organization and Effects of the Dutch Navy (1568–1648)', in van der Hoeven, ed., *Exercise of Arms*, pp. 153–72.

Villiers, G., 2nd Duke of Buckingham. *A Letter to Sir Thomas Osborn*. London, 1672.

Vivens, J. V. 'The Decline of Spain in the Seventeenth Century', in C. Cipolla, ed., *The Economic Decline of Empires*. London: Methuen, 1970.

Wallinga, H. T. 'The Ancestry of the Trireme', in J. Morison, ed., *The Age of the Galley: Mediterranean Oared Vessels since Pre-Classical Times*. London: Conway Press, 1995.

Wallinga, H. T. *Ships and Sea-Power before the Great Persian War*. Leiden: Brill, 1993.

Walsh, R., ed. *Select Speeches of George Canning*. Philadelphia, PA: Key and Biddle, 1842.

Warner, G. F., ed. *The Libelle of Englyshe Polycye*. London: Oxford University Press, 1926.

Waterfield, R. *Taken at the Flood: The Roman Conquest of Greece*. Oxford: Oxford University Press, 2014.

Willis, S. *Admiral Benbow: The Life and Times of a Naval Legend*. London: Quercus, 2010.

Winfield, R. and Roberts, S. S. *French Warships in the Age of Sail: Design Construction and Fates 1786–1861*. Barnsley: Seaforth Publishing, 2015.

Wormell, D. *Sir John Seeley and the Uses of History*. Cambridge: Cambridge University Press, 1980.

Young, A. R. *His Majesty's Royal Ship: A Critical Edition of Thomas Heywood's 'A True Description of his Majesties Royall Ship'*. New York: AMS Press, 1990.

Zagorin, P. *Thucydides*. Princeton, NJ: Princeton University Press, 2005.

Zinovieff, K. and Hughes, J. *Guide to St. Petersburg*. Woodbridge: Boydell and Brewer, 2003.

Zwitzer, H. L. 'The Eighty Years War', in van der Hoeven, ed., *Exercise of Arms*, pp. 33–56.